옛 그림,

　스님
　　에

빠지
다

옛 그림, 스님에 빠지다
아난과 도안에서 수월과 닌쇼까지, 옛 그림으로 만나는 동아시아 스님들

ⓒ조정육 2016

초판 인쇄	2016년 4월 25일
초판 발행	2016년 5월 2일
지 은 이	조정육
펴 낸 이	정민영
책임편집	김소영
디 자 인	이선희
마 케 팅	이숙재
제 작 처	영신사
펴 낸 곳	(주)아트북스
출판등록	2001년 5월 18일 제406-2003-057호
주 소	10881 경기도 파주시 회동길 210
대표전화	031-955-8888
문의전화	031-955-7977 (편집부) 031-955-3578 (마케팅)
팩 스	031-955-8855
전자우편	artbooks21@naver.com
트 위 터	@artbooks21
페이스북	www.facebook.com/artbooks.pub

ISBN 978-89-6196-263-6 04220
　　　 978-89-6196-169-1 (세트)

이 도서의 국립중앙도서관 출판예정도서목록은 서지정보유통지원시스템 홈페이지(http://seoji.nl.go.kr)와 국가자료공동목록시스템(http://www.nl.go.kr/kolisnet)에서 이용하실 수 있습니다.
(CIP제어번호: CIP2016008350)

옛 그림으로
배우는
불교이야기
3
僧

옛 그림,
스님에
빠지다

조정육 지음

아난과 도안에서 수월과 닛쇼까지,
옛 그림으로 만나는 동아시아 스님들

아트북스

시작하며

옛 그림, 고승대덕의 수행에 빠지다

이론 공부는 아름답다. 그러나 배운 이론을 숙성해 자기만의 방식으로 실천하는 모습은 더욱 아름답다. 이 책은 부처의 삶에 감동하여 그 가르침에 따라 산 제자들의 이야기다. 그들을 우리는 고승대덕高僧大德이라 부른다. 종교나 위대한 사상은 세 가지 요소를 갖추어야 한다. 창시자와 가르침과 제자다. 그것을 불교에서는 '불법승佛法僧 삼보三寶'라 말한다. 부처와 부처의 가르침과 제자가 세 가지 보배라는 뜻이다. 단순한 세 가지 요소가 아니라 보배같이 귀하기에 '삼보'라 칭한다.

이 책은 불법승 삼보에 맞춰 기획된 '옛 그림으로 배우는 불교이야기' 시리즈 중 세 번째인 '승僧'이다. 첫 번째인 불佛에서는 석가모니 부처의 생애와 발자취를 따라가 보았고, 두 번째인 법法에서는 석가모니 부처의 가르침이 담긴 경전 내용을 살펴보았다. 세 번째에서는 부처의 가르침에 따라 살다 간 수행자들의 삶을 조명했다. 세 권 모두 불교와 옛 그림을 결합한다는 점묘법식 글쓰기라는 기본 틀을 유지했다.

개인적으로는 이번 세 번째 편이 가장 흥미로웠다. 부처가 하늘에 뜬 달이라면 스님들은 천강에 비친 달이다. 달은 강의 숫자만큼 많이 뜬다. 1권에서 2권을 거쳐 3권으로 오는 동안 책의 두께는 점점 늘어났다. 그 두께를 감당할 수 없어 정리한 원고 중 티베트 부분은 과감하게 생략했다. 달은 강에만 뜬 것이 아니라 우물과 샘물에도 뜬다. 이 책에 수록되지 못한 수많은 수행승도 마찬가지다.

부처의 제자가 꼭 고승대덕만 있는 것은 아니다. 유마거사, 방거사, 부설거사 등 탁월한 수행력으로 고승대덕을 능가한 재가불자도 많다. 안타깝지만 그들은 이 책에서 제외했다. 언젠가 기회가 되면 승보만큼 보배로운 재가불자들에 대해서도 정리할 수 있기를 기원한다.

인더스 강에서 출발한 불교는 히말라야 산맥을 넘고 타클라마칸 사막을 지나 장안에서 잠시 숨을 고른다. 다시 여장을 챙긴 불교는 압록강을 건너 한반도로 들어온 후 마침내 일본의 나라奈良에서 짐을 풀었다. 불교는 전파되는 과정에서 지역마다 풍성한 문화를 일으켰다. 불교가 지닌 포용력 덕분에 보편성과 특수성이 결합한 문화였다. 불교는 어디를 가든 그 지역의 토착문화를 존중하고 화합하는 대단히 너그러운 종교다.

문화에는 탑과 불상 등 눈에 보이는 유형문화가 있는가 하면, 경전과 사상 등 보이지 않는 무형문화도 있다. 스님들의 행적이나 가르침은 무형문화에 해당한다. 무형문화는 보이지 않지만, 유형문화를 가능케 하고 역사를 통해 전승되는 정신문화다. 고승들의 행적은 부처의 가르침을 배워 후세에 전하고자 했던 정신문화의 총화다. 불교의 정신문화를 이끌었던 부처의 제자들은 밤하늘의 별처럼 많다. 하늘의 별을 다 셀 수 없듯 고승대덕의 궤적을 완벽하게 정리하기는 불가능하다. 이 책에 소개한 스님들의 사례도 마찬가지다. 책이라는 한정된 지면에 소개하다 보니 어쩔 수 없이 잘 알려진 스님들 위주로 취사선택하게 되었다.

지금도 마찬가지지만 이름은 한 사람의 전부를 다 알려주지 못한다. 이름과 내면이 등가인 사람이 있는가 하면 이름만 높고 이름값도 못하는 사람도 더러 있다. 불교의 역사에는 이름이 알려진 고승보다 이름을 감춘 무명승들이 훨씬 더 많다. 그들의 아름다운 수행은 전설처럼 전해 내려오지만 눈 밝은 사람이 아니고서는 전설과 사실을 구별하기가 쉽지 않다. 기록으로 확인할 수 없는 무명승들을 이 책에서 다루지 못한 이유다.

무명승은 이름을 얻지 못한 스님이라는 뜻과 함께 이름을 감춘 스님이라는 중층적인 의미가 있다. 굳이 자신의 흔적을 지우고 다비荼毘 후의 재와 같이 바람에 날아간 무명승은 후자에 가깝다. 이름에 연연하지 않는 경지에 이르면 다비 후 사리조차도 돌멩이와 다를 게 없다는 것을 알게 된다. 깨달음을 얻은 무명승 또한 그러했을 것이다. 이름에 초연한 무명승은 하늘에 떠 있지만 그들의 존재는 우리 눈에 보이지 않는 낮에 뜬 별이다. 보이지 않는다 하여 없는 것이 아니듯 역사에 큰 획을 긋고서 바람처럼 사라진 무명승들의 존재도 그러하다.

이 책에서 소개한 스님은 인도, 중국, 한국, 일본에 걸쳐 있다. 이들의 수행 이력을 더듬다 보면 아쉬운 대로 불교의 특성이 정리될 것이다. 그들의 삶은 그 자체로 부처의 가르침을 전한 전등의 역사다. 전등傳燈은 등불을 전한다는 뜻이다. 무명이라는 캄캄한 어둠 속에서 등불이 환하게 켜졌을 때의 감동을 전해주었다는 뜻이다. 그들은 그저 자기 본분에 충실했을 뿐인데 그 행위가 불교사에 기록될 만큼 역사적인 의미가 있었다는 것을 알면 함부로 살 수 없다. 우리도 마찬가지다.

팔만대장경을 한마디로 요약하면 '마음 심(心)' 자라고 얘기한다. 고승대덕들은 그 마음을 알기 위해 수많은 경전을 보고 수행을 한 사람들이다. 선禪과 교敎, 경전 공부와 실천은 불교 수행의 양 날개다. 날개 하나로는 하늘을 날 수 없듯 선과 교 중 하나만 빠져도 수행은 완성되지 않는다. 이론이 뒷받침되지 않는 실천은 독단에 빠지기 쉽다. 실천이 결여된 이론은 공염불에 불과하다. 이론은 실천에 의해 검증되어야 하고 실천은 이론에 의해 틀이 잡힌다. 달마대사가 도에 들어가는 방법으로 이치로 들어가는 것(理入)과 행으로 들어가는(行入) 두 가지를 강조한 것도 그런 이유에서다. 이치를 알아야 행으로 들어갈 수 있다.

우리 선불교에서는 '불립문자'를 강조한다. 문자를 세우지 말라는 뜻이다. 그런데 불립문자는 오해의 소지가 다분해 본래의 의미가 퇴색된 지 오래다. 불립문자는 경전 공부를 하지 말라는 의미가 아니다. 경전은 보되 문자에 사로잡히지 말라는 경

책의 의미다. 문자로는 가르칠 수 없는 문자 너머의 세계까지 가보라는 얘기다. 문자가 없다면 팔만대장경이 어떻게 전해질 수 있겠는가. 멀리서는 마명보살과 용수보살을 비롯해 가까이는 성철 스님에 이르기까지 경전에 해박하지 않은 수행자는 없었다. 경전 공부는 언제나 불립문자 앞에 위치한다. 문자는 본질을 완벽하게 전할 수가 없다. 그런데도 본질은 언제나 문자의 형태를 빌어 드러나야 한다. 그것이 문자가 갖는 숙명이며 특권이자 한계다. 불립문자는 문자를 읽을 때 그 한계를 분명히 인식하고 뛰어넘으라는 얘기다. 문자 너머의 세계는 스스로 체험하는 것만이 정답이다. 그 정답을 찾으려면 문자가 끊어진 자리에서 자신의 힘으로 걸어가야 한다. 백척간두진일보百尺竿頭進一步의 자세가 아니고서는 한 발자국도 나아갈 수 없는 세계다. 문자가 더는 쫓아올 수 없는 자리에서는 화두가 안내자고 스승이다. 염불과 사경과 간경과 절도 훌륭한 스승이다. 이 모든 실천은 이치를 알고 난 후의 얘기다.

경전은 깨달음의 언덕에 도달할 때까지 강을 건네주는 뗏목이다. 언덕에 도착해서도 뗏목을 끌고 가는 사람은 없다. 강을 건넜으면 뗏목은 잊어야 한다. 뒤돌아보지 말고 자신의 길을 뚜벅뚜벅 걸어가야 한다. 실천도 마찬가지다. 경전을 공부했으면 그 가르침에 얽매이지 말고 자신만의 방식으로 실천해야 한다. 빈한한 살림살이로 알음알이를 내지 말고 자신을 등불 삼고 법을 등불 삼아 스스로 밀고 나가야 한다. 그것이 실천이다. 경전 공부를 단지 지식의 축적으로만 생각하고 실천으로 옮기지 않는다면 그것은 마치 남이 밥 먹는 것만 보고 내가 배부르기를 바라는 것과 같다. 실천의 중요성을 「한산시寒山詩」에서는 이렇게 묘사했다.

        밥을 말해도 끝내 배부르지 않고(說食終不飽)
        옷을 말해도 추위를 면하지 못한다(說衣不免寒)
        배부르고자 하면 밥을 먹어야 하고(飽喫須是飯)

옷을 입어야 추위를 면할 수 있다(著衣方免寒)

우리 또한 밥을 먹고 옷을 입어야 한다. 실천해야 한다. 이때 자신이라는 등불과 법이라는 등불의 큰 원칙은 같되 실천은 저마다 다르다. 부산에서 서울 가는 방법이 여러 갈래이듯 실천도 마찬가지다. 그렇게 자신이 가고자 하는 길을 망설임 없이 걸어간 사람들이 고승대덕이다. 그들이 얼마나 다양한 방식으로 부처의 가르침을 실천했는지 이 책을 읽다 보면 확인하게 될 것이다.

조선시대의 아름다운 제도 중에는 사가독서賜暇讀書라는 것이 있다. 유능한 인재들이 독서와 연구에 전념할 수 있도록 경비 일체를 국가에서 부담하는 유급휴가 제도다. 현재 시행되고 있는 교수들의 안식년과 비슷하다. '옛 그림으로 배우는 불교 이야기' 시리즈를 연재하는 3년 동안이 내게는 사가독서의 시간이었다. 주마다 한 편씩 글을 써야 하는 부담이 무거웠으나 그 덕분에 독서와 연구라는 본래 취지는 살릴 수 있었다. 이런 기회가 내게 주어졌다는 사실이 지금도 믿어지지 않을 만큼 감사하다.

마지막으로 성철 스님이 인용해서 유명해진 송나라 청원유신青源惟信. ?~1117선사의 상당법문을 소개하는 것으로 수행의 중요성을 강조하고 싶다.

> 노승이 삼십 년 전 참선을 하지 않았을 때에(老僧三十年前 未參禪時)
> 산을 보면 그냥 산이었고 물을 보면 그냥 물이었다(見山是山 見水是水)
> 나중에 선지식을 친견하고 견처를 얻고 보니(乃至後來親見知識有個入處)
> 산을 보면 산이 아니요 물을 봐도 물이 아니었다(見山不是山見水不是水)
> 그러나 오늘에 이르러 마음의 쉴 곳을 얻고 나서(而今個得休歇處)
> 예전의 그 산을 보니 다만 산이었고 물을 보니 또한 물이었다(依前見山只是

山見水只祇是水)

산은 산이고 물은 물인데 보는 사람의 수준에 따라 달리 보인다. 우리는 지금 어떤 산과 어떤 물을 보고 있을까. 우리 모두 청원유신선사가 도달한 경지에 이를 때까지 포기하지 말고 나아가기를 기원한다. 산을 보고 물을 봐도 한가로운 가운데 불교의 가르침을 들을 수 있기를 진심으로 기원한다. 그리하여 내가 행복하고 주변을 행복하게 하는 참된 수행자가 되기를 간절하게 기원한다.

나무아미타불 관세음보살.

2016년 봄
조정육

차례

004 　시작하며

1
나는 이와 같이 들었다

인도의 스님

017　아난·가섭 작자 미상 「아난과 가섭」
　　부처의 마음과 부처의 말을 오롯이 새기다

026　마명 강도 「화청출욕도」
　　천년을 뛰어넘는, 타인 위한 삶의 감동

034　용수 작자 미상 「운룡도」
　　대승불교의 체계를 세우다

042　무착·세친 마화지 「고목유천도」
　　하늘은 비어 있되 빈 것이 아니다

2
강물이 모여 바다를 이루다

중국의 스님

051　도안 강세황 「벽오청서도」
　　얼굴이 새까만 도안, 이웃을 놀라게 하다

059　혜원 심주 「여산고도」
　　여산의 동림사, 동진불교의 중심이 되다

067　구마라집 심사정 「홍련도」
　　내가 번역한 경론에 잘못이 없다면

076　지의 고봉한 「매화도」
　　고통받는 누구라도 평등하게 구제하리라

085　도선 동기창 「봉경방고도」
　　평생 불법을 알리고 실천하다

093　현장 작자 미상 「현장삼장상」
　　정법을 구할 수 있다면 해골산이 문제인가

103	법장 왕유 「강간설제도」
	수행의 길을 묵묵히 걸었을 뿐
112	선도 작자 미상 「관경16관변상도」
	정토에 왕생했어도 사바세계로 돌아오라
121	혜능 김홍도 「혜능상매」
	마음이 곧 부처다
132	영가 김농 「향림소탑도」
	무상대도를 얻기 위해 필요한 것
141	마조 여문영 「강촌풍우도」
	마음 밖에 부처 없고, 부처 밖에 마음 없다
150	백장 대진 「어락도」
	땀 흘려 일하는 자, 무엇을 해도 떳떳하다
158	황벽 진홍수 「매화산조」
	추위가 매울수록 코를 찌르는 매화향
166	조주 두경 「죽주거」
	시비 끊긴 자리에서 한 잔의 차 샘솟네
175	임제 범관 「계산행려도」
	한 뿌리에서 났다고 향기까지 같으랴
185	설봉 마원 「매석계부도」
	밖에서 구하지 말고 스스로를 제도하라
194	운문 황공망 「부춘산거도」
	마음을 여는 순간 삼라만상이 법신
204	영명 예찬 「용슬재도」
	선과 염불을 양 날개 삼아
212	허운 장조화 「유민도」
	수난의 질곡에도 신념의 꽃은 핀다

3
교敎와 선禪을 회통하다

한국의 스님

- 227 자장 신명연 「금낭화」
  사람들이 편안해질 수 있다면
- 236 원효 김홍도 「남해관음」
  신라불교의 기틀을 다진 호법보살
- 247 의상 작자 미상 「화엄종조사회전 의상회」
  사랑하는 마음이 없는 사람은
- 257 혜초 김준근 「장가가고」
  우주 만유는 부처의 몸이요
- 266 도의 작자 미상 「금강산도10폭병풍」
  위엄과 존경은 권위에서 나오지 않는다
- 274 의천 김명국 「달마도」
  캄캄한 밤 어둠 밝히는 등불 하나
- 282 지눌 김희겸 「적성래귀」
  이론과 실천이 동행하는 목우행
- 290 일연 작자 미상 「청령포도」
  격동의 현장에서 명작을 낳다
- 299 보우 전 공민왕 「천산대렵도」
  신념은 흔들리지 않으니 매번 일어나리라
- 307 나옹 조영석 「노승헐각」
  부처님의 법을 만나 불퇴전 발원하니
- 315 서산 허련 「완당난화」
  오늘 심은 자비의 씨앗 하나
- 324 사명 전 이징 「연사모종도」
  수행자는 제자리로 돌아갈 수 있어야
- 333 경허 김홍도 「죽하맹호도」 「송하맹호도」
  대낮의 격정이 휘몰아쳐도 서원을 잊지 않으리
- 343 수월 양기성 「맹광제미」
  바로 지금 이 자리에서 수행 시작하기

4
나는 이와 같이
실천했다

일본의 스님　353　사이초·구카이 작자 미상「산월아미타도」
　　　　　　　　　　수행은 스스로 변하고자 함이니

　　　　　　　361　호넨 작자 미상「헤이지 모노가타리 에마키」
　　　　　　　　　　안락을 좇는 대신 민중 속으로 들어가

　　　　　　　371　신란 작자 미상「아미타성중내영도」
　　　　　　　　　　번뇌에 묶인 범부라도 정토왕생 할 수 있다

　　　　　　　380　묘에 에니치보 조닌「묘에쇼닌 상」
　　　　　　　　　　사랑도, 보살행의 실천도 바로 지금 이 순간

　　　　　　　388　에이사이 조세츠「표점도」
　　　　　　　　　　누에고치가 나비가 되는 시간

　　　　　　　396　도겐 가노 모토노부「향엄격죽도」
　　　　　　　　　　작은 깨달음이라도 실천이 중요하다

　　　　　　　404　잇펜 엔이「잇펜쇼닌에덴」
　　　　　　　　　　나무아미타불 명호를 염불하는 순간

　　　　　　　413　닌쇼 우타가와 히로시게「아타게 대교의 소나기」
　　　　　　　　　　비증보살로 살아간다는 것

　　　　　　　421　마치며
　　　　　　　423　참고자료

일러두기

- 작품 제목은 「」, 책·화첩은 『』로 묶어 표기했습니다.
- 국내에 출간된 도서는 출간 제목을 그대로 따랐으며 그 외 도서는 원서명으로 표기했습니다.

1
나는 이와 같이 들었다

인도의 스님

아난
가섭
마명
용수
무착
세친

나는 이와 같이
들었다

아난·가섭

> 부처의 마음과
> 부처의 말을
> 오롯이 새기다
>
> 작자 미상 「아난과 가섭」

"아난은 안 됩니다."

마하가섭의 목소리는 단호했다.

"아난은 부처님을 가장 가까이에서 모신 제자입니다. 그런데 왜 안 된다는 말씀입니까?"

여기저기서 웅성거리는 소리가 끊이지 않았다. 혹시 아난이 지난번에 반역을 도모한 제바달다의 동생이라서 내치려는 걸까. 500명의 비구 중에서는 노골적으로 불만을 드러낸 자도 없지 않았다. 그러나 마하가섭은 추호의 망설임도 없이 분명한 어조로 대답했다.

"아난은 아직 깨달음을 얻지 못했습니다. 그러니 이 자리에 참석할 자격이 없습니다."

제1차 결집이 이루어진 왕사성 칠엽굴七葉窟에서의 일이었다. 결집은 부처가 열반에 든 직후에 이루어졌다. 부처가 열반한 뒤 교단 내부에서는 부처의 교법이 사라져버리거나 잘못 전해질 수도 있다는 우려가 제기되었다. 또한 스승이 없는 상황에서 비구들의 행동이 자칫 흐트러질 수도 있었다. 교단을 이끈 장로들은 고심 끝에 결집을 열기로 의견을 모았다. 결집이란 부처의 제자들이 저마다 들은 것을 외워, 그 바르고 그릇됨을 논의하고, 기억을 새롭게 하여 정법正法을 편집한 사업이다. 결집은 시대의 요청에 따라 여러 차례 이루어졌다.

제1차 결집에서는 마하가섭을 상좌上座로 뛰어난 제자 500명의 비구가 엄선되었다. 교리에 해당되는 경장과 계율에 해당되는 율장 등 2장藏의 내용을 결정할 예정이었다. 후대 불교사의 방향을 가늠할 결집인 만큼 경장과 율장을 암송할 사람을 결정하는 일은 매우 중요했다. 율장을 암송할 비구에는 우팔리가 선정됐다. 만장일치였다. 문제는 경전을 암송할 비구를 선정할 때 발생했다. 500명의 비구들은 당연하다는 듯 아난을 지목했다. 그런데 마하가섭이 딴죽을 걸었다. 아난이 깨달음을 얻지 못했다는 이유였다. 마하가섭은 왜 그랬을까. 진짜 아난이 제바달다의 동생이라서 그를 제외시키려 했던 것일까.

십대제자 중의 투 스타

아난과 마하가섭, 두 사람은 모두 부처의 십대제자에 들어간다. 부처 곁에는 항상 1,250명의 제자들이 함께 수행정진했다. 그중에서도 열 명의 제자들은 부처의 분신과도 같았다. 깨달음의 깊이나 수행의 정도가 다른 비구들과 비교할 바가 아니었다. 열 명의 제자는 두타제일 마하가섭, 다문제일 아난, 지혜제일 사리불, 해공제일 수보리, 설법제일 부루나, 신통제일 목건련, 논의제일 가전연, 천안제일 아나율, 지계제일 우팔리, 밀행제일 라훌라였다. 모두 기라성 같은 제자였다. 각자가 도달한 수행의 특성은 다를지언정 깊이에서는 우열을 가릴 수 없는 제자들이었다. 그런데 부처의 십대제자 중에서 굳이 아난과 마하가섭만 살펴보는 데는 이유가 있다. 부처의 심법心法은 마하가섭이, 교법敎法은 아난이 전수받았기 때문이다.

아난은 부처의 사촌동생이다. 아난은 부처가 출가하여 샛별을 보고 깨달음을 얻던 그날 태어났다. 아난이 사촌형인 부처를 처음 본 것은 여덟 살 무렵이었다. 부처가 성도한 후 처음으로 고향을 찾을 때였다. 아난의 형인 제바달다는 당시 스물다섯 살이었는데 부처를 보고, 즉시 출가했다. 나이가 어린 아난도 빛으로 둘러싸인 부처에게 깊은 감명을 받았다. 청년이 된 아난은 비록 부처 정도는 아니었지만 그 역시 용모가 수려하고 기품이 있었다. 그는 외모뿐만 아니라 집중력과 총명함도 비상했다.

어느 날이었다. 사리불과 목건련이 아난에게 부처의 시자侍子가 되어 달라는 제안을 했다. 그는 여러 차례 사양했다. 거듭되는 요청을 받고 더 이상 거절할 수 없게 되자 몇 가지 조건을 제시했다. 부처에게 올린 의복과 공양은 받지 않겠다는 것과 부처가 신도들의 초대를 받아 간 자리에는 함께 가지 않겠다는 조건이었다. 만약 이 조건을 들어준다면 평생 부처 곁에서 시중을 들겠다고 했다. 그 조건을 계기로 아난은 정식으로 부처의 시자가 되어, 부처가 입적하실 때까지 곁을 떠나지 않고 시봉했다. 그리고 뛰어난 기억력으로 부처의 설법을 전부 기억해냈다. 아난을 다문제일多聞第一이라 부른 이유가 여기에 있다. 아난이 부처의 법을 잘 듣고 기억한 것은 경전 결집에서 결정적인 역할을 했다.

작자 미상, 「아난」(둔황 석굴사원의 칠존상 중에서),
중국 당, 둔황 제45굴

1
나는 이와 같이
들었다

작자 미상, 「가섭」(둔황 석굴사원의 칠존상 중에서),
중국 당, 둔황 제45굴

아난의 공적은 여기서 그치지 않았다. 여성이 출가할 수 있는 길을 열어준 사람도 아난이었다. 부처의 이모이자 양모인 마하파자파티 왕비는 여성의 출가를 허락해달라고 간청했다. 그러나 부처는 남녀가 함께 수행하는 것의 어려움을 들어 거절했다. 세 차례나 간청했지만 역시 단호하게 거절했다. 그 모습을 옆에서 지켜본 아난은 왕비가 측은해서 견딜 수가 없었다. 아난은 지금까지 단 한 번도 부처의 말이나 행동을 거역해본 적이 없었지만 이번에는 달랐다. 그는 부처에게 여성의 출가를 허락해달라고 간청했다. 그래도 여전히 거절하자 아난은 다음과 같이 아뢰었다.

"왕비님은 부처님을 길러주신 양모입니다. 그런 분께 어찌 그리 매정하게 대하십니까? 왕비님은 왕께서 돌아가신 후 궁전을 버리고 오셨기 때문에 이제 돌아갈 곳도 없습니다. 그러니 제발 왕비님의 출가를 허락하여 주시기 바랍니다."

거듭되는 아난의 간청을 듣고 깊은 생각에 잠긴 부처는 비구니들이 지켜야 할 여덟 가지 계를 마련하라고 이른 뒤 출가를 허락했다. 이로써 최초의 비구니 승단이 형성되었다. 이렇게 탄생한 비구니 승단에서 마하가섭의 아내였던 밧다도 구족계를 받았다.

부처가 신뢰한 위대한 마하가섭

영특하고 배려심 깊은 아난을 마하가섭이 싫어할 리 없었다. 마하가섭이 누구인가. 그는 출가 과정부터가 다른 비구에 비해 특별했다(마하가섭의 출가 과정에 대해서는 『옛 그림, 불교에 빠지다』 중 「큰 제자와 만나다」를 참고하기 바란다). 마하가섭은 '위대한 가섭'이라는 뜻이다. '대가섭大迦葉' 혹은 '가섭존자迦葉尊者'라고도 칭한다. 마하가섭은 '두타제일頭陀第一'로 통한다. '두타'는 번뇌의 티끌을 떨어 없애고 의식주에 탐착하지 않으며 청정하게 불도를 수행하는 것을 말한다. 마하가섭에게 가장 잘 어울리는 호칭이다. 마하가섭은 부유한 집의 아들로 태어나 부모의 강권으로 결혼을 했다. 그리고 부부가 12년 동안 청정행을 지키며 수행자처럼 살다가 부모가 세상을 떠나자 가진 재산을 전부 나눠준 뒤 둘 다 출가했다. 그는 출가할 무렵 바이샬리에 있는 다자탑多子塔 앞에서 부처의 분소의糞掃衣를 전해 받았다. 그는 출가한 지 7일 만에 아라한과를 증득했는데, 주로 칠엽굴에서 수행하며 두타행을 실천했다. 칠엽굴은 제1차 결집을 한 장소다. 그는 탁발할 때 가난한 집만 골라서 다녔다. 평생 공덕을 쌓을 여력이 없는 사람들에게 보시할 기회를 주기 위함이었다. 이런 마하가섭을 부처는 크게 믿고 의지했다.

부처가 마하가섭에게 마음을 크게 내보인 것은 세 가지로 전해진다. 이것을 삼처전심三處傳心이라 한다. 첫 번째는 부처가 대중에게 설법하고 있을 때였다. 마하가섭이 뒤늦게 다 떨어진 옷을 입고 들어왔다. 그러자 부처는 "어서 오라 가섭이여!"라고 하면서 앉은 자리의 절반을 내주며 앉으라고 했다. 이것이 다자탑전분반좌多子塔前分半座이다. 두 번째는 부처가 영취산靈鷲山에서 법회를 하고 있을 때였다. 대범천왕이 금색 바라화波羅花를 바치자 부처가 그 꽃을 들어 올렸다. 그러나 대중에게는 꽃이 보이지 않아 어리둥절하고 있는데, 오직 마하가섭만이 미소를 지었다. 이 장면을 '염화시중拈華示衆'의 미소 혹은 '영산회상거념화靈山會上擧拈花'라고 한다. 세 번째는 부처가 열반할 때였다. 먼 곳에 나가 있다가 뒤늦게 도착해보니 부처가 이미 입관되어 있었다. 부처의 임종을 지키지 못한 마하가섭이 슬피 울자 부처가 두 발을 관 밖으로 내놓았다. 그리고 아무리 불을 붙여도 타지 않던 장작더미가 스스로 타오르며 어둠을 밝혔다. 이것을 '니련하반곽시쌍부泥連河畔槨示雙趺' 혹은 '사라쌍수곽시쌍부沙羅雙樹槨示

雙趺'라고 한다. 그러므로 삼처전심은 부처의 마음이 마하가섭에게 오롯이 전해졌음을 의미한다.

이렇게 위대한 마하가섭이었다. 그런 마하가섭이 칠엽굴에서 아난의 참석을 반대했던 것은 그를 싫어해서가 아니다. 아난이 진실로 깨닫기를 바랐기 때문이다. 어떻게 그를 깨닫게 할 것인가? 대분심大憤心을 일으키게 하면 된다. 원나라 때의 고승 고봉원묘高峯原妙, 1238~95는 참선하는 데 세 가지 요건을 갖추어야 한다고 말했다. 큰 믿음(大信心)과 큰 분발심(大憤心)과 큰 의심(大疑情)이다. 이 중에서 만약 한 가지라도 빠지면 다리 부러진 솥과 같아 끝내는 쓸모없는 그릇이 되고 만다고 했다.

아난에게는 큰 믿음과 큰 의심은 있었는데, 큰 분발심이 없었다. 이를 간파한 마하가섭이 그를 자극해 큰 분발심을 일으키게 한 것이다. 그 결과 아난은 7일간의 용맹정진 끝에 깨달음을 얻었다. 역시 마하가섭은 위대한 선배였다. 아난이 깨달음을 얻어 아라한과를 증득하자 비로소 경장의 정리가 시작되었다. '나는 이와 같이 들었다(如是我聞)'로 시작되는 아난의 선창에 다른 비구들의 증명이 더해졌고, 부처의 말로 확정되었다. 팔만대장경의 시작이었다. 경전의 정리는 오로지 아난의 공이라 해도 과언이 아니다. 아니 대선배 마하가섭의 지도 덕분이었다. 마하가섭은 부처가 열반 후 20년간 승가를 이끌었던 제일 큰 어른으로 120세가 되어 열반에 이르자 아난에게 법을 전했다.

튼튼한 솥의 다리를 위한 수행

둔황 제45굴에 조각된 「아난과 가섭」은 당나라 때 작품이다. 아난과 가섭을 조각한 작품은 여러 점이 전해지지만 두 아라한의 특징을 이만큼 선명하게 드러낸 작품은 보기 드물다. 잘생긴 아난은 젊고 당당한 미남의 모습으로,

허름하고 깡말랐지만 평생 두타행을 실천한 마하가섭은 나이든 수행자의 모습으로 묘사했다. 모래바람과 건조한 날씨 때문에 많이 변색된 점을 감안하더라도 두 수행자의 특성은 생생하게 살아 있다.

서산대사西山大師, 1520~1604가 쓴 『선가귀감禪家龜鑑』에는 다음과 같이 적혀 있다. "세존께서 세 곳에서 마음을 전하신 것은 선지禪旨, 선의 요지가 되었고, 평생 말씀하신 것은 교문教門이 되었다. 그러므로 '선은 부처님의 마음이요, 교는 부처님의 말씀이다'라고 하는 것이다."

마하가섭의 선법과 아난의 교법이 불교를 전파한 두 기둥이었음을 의미한다. 그러나 마하가섭이 전한 선법은 널리 전파되지 못하고 아난존자가 전한 교법만이 유포되었다. 중국에서도 초기에는 교법이 불교의 중심이었다가 달마가 건너온 이후에야 선법이 크게 일어났다.

아난과 마하가섭, 두 제자의 모습은 부처의 법을 따르는 우리에게 많은 것을 시사한다. 평생 부처 곁에서 가장 많은 법문을 들은 아난이 500명의 비구들보다 늦게 깨달음을 얻었다는 것은 불교에서 수행이 얼마나 중요한지를 말해준다. 아무리 많은 법문을 알아봤자 선을 통해 증득하지 못하면 결국 남의 밭에 자라는 곡식을 세는 것이나 다름없다. 그러나 분명히 알아야 할 것이 있다. 아난과 마하가섭의 이야기는 우리에게 아직 해당되지 않는 사항이다. 아직 우리는 부처의 가르침을 부지런히 공부해야 할 때다. 부처의 마음을 얻을 때까지 경전을 공부하고 실천해야 한다. 우리가 가진 큰 믿음과 큰 분발심과 큰 의심이라는 솥의 다리가 아직까지 튼튼하지 않기 때문이다.

마명

천년을
뛰어넘는,
타인 위한
삶의 감동

강도 「화청출욕도」

"원하는 것이 있다면 말해보시오. 쓸데없이 백성들만 괴롭히며 이곳에 머무르지 말고……"

북천축北天竺, 북인도 소월지국小月氏國 왕이 중천축中天竺, 중인도을 쳐들어와 포위하고는 한철이 지나도록 물러나지 않았다. 백성의 고충이 이만저만 아니었다. 걱정이 깊어진 중천축 왕이 북천축 왕에게 편지를 보내 이와 같이 물었다. 북천축 왕의 회신이 도착했다.

"그대가 굴복할 뜻이 있다면 3억 금金을 보내기 바란다."

중천축 왕이 말했다.

"이 나라 전체를 들어도 1억 금이 없는데, 어찌 3억 금을 구하겠는가?"

북천축 왕이 대답했다.

"너희 나라 안에 두 가지 큰 보배가 있는데, 하나는 부처님 발우鉢盂이고, 하나는 변재辯才, 말을 잘하는 재주 비구이다. 이들을 나에게 준다면 2억 금으로 쳐주겠다."

중천축 왕이 말했다.

"이 두 보배는 내가 매우 중히 여기는 것이므로 버릴 수 없다."

말이 설법을 알아듣다

영국 여왕 엘리자베스 1세가 셰익스피어를 인도와도 바꾸지 않겠다고 한 얘기가 떠오르는 대목이다. 중천축 왕이 변재 비구를 얼마나 보배롭게 생각하는지 짐작할 수 있다. 중천축 왕의 거부로 협상은 무산됐다. 다른 방도로 돈을 구하지 못하면 나라가 사라질 위기에 처했다. 이 소식을 들은 변재 비구가 한걸음에 달려왔다. 변재 비구는 왕을 설득하여 자신이 월지국으로 가겠다고 했다. 이로써 중천축은 가까스로 멸망의 위기에서 벗어난다. 도대체 변재 비구의 말재주가 얼마나 뛰어났으면 한 나라의 가치와 맞먹을까. 이는 나만 갖는 의문이 아닌 듯하다. 변재 비구가 월지국에서 귀국하자 신하들 사이에서도 이견이 분분했다. 한 신하가 왕에게 말했다.

"왕께서 부처님 발우를 받드는 것은 참으로 마땅한 일이지만 무릇 비구는 세상에 많은데 1억 금에 해당된다면 너무 지나치지 않습니까?"

왕은 변재 비구가 사람들을 이롭게 인도함이 한없이 넓고 깊어, 한 번 법을 설하면 사람이 아닌 것까지 감동시킬 수 있음을 익히 알고 있었다. 왕은 이번 기회에 미혹된 모든 무리를 깨닫게 해주어야겠다고 생각했다. 먼저 변재 비구가 설법하기 전에 일곱 필의 말을 엿새째 굶겼다. 그런 다음 내외의 사문들과 이교도들을 널리 모이게 한 뒤 변재 비구에게 설법을 청했다. 설법을 들은 사람들은 모두 깨닫지 않음이 없었다. 이어서 왕은 굶긴 말들을 대중 앞에 매어 놓고 풀을 주었다. 그런데 놀라운 일이 발생했다. 말들이 변재 비구의 설법을 듣는데 얼마나 열중했던지 풀 먹는 것을 잊은 채 눈물을 흘리고 있었다. 대중은 비로소 변재 비구의 뛰어난 설법을 인정했다. 그때부터 사람들은 변재 비구를 '마명馬鳴보살'이라 불렀다. 말이 설법을 알아들었다는 뜻이다. 그 후 마명보살은 북천축에서 불법을 널리 펼쳐 중생을 이롭게 하고 방편으로 여러 사람이 공덕을 이루게 했다. 사람들은 마명보살을 존경하고 공경하는 의미로 '공덕일功德日'이라 불렀다.

닮은 듯 다른, 마명보살과 양귀비

이제 막 목욕탕에서 나온 양귀비楊貴妃, 719~756가 속이 훤히 들여다보이는 붉은 비단옷을 입고 있다. 투명하게 비치는 겉옷 안에 속옷을 입고 전족을 한 그녀의 속살이 적나라하게 드러난다. 목이 마른 그녀에게 시녀가 바치는 것은 여지荔枝일까? 양귀비는 특히 여지라는 열매를 좋아했다. 중국 남쪽 지방에서 나는 여지를 운반하기 위해 현종玄宗, 재위 712~756은 곳곳에 준마를 배치해 양귀비가 항상 싱싱한 여지를 먹게 했다. 그 과정에서 많은 사람이 목숨을 잃어 원성이 자자했다.

「화청출욕도華清出浴圖」는 양귀비가 화청지華清池에서 목욕하고 나온 모습을 그린 작품이다. 작가인 강도康濤는 청清의 옹정雍正, 1723~35, 건륭乾隆, 1736~95 시기에 활동했다. 그림은 비록 청대清代에 그려졌지만 당대唐代의 분위기를 나타내기 위해 양귀비의 몸매를 풍만하게 그렸다. 화청지는 장안長安 동쪽에 있는 온

강도, 「화청출욕도」, 비단에 색, 120.2×66.1cm, 중국 청, 톈진시 예술박물관 소장

천 별궁으로 그곳에 양귀비의 욕실이 있었다. 현종은 매년 10월이 되면 양귀비와 함께 화청궁에 행차했다. 양귀비가 목욕하고 나온 모습을 본 현종은 양귀비에 대한 새로운 사랑에 흠뻑 젖었다. 「화청출욕도」라는 제목은 백거이白居易, 772~846의 「장한가長恨歌」에서 취했다.

> 싸늘한 봄 황제의 은총이 내려 화청지에서 목욕할 새(春寒賜浴華淸池)
> 온천물 부드럽게 기름진 살결을 씻어 내리네.(溫泉水滑洗凝脂)
> 나른하여 예쁜 그녀를 시녀들 부축하여 일으키자(侍兒扶起嬌無力)
> 비로소 황제의 은총 새롭게 받게 되었네.(始是新承恩澤時)

중국의 4대 미인은 '침어낙안 폐월수화沈語落雁 閉月羞花'로 표현된다. 침어는 서시西施, 낙안은 왕소군王昭君, 폐월은 초선貂蟬, 수화는 양귀비의 상징이다. 양귀비의 미모가 얼마나 빼어났던지 꽃조차 부끄러워 고개를 숙였다는 데서 나온 얘기다. 사람의 아름다움에 꽃마저 반응할 정도이니 가히 마명보살의 변재에 말이 우는 것에 비견될 만하다. 황제가 화청궁에서 환락에 빠져 허우적거리는 동안 백성의 생활은 말이 아니었다. 양귀비와 가까이하며 권력을 차지하고 있던 안녹산이 무력도발을 감행했다. 군사들이 장안으로 진격해오자 황제 일행은 쓰촨四川으로 피난을 떠났다. 피난길에서 양귀비는 남편이자 시아버지인 현종이 보는 앞에서 목매달아 죽었다. 그녀가 잠든 모습을 보고 해당화가 봄잠을 잔 것이라 찬탄하던 현종 앞에서 참혹하게 생을 마쳤다. 양귀비의 나이 서른여덟 살이었다.

말까지도 울릴 정도로 뛰어난 변재를 지닌 마명혹은 아슈바고샤, 100?~160?보살은 중인도 사위국에서 출생했다. 처음에는 불교가 아니라 외도外道의 법에 통달했는데, 장로 협존자脇尊者를 만나 불교로 전향했다. 마명이 협존자의 제자가 된 과정도 매우 드라마틱하다. 북천축에서 법을 전해줄 제자를 구하지 못한 협존자는 한 외도 사문이 변론에 뛰어나다는 소문을 듣게 된다. 그 외도 사문은 얼마나 총명하고 논의를 잘했던지 성 안에 그와 대적할 자가 없었다. 자기 재주에 겨운 사문은 만약 누구라도 자신과 겨뤄 이길 자신이 있으면 종을 치고 그렇지 않으면 공양을 받을 수 없으리라고 떠들고 다녔다. 그러나 아무도 나서는 자가 없었다. 이에 협존자가 나서 국왕과 여러 사람이 모인 자리에서 대론을 벌이게 되었다. 마명은 대론에서 진 사람은 혀를 끊어버리자고 제안했다. 협존자는 혀를 끊는 대신 진 사람이 이긴 사람의 제자가 되는 것이 어떻겠느냐고 역제안했다. 마명이 수락했다. 나이도 많고 멀리서 온 협존자가 먼저 말하고자 하는 바를 드러내기로 했다. 협존자가 즉시 말했다.

"천하는 태평하고 대왕은 오래 살며 국토는 풍요롭고도 즐거워 모든 재난이 없다."

마명의 차례였다. 그런데 대꾸할 말이 없었다. 논법論法에서 대답을 못하면 즉시 지는 것이었다. 그는 엎드려 제자가 되어 머리와 수염을 깎고 사미가 되어 구족계를 받았다. 그때부터 마명보살은 경전에 널리 통달하여 많은 사람의 존경을 받았다.

마명보살의 재주는 변재뿐만이 아니었다. 양수겸장兩手兼將으로 글 솜씨 또한 뛰어났다. 그는 인도 최초의 불교 시인으로 알려졌으며 『불소행찬佛所行讚, 붓다차리타』『금강침론金剛針論』『대장엄경론大莊嚴經論』을 지었다. 그리고 논란의 여지는 있지만 『대승기신론大乘起信論』의 저자로도 알려져 있다. (『대승기신론』이 그의 저작이라는 점이 의문시되는 이유는 『대승기신론』에서 논의하고 있는 여래장如來藏사상 때문이다. 마명보살은 부파불교와 초기 대승불교 시대 사이에 생존했는데, 이때는 아직

여래장사상이 형성되지 않았던 시기였다.)

천재적인 필력으로 완성한 부처의 전기

마명보살의 저작 중 『불소행찬』은 가장 뛰어난 작품으로 평가된다. 『불소행찬』은 부처의 생애를 아름다운 언어로 장려하게 표현한 궁정 서사시다. 『불소행찬』이 출현하기 전까지 부처의 전기傳記는 완결된 형태가 아니라 여러 경전과 율장에 체계 없이 흩어져 있었다. 또한 신화적이고 설화적인 부분이 없지 않았다. 마명보살은 종래의 자료를 바탕으로 하면서도 다른 전기들처럼 지나치게 과장되거나 신비한 부분은 제외하고 숭고한 인물의 전기에 충실하게 기술했다. 이로써 마명보살에 의해 부처의 생애는 처음으로 완전하면서도 예술성이 풍부한 불전佛傳으로 완성됐다. 그러니까 『불소행찬』은 마명보살의 천재적인 필력이 부처의 숭고한 가르침을 만나 이룬 결정체라 하겠다.

전기를 쓸 때 가장 중요한 자질은 정확한 사료를 해석하는 안목이지 화려한 수사나 현란한 기교가 아니다. 『불소행찬』을 읽어 보면 그 모든 조건이 갖추어져 있음을 깨닫게 된다. 『불소행찬』의 전개가 얼마나 수수하고 명료한지는 첫 문장만 봐도 알 수 있다.

"감자왕甘蔗王의 먼 후손으로 태어난 석가종족에서 가장 나은 왕은 깨끗한 재물과 덕을 갖추었으니 그러므로 이름하여 정반淨飯이라 한다."

이 문장에는 어떤 장식이나 겉치레가 보이지 않는다. 다만 정확하게 사실을 기술하려는 자의 엄중함이 있을 뿐이다. 이렇게 짧은 문장으로 붓다의 집안 내력을 간단명료하게 표현할 수 있는 사람이 과연 몇이나 될까. 꾸미지 않아도 감동을 주는 글, 『불소행찬』은 별 내용도 없으면서 문자를 물 쓰듯 낭비하는 사람들이 귀감으로 삼을 만한 글이다.

1
나는 이와 같이
들었다

    이런 감동은 마명보살의 필력 위에 역경승譯經僧들의 노력이 더해졌기 때문에 가능하다. 『불소행찬』의 원래 범본梵本은 17장으로 구성되었는데, 한역漢譯과 서장역西藏譯, 티베트역은 28장이다. 28장에는 붓다의 탄생부터 열반 후 사리를 나누는 부분까지 전 생애가 기술되어 있다. 우리가 현재 읽는 28장의 한역본 『불소행찬』은 담무참曇無讖 스님이 413년에서 421년에 걸쳐 번역한 것이다. 담무참 스님은 중인도 사람으로 412년에 중국에 건너온 역경승이다. 『불소행찬』의 역문은 격조 높고 아름다운 운문이다. 다섯 자(五言)씩 시처럼 써 내려간 글을 읽다보면, 번역은 제2의 창작이란 말이 실감난다. 마명보살의 글은 담무참 스님의 번역이 있어 더욱 빛을 발한다. 부처가 밝혀놓은 진리의 등불을 마명보살이 심지를 돋우고 담무참 스님이 불을 붙여 중국에 전해주었다. 그야말로 전등의 역사다. 아무리 위대한 생애라 해도 그것을 글과 말을 통해 전해주는 사람이 없으면 멀리 있는 사람은 알지 못한다. 마명보살과 담무참 스님의 전등은 어떤 설법이나 수행보다도 큰 역할을 했다.

    마명보살과 양귀비를 보면 한 가지 공통점을 발견할 수 있다. 그들이 가진 능력이 사람을 너머 동물과 식물에까지 영향을 미쳤다는 것이다. 그러나 두 삶의 방향은 대척점에 서 있다. 한 사람은 능력을 타인을 위해 회향했고, 또 한 사람은 오로지 자신의 부귀영화를 위해 낭비했다. 어떤 삶이 가치 있는가를 얘기하는 것은 사족이 될 것이다. 타인을 위해 회향한 삶은 비록 고달프고 힘들어도 천년의 세월을 뛰어넘어 감동을 준다. 마명보살처럼 말이다. 그런데 자신만을 위해 사는 삶은 비록 편안하고 풍족해도 양귀비처럼 그저 그것으로 끝날 뿐이다. 뛰어난 능력을 갖는 것보다 중요한 것은 어떻게 사느냐다. 두 사람의 삶 중에서 어느 쪽을 선택할 것인가는 우리 각자의 결정에 달려 있다.

용수

대승불교의
체계를
세우다

작자 미상 「운룡도」

"궁궐에 들어가면 미끈하고 날씬한 여인들이 많다던데 우리 은신술隱身術이나 배워볼까?"

용수龍樹, 150~250?의 제안에 세 명의 친구가 대번 눈을 반짝거렸다. 용수는 남천축南天竺, 남인도 바라문 출신으로, 천성이 총명하여 어떤 일이든 두 번 묻는 일이 없었다. 그의 천재성은 젖먹이 때부터 시작됐다. 네 가지 『베다고대 브라만교 경전』를 외우는 것을 들었는데, 게송이 각각 4만 개나 되고, 게송마다 서른두 글자나 되었음에도 그 문장을 모두 외우고, 그 뜻을 모두 깨달았다. 약관의 나이에 여러 나라에 명성이 자자할 만큼 그는 천문과 지리, 점술과 참위, 온갖 도술에 이르기까지 모르는 분야가 없었다.

　세 친구도 용수 못지않게 뛰어난 인물이었다. 그들은 천하의 이치를 다 깨달았다고 생각했다. 모든 것을 다 누려 아쉬운 것도 더 이상 갖고 싶은 것도 없었다. 무엇인가 자극적이고 짜릿한 즐거움이 필요했다. 어떻게 하면 이 무료한 시간을 탈출할 수 있을까, 고민하다가 떠오른 묘안이 은신술이었다. 은신술을 배우면 궁궐에 들어가 제왕처럼 궁녀들을 탐닉해도 별 탈이 없을 것 같았다.

　그들은 말이 나오기가 무섭게 술사術士를 찾아가 술법을 얻어 자유자재로 왕궁에 드나들었다. 그들이 궁궐에서 마음껏 욕정을 채워도 그들의 일탈은 발각되지 않았다.

　"이 무슨 상서롭지 못하고 기괴한 일인가?"

　왕이 크게 노한 것은 그들이 왕궁을 드나든 지 100여 일이 지난 뒤였다. 궁중 여인들 중에 임신한 사람이 생겼다. 임신한 궁녀들은 두려움에 떨며 왕에게 죄를 면해달라고 호소했다. 따지고 보면 궁녀들도 피해자가 아닌가.

　왕은 지혜로운 신하들과 의논한 뒤 곧바로 칙명을 내렸다. 힘센 장수 수백 명을 거느리고 궁에 들어가 모든 문을 다 잠근 채 칼을 허공에 휘두르게 했다. 세 사람은 그 자리에서 즉사했다. 오직 용수 혼자만이 몸을 움츠리고 숨을 죽인 채 왕의 곁에서 목숨을 건졌다. 왕의 주변 일곱 자 안에는 칼이 이르지 못하는 곳이었다. 구사일생으로 목숨을 건진 용수는 욕정이 얼마나 위험한지 비로소 깨달았다. 애욕은 괴로움의 근원이며 뭇 재앙의 뿌리였다. 모든 불행의 근원이 욕망이라는 것을 알게 된 용수는 결심했다.

　"내가 만약 이곳을 빠져나간다면 사문에게 나아가 출가법出家法을 받으리라."

마침내 용수는 궁궐을 탈출하는 데 성공했다. 그리고 곧바로 산으로 들어가 출가하여 계를 받았다. 타고날 때부터 머리가 좋았던 용수보살은 90일 만에 소승의 삼장三藏에 통달했다. 그러나 뭔가 부족했다. 용수보살은 다시 경전을 찾아 설산雪山을 헤맸다. 정성이 통했을까. 어느 탑 앞에서 늙은 비구를 만나 대승경전을 전수받았다. 많은 진리를 깨달을 수 있었지만 갈증은 해소되지 않았다. 용수보살은 다시 새로운 경전을 찾아 방방곡곡을 돌아다녔다. 그 모습을 본 대룡大龍보살이 측은한 생각이 들었다. 대룡보살은 용수보살을 바닷속 궁전으로 데리고 들어가 칠보장에서 대승경전을 꺼내주었다. 용수보살은 경전을 읽은 지 90일 만에 일상一相, 모든 경전의 여여한 모습을 증득하고 무생無生에 들어가 두 가지 인(二忍, 衆生忍과 無生法忍)을 얻었다. 용궁에서 나온 용수보살은 남천축에서 불법을 크게 홍포하고 외도를 꺾어 항복받았다.

객관적이고 지적인 불교의 세계

용수보살은 부처가 열반한 후 500여 년이 지날 무렵 활동했다. 대승불교의 전통에서 제2의 부처로 존경받을 만큼 위대한 족적을 남긴 용수보살은 공空의 논리를 체계화한 『중론中論』을 비롯하여 수많은 저술을 남겼다. 『중론』은 '중도中道'를 논리적으로 해명한 문헌이다. 『회쟁론廻諍論』『육십송여리론六十頌如理論』『공칠십론空七十論』『광파론廣破論』 등과 함께 '오여리론五如理論'이라 불린다. '논리적으로 진리를 드러내는 다섯 가지 저술'이라는 뜻이다. 그만큼 그의 글은 딱 부러질 정도로 논리정연하다. 자신의 의견을 전개해 나가는 데 한 치의 빈틈도 허용하지 않는다. 마명보살의 『불소행찬』을 읽다 용수보살의 『중론』을 읽으면 국어책 대신 수학책을 보는 것 같다. 감성적인 공감 대신 이성적인 사고가 필요하다. 그런데 수학공식 같은 치밀한 논리 전개를 따라가다 보면 주관

1
나는 이와 같이
들었다

적인 불교의 깨달음에서 벗어나 어느새 객관적이고 지적인 불교의 세계로 들어와 있음을 발견하게 된다.

용수보살은 부처의 근본사상을 연기緣起로 파악했다. 연기는 상호의존적인 관계에서만 성립된다. 부처는 영원히 변치 않는 참된 자아인 아트만을 부정했다. 영원불변한 아트만조차 우리 의식의 단면일 뿐이다. 용수보살이 『중론』에서 읊은 귀경게歸敬偈는 연기를 바탕으로 한 공사상을 잘 보여준다. 그의 귀경게는 팔불중도八不中道라 부른다. 부처가 중생들이 생각하는 생멸거래일이단상生滅去來一異斷常의 여덟 가지 어리석은 견해 대신 '연기의 진리'를 가르쳐주었다는 뜻이다.

용수보살은 부처의 설법이 이제二諦에 의지한다고 말한다. 제諦는 진리라는 뜻으로 이제는 속제俗諦와 승의제勝義諦다. 속제는 세속제世俗諦 또는 세제世諦라고도 하며 세간적인 진리를 말한다. 승의제는 진제眞諦 또는 제일의제第一義諦라고도 하며 세속적인 입장을 떠난 초월적이고 궁극적인 진리를 말한다. 용수보살은 '이런 두 가지 진리의 구분을 모르는 자들은 붓다의 설법에서 심오한 진실(실상)을 포착할 수 없다'고 말한다. 반야공般若空을 기본 입장으로 한 용수보살의 사상은 『대품반야경大品般若經』인 『대지도론大智度論』에서도 그대로 이어진다. 『대지도론』은 대승불교의 사상뿐만 아니라 초기 부파불교 교리를 포괄적으로 담고 있어 불교백과사전과 같다는 평가를 받고 있다. 『대지도론』은 『중론』에서 적게 언급한 유有의 세계가 자세히 적혀 있다. 우리가 현재 알고 있는 대승불교의 기본 사상이 집약되어 있는 책이다. 『중론』이 큰마음을 먹어야 읽을 수 있는 난해한 책이라면 『대지도론』은 저절로 손이 가고 마음이 가는 책이다. 수많은 보살이 대자대비의 힘에 의지해 헤아릴 수 없는 아승기의 세월동안 중생을 제도한다는 내용을 읽을 때는 아무리 가슴이 메마른 사람이라도 저절로 신심이 솟구칠 것이다. 필독서에 넣어도 결코 후회하지 않을 명문이다.

용궁에서 경전을 가져온 보살

우르릉 쾅쾅 천둥 번개가 치더니 용이 물살을 가르고 솟아오른다. 굵은 비늘을 꿈틀거릴 때마다 검은 구름이 피어난다. 크르릉거리며 꿈틀거리는 기세가 어떤 삿된 기운도 범접할 수 없을 만큼 거침없다. 「운룡도雲龍圖」는 용이 여의주를 얻어 승천하는 기상을 힘찬 필치로 그린 대작이다. 십이지十二支 중 용만이 유일하게 실제 있는 동물이 아니다. 상상의 동물이다. 십이지의 나머지 동물 특징을 모두 합하면 용이 된다. 용은 한자어이고 순수한 우리말은 '미르'다. 미르는 '물'에서 나온 말이다. 호랑이가 산신山神이라면 미르는 수신水神이다. 산신과 수신은 산 많고 물 많은 우리나라에서 예술작품의 주 소재였다. 청룡은 고구려 고분벽화에서 동쪽을 지키는 사신四神으로 등장한 이후 기와, 장신구, 범종, 도자기 등 각종 장르에서 그 모습을 나타냈다.

어디 그 뿐인가. 사람들은 가뭄이 들 때마다 용에게 기우제를 지냈다. 용이 비와 바람을 일으킬 수 있는 능력이 있다 믿었기 때문이다. 용은 임금을 상징하는 용어로 사용될 만큼 사랑받았다. 임금의 얼굴은 용안龍顔, 임금의 옷은 용포龍袍, 임금이 앉은 자리는 용상龍床이라고 부른다. 임금은 용만큼 고귀하고 용은 임금만큼 위엄 있는 존재다. 용이 곧 임금이다. 서양에서 용은 사람에게 해를 끼치는 악의 상징이지만 동양에서 용은 상서로운 동물이다. 특히 불교에서 용은 불법을 지켜주는 착한 신이다. 이렇게 용을 신성시하는 데는 농사와 관련이 깊다. 농사짓는 데 가장 중요한 것이 물이다. 그러니 물을 대줄 수 있는 용이야말로 사람들의 존경을 받아 마땅하다.

작자 미상, 「운룡도」, 종이에 색, 222×217cm,
조선 후기, 국립중앙박물관 소장

용수보살의 원래 이름은 '나가르주나'이다. 용龍은 '나가'의 의역어이고 수樹는 '아르주나'의 음역어이다. 용수는 '용 가운데 가장 뛰어나다'는 뜻으로 용맹龍猛, 용승龍勝이라 번역된다. 용은 그가 대룡보살의 도움을 받아 깨달음을 얻어서, 수는 어머니가 아르주나라는 나무 아래에서 그를 출산했기 때문에 붙여진 이름이다. 용수보살이 대룡보살의 도움을 받아 용궁에 가서 대승경전을 가져왔다는 내용은 다분히 신화적이다. 왜 이런 신화적인 이야기가 전해지고 있는 걸까. 그것은 인도를 포함한 동양에서 용에 대한 믿음이 그만큼 신성하고 보편적이기 때문일 것이다.

　용과 불교와의 관계에 대해서는 인도 신화학자인 독일인 하인리히 치머Heinrich Zimmer, 1890~1943에 의해 잘 정리되어 있다. 그에 따르면 용은 부처가 깨달음을 얻은 직후 비를 맞지 않도록 몸을 펴서 보호한 수호자다. 또한 부처의 어려운 설법을 이해한 자다. 부처가 처음 설법을 할 때 사람들은 그 가르침을 이해하지 못했다. 부처가 깨달은 직후 화엄경 설법을 계속하지 않고 아함경을 설하게 된 배경이다. 그러나 용은 이해했다. 용은 부처의 어려운 가르침을 듣고 이해하고 지키고 있다가 7세기 정도가 지난 다음에 용수보살이라는 역사적 인물을 통해 전해주었다. 용수보살은 오랜 세월 용이 지켜온 부처의 가르침, 즉 화엄경을 용궁에서 가져와서 세상에 전해주었다. 그것도 화엄경의 상본경과 중본경은 사람들이 받아들일 능력이 부족해 세상에 전하지 않고 오직 하본경만 전했다 한다. 용수보살이 용궁에서 경전을 가져왔다는 내용은 실존 인물을 신화적으로 묘사한 것이다. 용궁이라는 특별한 장소를 설정함으로써 대승불교의 세계를 열어젖힌 용수보살의 역할을 극대화하기 위함이다.

1
나는 이와 같이
들었다

탁월한 해석으로 용처럼 존경받다

용수보살이 출현하여 대승불교의 세계를 열어주기 전까지 불교계가 어떤 상태였는지 『해동고승전海東高僧傳』에 잘 나타나 있다.

"이에 아난 등이 부처님 말씀을 결집하여 패첩에 자세히 실으니 경률론經律論과 계정혜戒定慧가 이리하여 비로소 보급되었다. 그러나 화엄의 영원한 가르침은 용궁에 숨겨져 있었으며 사종邪宗, 불멸 후의 십사의 非法이 독뱀처럼 고개를 쳐들고 일어나고 이부異部, 불멸 후 대소 20부파로 분열된 양상가 개구리처럼 울어댔다."

용수보살이 용처럼 존경받는 이유를 가늠해 볼 수 있는 글이다. 용이 많은 사람에게 찬탄을 받는 이유는 그 신령스러움 때문이다. 가뭄으로 땅이 쩍쩍 갈라질 때 비를 내려주기 때문이다. 그러나 용이 물을 만들지는 않는다. 용수보살은 부처의 가르침을 공에 기대어 우리에게 전달해줬다. 그의 사상은 새로운 것이 아니다. 부처의 가르침을 해석한 것이다. 그러나 탁월한 해석이다. 그 모습이 마치 여의주를 이용해 비를 부리는 용에 비견될 만하다. 역시 용 가운데 가장 뛰어난 용승보살이다. 대승불교는 크게 중관파中觀派와 유가학파瑜伽學派로 나눌 수 있다. 중관파가 용수보살에서 시작됐다면, 유가학파는 무착無著과 세친世親에 의해 시작되었다. 두 사람 또한 용수보살 못지않은 비룡飛龍이다.

무착·세친

하늘은
비어 있되
빈 것이 아니다

마화지 「고목유천도」

"지금 내 병이 위독하니 급히 오도록 해라."
 장부국丈夫國에 있는 형 무착법사가 동생 천친天親에게 사신을 보냈다. 무슨 병인지는 알려주지 않았다. 대신 무조건 오라는 말만 되풀이했다. 아유사국에 있던 세친은 사신을 따라 본국으로 돌아왔다. 그런데 이게 웬일인가. 아프다던 형은 멀쩡했다. 의아한 세친이 무착에게 물었다.
 "형님. 어디가 어떻게 아프십니까?"
 형이 대답했다.
 "나는 지금 마음에 중병이 있다. 너로 인해 생긴 병이다."

1
나는 이와 같이 들었다

천친이 또 물었다.

"무엇으로 인해 생겼는지 알려주시겠습니까?"

형이 대답했다.

"너는 대승大乘을 믿지 않고 항상 훼방을 놓았다. 이 악업 때문에 너는 반드시, 영원히 악도에 떨어질 것이다. 그러니 내가 어떻게 아프지 않을 수 있겠느냐. 나는 지금 근심과 고통으로 장차 생명이 온전하지 못할 것이다."

무착과 천친 형제는 부루사부라국(페샤와르) 사람이다. 아버지는 교시가憍尸迦라는 성을 가진 국사國師 바라문이었다. 교시가는 아들이 셋이었는데 그중 무착과 천친이 출가하였다. 무착은 일찍 출가하여 소승의 공관空觀을 익혔다. 이후 도솔천에 올라가 미륵보살의 가르침을 받아 대승의 공관을 깨닫고 유식唯識사상을 체계화했다. 무착의 유식사상은 그의 저서 『섭대승론攝大乘論』에 잘 정리되어 있다. 무착의 뒤를 이어 유식사상을 완성한 사람이 동생 천친이다. 천친은 세친 혹은 바수반두Vasubandhu라는 범명梵名으로 더 많이 알려졌다. 그는 초기에 소승불교인 설일체유부說一切有部에 출가하였다. 형 무착이 사신을 보내 동생을 오게 할 때만 해도 세친은 『아비달마구사론阿毘達磨俱舍論』을 집대성한 후 소승의 교리를 활발하게 전파하고 있었다. 무착은 동생 세친이 소승에 머물러 있는 것이 안타까웠다. 태어날 때부터 총명한 동생이라면 대승의 수승殊勝함을 곧 깨달을 수 있을 것 같았다. 무착의 생각은 틀리지 않았다. 형의 간략한 설명만 듣고서도 세친은 곧바로 대승의 의의에 통달했다.

여백이 가득한 그림

「고목유천도古木流泉圖」는 남송南宋의 마화지馬和之, 1131~62가 그린 작품이다. 아주 단순한 그림인데 그의 특징적인 필법이 잘 드러나 있다. 바위 틈에서 솟은

僧

마화지, 「고목유천도」, 종이에 먹, 30×48.7cm,
중국 남송, 타이베이 고궁박물원 소장

고목과 새 두 마리가 전부다. 바위 밑으로는 보일 듯 말 듯 한 필치로 물결을 그렸다. 필법은 간결하다. 고목의 줄기와 가지를 보면 필선이 끊어졌다가 이어 졌다. 그 모습이 마치 버드나무가 바람에 흔들리듯 말거머리가 움직이듯 부드 럽다. 이것이 마화지가 창안한 유엽묘柳葉描다. 그는 수목의 줄기와 가지를 그 릴 때 유엽묘 혹은 마황묘螞蝗描라 부르는 필선을 잘 구사했다. 유엽묘는 가늘 고 부드러운 필선으로 인물의 옷 주름이나 수목을 묘사하는 필법이다. 마황 묘는 거머릿과의 환형동물인 말거머리가 움직이듯 유연한 필선을 말한다. 그 는 산수, 인물, 불상을 잘 그렸다. 특히 '버드나무는 조천리趙伯駒, 소나무는 마 화지, 마른나무는 이성李成'이라는 평가를 받을 정도로 소나무를 개성 있게 잘 그렸다.

「고목유천도」에서는 비록 당시 유행하는 변각구도邊角構圖를 차용했지만 마 화지의 화풍은 남송의 주류 화원 화풍을 따르지 않았다. 그는 전형적인 문인 화가였다. 그는 당대唐代에 인물화를 잘 그렸던 오도자吳道子의 필법을 배웠다. 오도자는 '끊어졌다가 이어지는 점과 획이 때때로 떨어진 것처럼 보였다'는 평가를 받는데 이는 마화지의 유엽묘에서 확인할 수 있다. 그 때문에 사람들 은 마화지를 '소오생小吳生'이라고 불렀다.

「고목유천도」의 구도는 남송 때 유행한 전형적인 변각구도다. 무게중심이 심하게 왼쪽으로 쏠려 있고 오른쪽은 텅 비어 있다. 그러나 오른쪽이 비어 있 다해서 미완성으로 느껴지지는 않는다. 대각선으로 배치한 바위와 고목 그 리고 날아가는 새 한 마리 때문이다. 변각구도는 일각구도一角構圖라고도 한다. 자연의 한 부분을 화면 한 구석에 포치하고 나머지 부분은 안개나 물 등의 여백으로 남겨두는 구도법이다. 남송의 화원인 마원馬遠과 그의 아들 마린馬麟 그리고 하규夏珪에 의해 형성된 구도법으로, 흔히 이들의 화풍을 마하파馬夏派

화풍이라 부른다. 북송北宋의 곽희파郭熙派 화풍이 거대한 산수를 화면 가득 채운 반면 인물은 개미처럼 작게 그린 것과 달리 마하파 화풍은 여백과 인물의 비중을 크게 그린 것이 특징이다. 그 결과 먼 산은 생략되고 안개나 빈 공간이 강조되어 서정적인 분위기를 느낄 수 있다. 이것은 송나라의 수도가 양자강 이남으로 옮겨진 것과 긴밀한 연관성이 있다. 마하파 화풍은 조선 초기의 화원 이상좌李上佐의 전칭작傳稱作인 「송하보월도松下步月圖」에서도 확인할 수 있다.

마화지는 화가였지만 전문적으로 그림을 그린 화원은 아니었다. 그는 진사시험에 합격해 벼슬이 공부시랑工部侍郞에 이른 문인화가였다. 그림 재주가 뛰어나고 예사藝事에 밝아 화원의 일을 총괄했다. 그는 고종高宗이 『시경詩經』을 쓸 때 매 편마다 그림을 한 장씩 그렸다고 전한다. 현존하는 작품으로는 『시경』의 「소아小雅」 편을 그린 「녹명지십도鹿鳴之什圖」와 『시경』의 「빈풍豳風」 편을 그린 「빈풍도豳風圖」가 전한다. 시의도詩意圖로는 소식蘇軾의 「후적벽부後赤壁賦」를 그린 「후적벽부도後赤壁賦圖」가 전해지고 있으며, 두순학杜荀鶴, 846~904의 칠언율시 「동말동우인범소상冬末同友人泛瀟湘」의 시를 그렸다는 기록도 확인할 수 있다.

유식학의 시조, 무착과 세친 형제

형 무착의 말을 들은 세친은 놀라고 두려웠다. 즉시 형에게 대승을 설해주기를 청했다. 형은 즉시 대승의 중요한 뜻을 간략하게 설했다. 동생은 매우 총명하여 대승의 이치가 소승보다 빼어남을 깨달았다. 대승의 뜻을 배우고 즉시 밝게 사유하여 앞뒤가 다 이치와 상응하여 어긋남이 없었다. 이에 비로소 대승이 위대함을 증험하였다. 만약 대승이 없었다면 삼승三乘의 도과道果는 없었을 것이다. 그러나 어찌하랴. 자신이 소승을 믿던 과거에 대승을 훼방하던 과보로 인해 반드시 악도에 떨어질 것 같았다. 스스로 깊이 자신의 과오와 허물을 참회하고 싶었지만 어떤 방법으로 잘못을 면해야 할지 몰랐다. 그는 형의 처소에 가서 자신의 뜻을 밝혔다.

"저는 옛날에 혀로 훼방을 놓았습니다. 지금 혀를 끊어서 이 죄를 없애겠습니다."

무착법사가 말했다.

"네가 설사 천 개의 혀를 끊는다 해도 역시 이 죄를 없애지 못할 것이다. 네가 만일 이 죄를 없애고자 한다면 마땅히 방편으로 고쳐야 한다."

세친은 즉시 형에게 죄를 없애는 방편을 설해주기를 청했다.

"너의 혀는 착할 수 있는데도 그로써 대승을 훼방했으니, 네가 만일 이 죄를 없애고자 한다면 착함으로써 대승을 해설해야 한다."

무착법사가 죽은 뒤 세친은 대승론大乘論을 지어 모든 대승경들을 해석하였다. 세친은 『화엄경』『열반경』『법화경』『반야경』『유마경』『승만경』 등 여러 대승경론을 지었다. 또 『유식론唯識論』『섭대승론석攝大乘論釋』『삼보성론三寶性論』『감로문론甘露門論』 등의 대승론서도 지었다. 진제眞諦 삼장이 번역한 『바수반두법사전』에는 다음과 같이 기록되어 있다.

"무릇 이 법사가 지은 것들은 문장과 뜻이 정묘하여 보거나 들은 사람들은 믿고 구하지 않는 사람이 없었다. 그러므로 천축과 그 밖의 변방에서 대·소승을 배우는 사람들은 모두 법사가 지은 것을 배움의 근본으로 삼았고 이부 및 외도의 논사들은 법사의 이름만 들어도 두려워 복종하지 않는 사람이 없었다."

대승불교는 크게 용수보살을 시작으로 한 중관파와 무착과 세친을 따르는 유가학파로 나눌 수 있다. 유가학파는 중도中道를 지향하는 중관사상이 지나치게 공성空性에 치우치자 이를 보완하기 위해 나타나게 되었다. 유가학에서는 모든 것은 마음과 의식의 표상이라고 강조하기 때문에 유식학^{唯識學}이라고 부른다.

  중관파와 유가학파의 입장은 「고목유천도」를 보는 두 가지 관점에 비유할 수 있다. 「고목유천도」에는 여백이 가득하다. 여백은 허공이다. 그런데 이 여백은 아무 것도 없는 공한 것인가? 나중에 여기에 건물이 들어선다면 어떠할까. 건물이 있는 공간은 아무것도 없는 허무한 것이 아니다. 그러나 내가 그 건물을 바라볼 수 있는 마음이 없다면 어떠할까. 멋진 건물이 있다 해도 없는 것이나 마찬가지다. 유식학에서는 우리가 경험하는 이 세계는 공은 공이로되 '오직 식^{識}만이 존재한다'고 가르친다. 그런 의미에서 유가학파는 중관학파의 공을 사상적 기반으로 삼으면서도 이를 더 발전시켰다고 볼 수 있다.

2
강물이 모여
바다를 이루다

중국의 스님

도안　　설봉
혜원　　운문
구마라집　영명
지의　　허운
도선
현장
법장
선도
혜능
영가
마조
백장
황벽
조주
임제

2
강물이 모여
바다를 이루다

도안

얼굴이
새까만 도안,
이웃을
놀라게 하다

강세황 「벽오청서도」

"이 사람의 원대한 식견은 너희들이 짝할 만한 것이 아니다."
 불도징佛圖澄의 목소리는 단호했다. 승려들은 불만스러웠지만 대꾸할 말이 없었다. 불도징이 누구인가. 서역인西域人으로 전법의 뜻을 품고 일흔아홉 살에 낙양으로 오신 분이 아닌가. 불법 홍포를 위한 그의 열정은 보통 사람의 상상을 초월할 정도였다. 특히 그는 '나라의 신인神人'으로 불릴 만큼 신통력이 뛰어났다. 난폭한 군주 석륵石勒과 석호石虎를 불교에 귀의시켜 백성을 폭정에서 구하기도 했다. 또 죽은 석호의 아들을 살려 초파일 때마다 관불행사를 거행할 수 있도록 했다. 그의 노력으로 중국인의 출가가 공식적으로 허용되었고,

따르는 제자만 1만여 명이었다. 그가 전국에 세운 사찰은 893곳에 이른다.

그런 불도징이 도안道安, 312~385을 가리켜 다른 사람과 비교할 만한 사람이 없다고 말했다. 대중은 스승이 왜 몰골이 초라하고 이상하게 생긴 도안을 감싸고도는지 이해할 수 없었다. 스승은 강론할 때마다 도안을 곁에 두고 자신의 강의를 되풀이하게 했다. 대중은 수근거렸다.

"다음에 어려운 질문으로 저 새까맣고 형편없는 인간을 죽여 버립시다."

드디어 불도징의 강의가 끝났다. 도안이 복강覆講을 위해 강단에 올랐다. 이곳저곳에서 도안을 골탕 먹이기 위한 어려운 질문들이 터져 나왔다. 그러나 도안은 예리한 질문에도 전혀 당황하는 기색이 없이 침착하게 대답했다. 그것도 대중이 알아듣기 쉽게 진리의 세계를 펼쳤다. 그가 펼쳐낸 불법佛法의 세계는 한두 해 공부해서 얻은 경지가 아니었다. 일곱 살에 책을 읽은 후 책의 내용을 두 번 보면 외울 정도로 총명했다. 일찍 부모를 여의고 외사촌형의 손에서 자란 도안은 열두 살에 출가했다. 출가한 후에는 볼품없는 외모 때문에 스승에게 그다지 큰 주목을 받지 못했다. 그러나 스승이 아침에 준 경전을 저녁이면 다 외우자 마침내 구족계를 받았다. 그 후 여러 고을을 유행하며 경전과 계율의 대가들을 만나 도에 대해 묻고 공부했다. 특히 업도鄴都에서 만난 불도징은 그의 사람됨을 알아봤다. 하루 종일 그와 더불어 이야기하며 감탄하고 칭송하기를 멈추지 않았다. 마침내 도안의 능력을 인정한 대중은 다음과 같이 말했다.

"얼굴이 새까만 도안이 사방 이웃을 놀라게 한다."

도안, 중국불교의 기초를 확립하다

도안은 존경하는 스승 불도징이 입적한 후 전란을 피해 타이항 산맥의 호택澤과 비룡산에서 살았다. 그는 특히 후한後漢의 안세고安世高를 존경했다. 안세고는 안식국의 태자였는데 숙부에게 왕위를 양보하고 출가한 후 전법을 위해 중국으로 왔다. 148년 안세고는 처음으로 소승경전을 들여와 번역에 주력하고 선정을 실천했다. 도안은 안세고가 번역한 『음지입경陰持入經』『안반수의경安般守意經』『십이문경十二門經』『대십이문경大十二門經』 등에 주석을 달거나 서문을 썼다. 도안에 의해 비로소 서진 말부터 동진시대까지 크게 유행하던 격의불교格義佛敎 시대가 막을 내리고 본격적인 경전 이해와 규범을 바탕으로 한 중국불교가 시작되었다. 격의불교는 인도에서 유입된 이질적인 종교인 불교를 중국인들이 쉽게 이해할 수 있도록 그들에게 익숙한 고전이나 사상을 빌려 불교를 해석하고 설명하는 방식이다.

불교가 인도에서 중국에 전래된 것은 1세기 후한後漢 명제明帝 때였다. 서역의 승려들은 실크로드를 통해 서역과 교역하던 상인들을 따라 중국에 들어왔다. 전한前漢과 후한의 사상계는 유학이 독점하고 있었다. 유학은 후한의 멸망과 함께 쇠퇴했는데 때를 맞춰 유학의 권위에 도전하는 학문과 사상이 새롭게 발흥하였다. 왕필王弼과 하안何晏으로 대표되는 노장사상의 부흥이었다. 불교의 출세간법은 유교의 세간법과 전혀 다른 반면 노장사상과는 통하는 면이 많았다. 노장에서 무無를 만상의 근원이자 도의 근본으로 여겼는데 이는 불교의 공사상과 유사했다. 노장에 심취해 있던 지식인들은 한역漢譯 불전佛典에도 흥미를 보였고 이들에 의해 도교적 불교와 철학적 불교가 꽃을 피웠다. 불교를 처음 접한 중국인들은 부처를 도교의 신과 비슷한 대상으로 여겼다.

중국에 불교가 본격적으로 알려진 것은 후한 말 환제桓帝 때 안세고와 지루가참支婁迦讖에 의해서였다. 안세고는 선관禪觀에 의한 소승경전을, 월지국 출신의 지루가참은 대승경전을 번역했다. 두 사람에 의해 중국에는 소승경전과 대승경전이 거의 같은 시기에 소개되었다. 이후에도 여러 명의 서역승들이 입국해 역경사업에 종사했고 한인 승려의 구법행도 계속되었다. 특히 위오촉魏吳蜀, 220~280 삼국 중 오나라에서 불교가 가장 활발하게 전파되었는데 대월지국의 지겸支謙과 강승회康僧會가 역경과 범패로 불교 포교에 전력했다. 둔황보살이라 불리는 축법호竺法護는 월지국인으로 역경사에서 구마라집 이전의 제1인자로 불렸다. 양나라 승우僧祐가 '경의 가르침이 중국에 전파된 것은 실로 축법호의 공덕이다'라고 칭송할 정도로 그는 평생을 역경사업에 매진했다.

이런 분위기 속에서 불교를 공부한 도안은 산중에서 축법아竺法雅, 축법태竺法汰, 강법랑康法朗 등과 함께 불법 포교에 힘썼다. 도안이 40대에 접어들어 항산恒山으로 이주하였을 때 혜원慧遠, 334~416과 혜지慧持, 337~412 형제가 찾아와 제자가 되었다. 그는 50대에 400여 명의 제자들과 함께 양양襄陽으로 옮겨 백마사白馬寺에서 경전 연구와 번역사업을 계속했다. 그의 문하로 사방에서 제자들이 몰려들자 백마사가 협소해졌다. 나중에 단계사檀溪寺를 창건하여 48종의 주해서를 펴냈다.

도안은 불교뿐만 아니라 노장과 음양, 산수 등에도 능통해 명문자제들이 그를 찾아와 가르침을 받았다. 그의 명성을 듣고 찾아온 사람들 중에는 유명한 사대부와 관료들이 많았다. 그중에 습착치習鑿齒라는 사대부가 있었다. 그는 도안을 만나 자신을 '사해四海의 습착치'라고 소개했다. 사해는 사방의 바다이니 온 천하, 세계를 뜻한다. 이는 곧 자신은 온 세상에서 알아주는 유명한 사람이니 세상에서 제일이란 의미다. 그러자 도안이 자신을 '미천彌天의 도안'이라고 응수했다. 미천은 하늘이니 세상뿐만 아니라 하늘까지 이름을 떨쳤다는 뜻이다. 불교가 유학보다 뛰어남을 드러낸 자신감이 아닐 수 없다.

그의 공적은 경전 연구와 계율의 제정으로 끝나지 않았다. 승려들의 성씨를 석씨釋氏로 통일한 것도 도안에 의해서였다. 당시 중국에 와서 활동하던 서역 승려들은 자신의 출신 지역에 따라 강씨, 안씨, 지씨 등의 성을 썼고 중국의 승려들은 스승의 성을 따랐다. 이런 상황에서 도안은 출가사문은 모두 석가모니 부처의 제자이므로 석씨를 써야 하는 것이 마땅하다고 제안했다. 이후 모든 승려는 지금까지도 자신의 법명 앞에 석씨를 붙이는 것이 전통이 되었다. 『고승전高僧傳』의 도안에 대한 자료가 석도안釋道安으로 되어 있는 것도 이와 같은 까닭이다. 그리하여 인도에서 중국에 불교가 들어온 지 300여 년 만에 불교는 외래 종교가 아닌 중국의 종교로 뿌리내렸다.

독창성이 돋보이는 강세황 버전의 「벽오청서도」

중국 명청明淸시대에는 여러 종류의 화보畫譜가 출판되었다. 그 화보들은 거의 비슷한 시기에 조선에 전래되었다. 많은 선비들과 직업 화가들은 화보를 보며 필법을 익혔고 간접적으로나마 명작을 접할 수 있었다.

18세기에 활동한 표암豹菴 강세황姜世晃, 1713~91도 마찬가지였다. 그의 대표작인 「벽오청서도碧梧淸署圖」는 화보를 보고 그린 작품이다. 그림은 매우 단순하다. 선비가 벽오동나무 아래 들어선 초옥에서 더위를 식히고 있는 주제를 다루었다. 선비는 마루에 앉아 마당에서 비질을 하고 있는 동자를 무심하게 쳐다본다. 그늘을 드리운 벽오동과 뒤란의 파초 그리고 먼 산에 가해진 푸르스름한 담청에서 한여름의 싱그러움이 뚝뚝 떨어진다. 생명의 계절이 맹렬한 성장을 향해 달려가는 시간, 만상이 내적인 충만에 젖어 고요 속에 잠겼다. 지나가던 바람조차 숨을 죽인다. 한낮의 고요를 깨뜨리는 것은 오직 빗자루로 마당 쓰는 소리뿐이다. 강세황은 18세기를 대표하는 남종南宗 문인화가답게 여름날에 만날 수 있는 선비의 일상을 담백하게 우려내었다. 그림 상단에는

강세황, 「벽오청서도」, 종이에 연한 색, 30.5×35.8cm, 조선 후기, 개인 소장

'심석전沈石田의 벽오청서를 보고 그렸다'고 적었다. 석전은 명나라 때 활동한 문인화가 심주沈周, 1427~1509다. 강세황은 이 그림을 심주의 진품을 보고 그린 것이 아니라 『개자원화보芥子園畵譜』에 실린 흑백 그림을 참고했다. 벽오청서는 중국과 우리나라에서 종종 그려진 주제다. 조선 후기에 활동한 이유신李維新의 「벽오청서도」가 간송미술관에 전한다.

그런데 강세황이 심주의 「벽오청서도」를 보고 따라 그렸는데도 심주의

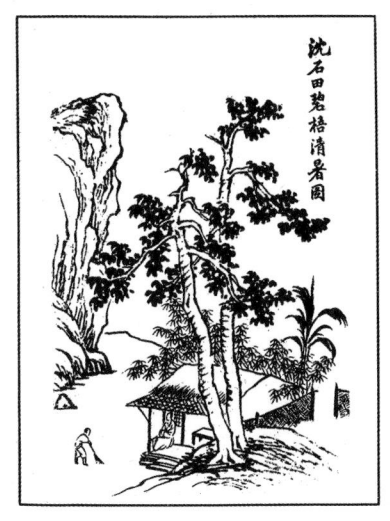

심주, 「벽오청서도」(『개자원화보』 중에서)

아류로 취급받지 않는 비결은 여기에 자신의 해석이 들어가 있기 때문이다. 즉 강세황은 심주의 원판에 자신의 해석을 넣어 독창적인 '강세황 버전'을 만든 것이다. 이것은 도안이 기존의 경전 해석에 자신만의 주석을 넣은 것과 같은 이치라 할 수 있다.

전진 왕이 존경한 오직 한 사람

한편 전진前秦의 왕 부견苻堅은 379년에 도안이 사는 양양을 공격하여 수중에 넣는다. 부견은 평소에 도안의 명성을 익히 알고 있었는데 그를 자신의 측근에 두고자 양양을 공격한 후 장안으로 돌아왔다. 부견은 도안을 만난 후 얼마나 기뻤던지 그 심정을 이렇게 말했다.

"짐이 10만 대군으로 양양을 공격한 것은 오직 한 사람 반을 얻기 위함이

었다."

여기서 한 사람은 도안이요, 반 사람은 습착치였다. 부견은 도안을 진심으로 존경하여 언제나 천자의 수레에 동승하게 했다. 이에 출가승이 천자의 수레에 동승하는 것은 온당하지 못하다는 신하의 간언이 나왔다. 이에 발끈한 부견이 다음과 같이 말했다.

"도안 스님의 도와 덕은 존경할 만하여 나는 천하와도 바꾸지 않겠다. 가마를 함께 타는 영예 정도로는 그의 덕에 맞지 않다."

도안은 부견의 후원을 받으며 장안의 오중사五重寺에서 주석하며 불법 홍포에 진력했다. 도안이 중국불교사에 남긴 업적은 한두 가지가 아니었다. 그는 경전 번역에 심혈을 기울여 장안에 온 서역 승려의 역경에 참여했다. 또한 여러 경전을 정밀하게 검토하고 주석을 달았을 뿐만 아니라 경전에 대한 서문도 많이 지었다. 당시까지 중구난방으로 흩어져 있던 번역 경전의 목록을 작성하고 체계를 세웠다. 경전의 내용을 이해하기 쉽게 서분序分, 정종분正宗分, 유통분流通分으로 분류한 사람도 도안이었다. 더불어 『승니규범僧尼規範』을 제정해 계율과 불교 의례를 정비한 것도 빼놓을 수 없는 업적이라 하겠다.

중국불교의 기초를 확립한 도안은 항상 제자들과 함께 미륵상 앞에서 도솔천에 왕생하기를 서원했는데 385년에 세수 일흔둘로 열반에 들었다. 그의 사상은 여산의 혜원이 계승했다.

혜원

여산의 동림사,
동진불교의
중심이 되다

심주 「여산고도」

"저에게만은 훈계나 도움 말씀이 없으시니 사람의 예가 아닌가 두렵습니다."

378년 전진 왕 부견이 양양을 침공하자 도안과 제자들은 각기 길을 나누어 떠나게 되었다. 도안은 제자들과 헤어지기 전에 일일이 가르침을 주었다. 혜원도 스승에게 가르침을 청했다. 그러나 한마디도 듣지 못했다. 혜원은 당황스러웠다. 스승을 인연으로 불교에 귀의한 지 어느덧 25년이었다. 그는 원래 불교와는 인연이 없는 사람이었다. 어려서부터 책을 좋아하여 열세 살에 외숙부를 따라 낙양洛陽에서 육경六經과 노장학老莊學을 배웠다. 공부가 깊어지자 당시의 명유名儒인 범선자范宣子에게 배우고자 했으나 전란 때문에 뜻을 이루지 못했다. 그러던 차에 도안이 항산에서 불법을 가르친다는 명성을 듣고 찾아가 『반야경般若經』 강의를 들었다. 강의를 듣는 순간 눈에서 비늘이 떨어지는 듯한 깨달음을 얻었다. 혜원은 동생 혜지와 함께 머리를 깎았다. 혜원이 스물한 살, 도안이 마흔두 살이었다. 혜원이 밤낮으로 경전을 읽고 외우며 수행정진하는 모습을 본 스승은 매우 흡족했다. 혜원은 스물넷부터 강의를 시작했으며 실상實相을 묻는 손님에게 『장자』의 내용을 인용하여 의혹을 풀어주었다. 이후부터 도안은 특별히 혜원에게만은 속가의 책을 허락해주었다. 도안은 혜원의 빼어난 근기와 수행력을 인정하여 '중국의 불교는 혜원에게 달려 있다'고 말했다.

그런 스승이 왜 자신에게는 한마디 말도 남기지 않을까. 혜원이 다시 스승에게 꿇어 앉아 가르침을 청했다. 도안이 대답했다.

"그대와 같은 사람을 내가 어찌 근심할 일이 있겠는가?"

여산에서 동진불교를 일으키다

혜원은 스승과 헤어져 제자 수십 명과 함께 남쪽으로 향했다. 처음에는 형주荊州로 가서 상명사上明寺에서 주석하였다. 그 후 나부산羅浮山으로 가고자 심양潯陽에 이르렀는데, 여산廬山의 봉우리가 맑고 고요해 용천정사龍泉精舍에서 머물렀다. 여산은 산세는 웅장한데 물과의 거리가 멀었다. 이에 혜원이 지팡이로 땅을 두드리며 '만약 이곳이 우리가 깃들어 머물 만한 곳이라면 샘이 솟아 오르게 해주시오'라고 하자 말을 마치기가 무섭게 맑은 물이 솟아 나와 개울을 이루었다. 그리하여 용천정사를 용천사龍泉寺라 했다. 당시 사문 중에서 혜원과 친한 혜영慧永이란 스님이 있었다. 혜영은 자사刺史 환이桓伊에게 부탁해 비

좁은 용천사 대신 여산 동쪽에 승방과 불전을 건립해줄 것을 요청했다. 이렇게 해서 완성된 절이 동림사東林寺였다. 동림사는 강서江西성 북부 여산의 서쪽 기슭에 있다. 동림사를 근거로 혜원의 사상이 남조南朝에 퍼져나가게 된다.

동림사가 완공되자 혜원은 경전 정비에 심혈을 기울였다. 제자 법정法淨과 법령法領을 서역에 보내 범어로 쓰인 경전 원본을 찾아와 번역하게 했다. 391년에는 계빈국罽賓國, 현 카슈미르 출신 승가제바僧伽堤婆 스님이 여러 경전에 박식하다는 소식을 듣고 심양에 온 그를 초청해 『아미담심론阿毘曇心論』과 『삼법도론三法度論』을 번역하게 했다. 혜원은 경전이 완성될 때마다 손수 서문을 짓고 종지를 표시하여 학자들에게 남겼다. 이번 역경사업에는 80명의 승려와 강주江州 자사刺史 왕응지王凝之, 서양西陽 태수 임고지任固之 등이 후원을 아끼지 않았다. 왕응지는 서성書聖 왕희지王羲之의 아들이다.

혜원이 주석한 동림사는 어느새 동진불교의 중심지가 되었다. 많은 귀족과 지식인이 혜원을 찾아 동림사로 모여들었다. 유유민劉遺民, 뇌차종雷次宗, 주속지周續之, 필영지畢穎之, 종병宗炳, 장채민張萊民, 장계석張季碩 등 내로라하는 귀족들이 혜원에게 귀의했다. 귀의했다고는 하나 그들의 태도는 은둔적이고 비현실적이었다. 그들은 유가儒家의 도덕 같은 속박에서 벗어나 자연으로 돌아가자는 청담清談에 빠져 있었다. 정치에 대한 부정과 허무주의적인 사상에 젖어 세속을 벗어난 삶을 추구하며 살았다. 오랜 전란을 겪으면서 현실에 적극적으로 개입하기를 꺼려하는 데서 온 습관이었다. 이상향을 찾아나서는 도연명陶淵明의「도화원기桃花源記」, 신과 인간의 사랑을 그린 고개지顧愷之의「낙신부도洛神賦圖」가 모두 이 시기에 등장한 작품이다. 노장사상에 젖어 죽림에서 세월을 보낸 죽림칠현竹林七賢의 출현은 청담사상의 결정체라 할 수 있다.

이런 상황에서 불교를 전파하기 위해서는 혜원의 결단이 필요했다. 이것이

僧

심주, 「여산고도」, 종이에 먹, 193.8×98.1cm,
중국 명(1467년), 타이베이 고궁박물원 소장

백련사白蓮社가 출현하게 된 계기다. 402년 7월 28일, 혜원은 승속의 제자 123명과 함께 반야대의 아미타불상 앞에서 염불결사운동을 실행에 옮겼다. 백련사는 서방정토를 염원하며 염불 삼매를 닦은 최초의 염불결사로 불교사에서 대단히 중요한 의미를 갖는다. 백련사는 청담에 빠진 귀족들의 은일적인 불교를 실천적인 신앙으로 바꾸었다. 결사에 참여한 사람들은 죄를 참회하고 정토에 태어날 것을 염원하며 신행 생활을 이어갔다. 이로써 여산의 동림사는 동진불교의 중심지가 되었다.

여산이 명산이 된 까닭

에너지가 넘치는 산봉우리가 화면 전체를 꽉 채웠다. 심하게 주름진 봉우리 사이로 안개 같은 구름이 피어난다. 부글부글 끓어오르듯 피어나는 구름 위로 또다시 느닷없는 산봉우리다. 멈추어 있되 움직이는 산. 고요하되 꿈틀거리는 산. 심주의 「여산고도廬山高圖」가 뿜어내는 기운이다. 누가 동양화의 특징을 여백이라 했던가. 「여산고도」에는 여백이 비집고 들어갈 여백이 없다. 필선은 꼼꼼하지만 산과 산의 연결 부분은 확실하지 않다. 산의 내면에서 출렁거리는 동력에 따라 산 주름이 겹치고 포개어지기를 거듭한다. 엎치락뒤치락이다. 암벽의 정상은 흰색으로 칠했다. 안개가 흐르는 듯하다. 암벽의 측면은 연하게 색을 넣었다. 세월의 풍화작용이 실감 나는 절경이다. 여산이 그냥 여산이 아니다. 기암괴석으로 붙잡힌 마음을 차마 떨치고 갈 수 없기 때문에 여산이다. 돌아서는 선비의 발길이 수시로 주춤해진다. 한 번 빼앗긴 마음은 쉽게 수습이 안 된다. 명산의 절경을 만나면 가진 마음을 다 털어주는 것이 마땅하다.

기가 센 사람 옆에 있으면 피곤하듯 압도적인 산세를 바라보는 눈도 피곤하다. 그럴 때쯤 폭포가 눈에 들어온다. 수직으로 내리꽂는 흰색 폭포가 시원하다 못해 아플 정도다. 답답했던 심정이 뻥 뚫린다. 이백李白, 701~762이 「망여산폭포望廬山瀑布」에서 '비류직하삼천척飛流直下三千尺'이라 표현했던 심정이 과장이 아님을 알겠다. 산과 바위로 꽉 막힌 구도에 비로소 여백이 생긴다. 여백은 빈 허공만이 아니다. 물도 여백이다. 맺혀 있으면 풀어주고 닫혀 있으면 열어주는 실마리가 모두 여백이다. 폭포 때문에 여산의 격정은 분출되지 않고 균형을 이룬다. 동과 정, 강함과 부드러움이 비로소 조화를 이룬다. 아슬아슬하게 걸린 나무다리조차 여산의 절경을 위해 꼭 필요한 소품이다.

사람이 있었던가. 여산의 웅장함에 빼앗긴 마음을 거두려는데 부동자세로 서 있는 선비가 비로소 보인다. 폭포가 화면 아래로 쏟아져 내리기 직전에 발견한 사람이다. 눈여겨보지 않았더라면 그냥 지나쳤을 법한 미미한 존재. 대자연 앞에 인간은 얼마나 자그마한 존재인가. 붙박이처럼 서 있는 선비는 살아 움직이는 인간이라기보다는 여산의 한 모퉁이를 장식하는 작은 돌멩이 같다. 물아일체物我一體의 경지다. 장쾌하게 쏟아지는 폭포 소리에 선비 또한 마음을 빼앗겼다. 눈은 건너편의 소나무에게 귀는 나무 사이로 울려 퍼지는 폭포 소리에 빼앗겼다. 나부산으로 향하던 혜원이 여산에서 발걸음을 멈춘 심정이 이해되는 순간이다.

그림 상단에 전서篆書로 여산고廬山高라는 제목과 함께 장문의 시가 한 수 적혀 있다. 심주는 마흔한 살에 스승 진관陳寬의 일흔 살 생일을 축하하기 위해 「여산고도」를 그렸다. 결국 스승의 고매한 인격을 여산에 빗대어 노래한 그림이다. 실제로 심주는 여산을 다녀온 적이 없었다. 마음속에 들어 있는 웅장한 산의 모습을 그렸을 뿐이다.

심주는 오파吳派를 대표하는 문인화가다. 오파는 명나라 문화의 중심지인 소주蘇州를 중심으로 형성된 화파畫派로 소주의 옛 지명 오吳를 따라 오파라고 불렀다. 오파는 원말4대가의 화법을 바탕으로 개성 있고 문기 넘치는 고아한 문인화의 세계를 성취했다. 오파의 전통은 심주에게서 문징명文徵明과 그의 아들 문가文嘉, 조카 문백인文伯仁, 진순陳淳, 육치陸治, 전곡錢谷 등이 계승하였다. 명대明代를 대표하던 오파는 명나라 후기까지 별다른 변화 없이 반복적인 화풍을 고집하다 힘을 잃게 된다. 모든 것이 제행무상이다. 그러나 오파가 추구했던 문인 취향의 예술적 경지는 그림을 통해 역사 속에서 사라지지 않고 후대인들에게 영감을 주었다. 모든 것이 불생불멸이다.

여산 같은 '호계삼소'의 주인공

혜원은 세상을 마칠 때까지 동림사에서 세상 밖으로 한 발자국도 나가지 않았다. 손님이 찾아오면 절 앞에 있는 계곡 호계虎溪에서 작별인사를 했다. 그런데 딱 한 번의 예외가 있었다. 혜원이 유생儒生인 도연명陶淵明, 365~427과 도사道士인 육수정陸修靜, 406~477을 배웅할 때였다. 혜원은 두 사람과 나누는 이야기에 도취한 나머지 호계를 지나쳐 버렸는데 호랑이가 으르렁거리는 소리를 듣고서야 그 사실을 알고 크게 웃었다고 전해진다. 유불선儒佛仙의 화합을 강조한 이 설화는 송대宋代의 석각石恪이 「호계삼소도虎溪三笑圖」라는 화제畫題로 처음 그린 이후 많은 화가의 사랑을 받았다. 그러나 세 사람의 생존 연대를 살펴보면 역사적인 사실과는 거리가 있다는 것을 확인할 수 있다. 혜원이 평생을 여산에서 살다보니 생겨난 이야기일 뿐이다.

혜원은 당시 실권자인 환현桓玄이 여산 밖으로 나오라고 요구했음에도 병을 핑계로 나가지 않았다. 혜원은 출가사문은 왕가에 경례하지 않아도 된다는 「사문불경왕자론沙門不敬王者論」을 지어 정치권력에 대한 승가의 독립성을 주장했다. 환현은 그런 혜원을 공경하여 '진실로 태어나서 아직 보지 못한 인물이다'고 찬탄했다. 환현이 계행에 어긋난 사문들을 환속시킬 때 여산만은 제외하라고 지시한 것도 혜원에 대한 믿음과 존경심 때문이었다. 혜원은 외부의 정치 상황과 상관없이 스스로 승단의 조례를 세우고 규제를 강화해 사문으로서의 본분을 지켜나갔다. 30여 년 동안 여산을 떠나지 않고 수행정진하던 혜원은 412년 일흔여섯의 나이에 입적했다.

혜원이 중심이 된 백련사는 스님의 입적 후 지속적으로 유지되지는 못했다. 제행무상이다. 그러나 혜원 스님이 시작한 신앙공동체는 중국은 물론 우리나라까지 영향을 미쳤다. 당나라의 서방사西方社, 연사蓮社, 보리향화사菩提香火社가 모두 백련사를 모델로 만들어진 염불결사였다. 신라시대부터 고려시대를 거쳐 조선시대까지 백련사를 본받은 각종 결사가 이 땅에서 계속되었다. 여산이 명산이 된 것은 그곳에서 가르침을 행한 혜원이 있기 때문이다. 혜원이 곧 여산이다.

구마라집

내가
번역한 경론에
잘못이 없다면

심사정 「홍련도」

　'아무리 왕명이 지엄하다한들 파계는 파계다. 나는 이미 계행을 어겼으니 수행자라고 할 수 없다.'
　구마라집鳩摩羅什, 343~413은 곧바로 몸을 일으켜 승방을 나왔다. 어찌 인생이 이다지도 힘들까. 구마라집은 심한 좌절감을 느꼈다. 이런 일이 벌써 두 번째였다. 첫 번째 사건은 여광呂光에 의해서였다. 383년, 전진 왕 부견은 여광을 보내 구자국龜玆國과 오기국烏耆國을 정벌하도록 했다. 목적은 오직 하나. 구마라집을 얻기 위해서였다. 부견은 4년 전, 379년에도 도안을 얻으려 양양을 공격했다. 구자국을 정벌하려는 명분은 '도의를 품고 있는 사람 때문'이라고 했다.

도의를 품고 있는 사람이 구마라집이었다. 당시 구마라집의 명성은 서역 여러 나라에 퍼져 있었다. 양양에 도안이 있다면 구자국에는 구마라집이 있다는 소문이 부견의 귀에까지 들렸다. 이미 도안을 얻어 천하에 위세를 떨친 부견은 구마라집까지 얻고 싶은 욕심을 버릴 수가 없었다. 결국 부견은 구마라집을 얻기 위해 구자국을 공격했다. 부견은 여광을 전별하면서 구자국을 정복하거든 '곧바로 역말을 급히 달려 구마라집을 후송하라'고 명령했다.

한 나라와 맞바꿀 만한 사람

구자국의 국운이 다한 것을 안 구마라집은 자신의 운명을 순순히 받아들였다. 그런데 구마라집을 사로잡은 여광은 실망했다. 저 사람이 한 나라와 맞바꿀 만한 가치가 있는 사람인가. 작은 그릇은 큰 그릇을 담지 못하는 법. 여광은 구마라집의 지혜와 국량을 측량할 정도로 그릇이 크지 못했다. 여광은 구마라집을 평범한 사람이라 여겨 구자국의 왕녀를 아내로 삼게 했다. 수행자를 수행자로 여기지 않는 모욕적인 처사였다. 구마라집은 완강히 거부했다. 그 모습을 본 여광이 비아냥거리듯 한마디 던졌다.

"도사의 지조는 당신 아버지보다 나을 것이 없지 않는가? 어찌하여 한사코 사양하는 것인가?"

구마라집의 아버지 구마염鳩摩炎은 천축 사람으로 대대로 재상을 지낸 명문 집안 출신이었다. 구마염은 재상의 지위를 사양하고 출가하여 동쪽으로 향했다. 구마염의 명성을 들은 구자국 왕은 그를 영접하여 국사國師로 삼았는가 하면, 그의 총명함을 욕심내어 자신의 누이동생과 강제로 혼인시켰다. 구마라집이 태중에 있을 때 왕녀는 저절로 천축어에 능통할 정도로 깨달음과 총명함이 배가 되는 것을 느꼈다. 이런 능력은 구마라집이 출생한 후 바로 사라졌다.

얼마 후 구마라집의 모친은 출가하기를 원했다. 출가사문을 파계시켜 혼인하고서 이번에는 자신이 출가하겠다는 것이었다. 소설로도 꾸며내기 힘든 소설 같은 현실이었다. 구마염의 반대에 부딪친 왕녀는 결국 다시 아들 하나를 더 낳은 후 출가를 허락받았다. 구마라집도 어머니를 따라 일곱 살에 출가했다.

구마라집은 스승에게 경을 배울 때 하루에 천 게송, 즉 3만2,000개의 단어를 암송했다. 스승이 경의 뜻을 전수해주면 즉시 심원한 이치를 통달하였다. 아홉 살 때는 어머니를 따라 계빈국으로 갔다. 왕족 출신이라 고국에서는 특별대우를 받는 것이 아들의 수행에 부정적인 영향을 미칠 것이라 염려했기 때문이다. 계빈국은 소승불교가 융성했다. 구마라집은 계빈국에서 반두달다盤頭達多를 만나 3년 동안 소승교학을 섭렵했다. 반두달다는 매번 구마라집의 재주와 지혜가 특출난 것을 알고 칭찬을 아끼지 않았다. 구마라집의 명성은 오래지 않아 계빈국 왕의 귀에까지 들렸다. 왕은 구마라집을 궁중으로 초청하여 외도 논사들과 논박하게 했다. 구마라집은 그의 나이가 어리다는 이유로 무시하고 불손하게 대한 외도들을 단번에 꺾어버렸다. 그 결과 그의 명성은 더욱 유명해졌다. 여러 나라에서 높은 벼슬을 주겠다고 그를 초빙했지만 세속적인 명예는 관심사가 아니었다.

열두 살 때 어머니를 따라 다시 구자국으로 돌아온 뒤 사륵국沙勒國으로 향했다. 사륵국에서는 베다와 음양, 천문과 논리학 등 불교 이외의 학문에 대해서 배웠다. 무엇보다 중요한 것은 그가 스승 수리야소마須利耶蘇摩를 만나 대승불교에 입문하게 되었다는 사실이다. 그는 스승에게서 '제법이 공하고 무상하다'는 설법을 듣고 깊이 궁구하여 대승의 밝은 이치를 깨달았다. 그 기쁨이 얼마나 컸던지 '내가 옛날에 소승을 배운 것은 마치 어떤 사람이 황금을 알지 못한 채 놋쇠를 가지고 가장 훌륭한 것으로 여긴 것과 같다'고 탄식했다.

대승경전을 섭렵한 구마라집은 옛 스승 반두달다를 초청해 모든 존재가 공하다는 공사상을 설명했다.

"대승은 심오하고도 사념이 없어 존재하는 모든 법은 공함을 밝히고 있습니다. 그러나 소승은 한쪽으로 치우치고 분별하여 여러 가지 잃어버리는 결함이 많습니다."

한 달 남짓 계속된 문답을 통해 드디어 대승의 위대함을 알게 된 반두달다는 다음과 같이 고백했다.

"스승이 미처 도달하지 못한 것을 도리어 제자가 그 뜻을 열어준다고 하는 것을 네가 증험하는구나. 이제부터 화상은 나의 대승의 스승이고, 나는 화상의 소승의 스승이오."

이를 계기로 구마라집의 명성은 서역은 물론 중국에까지 전해지게 되었다. 부견이 여광을 보내 구자국을 치게 한 것도 바로 이때였다. 여광이 구마라집을 파계시키며 아버지보다 나을 것이 없다고 지적할 만큼 그의 개인사는 많은 사람의 화젯거리였다. 여광에게 구마라집은 파계한 아버지나 별반 다르지 않았다. 말을 마친 여광은 구마라집에게 독한 술을 마시게 하고 여자와 함께 밀실에 가둬 버렸다.

그런데 이번에도 똑같은 상황이 벌어졌다. 후진後秦의 왕 요흥姚興에 의해서였다. 요흥은 전진 왕 부견을 살해하고 후진을 세운 장군 요장姚萇의 아들이었다. 부견은 여광을 보내 구자국을 멸망시키면서까지 구마라집을 얻고자 했으나 요장에게 살해됨으로써 뜻을 이루지 못했다. 구자국을 정벌한 여광은 구마라집과 함께 돌아오던 길에 부견의 살해 소식을 접했다. 그는 부견을 대신해 후량後凉이라는 나라를 세워 스스로 왕이 되었다. 구마라집도 어쩔 수 없이 양주涼州의 여광 곁에서 16~17년을 머물렀다. 그 기간 동안 구마라집은 비록 불법을 펼칠 수는 없었지만 경전 번역에 필요한 중국어를 습득하고 익힐 수 있었다.

경전 번역에 일으킨 대혁신

한편 요흥은 여광에게 구마라집을 장안으로 보내줄 것을 요청했다. 그러나 여광은 구마라집의 지혜가 적국의 왕에게 이용될 것이 두려워 그 청을 거절했다. 마침내 여광이 죽고 그의 사촌이 즉위한 혼란기를 틈타 요흥은 구마라집을 장안으로 모실 수 있었다. 401년 12월 20일이었다. 구마라집이 요흥을 만난 것은 행운이었다. 요흥은 불교에 무관심했던 여광과 달리 신심이 두터웠고 역경에 대해서도 매우 적극적이었다. 요흥은 구마라집을 국사의 예로 지극하게 맞이했다.

구마라집은 요흥의 배려로 소요원逍遙園의 서명각西明閣과 대사大寺에 머물면서 역경에 종사할 수 있었다. 구마라집에 의해 비로소 역경사업이 개인적 차원에서 벗어나 국가적 차원으로 체계화되었다. 그는 『반야경』『유마경』『법화경』 등 대승경전을 재번역했으며, 『중론』『십이문론』『백론』『대지도론』 등 반야사상 계통의 논서들과 대승론서를 역출했다. 그는 역경장을 강설장으로 이용했다. 그의 문하에 기라성 같은 문도가 모여들었다. 도생道生, 도융道融, 승조僧肇, 승예僧叡를 비롯한 2천여 명의 뛰어난 제자가 역경을 도왔다. 제자들은 스승의 지도하에 일사불란하게 움직였다. 잘못 번역된 경전의 뜻과 오류를 수정하고 바로잡았다. 제자들은 구마라집의 강의 내용을 토대로 경전의 주석서를 집필했다. 여산의 혜원법사는 편지를 통해 구마라집에게 불교에 관한 의문점을 질문했다.

이런 구마라집을 지켜본 요흥은 한없이 그에게 매료되었다. 타고난 총명은 필적할 사람이 없었고, 그가 번역한 경전의 문체는 더할 수 없이 아름다웠으며 비유 또한 적절했다. 정확한 표현과 수려한 문장은 중국인들에게 번역 경전만으로도 충분히 불교를 이해할 수 있게 해주었다.

구마라집은 진제眞諦, 현장玄奘, 불공不空과 함께 중국의 4대 역경승으로 평가된다. 네 사람 중 두 사람만 꼽는다면 당연히 구마라집과 현장을 들 수 있다. 구마라집의 번역은 구역舊譯이라 부른 반면 현장의 번역은 신역新譯이라 부른다. 구마라집은 번역이 제2의 창조라는 진리를 가장 잘 알고 있었다.

불법 홍포를 향한 그의 열정은 단지 번역에만 국한되지 않았다. 경전에 대한 논서를 저술하고자 했다. 그러나 중국 땅에서는 논서를 지어봤자 아직까지 이해할 수 있는 분위기가 무르익지 않았음을 알고 그만두었다. 다만 요흥을 위해서 『실상론實相論』 두 권과 『유마경維摩經』에 주석을 달았을 뿐이다. 이 논서들은 더 이상 첨가하거나 깎아낼 부분이 없을 정도로 정확했다. 문장의 비유는 완곡하고 간명했으며 현묘하고 심오했다. 요흥의 감동이 어느 정도였을지 짐작할 수 있다. 그러나 빼어남도 흠이 되는 것일까. 요흥은 다음과 같은 말로 구마라집을 파계시켰다.

"대사의 총명함과 뛰어난 깨달음은 천하에 둘도 없습니다. 만일 하루아침에 세상을 떠나 불법의 종자에 후사가 없다면 어찌 되겠습니까?"

그 말과 함께 기녀 열 명을 억지로 받아들이게 했다. 두 번째 파계였다. 설령 왕의 명령에 의해 어쩔 수 없이 행한 일이라 해도 모든 것은 본인의 책임이었다. 승방을 나온 구마라집은 다시는 승방에 머물지 않고 따로 관사를 지어 살았다. 그날 이후 강설할 때면 매양 다음과 같이 설하였다.

"비유하면 연꽃이 더러운 진흙 속에서 피는 것과 같다. 오직 연꽃만을 취하고 더러운 진흙은 취하지 말라."

심사정, 「홍련도」, 비단에 색, 29.6×20.7cm, 조선 후기, 국립중앙박물관 소장

진흙 속에서 편 아름다운 연꽃

심사정沈師正, 1707~69은 산수山水와 영모翎毛도 잘 그렸지만 화훼花卉, 초충草蟲은 더 잘 그렸다. 「홍련도紅蓮圖」는 화조화에 탁월한 기량을 발휘했다는 강세황의 평가를 확인할 수 있는 작품이다.

물총새가 연꽃을 향해 날아든다. 연꽃의 붉은색과 물총새의 가슴 색이 호응을 이룬다. 연꽃은 만개하다 못해 떨어지기 직전이다. 잎사귀도 누런색으로 변했다. 여름이 물러가고 가을이 들어서고 있다. 연꽃의 계절이 끝나가고 갈대의 계절이 시작되지만 수초 사이에서 꽃대를 올린 연꽃은 마지막까지 아름다운 색을 잃지 않는다.

심사정은 명문 집안에서 태어났으나 조부 심익창이 연잉군(훗날 영조)을 시해하려는 사건에 가담하면서 졸지에 역모 집안의 죄인이 되었다. 그는 몰락한 양반 집안의 후예가 되어 평생 관직에 오르지 못한 채 화업畵業에 정진하다 생을 마쳤다. 그가 발 담고 있는 현실은 진흙 그 자체였지만 그림이라는 가장 화려한 꽃을 피웠다. 그가 이룩한 그림 세계는 시들어가면서도 물총새의 눈길을 빼앗을 정도로 아름다운 연꽃과 같았다.

구마라집도 두 번의 파계라는 진흙 속에서 고귀한 연꽃을 피워냈다. 그는 자신의 발 뿌리를 더럽힌 진흙을 탓하지 않고 오직 연꽃을 피워내는 데만 전념했다. 그래서 인생을 마무리할 때 다음과 같은 말을 자신 있게 할 수 있었다.

"법상法相의 만나고 헤어짐으로 인해 아직 내 뜻을 다 펴지 못하였는데 이제 세상을 뒤로 하게 되었다. 나는 암둔한 사람이었는데도 잘못하여 역경을 맡게 되었다. 모두 300여 권의 경과 논을 번역하였는데 오직 『십송률』한 부만은 미처 번잡한 것을 산삭刪削, 필요 없는 글자나 구절을 지워 버림하지 못하였다. 『십송률』의 근본 뜻을 보존한다면 반드시 어긋나는 곳은 없을 것이다. 아무쪼록 번역된 모든 경전이 후세에 널리 퍼지기를 발원한다. 지금 대중 앞에서 성실한 맹서를 발하노니, 만약 내가 전역(傳譯)한 것에 잘못됨이 없다면 나를 화장한 후에도 내 혀만은 불에 타지 않을 것이다."

말을 마친 구마라집은 일흔 살을 일기로 편안히 눈을 감았다. 409년 8월 20일이었다. 거장의 유해는 곧바로 외국의 의식에 따라 화장하였는데 장작이 다 타고 시신이 다 타 없어졌건만 그의 혀만은 재가 되지 않았다. 자신의 삶에 최선을 다한 사람의 아름다운 마무리였다.

지의

고통받는
누구라도
평등하게
구제하리라

고봉한 「매화도」

어떻게 해야 할까. 중생교화를 포기해야 할까. 지의智顗, 538~597의 얼굴이 잠시 어두워졌다. 나라가 망했는데 아무렇지도 않게 법문을 펼칠 수는 없는 법. 그렇다고 이대로 넋 놓고만 있을 수도 없는 일이었다. 전란의 고통에 신음하는 중생을 위해 뭐라도 해야 했다. 지의가 살고 있던 진陳나라가 수隋, 581~618 문제文帝의 수중에 떨어진 것은 589년의 일이었다. 문제는 후에 수양제隋煬帝가 되는 둘째 아들 진왕晉王 양광楊廣, 569~618을 시켜 진나라를 접수했다.

지의는 양나라의 장군 집안에서 태어났다. 양나라가 망하고 양친까지 모두 세상을 떠나자 출가사문의 길을 택했다. 열여덟 살에 상주湘州 과원사果願寺에서 계를 받고 경전 공부에 매진하다 스물세 살이 되던 560년에 대소산大蘇山에서 운명적인 스승 혜사慧思, 514~577선사를 만났다. 오랫동안 제자를 기다렸던 혜사는 지의를 보자마자 기쁨에 겨워 이렇게 말했다.

"예전에 영취산에서 함께 『법화경』의 설법을 들었는데 숙세의 인연에 따라 지금 다시 이 세상에 왔구나."

지의는 혜사의 가르침에 따라 7년 동안 밤낮으로 법화삼매의 행법을 수행했다. 법화삼매는 경전을 독송하는 유상행有相行과 선정을 닦는 무상행無相行을 더한 수행으로 말법 세상에 태어난 사람에게 가장 알맞은 행법이었다. 지의는 『법화경』 28품을 모두 읽고 외우며 수행에 전념했다. 측백나무를 잘라 향을 대신하고 측백나무가 다하면 밤나무를 잘라 향으로 썼다. 하루 종일 수행하다가 밤이 되면 달빛에 의지해 정진했고 달이 지면 관솔에 불을 붙여 수행을 계속했다. 그런 어느 날이었다. 『법화경』 약왕품을 독송하다 홀연 심신이 확 트이면서 깊은 삼매에 들었다. 삼매의 힘으로 총지가 발현되니 마치 높이 뜬 해가 깊은 계곡을 비추듯 『법화경』의 세계가 낱낱이 보였다. 큰 바람이 허공을 가르듯 모든 법상에 통달하게 되었다. 이것이 '대소산의 개오開悟'라고 불리는 법화삼매의 체험이었다. 그의 생애에서 처음 맛보는 선정이었다. 제자의 학문이 열매가 맺은 것을 안 혜사는 자신의 일처럼 기뻐했다. 시간이 흘러 혜사는 형산으로 떠나게 되었다. 떠나기 전에 지의에게는 '진나라와 깊은 인연이 있으니 도시로 나가면 반드시 이익이 있을 것'이라고 덧붙였다. 568년 6월 22일, 지의가 서른 살 되던 해였다.

지의는 스승의 가르침을 따라 건강健康, 오(吳)의 수도인 건업(建業)이 동진 이후부터 건강으로 개칭으로 향했다. 진의 수도 건강은 양 무제 치하에서 사찰이 700곳이 넘을 정도로 불교가 융성했다.

천태산에서 얻은 두 번째 깨달음

지의가 건강에서 처음 만난 상대는 법제法濟선사였다. 예순 살을 넘긴 법제는 자신이 최고라고 생각해 젊은 지의에게 무례하게 대했다. 그러나 지의와의 문답을 통해 자신의 부족함을 깨닫고는 공손히 무릎을 꿇고 스승의 예를 갖췄다. 예순 살을 넘긴 선사가 서른 살 젊은이에게 절하자 사람들이 그 이유를 물었다. 법제가 대답했다.

"나는 스승의 덕을 받들고 있는 것이지 나이를 받들고 있는 것이 아니오."

법제선사와의 만남을 계기로 지의는 건강에서 유명해졌다. 경전의 강학만을 중요시하던 불교적 풍토에서 경전과 수선修禪을 겸비한 지의의 실천적인 가르침은 신선한 반향을 일으켰다. 진의 황제 선제宣帝를 비롯한 고관대작들이 그를 찾아와 법문을 청했다. 지의는 와관사에서 8년 동안 설법을 펼쳤다. 자신의 역할이 충분하다고 느낀 지의는 천태산으로 떠날 계획을 세웠다. 풍족한 도시에서의 생활이 구도심을 흐려지게 할 수도 있다는 우려도 없지 않았다. 때마침 북주北周의 폐불廢佛소식이 전해졌다. 지의는 북주 폐불을 자기반성의 기회로 삼고자 마침내 575년 9월에 천태산으로 입산했다.

천태산에 자리 잡은 지의는 매일같이 수행정진에 매진했다. 그런 어느 날 화정봉華頂峰 최고봉에 올라 참선을 하고 있을 때 홀연 광풍이 불고 천둥이 치더니 온갖 형상의 귀신 떼가 나타났다. 잠시 후에는 부모님과 스승의 형체가 나타나 슬픈 얼굴을 하며 눈물을 흘렸다. 지의는 외부적인 경계에 흔들리지 않고 고요히 제법의 실상을 관했다. 그러자 두 가지 경계가 모두 사라졌다. 그와 동시에 '뜻으로써 얻어야 하며 글을 가지고는 나타낼 수 없는' 깨달음을 체득했다. '대소산의 개오' 이후 두 번째로 얻는 '화정봉의 개오'였다.

수많은 제자가 스승을 찾아 천태산으로 향했다. 선제는 자주 편지를 보내

안부를 물었고 수선사修禪寺를 창건하는 등 후원을 아끼지 않았다. 선제의 뒤를 이은 후주後主도 지의를 모시는 데에 극진했다. 585년 3월에 지의는 후주의 거듭된 요청으로 금릉으로 향했다. 지의는 광택사에 머물렀다. 조정의 정전인 태극전에서 호국을 위한 『대지도론』을 설법하고 『인왕반야경』을 설법하는 인왕회仁王會를 개최했다. 586년 4월에 후주는 양무제가 그랬던 것처럼 사신공양捨身供養을 행했다. 사신공양은 황제가 자신을 불법승 삼보에 기부하고 절의 노비가 되는 것이다. 노비가 된 황제를 황실에서 다시 사오기 위해서는 막대한 재물을 보시해야 한다. 후주의 황후도 지의에게 귀의해 혜해慧海보살이라는 호를 받았고 황태자도 궁전에서 천승법회千僧法會를 열고 보살계를 받았다. 황실에서는 매년 광택사로 행차하여 『인왕경』 강의를 들으며 봉불근행奉佛勤行에 전념했다.

  진나라의 평화는 딱 거기까지였다. 나날이 세력을 키우던 수나라가 마지막으로 진나라를 쓰러뜨리면서 평온했던 일상은 거기서 끝이 났다. 진왕 양광이 북제 토벌군 총사령관이 되어 진나라를 접수했다. 이제 수나라에 의해 통일이 되었으니 더 이상 피비린내는 맡지 않아도 될까. 모를 일이다. 통일이 되었다고는 하나 여전히 전란의 상처는 컸다. 남조문화를 대표하던 건강은 점령군에 의해 폐허가 되었다. 300여 곳이 넘는 사찰은 대부분 파괴되었고 사원의 승려들은 사방으로 흩어졌다. 그나마 온전한 사원은 병영과 관청으로 징발되었다. 아수라장이 따로 없었다. 지의가 전란을 피해서 온 여산의 사정도 다르지 않았다. 청정도량을 짓밟는 행위를 더 이상 두고 볼 수만은 없었다. 눈을 감고 깊은 생각에 잠겨 있던 지의는 결심을 굳혔다. 그는 붓을 들어 진왕 양광에게 청원서를 썼다. 평소 지의를 존경하고 있던 진왕 양광은 청원서를 읽고 즉시 지의의 뜻대로 행하였다. 그 덕분에 여산은 전란의 상처에서 안

전할 수 있었다.

591년 11월, 진왕 양광은 양주 총관부에서 천승재千僧齋를 개최하고 지의를 계사戒師로 보살계를 받았다. 지의는 양광에게 '총지보살總持菩薩'이라는 법명을 주었고 양광은 지의에게 '지자대사智者大師'라는 호칭을 올렸다. 젊은 왕은 23세였고 지자대사는 54세였다. 양광이 지자대사에게 귀의한 것은 아버지처럼 불심이 깊었기 때문만은 아니었다. 문제의 둘째 아들로 황제가 될 수 없는 몸이었지만 황제가 되려는 야망을 품고 있었다. 아버지 문제가 한 해 전에 지의에게 귀의하는 칙서를 보낸 사실도, 지의가 강남 불교계의 1인자라는 현실도 정확히 꿰뚫고 있었다.

진왕 양광의 야망은 그렇다 쳐도 지자대사는 무슨 목적으로 점령군의 왕을 받아들였을까. 그것은 오직 윤회의 쇠사슬에 묶여 고통받는 중생을 평등하게 구제하겠다는 일념에서였다. 지자대사에게 중생은 후주나 진왕 양광이나 마찬가지였다. 오히려 권력에 눈이 멀어 끝없이 피를 흘리는 젊은 왕이야말로 지자대사의 가르침이 더 필요한 중생이었다. 진왕 양광은 지자대사의 제자를 자처하며 법에 대해 물었다. 지자대사는 제자의 질문에 성심성의껏 대답했다. 정치적인 목적으로 지자대사에게 접근했던 진왕 양광은 오래지 않아 진심으로 스승을 섬기게 되었다.

'절개를 버린' 매화를 그린 깊은 뜻

과연 올까. 의심이 짙어질 무렵 문 두드리는 소리가 들렸다. 뛰다시피 달려 나가 문을 열어보니 봄빛처럼 화사한 그녀. 붉은 입술에 옥 같은 보조개를 한 그녀가 연노랑 스카프를 두르고 서 있다. 이슬에 젖은 그녀의 머리 위로 아침 안개가 어지럽게 춤을 춘다. 안개는 그녀가 움직일 때마다 먼 곳까지 향

2
강물이 모여
바다를 이루다

고봉한, 「매화도」, 종이에 색, 21.6×32.4cm,
중국 청, 개인 소장

기를 흩뿌린다. 이른 새벽에 일어난 한漢나라 궁녀가 수정 주렴 밖에서 단장을 한다한들 이만큼 어여쁠까. 고봉한高鳳翰, 1683~1748이 그린 「매화도梅花圖」는 겨울 추위에 움츠러든 영혼에게 입김을 불어넣는 부활이다. 환영이자 신기루다. 붉은색과 옥색과 황금색으로 피어난 감탄이다.

고봉한은 청대淸代의 문인화가로 자를 서원西園, 호를 남부南阜, 남촌南村이라 하였다. 그는 산동山東 교주膠州 출신으로 흡현歙縣의 지사보좌역에 임명되었다. 아무 일 없었더라면 순탄하게 관리 생활을 하다 무난하게 생을 끝마쳤을 것이다. 그러나 하늘은 그를 직장인 대신 예술가의 길로 가도록 내몰았다. 그가 태주泰州에서 소금을 관리하는 염운사鹽運使에 임명되었을 때 억울하게 누명을 쓰고 투옥되었다. 그는 자신의 무고함을 당당하게 외쳤지만 정치적인 상황과 맞물려 형벌을 피할 수 없었다. 감옥에서 심한 고문을 받아 오른팔을 쓸 수 없게 되었다. 그때부터 왼손으로 그림을 그리고 글씨를 썼다. 숙련된 오른손은 잃었지만 응축된 왼손을 얻었다. 왼손에 붓을 든 후 기존 화법에서는 찾아볼 수 없는 운필運筆로 웅혼한 기상이 느껴지는 산수를 그렸다. 분방한 필치와 독특한 색을 혼합한 화조화에도 탁월한 능력을 발휘했다.

그가 50세에 그린 「매화도」에는 그만의 탁월한 색감이 묻어 있다. 붉고 노랗고 흰 매화가 고목에서 피어났다. 매화 향기에 젖은 안개는 매화 허리를 휘감고 돌았다. 속절없이 늙어가는 병든 몸 앞에 고운 여인 같은 매화가 찾아왔다.

고봉한은 양주화파揚州畵派의 한 사람이다. 양주화파는 17세기에 양주揚州에서 활동한 화가들을 일컫는다. 정통正統을 고수하는 대신 독특한 개성과 자유로운 화풍을 구사하여 양주팔괴揚州八怪라고도 부른다. 팔괴라고는 하나 여덟 명이 고정되어 있는 것은 아니고 감상자의 선호에 따라 대략 열다섯 명의 화가가 취사선택된다. 고봉한, 진찬陳撰, 화암華嵒, 변수민邊壽民, 왕사신汪士愼, 이선

李鱓, 김농金農, 황신黃愼, 고상高翔, 이면李勉, 정섭鄭燮, 나빙羅聘, 이방응李方膺, 양법楊法, 민정閔貞 등이 이에 해당한다. 양주는 18세기에 소금 전매를 통한 부의 축적으로 문화의 중심지로 급부상한 도시였다. 돈이 있는 곳에 문화도 꽃피는 법. 염상鹽商들의 후원을 받은 예술가들에 의해 양주에서 시서화가 화려하게 꽃피었다.

  염상들은 단순한 장사치가 아니라 문인적인 안목과 교양을 갖춘 지식인들이었다. 그들의 요구에 따라 화가들은 참신하고 혁신적인 작품을 많이 제작했다. 상인들은 문인들의 취향은 반영하되 장사하는 곳의 분위기를 환하게 살려줄 수 있는 그림을 선호했다. 장중하고 무거운 산수화 대신 밝고 경쾌한 화조화가 인기를 끌었다. 고봉한의 「매화도」도 이런 맥락에서 탄생했다. 고봉한은 「매화도」에서 한 가지 매화만을 고집하지 않았다. 기존 문인화가들이 절개의 상징으로 백매白梅만을 그릴 때 고봉한은 홍매, 백매, 황매가 어우러진 '절개를 버린' 매화를 그렸다. 주문자인 상인들의 요구를 반영한 작품이었다. 그에게 중요한 것은 자신의 고집이 아니라 그림을 감상한 사람의 마음이었다. 고봉한에게 홍매, 백매, 황매가 그저 똑같이 아름다운 매화였듯 천태지자에게 후주나 진왕 양광은 똑같은 중생이었다. 이것이 우리가 오늘날까지 그들을 높이 평가하는 이유다.

후주나 진왕 양광도 똑같은 중생일 뿐

  지자대사는 진왕 양광의 도움을 받아 형주에 옥천사玉泉寺를 건립했다. 맹수와 뱀이 들끓어 삼독三毒의 늪이라 불리던 산이 청정한 도량으로 바뀌었다. 지자대사는 청정한 도량에서 '법화현의法華玄義'와 '마하지관摩訶止觀'을 강의했다. 수많은 제자들이 옥천사로 몰려들었다. 지자대사는 전란의 상처로 얼룩진 사람들의 마음을 치유할 수 있는 법문을 베풀었다. 그로부터 5년 후인 595년 봄, 지자대사는 진왕 양광의 거듭된 요청으로 양주로 돌아왔다. 진왕 양광은 지자대사에게 『유마경소維摩經疏』의 저술을 의뢰했다. 지자대사는 '어리석은 자신을 돌아보면 적당한 때가 아닌 것 같다'는 이유로 거절했지만 진왕 양광은 물러서지 않았다. 지자대사는 9월에 천태산으로 돌아와 『유마경소』 집필에 몰두했다. 지자대사를 따라 수많은 제자가 천태산으로 왔다. 대중이 수백 명에 이르자 지자대사는 엄격한 생활규정을 제정했다. 선방에서의 좌선과 도량에서의 참회 그리고 승단의 일을 관장하는 것 등에 대한 열 가지 규정이었다. 하루 네 번의 좌선과 여섯 번의 예불을 정하고 이를 어겼을 때 행해지는 벌칙까지 세밀하게 정했다. 절 안팎에서 어육신주魚肉辛酒를 금하고 쟁론爭論과 비방을 금지하는 등 불도 수행에 필요한 규정도 엄수할 것을 요구했다. 고구려의 파약波若도 이 시기에 지자대사에게 입문했다.

　천태산에 들어와 집필과 대중교화에 전력한 지자대사는 597년 11월 22일에 선정에 든 것처럼 단정히 앉아 예순일곱 살의 세연世緣을 마쳤다. 지자대사에 의해 확립된 교관쌍수의 사상은 제자 관정灌頂에 의해 『천태삼대부天台三大部』와 『천태소오부天台小五部』로 정리되었다. 이론과 실천, 교상教相과 관심觀心을 강조한 천태 교학은 당대唐代의 담연湛然, 711~782에 의해 다시 주목을 받게 된다.

도선

평생 불법을
알리고
실천하다

동기창 「봉경방고도」

"부디 스님께서 한역된 경전의 감수를 맡아주시길 부탁드립니다."

현장玄奘, 602~664의 목소리는 간절하고 곡진했다. 지극하면서도 예의바른 태도에서는 유명인으로서의 권위의식 같은 것은 찾아볼 수 없었다. 역시 큰 인물은 달랐다. 현장은 도선道宣, 596~667보다 여섯 살 아래였지만 그의 명성은 도선에 비할 바가 아니었다. 그는 17년간의 인도 구법순례를 마치고 돌아와 황제의 후원으로 역경사업을 주도하고 있었다. 역경은 불교 경전을 정리하겠다는 현장의 개인적인 원력임과 동시에 국가적인 사업이었다. 이 사업을 완수하기 위해서는 경률론 삼장에 통달한 도선이 꼭 필요했다. 현장은 도선에게 서명사西明寺 주지를 맡기며 경전 감수도 부탁했다. 도선은 현장의 제의를 기꺼이 수락했다. 유명인사의 섭외 때문이 아니었다. 불법 홍포를 위한 신념을 실천할 수 있는 좋은 기회였기 때문이다.

도선이 걸어온 길은 오로지 불법을 알리고 실천하기 위한 삶이었다고 해도 과언이 아니었다. 그는 절강성浙江省 사람으로 열다섯에 혜군慧頵을 은사로 출가했다. 스무 살에 당 황실의 존경을 받던 대선정사大禪定寺 지수智首, 567~635에게 구족계를 받고 스물여섯에 처음으로 율학을 배웠다. 지수와의 만남은 도선이 율종을 정리하는 데 결정적인 계기가 되었다. 스물아홉에는 혜군과 함께 살고 있던 일엄사日嚴寺를 떠나 숭의사崇義寺로 옮겼다. 그 후 서른다섯까지 10년 동안 순례길에 나서 고승들에 대한 일화를 수집하고 기록했다. 그 결과물을 토대로 장안에 돌아와 정리한 책이『속고승전續高僧傳』이었다.

『속고승전』은 양나라 혜교慧皎, 497~554의『고승전』에 이어 양나라 시대부터 도선이 살던 당나라까지 144년간에 걸쳐 활동한 고승 600여 명의 전기를 모아 기록한 책이다. 도선은 '선배들의 자문을 널리 구해보기도 하고 길 가는 이에게 물어보기도 하고 혹 직접 눈으로 확인해서 기록하기도 해서'『속고승전』을 완성했다. 불교사가로서뿐만 아니라 불교학자로서의 일면을 확인할 수 있다. 혜교의『고승전』은『양고승전梁高僧傳』혹은『양전梁傳』이라 부른 반면, 도선의『속고승전』은『당고승전唐高僧傳』혹은『당전唐傳』이라 부른다.

<u>도선, 승단의 발전을 위해 계율을 정하다</u>

살아가면서 내 삶의 기준이 될 만한 멘토를 만난다는 것은 행운이다. 도선에게는 승우僧祐법사가 멘토였다. 도선은 양나라의 승우법사를 직접 만난 적이 없었으니 위패제자라 할 수 있다. 도선은 자신이 승우법사가 환생했다고

믿었다. 실제로 그의 어머니는 꿈속에 승우법사를 만난 후 도선을 낳았다고 전해진다. 도선은 『대당내전록大唐內典錄』을 지어 당시까지 번역된 경전 목록을 정리했는데 이는 승우법사의 『출삼장기집出三藏記集』을 본뜬 것이다. 또한 승우법사의 『홍명집弘明集』을 본떠 『광홍명집廣弘明集』을 지었다. 두 책 모두 불법 홍포에 목적이 있었다.

도선은 저술을 통해 불교학자로서의 역할도 충실히 해냈지만 그의 위대성은 율의 제정에 있다고 하겠다. 그는 계율의 참정신을 되살려 수행의 근간을 마련함으로써 남산율종南山律宗의 종조宗祖가 되었다. 이것이 그를 도선법사가 아니라 도선율사로 부르는 이유다. 그의 노력 덕분에 남산율종이 후세에까지 전해지게 되었다. 율은 대중이 수행 생활을 효율적으로 해나가기 위해 필요한 규율이다. 석가모니 부처에 의해 종교법인 율이 제정된 배경이다. 도선율사가 활동하던 시대에는 인도의 율전이 번역된 지 200여 년이 흐른 뒤였다. 『사분율』『오분율』『십송률』『마하승지율』 등이 번역되어 있었지만 지역과 종단에 따라 서로 다른 규정을 적용하는 등 제각각이었다. 통일된 계율의 제정이 필요했다. 도선율사는 각각의 율장이 지닌 차이점을 정리하고 모든 의식과 규범을 통일하였다. 그가 제정한 남산율종은 중국을 넘어 한국과 일본 등 동북아 불교계의 승단 규범으로 자리 잡았다. 신라의 자장율사와 진표율사를 통해 오늘날의 조계종으로 이어진 율이 사분율이다.

계율은 대중 생활에서만 필요한 것이 아니다. 수행자라면 누구나 지켜야 할 의무다. 부처가 가르친 8만4천 법문은 계정혜 삼학三學과 경률론의 삼장으로 요약할 수 있다. 삼학과 삼장을 배우고 수행하기 위해서는 계율이 필요하다. 막행막식을 하는 사람이 부처의 가르침대로 산다고 말할 수 없듯 가르침은 실천을 통해서 드러나기 마련이다. 출가자든 재가자든 수행자라면 부처의

동기창, 「봉경방고도」, 종이에 먹, 80×29.8cm,
중국 명, 타이베이 고궁박물원 소장

가르침에 따라 계율을 지켜야하는 것은 당연하다.

  도선율사는 현장의 추천으로 서명사西明寺의 주지가 되어 역경 감수를 시작했다. 그러나 역경 감수 못지않게 제자들에게 율학을 가르치는 데 더 많은 시간을 할애했다. 664년 현장법사의 입적 후에는 서명사를 떠나 종남산終南山에 있는 정업사淨業寺로 옮겼다. 도선율사는 평생 종남산을 의지해 저술에 전념했기 때문에 남산南山율사로 불렸으며 그 종파는 남산종南山宗이라 했다. 평생 '규칙을 행하는 것으로 채찍을 삼고 앉되 걸상에 의지하지 않았던' 도선율사는 정업사에서 평생 염원하던 계단을 세우고 계단에 대한 내용을 저술한 뒤 667년에 입적했다. 세수 일흔두 살, 법랍 쉰두 살이었다.

동기창, 편 가르기를 위해 남북종론을 정하다

  1602년 이른 봄이었다. 동기창董其昌, 1555~1636이 고顧 시어侍御와 함께 취리檇李에서 돌아오는데 비가 쏟아졌다. 두 사람은 비가 그칠 때까지 봉경對涇에서 옛 그림을 보며 시간을 보냈다. 「봉경방고도對涇訪古圖」는 그 일을 기념하여 그린 그림이다. 기념화이긴 하되 특정한 장소성을 강조하기 위해 그린 실경산수화는 아니다. 제시에 적은 사연은 구실에 불과하다. 그보다는 이 그림이 속한 남종화라는 장르가 더 중요하다. 그림은 위아래가 긴 축화軸畵다. 축화는 감상자의 눈이 위아래로 향한 만큼 좌우가 협소해져 구도가 옹색해지기 십상이다. 「봉경방고도」에서는 경물景物을 지그재그로 배치하여 단점을 보완했다. 전경에는 수종樹種이 다른 나무가 언덕 위에 서 있고 중경의 물을 지나 원경에 이르면 또 다시 나무가 언덕 위에 서 있다. 언덕이라고는 하나 언덕인지 바위인지는 확실하지 않다. 붓에 연한 먹을 적셔 갈필渴筆로 수없이 내려 그은 언덕은 중력의 작용을 받지 않은 듯 가벼워 보인다. 질감 표현을 위한 피마준

披麻皴의 바위도 부스러질 듯 퍼석거린다. 당시의 문인 진계유陳繼儒, 1558~1639가 쓴 '북원北苑: 董源과 우승右丞: 王維의 양식을 겸했다'는 제목를 감안해도 쉽게 공감하기 힘든 작품이다. 그러나 남종화南宗畵를 그리는 특정한 공식에 의거하여 작품을 분석해보면 진계유의 극찬이 이해된다. 즉「봉경방고도」는 남종화라는 맥락에서 반드시 거론해야 할 정통파 그림이라는 뜻이다. 언덕 위의 나무, 빈 정자와 누각, 피마준과 단색 등은 동원과 왕유 이래로 수없이 많은 남종화가들이 즐겨 따른 공식이었다.

동기창은 당대唐代의 왕유를 남종화의 시조로 여겼다. 오대五代의 동원 역시 왕유가 이룩한 남종화의 전통을 이어나간 화가였다. 진계유가 제시에서 동원과 왕유를 거론하며 동기창이 그들의 양식을 겸했다는 말은 동기창 또한 남종화가라는 칭찬이다. 왜 칭찬이라 할까. 그들이 세운 이론에 의하면 남종화가 북종화보다 우월하기 때문이다. 수준이 높은 그림이라는 자부심이다. 명대明代 만력萬曆, 1573~1620 연간이었다. 동기창과 진계유, 막시룡莫是龍, 1537~87과 심호沈顥, 1586~1661 이후는 중국회화 사상 처음으로 화파에 대한 이론을 제시했다. 그것이 바로 산수화의 남북종론南北宗論이다. 남북종론은 막시룡에 의해 가장 먼저 이론이 수립되었는데 네 사람 중 후대에 더 큰 영향을 준 사람은 동기창이었다. 동기창은 화가였을 뿐만 아니라 이론가였고 서예가이자 정치가였다. 가장 막강한 영향력을 행사할 수 있는 위치에 있었다.

남북종론은 당대의 선가禪家에서 착안한 이론이다. 선가에 남종과 북종이 있듯이 그림에도 남종화와 북종화가 있다는 이론이다. 북종은 당대의 이사훈李思訓, 이소도李昭道를 시조로 하여 송대宋代의 조간趙幹과 조백구趙伯駒, 조백숙趙伯驌 형제로 이어졌고, 마원과 하규에 이르렀다. 남종은 왕유를 시조로 동원과 거연巨然, 미불米芾과 미우인米友仁 부자로 이어졌고 황공망黃公望, 오진吳鎭, 예찬(倪瓚), 왕몽王蒙 등 원말4대가로 계승되었다. 막시룡은 산수화가 남북종으로 나뉜 것은 화법의 차이라고 주장했다. 이사훈의 북종화는 착색산수著色山水이고, 왕유의 남종화는 선담법渲淡法을 쓴 수묵화라는 뜻이다. 동기창은 여기서 한걸음 더 나아가 남종화의 전통을 명대明代의 문징명과 심주가 멀리서 '의발衣鉢'을 접했다고 자랑스러워했다. 반대로 북종화는 '우리가 마땅히 배워야 할 바가 아니다'고 주장했다.

남북종론의 기준은 그림이 '문인화인가 아닌가'였다. 문인화와 북종화의 특징이 무엇인지에 대해서는 두 사람 모두 명확하게 제시하지 않았다. 이에 대한 해답은 진계유의 주장에서 찾아볼 수 있다. 진계유는 북종의 이사훈파가 '새긴 듯이 자세하여 사기士氣가 없는데' 반해 남종의 왕유파는 '맑고 온화하며 조용하고 한가로워' 마치 '혜능惠能의 선이요 신수神秀가 미칠 수 있는 것이 아닌 것'과 같다고 했다. 새긴 듯이 자세한 그림이 왜 선비의 기운이 없는지에 대한 근거는 확실하지 않다. 맑고 온화하고 조용한 그림이 어떤 그림인지도 확실하지 않다. 단지 북종이기 때문에 선비의 기운이 없고 남종이기 때문에 뛰어나다는 뜻이다.

남북종론은 북종산수를 경시하고 남종산수를 우위에 둔 문인화사조의 반영이다. 이런 태도는 청록산수를 그린 직업 화가를 무시하고 수묵산수를 그린 문인화가가 뛰어나다는 우월감에서 나왔다. 남북종론은 예술의 풍격으로 유파를 나눈 편견에 불과하다. 그림을 그린 사람의 신분에 따라 북종화는 수준이 떨어진다고 일방적으로 매도해 버린 단견이다. 상대방을 깔보고 무시해야 내가 높아진다는 저급한 발상의 표현이다. 그들의 이론이 예술유파에 대한 선각자로서의 역할은 인정된다 하더라도 내용까지 옳다고는 할 수 없다. 그럼에도 불구하고 그들이 정립한 남북종론은 이후의 회화사에서 당연한 정설로 받아들여졌다. 지금까지도 그 병폐는 여전하여 화려한 채색화를 그리면 수준 떨어지는 북종화이고 단색의 수묵화를 그리면 품격이 있다고 착각한다. 품격은 신분이나 색채에서 나오는 것이 아니라 그림을 그린 사람의 정성과 예술적 완성도에서 나온다는 사실을 모르기 때문에 하는 생각이다.

후대에 영향을 끼치는 두 가지 방법

도선율사가 제정한 율과 동기창이 정립한 남북종론 모두 후대에 지대한 영향을 끼쳤다. 그러나 도선율사의 율은 오늘날까지 큰 저항 없이 전해 내려오는 것에 반해 동기창의 남북종론은 시대를 거치면서 수많은 비판을 받고 있다. 원인이 무엇일까. 도선율사의 율이 승단의 발전을 위한 순수한 원력에서 출발했다면 동기창의 남북종론은 그들의 우월성을 드러내기 위한 불순한 의도에서 출발했기 때문이다. 그들만의 천국을 설정함으로써 가진 자와 못가진 자, 문인과 비문인을 편 가르기 하려는 태도에 많은 사람들이 불만을 느꼈기 때문이다. 이름을 얻는다는 것은 중요한 것이 아니다. 어떤 이름을 얻는가가 중요하다. 우리는 지금 어떤 이름으로 살고 있는지 되돌아볼 일이다.

2
강물이 모여
바다를 이루다

현장

정법을
구할 수 있다면
해골산이
문제인가

작자 미상 「현장삼장상」

"그래. 너는 무슨 이유로 시험을 보려 하느냐?"
 소년은 열세 살 어린 나이라고는 믿기지 않을 만큼 당당했다. 그 모습을 본 시험관이 물었다. 며칠 후 낙양洛陽에서 승과시험이 있을 예정이었다. 열네 살 이상부터 시험을 볼 수 있는 자격이 주어졌다. 소년은 빨리 승려가 되고 싶었다. 열 살 때 아버지가 돌아가시자 먼저 출가한 둘째 형인 진소津素를 따라 낙양의 정토사淨土寺에 들어온 그였다. 덕망 높은 스님들의 가르침을 받으면서 하루 빨리 정식 승려가 되어 세상에 널리 정법正法을 펼치겠다는 포부를 품고 있었다. 내년까지 기다리기에는 시간이 아까웠다. 소년은 용기를 내어 시험관을 찾아가서 자신도 시험을 볼 수 있게 해달라고 청했다. 당돌하면서도 야무진 소년의 태도를 본 시험관은 출가하려는 목적을 물었다.

어린 소년의 대답은 이와 같았다.

"멀리로는 석가여래의 뜻을 이어 나가고, 가까이로는 부처님께서 남기신 법을 빛내고자 합니다."

겸손하면서도 열의에 찬 소년의 대답을 들은 시험관은 크게 감명을 받았다. 그리고 "학문은 쉽게 이룰 수 있지만, 인물을 얻기는 어려운 법"이라는 말로 소년의 시험 참가를 허락했다. 승과시험에 합격한 소년에게는 현장玄奘, 602~664법사라는 법명이 주어졌다.

현장법사의 속명俗名은 진위陣禕로, 하남성河南省에서 출생했다. 뛰어난 학자 집안에서 태어난 그는 어렸을 때부터 총명하고 예의 바른 소년이었다. 시험관을 찾아갔던 사건은 정토사에 있을 때 발생한 일이다. 그만큼 그는 정법을 향한 의지가 확고했고 불법을 공부하려는 열의가 뜨거웠다.

스물일곱에 머나먼 구법여행을 떠나다

수隋가 망하고 당唐이 세워지는 과정 속에서 현장법사의 공부는 순탄치 못했다. 전쟁과 기근으로 법을 배우는 일과 먹고 살 일이 막막했다. 그를 가르치던 고승대덕은 전란을 피해 각지로 흩어졌고, 현장법사도 5년 정도 머물렀던 정토사를 떠나 형과 함께 장안으로 피난을 갔다. 장안의 장엄사莊嚴寺에서 다시 쓰촨성四川省으로 옮긴 형제는 그곳에서 2~3년을 더 공부했다. 622년, 스무 살에 구족계를 받은 현장법사는 형과 헤어져 다시 장안으로 돌아왔다. 장안은 새로 들어선 당의 황제가 수도로 삼은 도시였다. 다양한 국적을 가진 외국인들이 살고 있었고, 각 나라의 춤과 음악을 구경할 수 있었다. 불교는 물론 이슬람교, 조로아스터교, 마니교, 기독교 등 세계의 종교가 유입되어

2
강물이 모여 바다를 이루다

있었다. 인도와 서역에서 온 전법승들이 절을 세워 불교를 전파하고 있었고, 260년 인도에 처음 구법여행을 떠난 것을 필두로 많은 중국 승려들이 서역으로 공부를 하러 떠났다. 현장법사는 장안에서 외국어를 배웠으며 한문으로 번역된 불교 경전을 공부했다. 그렇게 15년을 보냈다.

그런데 현장법사는 불경 공부를 하면 할수록 답답했다. 불교 교리가 한문으로 번역되는 과정에서 오류가 많았고, 여러 불교 종파가 자기 종파의 가르침에 맞는 내용만 고집하다보니 가르침 사이에 모순이 많았다. 현장법사는 자신이 직접 인도에 가서 완전한 불경을 구해야겠다고 결심하게 되었다. 때마침 중국에 온 인도 승려를 통해 나란다 대학과 정법장正法藏 계현戒賢 스님의 명성을 듣게 되었다. 인도 구법행에 대한 열망은 더욱 강해졌다. 결심이 확고해진 현장법사는 당 태종에게 출국을 허락해달라는 상소를 올렸다. 그러나 황실에서는 답이 없었다. 당시 당나라는 이제 막 통일이 된 상황이라 국내 정세가 매우 불안하고 혼란스러웠다. 공무를 제외한 그 어떤 일로도 국경을 빠져나가는 것이 금지되었다. 현장법사는 지루하고 힘든 시간을 보내야만 했다. 마음은 번민과 갈등으로 휩싸였다. 그럴 때마다 그는 장안에 있는 탑에 들어가 간절하게 기도를 올렸다.

그런 어느 날이었다. 629년 8월이 느리게 흘러가던 밤, 현장법사는 꿈을 꾸었다. 꿈속에서 그는 수미산을 보았다. 수미산은 불교의 세계관에서 우주의 중심을 이루는 산으로, 금, 은, 수정, 주석 등의 보배로 이루어져 있고 주변에는 큰 바다가 둘러싸여 있다고 한다. 꿈속에서 현장법사는 큰 바다를 건너 산에 오르려고 했으나 역부족이었다. 그때 거센 바람이 불더니 물속에서 솟아난 연꽃에 몸을 의지하고 있는 현장법사를 산꼭대기로 날려 보내주었다. 꿈을 깬 현장은 드디어 자신이 떠날 때가 되었음을 깨달았다.

스물일곱 살의 현장법사는 인도를 향해 구법여행의 첫발을 내딛었다. 국가의 허락을 받지 못한 채, 우여곡절 끝에 당의 국경선인 옥문관을 빠져나왔다. 눈앞에 광대한 고비 사막이 펼쳐졌다. 모래 언덕 사이로 뜨거운 태양이 이글거리고 있었다. 가도 가도 끝없는 사막뿐이었다. 새도 동물도 물도 없는 사막에서 모래 언덕이 파도처럼 움직였다. 현장법사는 막막한 사막길을 오직 말 한 필을 동무삼아 앞으로 나아갔다. 햇살은 강렬해서 수십 개의 바늘이 얼굴을 찌르는 것 같았다. 설상가상으로 들고 있던 물을 떨어뜨려 완전히 빈손이 되었다. 그렇게 5일 동안 물 한 방울 없이 사막을 횡단했다. 인도에 도착하기는커녕 사막을 벗어나기도 전에 죽을 것 같았다. 그는 관세음보살에게 기도를 했다. 그리고 말 위에서 정신을 잃고 쓰러졌을 때 말이 타클라마칸 사막의 하미 오아시스에 데려다주었다.

하미에서 몸과 마음의 기력을 회복한 현장법사는 불심이 깊었던 고창국 국문태麴文泰 왕의 간청에 따라 한 달 동안 대중에게 설법을 하고, 다시 길을 떠났다. 가는 도중 여러 나라에 머물며 곳곳에 산재한 사원을 둘러보았다. 그리고 그것을 기록으로 남겼다. 현장법사가 보고 기록한 각 나라의 역사와 지리, 생활상과 민속, 종교 등은 지금까지도 당시 서역 상황을 이해할 수 있는 가장 훌륭한 문헌으로 인정받고 있다. 가는 도중 산적을 만나 죽을 고비를 넘길 때도 있었다. 얼어붙은 톈산 산맥을 넘을 때는 일행 중 열에 서넛이 죽었고 말과 소는 더 많이 잃었다. 현장법사도 이때 냉병을 얻어 '발작하면 심장이 멈추는 듯'했다. 목숨을 내걸어야 하는 위험한 여행이었다. 여행 중에 환대를 받을 때도 있었지만 대부분은 모래바람과 배고픔에 시달려야만 했다. 그럴 때마다 현장법사는 기도했다. 사막에서 기도하고 눈 속에서 기도하고 생명의 위협을 느낄 때 기도를 하며 걸음을 옮겼다. 한 사람이 자신의 신념을 이룰 때까지 얼마만큼의 정성과 기도가 필요한지 현장법사의 생애가 말해준다.

『서유기』의 모델이 된 현장법사의 구법여행

드디어 인도에 도착했다. 그동안 타클라마칸 사막과 톈산 산맥과 힌두쿠시 산맥을 넘어 56개국을 지나왔다. 언어가 다르고, 문자가 다르고, 외모와 사는 모습이 다른 인도에 도착한 현장법사는 감개무량했다. 그는 곧장 잘랄라바드에 있는 불영굴佛影窟로 향했다. 불영굴은 부처가 독룡 고팔라를 제도한 후 자신의 그림자를 남겨두었다는 유명한 성지였다. 가는 길에 도적이 칼을 빼어들고 달려들었지만 아랑곳하지 않았다. 도둑들은 현장법사의 담대한 배짱과 확고한 신념을 보고 칼집에 칼을 도로 집어넣고 함께 따라갔다. 현장법사의 인도행은 매사가 그렇게 자신의 삶을 깊게 하고 다른 사람의 인생을 변화시키는 식이었다. 진심어린 기도로 불영굴에서 부처의 그림자를 본 현장법사는 페샤와르에서 카니슈카 왕의 대탑을 발견했다. 그리고 간다라 지방과 마투라 유적지를 둘러보며 아쇼카 왕이 세운 대탑을 목격했으며, 많은 불상과 보살상을 친견했다. '때로 밧줄을 잡고, 쇠줄을 당기며, 허공에 걸린 잔도를 타고, 위태로운 다리를 건너' 탁실라를 지나고 카슈미를 거쳐 북인도로 향했다. 그는 부처의 고향인 카필라바스투와 열반지인 쿠시나가라를 순례하고, 녹야원과 보드가야를 방문했다. 모두 부처의 일생에서 중요한 성지였다.

구법여행을 시작한 지 만 8년이 지난 637년. 드디어 목적지 나란다 대학에 도착했다. 수천 명의 비구가 생활하면서 공부할 수 있는 나란다 대학에서는 매일 100여 개의 강좌가 열렸다. 교과 과정은 대승불교와 소승불교를 비롯하여 인도 고유의 베다나 산스크리트어 문법, 의학, 천문학, 수학과 주술 등 다양한 과목을 갖추고 있었다. 나란다 대학에 도착한 현장법사는 감격했다. 3

년 전부터 그를 기다리고 있던 계현법사를 만났기 때문이다. 나란다 대학의 종장宗匠인 정법장은 106세의 연세로 병세가 위중하여 3년 전에 세상을 떠나려했다. 그러나 꿈속에 세 명의 보살이 나타나서, 3년 후에 중국에서 비구가 찾아오면 대법大法을 가르치라는 계시를 받고 병세가 호전되어 현장법사를 기다리는 중이었다. 그 말을 들은 현장법사가 어찌 전율하지 않겠는가?

현장법사는 열과 성을 다해 스승의 가르침을 받으면서 성지순례를 계속했다. 인도에서 10년 남짓 체류하는 동안 나란다 대학과 주요 사원을 순례하며 스승을 만나고 불경을 공부했다. 룸비니, 보드가야, 녹야원, 쿠시나가라 등 부처의 4대 성지를 둘러보고 각지의 성지도 순례했다. 인도에서 만족할 만큼 충분히 공부하고 순례를 마친 현장법사는 마침내 귀국을 결심했다. 정법장 존장이 그를 붙잡으며 굳이 귀국하려는 이유를 물었을 때 그는 이렇게 대답했다.

"제가 여기까지 온 것은 대법을 구하여 널리 중생을 이롭게 하려는 것이었습니다. 저의 바람은 이제 돌아가서 제가 들은 것을 다른 이들에게 번역하여 설명하고, 이들이 듣고 이해하게 하여 스승님의 은혜에 보답하고자 합니다."

그의 말에 스승은 더 이상 제자를 잡지 못했다. 현장법사는 귀국을 위해 경전과 불상과 필사본 등을 꾸렸다. 643년 4월이었다. 현장법사는 북인도 왕의 군대의 호위를 받으며 귀국길에 올랐다. 장안을 떠난 지 만 17년만이었다. 인더스 강을 건널 때 풍랑을 만나 경전을 잃어버리는 어려움도 있었지만 불경 640질을 가지고 힌두쿠시 산맥과 파미르 고원을 넘어 텐산 남로를 거쳐 장안으로 향했다. 현장법사가 왕복하는 동안 들른 나라는 모두 110개국이었고 여행 거리는 5만 리약 2만 킬로미터였다. 이 거리는 교통이 발달된 지금 자동차나 기차로도 횡단하기가 힘든 어마어마한 거리였다.

2 강물이 모여 바다를 이루다

동양삼국에서 현장법사는 몰라도 삼장법사와 손오공을 모르는 사람은 없을 것이다. 삼장三藏법사란 경률론에 통달한 위대한 사람을 뜻하는데 『서유기西遊記』의 유명세 덕분에 현장법사의 대명사가 되었다. 험한 사막을 지나고 설산과 절벽을 넘으며 갖은 고생을 하면서까지 천축을 다녀온 현장법사의 여행 이야기는 아주 인기 있는 소재였다. 명나라 때의 소설가 오승은吳承恩은 당시까지 구전되어 내려오던 현장법사의 이야기에 상상력을 입혀 『서유기』라는 소설을 완성했다. 책 속에서 현장법사는 배경으로 점잖게 물러나 있고 말썽꾸러기 손오공(원숭이)과 저팔계(돼지), 사오정(괴물) 등이 주인공이 되어 현장법사를 따라 천축까지 가는 동안 온갖 희한한 요괴를 물리친다는 설정이었다. 이 소설은 중국뿐만 아니라 한국과 일본에서도 인기가 많아서 여러 차례 영화로도 제작되었다.

귀국길의 현장법사를 그리다

현장법사가 귀국하는 모습은 어떠했을까. 그 모습을 상상해서 그린 그림이 「현장삼장상玄奘三藏像」이다. 등에 대나무 책 상자를 짊어진 행각승行脚僧이 양손에 불자拂子와 두루마리 경전을 들고 걸어간다. 목에는 인생의 무상함을 잊지 않는 수행승임을 보여주는 해골 목걸이를 두르고, 귀에는 고귀한 존재임을 상징하는 금 귀걸이를 달고 있다. 이 그림은 일본 가마쿠라 시대鎌倉時代, 1185~1333 때 제작되었는데, 현장법사의 사리탑이 세워진 중국 서안의 흥교사興教寺 비석의 탑본을 모본으로 하고 있다. 이밖에도 일본에는 현장법사의 생애를 12권의 두루마리에 그린 「현장삼장회玄奘三藏繪」가 현존한다. 「현장삼장회」는 법상종法相宗의 종조宗祖 현장법사의 일생을 탄생에서 열반까지 도회한 그림으로 일본 국보로 지정되어 있다. 일본에서는 중국의 당나라와 백제의 불교문화를

僧

작자 미상, 「현장삼장상」, 비단에 색, 135.1×59.5cm, 가마쿠라 전기, 도쿄 국립박물관 소장

받아들여 중앙집권적인 국가체제를 건설하려던 나라 시대奈良時代, 710~794부터 현장법사에 대한 인기가 매우 높았다. 헤이안 시대平安時代, 794~1185에 현장법사의 초상화가 유입되고 한 세기 뒤에 「현장삼장회」가 그려진 것도 그런 인기를 반영한다.

「현장삼장상」은 현장법사의 모습을 상상해서 그렸을 뿐 실제 모습은 아니다. 인도로 떠날 때는 죄인처럼 몰래 떠났으나 귀국길은 성대했다. 떠날 때는 대답도 없었던 당 태종은 현장법사의 귀국을 기꺼이 반겼다. 그의 귀국을 보기 위해 수많은 사람들이 거리에 운집했고 꽃을 뿌리며 환영했다. 황제는 현장법사에게 자신을 도와서 정무를 도와달라고 요청했다. 그러나 현장법사는 불가의 수행자로서 불법을 전하는 일에 전념하겠다는 말로 황제의 요청을 정중히 물리쳤다. 대신 인도에서 가져온 불사리 150과를 비롯해 불상과 경률론 657부를 홍복사弘福寺에 봉안했다. 태종은 현장법사가 홍복사에서 역경 작업을 할 수 있도록 지원을 아끼지 않았다. 현장법사는 역경 작업과 함께 인도 여행길에 들렀던 서역 여러 나라에 대한 내용을 담은 『대당서역기大唐西域記』도 저술했다. 648년에 자은사慈恩寺와 번경원翻經院이 완공되자 이곳으로 옮겨 역경사업에 몰두했다. 현장은 인도에서 가져 온 불경과 불상을 안치하기 위해 자은사에 탑을 세워달라고 황제에게 요청했다. 이 탑이 바로 '큰 기러기 탑'으로 불리는 높이 64.4미터의 7층 누각식탑인 대안탑大雁塔이다. 657년에는 새로 건립된 서명사에서 거처하다 다시 옥화사玉華寺로 옮겼다. 현장법사는 664년 2월 입적할 때까지 지속적으로 역경 작업에 전념했다. 번역된 경전의 오류를 바로잡고 누락되거나 필요한 부분을 보충했다. 그가 번역한 경전은 『유가사지론』『해심밀경』『섭대승론』『성유식론』 등의 유식경론과 『대비바사론』『구사론』 등의 아비달마론서, 『반야심경』『대반야경』 등의 반야경론을 포함해 모두 75부 1,335권에 이르렀다.

　현장법사가 '멀리로는 석가여래의 뜻을 이어 나가고, 가까이로는 부처가 남긴 법을 빛내고자' 걸었던 '현장법사 루트'는 지금도 수많은 여행가들이 따라 걷고 싶은 최고의 여행 코스가 되었다. 현장법사의 여정을 따라 중국에서 인도로 여행가는 것도 의미 있다. 여기에 현장법사의 '구도심'을 되새길 수 있는 구법여행을 더한다면 더없이 값진 여행이 될 것이다. 우리의 이런 노력에 의해 '석가여래의 뜻'이 이어지고 '부처가 남긴 법'이 빛나지 않겠는가. 우리 또한 현장법사와 같은 길을 걷는 사람이기 때문이다.

2
강물이 모여
바다를 이루다

법장

수행의 길을
묵묵히
걸었을 뿐

왕유 「강간설제도」

"대사님, 심오한 바다와 같은 화엄 세계가 쉽게 이해되지 않습니다. 화엄의 깊은 뜻이 무엇입니까?"

측천무후則天武后, 624~705가 법장法藏, 643~712에게 물었다. 부드럽지만 날카로운 질문이었다. 측천무후는 법장이 화엄법회를 열자 두 개의 부도에서 오색빛이 발하였다는 소식을 듣고 그를 궁궐에 초청했다. 언제 세월이 이렇게 흘렀던가. 법장은 측천무후의 주선으로 십대덕十大德으로부터 구족계를 받고 현수賢首대사라는 칭호까지 사사받았다. 그 일이 바로 엊그제 같은데 벌써 30년이 흘렀다.

법장의 속성은 강씨康氏로 선조는 강거국康居國, 사마르칸트 사람이었다. 조부 때 장안으로 이주하여 중국에서 살았다. 그의 어머니는 이상한 빛을 삼킨 태몽을 꾼 후 법장을 낳았다. 법장은 열여섯 살에 법문사法門寺 사리탑 앞에서 연비공양을 하고 법을 구하고자 입산했는데 지엄智儼, 602~668의 『화엄경』 강의를 듣고 그의 제자가 되었다. 두 사람의 만남은 '마치 물을 이 병에서 저 병으로 옮긴 듯했고, 우유를 물에 섞듯이' 조화를 이루었다. 신라에서 온 의상義相, 625~702도 지엄의 문하에서 법장과 함께 화엄학을 공부했다. 그 인연으로 말미암아 법장은 훗날 자신의 저서를 의상에게 보내 잘못이 있으면 지적해달라고 부탁한다. 지엄이 입적한 후 법장은 측천무후가 창건한 태원사太原寺에서 삭발하여 득도했다. 측천무후와의 인연이 시작된 것이다.

법장, 의도치 않게 화엄종의 개조가 되다

그때 서른두 살의 패기 넘치던 수행자는 어느새 예순두 살이 되었고 천하를 호령하며 무서울 것 없던 측천무후도 여든 살이 되었다. 30여 년의 세월 동안 한 사람은 수행자로, 한 사람은 권력자로 자신의 길을 묵묵히 걸어왔다. 그동안 법장은 『화엄경』을 30여 회 이상 강의하고 역경에도 참여했다. 그가 『화엄경』을 강의하거나 독송할 때는 입에서 빛이 나와 천개天蓋가 되어 공중에 머물렀다. 그가 「십지품十地品」을 강론할 때는 하늘에서 꽃이 내려오고 오색의 구름이 하늘을 덮었다. 법장의 도력은 기우제를 지낼 때도 그 영험이 드러났다. 기도승으로서의 능력도 탁월했음을 알 수 있다. 세월은 철벽같은 여제女帝의 마음도 무너뜨렸다. 측천무후는 평생 불법에 의지해 살아왔지만 여든이라는 나이가 되고 보니 더욱 더 불법의 따뜻한 품이 그리웠다. 오늘 장생전長生殿에서 법장에게 법문을 청한 것도 그 때문이었다. 『80화엄』의 역경이 완료되었음을 기념하기 위한 법회는 명분일 뿐이었다.

그런 측천무후의 심정을 아는지 모르는지 법장의 법문은 어렵기 그지 없었다. 측천무후는 고향처럼 편안한 법장에게 불편한 심기를 드러냈다. '대사님, 이 늙은 저를 위하여 화엄경의 세계를 이해하기 쉽게 들려주십시오.' 그런 뜻이었다. 법장은 측천무후의 심정을 모르지 않았다. 무후를 위해 마땅히 비유할 만한 물건이 없을까 주위를 두리번거리던 법장의 눈에 모서리의 금 사자상金獅子像이 들어왔다. 금 사자상을 매개로 한 법장의 화엄법문이 시작됐다.

"금金에는 자성이 없습니다. 유능한 장인에 의해 제작될 수 있는 조건을 수반해야만 비로소 사자의 모습이 드러납니다. 드러난 것은 다만 조건(緣)에 의해 생기生起한 것입니다. 때문에 연기緣起라고 합니다."

법장은 금 사자상을 가리키며 연기를 밝힌 다음 색과 공을 구별하는 이유를 설명했다. 설법은 곧바로 삼성三性으로 이어졌다.

"사자의 모습은 허상이고 오직 참된 것은 금뿐입니다. 사자는 참으로 존재하는 것이 아니지만, 금은 없지 않습니다. 그러므로 그 둘을 형색形色과 공空이라 부릅니다. 공은 고유한 형상을 가지지 않으므로 형색에 관련지어 말하게 되는데, 그렇게 하여도 형색이 환상으로 존재하는 것을 가로막지 않으므로 형색과 공이라고 말하게 된 것입니다. 사자가 마음에 의해 존재하는 것을 변계소집성遍計所執性이라 하고 사자가 있는 것처럼 보이는 것은 의타기성依他起性이라 합니다. 그러나 금의 본성은 변하지 않으므로 이를 원성실성圓成實性이라 합니다."

법장의 설명이 계속됐다. 금으로 사자를 수렴해 버린다면 금 이외의 사자의 형상은 없게 되므로 형상이 없다(無相)는 것을 말했다. 바로 생성되는 것을 볼 때 이는 다만 금이 생성된 것이고 금 이외의 다른 존재는 없으므로 사자에 비록 생성, 변화, 소멸이 있다 해도 금이라는 본체에는 본래 더하고 덜함이 없다. 그러므로 생성됨이 없다는 사실을 말했다.

　여기까지 설법을 마친 법장은 불교를 오교십종五敎十宗의 교판으로 분류하고, 그중 화엄종을 으뜸으로 삼아 일승원교一乘圓敎의 사상을 설파했다. 즉 모든 현상은 일체가 하나이니 일체와 하나는 모두 자성이 없다는 점에서 동일하다는 것과 하나는 일체이니 원인과 결과가 분명하다는 것이다. 하나의 힘과 여럿의 작용은 서로 흡수되고 그들의 팽창과 흡수는 자재롭다는 것이 일승의 완전한 가르침인 일승원교였다. 법장의 오교십종의 교판은 각 교파의 교설을 망라한 뒤, 각각의 의미를 부여함과 동시에 화엄종의 입장에서 공과 유식唯識의 이론까지 회통하려는 의도가 담겨 있었다. 일체사물을 화엄경의 '일즉다一卽多 다즉일多卽一'로 설명하려는 법장의 비유에는 평생 화엄철학을 위해 헌신해 온 수행자의 신념이 가득했다.

왕유, 뜻밖에 남종문인화의 시조가 되다

　왕유王維, 701~761가 그린 「강간설제도江干雪霽圖」는 눈이 그친 평원 산수의 청담한 분위기가 느껴지는 작품이다. 그림이 시작되고 마무리되는 좌우에만 경물이 들어서 있을 뿐 그림의 상당 부분은 눈 덮인 강이 차지했다. 가장 중요한 자리를 넓은 공간으로 비워놓을 수 있는 여유가 새삼 돋보인다. 멋진 그림을 완성하고 싶다는 붓을 든 자의 욕심이 전혀 묻어 있지 않은 작품이다.

　만상이 눈에 덮여 고요한 겨울날, 명징한 바람 소리에 겨울 한기마저 숨죽일 만큼 조용하다. 모래톱에 내려앉느라 이따금씩 끼룩거리는 새소리만이 적막한 고요를 깨뜨릴 뿐이다. 진계유가 남북종론을 논할 때 남종의 왕유파가 '맑고 온화하며 조용하고 한가롭다'고 평한 경지가 바로 이런 걸까. 붓질을 더하기보다는 덜어냄으로써 선비된 자의 그윽한 운치와 담백한 문인정신을 보여주고자 한 작품이다. 오른쪽에는 눈에 뒤덮인 절벽이 대문처럼 서 있고 절벽 밑으로는 아담한 민가가 들어서 있다. 속기俗氣라고는 전혀 느낄 수 없는 곳이지만 민가가 있으니 신선계가 아니라 사람이 사는 인간계가 맞다. 그 사실을 증명이라도 하듯 두 사람이 길에 서서 대화를 나눈다. 그들은 지금 얼어붙은 강과 죽림의 바람 소리와 언덕 위로 뻗은 세 그루 겨울나무에 대해 얘기를 할 것이다. 특별할 것도 새삼스러울 것도 없는 대화 주제다. 그러나 욕심 없는 그들의 삶만큼이나 맑고 청신한 주제다.

왕유는 성당盛唐의 시인이자 화가로 독실한 불교 신자였다. 자를 마힐摩詰이라 한 것도 불교 경전인 『유마힐경維摩詰經』에서 따왔다. 그의 시 속에는 어렸을 때부터 어머니를 따라 절에 다녔던 불교적인 정서가 잘 녹아 있어 후인들은 그를 시불詩佛이라 칭송했다. 9세 때부터 시를 지을 정도로 총명했던 그는 21세에 진사합격을 시작으로 벼슬길에 들어섰다. 안록산의 난 때 반군의 포로가 되어 곤욕을 치렀지만 그의 관료 생활은 비교적 평탄해 상서우승尙書右丞에 이르렀다. 후에 그의 이름 대신 왕우승王右丞이라 부르게 된 이유도 그의 벼슬 때문이었다. 그는 서른한 살에 부인과 사별한 후 재취再娶하지 않고 평생 홀로 살았다. 성품이 고요하고 한적한 것을 좋아하였는데 병약한 어머니를 위해 장안에서 멀지 않은 종남산의 망천輞川에 망천장輞川莊이라는 별장을 짓고 운치 있는 생활을 즐겼다. 어머니가 돌아가시자 망천장을 절에 희사했다.

그는 망천장에서 흥이 일 때마다 시를 짓고 그림을 그렸다. 시서화에 모두 뛰어난 진짜 문인이었던 그가 망천에서 지은 시 「종남별업終南別業」 20여 수와 망천장을 그린 「망천도輞川圖」는 소식蘇軾, 1037~1101이 극찬한 것처럼 "시 중에 그림이 있고(詩中有畵) 그림 속에 시가 있는(畵中有詩)" 경지의 표현으로, 사람들

왕유, 「강간설제도」, 비단에 색, 28.8×117.2cm,
중국 당, 워싱턴 프리어 갤러리 소장

2
강물이 모여
바다를 이루다

의 인구에 회자되었다. 「망천도」는 원본이 사라져버렸음에도 불구하고 숱한 모사도模寫圖가 뒤를 이었다. 왕유의 「망천도」와는 별 관련성이 없어 보이지만 제목이 좋아 '망천도'라는 이름을 단 그림도 줄을 이었다. 소식이 묘사한 왕유의 그림은 '소리 없는 시(無聲詩)'가 되었고 왕유의 시는 '소리가 있는 그림(有聲畵)'이 되었다. 사람들은 소식이 정리한 왕유의 그림 세계를 예술의 목표로 삼았다. 수묵으로 된 평원산수를 그리면 자신들도 왕유처럼 격이 높은 화가가 될 수 있으리라 굳게 믿었다. 이런 분위기 속에서 왕유는 동기창과 막시룡에 의해 남종문인화의 시조가 되었다. 그러나 왕유는 자신의 그림과 시의 결합에 대해 그다지 큰 의미를 부여하지 않았다. 그저 자신이 시를 짓고 그림을 그릴 수 있다는 것에 만족했을 뿐이었다. 더구나 남종문인화의 시조가 되리라고는 꿈에도 생각지 못했을 것이다. 다만 왕유는 자신이 좋아하는 글과 그림에 충실했을 뿐이다. 그의 뒤에 줄서기를 한 사람들이 그를 문인화의 시조로 삼고 숭배하기까지 한 사실을 알았다면 그는 얼마나 황망했을까.

밝게 빛나는 법장과 왕유의 길

법장은 두순杜順과 지엄에 이어 화엄종의 제3조가 되었다. 그러나 법장은 『60화엄』의 주석서인 『탐현기探玄記』, 화엄교학의 개론서인 『화엄오교장華嚴五敎章』 등 수많은 저술을 통해 화엄교학을 체계화함으로써 사실상 화엄종의 개조가 되었다. 특히 『화엄오교장』에서는 불교 전체를 오교십종으로 분류하여 화엄교판을 세웠다. 『화엄오교장』은 화엄종을 최고위에 둔 교판으로 여러 교판들 중 가장 늦은 시기에 성립된 만큼 정교하고 완벽했다. 이렇게 화엄학의 집대성에 평생을 바친 법장이었지만 자신이 화엄종의 개조라는 생각을 하지 않았다. 그가 속한 교단이 화엄종이라는 종파의식도 없었다.

화엄종이란 명칭은 4조인 징관澄觀, 738~839이 『화엄경소』에서 처음 사용했으며 화엄조사를 처음 세운 이는 5조 종밀宗密, 780~841이었다. 왕유가 자신의 뜻과는 상관없이 남종문인화의 시조가 되었듯 법장 또한 그러했다. 명칭이야 어떠하든 법장과 왕유가 이룬 성과는 뚜렷한 족적을 남겼다. 그들을 따른 사람들이 시조나 개조의 뜻을 제대로 이어갔는지는 별개의 문제지만 말이다. 지엄을 스승으로 삼아 일생 동안 화엄 연구에 매진한 법장은 70세를 일기로 대천복사大薦福寺에서 입적했다. 제자들로는 징관, 문초文超, 정법사靜法寺 혜원慧苑 등이 있었다.

선도

정토에
왕생했어도
사바세계로
돌아오라

작자 미상 「관경16관변상도」

"나무아미타불! 나무아미타불! 나무아미타불!"
 어둠이 뒤덮은 지 이미 오래되었다. 등불을 밝혀야만 겨우 사방을 분간할 수 있는 깊은 밤이었다. 선도善導, 613~681가 골목길을 걸어오는 동안 담장 너머에서 들리는 염불 소리는 끊이지 않고 계속되었다. 아낙네의 목소리인가 싶으면 어린아이의 목소리였다. 노인의 목소리인가 싶으면 장정의 목소리였다. 뒷집에서 시작된 염불 소리는 앞집으로 이어졌다. 염불하는 소리 사이사이로 탁탁거리는 작은 소리가 뒤섞여 있었다. 콩이 부딪치는 소리였다. 사람들은 염불을 할 때마다 염불 횟수를 헤아리기 위해 작은 콩을 옮겨 담았다. 염불하면서 헤아린 콩의 숫자가 80석을 넘은 사람도 있었다. 집집마다 흘러나온 염불 소리는 바람에 따라 방향을 바꾸면서도 끊어지지 않고 이어졌다. 장안 전체가 한 목소리로 나무아미타불을 염불하고 있었다. 성을 다 빠져 나온 선도는 걸음을 멈추고 뒤돌아섰다. 그리고 밤을 잊은 채 염불에 빠져 있는 성안의 부처들을 향해 지극한 마음으로 합장했다. 오늘도 염불삼매에 빠져 하얗게 밤을 지새우는 부처님들이여! 평안하시기를!

평생 민중교화에 힘쓴 선도

선도는 중국 정토교淨土敎의 대성자로 알려져 있다. 그러나 처음부터 그가 정토교에 관심이 있었던 것은 아니었다. 어릴 때 출가하여 『법화경』과 『유마경』을 독송하던 어느 날 서고에서 『관무량수경』을 읽다 16관법十六觀法에 감동받아 정토왕생을 기원하게 되었다. 그는 염불만으로도 서방정토에 태어날 수 있다고 믿었던, 여산廬山 혜원의 유적지를 찾아갔으며 종남산의 오진사悟眞寺에서 반주삼매를 수행했다. 그 후 도작道綽, 562~645에게 가서 『관무량수경』 강의를 듣고 염불왕생법을 전수받았다.

도작은 담란曇鸞, 476?~542에 이어 정토교 신앙을 독립시킨 스님으로 콩으로 염불 횟수를 헤아리는 소두염불小豆念佛도 그에 의해 시작되었다. 열네 살에 출가한 도작은 원래 『열반경涅槃經』에 정통한 학자였다. 그런데 마흔여덟 살 때 현중사玄中寺에 있는 담란의 비석을 읽고 감동을 받아 그때부터 정토문에 귀의했다. 담란은 원래 불로장생을 구한 도가道家였는데, 보리류지에게 『관무량수경』을 받고 정토교리를 전파하는 데 일생을 바쳤다. 그는 용수와 세친의 사상을 받아들여 중국적인 정토사상의 체계를 세우는 데 앞장섰다. 그의 정토사상은 오탁악세가 아닌 아미타불이 주재하는 청정한 극락정토에 왕생하고

자 하는 것이었다. 어리석고 나약한 범부들은 자신의 힘으로는 극락정토에 왕생할 수 없다. 따라서 아미타불의 본원력本願力에 의지해야만 한다. 담란은 법장보살의 48대원을 성취한 아미타불의 원력을 타력他力이라 하고, 모든 중생은 이 타력으로 왕생과 불퇴전의 경지와 보살도를 완성한다는 타력본원설을 주장했다. 모든 중생은 48대원의 18번째 발원인 염불왕생원 즉 시방세계의 중생들이 왕생하기 위해 '지극한 마음으로 신심과 환희심을 내어 아미타불을 다만 열 번만 불러도 극락에 태어난다'고 한 것이다. 그런데 이 타력은 증상연增上緣이라 불리는 부처의 가피력으로 스스로 노력해서 구하지 않으면 주어지지 않는다. 염불이 타력이면서도 자력인 이유였다.

담란은 덕이 높아 양왕은 그를 '난보살鸞菩薩'이라고 존칭했고, 위왕魏王도 그를 '신란神鸞'이라 존경했다. 그는 예순일곱 살에 요산사遙山寺에서 입적했다. 물론 도작을 직접 만난 적은 없었다. 도작은 직접적인 만남이 아니라 담란의 비문을 통해 그의 가르침을 따른 위패제자였다. 사상을 이어받은 도작은 하루에 아미타불의 명호를 7만 번씩 외우고 『관무량수경』을 200번이나 강의할 정도로 정토론에 매진했다. 도작은 날마다 현중사에서 아미타불이 거주하는 서쪽을 바라보며 하루에 여섯 번씩 예배하고 공경했다. 서쪽으로는 침과 콧물을 뱉지 않았고, 대소변도 보지 않았다. 도작은 불법을 수행하는 대중이 아미타불의 극락세계에 왕생하는 것을 돕기 위해 『안락집安樂集』을 지었다.

도작은 남북조시대에서 수당으로 교체되던 정치적 혼란기를 살았는데 소년기 때인 574년 북주 황제 무제武帝가 자행한 폐불廢佛로 불상과 경전이 파괴되던 일을 겪으면서 자신이 말법시대에 살고 있다는 확신을 갖게 됐다. 말법시대에는 정토문이 가장 적합한 교리라 생각하고 정토교학의 체계적인 이론을 정립하는 데 매진했다. 도작이 일으킨 정토사상은 그의 제자인 선도에 의해 계승됐다.

선도는 정토법문이야말로 말법시대의 생사를 벗어날 수 있는 가장 빠른 법임을 깨달았다. 정토문에 대한 확신을 다진 그는 장안으로 돌아와 신분의 귀천을 가리지 않고 교화에 힘썼다. 그 결과 3년만에 성내에 가는 곳마다 염불소리가 가득했다. 선도는 불상 제작에도 뛰어난 기술이 있어 679년에 당 고종의 명을 받고 낙양 용문龍門에 있는 대노사나불상大盧舍那佛像 제작과 봉선사奉先寺 건립 감독을 맡았다. 선도는 정토문을 보급하면서 시각적인 자료도 적절히 활용했다. 『아미타경阿彌陀經』을 사경한 것이 10만 권에 이르렀다. 『관무량수경』에는 극락세계의 장엄함이 잘 묘사되어 있다. 그러나 극락에서 살아본 경험이 없는 범부 중생들에게 극락은 상상조차도 힘든 곳이다. 이 같은 사실을 잘 알고 있던 선도는 극락정토의 세계를 담은 「정토변상도」를 300포나 그려서 사람들의 신심을 북돋았다. 또한 죄를 지으면 벌을 받게 되는 「지옥변상도」도 함께 그려 서민들의 가슴속에 인과응보에 대한 가르침을 생생하게 느끼게 했다.

보는 것만으로도 이해되는 극락세계

『관무량수경』의 극락정토는 흔히 '왕사성의 비극'으로 알려진 위제희 왕비의 간청으로 부처가 한량없는 시방세계의 불국토를 비춰준 내용을 설한 경전이다. 빔비사라 왕의 아들 아사세는 아버지를 감옥에 가두고 왕권을 찬탈한다. 남편이 아들에 의해 투옥되는 참담한 상황을 접한 위제희 왕비는 부처에게 아미타여래의 찬란한 극락정토를 보여달라고 간청한다. 부처는 위제희 왕비의 요청을 받아들여 위신력으로 열여섯 가지의 극락세계를 보여준다. 그 내용을 그린 그림이 「관경16관변상도觀經十六觀變相圖」(이하 「변상도」)이다.

작자 미상, 「관경16관변상도」, 비단에 색, 208.8×129.8cm, 고려시대, 아이치현 린쇼지 소장

「변상도」는 두 부분으로 나뉜다. 극락세계 16관 중 1관에서 13관까지는 극락의 장엄함과 불보살을 관할 수 있게 구성했고, 나머지 14관에서 16관은 극락에 태어나는 왕생자往生者를 위한 세계다. 아무리 생각해도 극락세계가 떠오르지 않는 사람은 그림을 보며 부처가 설법한 극락세계의 13관을 살펴보자. 고려시대에 제작된 「변상도」는 선도의 작품은 아니다. 그러나 『관무량수경』의 내용을 토대로 제작한 만큼 선도가 300포나 그려 중생구제에 활용했다는 「정토변상도」를 추정해볼 수 있다.

「변상도」에서는 중앙 상단의 원을 시작으로 양쪽에 선을 그어 구획을 지은 다음 6관씩 13관을 배치했다. 제1관은 해를 생각하는 일상관日想觀 혹은 일몰관日沒觀이다. 해가 지는 서쪽을 보고 극락정토의 아름다움을 관상한다. 제2관은 물을 생각하는 수상관水想觀이다. 맑은 물을 보면서 극락의 대지를 관상觀想하는 수행법이다. 유리와 같은 정토의 대지가 넓고 편편하여 높고 낮은 데가 없으며 또 그 광명이 안팎에 두루 비친 모양을 관한다. 제3관은 땅을 생각하는 지상관地想觀이다. 정토의 땅이 유리와 대지 위에 있는 황금의 도로, 누각, 화려한 의장기 등을 분명하게 관한다. 제4관은 보배나무를 생각하는 보수관寶樹觀이다. 정토에 있는 칠보의 수목과 그 수목으로부터 나오는 광명에 대해 관한다. 제5관은 보배연못을 생각하는 보지관寶池觀이다. 여덟 가지 공덕을 갖춘 팔공덕수八功德水가 충만한 칠보의 못을 관한다. 못의 물은 흘러 여러 갈래의 시내가 되고 흐르는 물소리는 괴롭고 공하고 무상無常하고 무아無我인 도리를 설한다. 제6관은 보배누각을 생각하는 보루관寶樓觀이다. 온갖 보배로 장엄된 국토의 경계마다 오백 억의 보배로 된 누각이 있으며 이 누각에서 수많은 천인이 천상 음악을 연주한다. 이 음악은 모두 삼보三寶를 염하도록 설하고 있음을 관한다. 제7관은 연화대를 생각하는 화좌관華座觀이다. 아미타불이 앉아 있는 연화좌대는 오백 억의 보배 구슬로 찬란하게 꾸며져 팔만 사천의 광명이 빛나고 있는데 이것은 아미타불이 법장비구였을 적에 세운 서원의 힘으로 이루어진 것이다. 제8관은 형상을 생각하는 상상관像想觀이다. 부처는 법계를 몸으로 하는 법신이니 일체 중생의 마음이 바로 법신이다. 부처를 생각하고 관조하는 사람은 무량억겁 동안 생사에 헤매는 악업을 없애고 현재의 이 몸으로 염불삼매를 얻게 된다. 제9관은 부처의 몸을 생각하는 진신관眞身觀이다. 자마금색과 같고 다섯 수미산을 합한 것과 같고 시방세계를 두루 비추며 염불중생을 받아들이며 모든 중생을 섭수한 아미타여래의 몸을 생각하는 관이다. 제10관은 관세음보살을 생각하는 관음관觀音觀이다. 아미타불을 분명하게 본 다음에는 키가 80만 억 나유타 유순인 관세음보살을 관한다. 헤아릴 수 없는 자비와 광명을 지닌 관세음보살을 관한 사람은 어떤 재앙도 만나지 않고 업장이 말끔히 소멸되어 무량한 복을 얻음을 관한다. 제11관은 대세지보살을 생각하는 세지관勢至觀이다. 대세지보살은 온몸에서 지혜의 금색 광명이 발해 무변광이라 한다. 대세지보살은 500가지 보배꽃으로 장식된 보배관을 쓰고 다닐 때마다 시방세계의 일체 모든 것이 진동한다. 제12관은 두루 생각하는 보관普觀이다. 자기가 서방 극락세계에 태어나서 연꽃 속에서 가부좌를 하고 앉았는데 그 연꽃 봉오리가 오므라졌다 활짝 피어나는 생각을 해야 한다. 제13관은 섞어 생각하는 잡상관雜想觀이다. 극락세계에 태어나고자 하는 사람은 부처가 연못 위에 있는 것을 관조해야 한다. 아미타불이 시방세계의 모든 국토에 나타날 때 관세음보살과 대세지보살이 도와 두루 일체 중생을 교화하는 것을 관하는 것이다. 1관부터 13관까지는 부처가 위제희 왕비를 위해 설한 극락정토의 세계다.

그런데 선도는 『관무량수경』을 관불삼매觀佛三昧와 염불삼매念佛三昧의 두 가지 법을 밝힌 경전이라 설했다. 즉 1관부터 13관까지의 정선定善은 관불삼매에 관한 것으로 위제희 왕비를 대상으로 한 경전인 반면 14관부터 16관까지의 산선散善 3관은 염불삼매에 관한 것으로 미래의 세상에 산란한 마음을 가진 모든 범부를 위해 부처가 스스로 설법한 경전이라 했다. 산선 3관은 왕생자의 수행이나 근기에 따라 아홉 종류의 극락(九品往生)으로 구분했다. 즉 상품삼생(上品上生, 上品中生, 上品下生)과 중품삼생(中品上生, 中品中生, 中品下生), 하품삼생(下品上生, 下品中生, 下品下生)의 극락이다. 「변상도」에서는 그림 중앙에 왕생자가 태어날 극락을 상배관上輩觀, 중배관中輩觀, 하배관下輩觀으로 단을 지어 묘사했다. 어찌 보면 이 그림의 중심이라 할 수 있다. 화려한 전각 속의 불보살과 기화요초로 가득한 연못의 연꽃에서 왕생자가 태어나는 모습을 그린 산선 3관은 「변상도」의 진짜 본론이라고 할 수 있다. 부처가 설법한 불회佛會 장면과 더불어 화면의 반 이상을 차지할 만큼 중요하다. 보는 것으로 이해되는 극락세계. 그것이 이 그림의 장점이다. 마지막으로 맨 아랫단의 연못 옆에는 마정수기摩頂授記 장면이 그려진다. 부처가 다음 생에 부처가 될 인연을 가진 사람에게 예시를 내리면서 행하신 수기방법이다.

극락정토에 왕생하는 비법

그렇다면 어떻게 하면 이렇게 행복한 극락정토에 왕생할 수 있을까. 선도는 정토에 왕생할 수 있는 방법으로 독송, 관찰, 예배, 칭명, 찬탄공양의 다섯 가지 정행正行을 제시했다. 즉 일심으로 정토삼부경을 독송하는 것, 일심으로 정토와 아미타불의 장엄을 관찰하고 억념하는 것, 일심으로 아미타불을 예배하는 것, 일심으로 나무아미타불을 외우는 것, 일심으로 아미타불을 찬탄공양하는 것이 극락왕생의 다섯 가지 수행방법이라는 것이다. 그중에서도 아미타불의 명호를 외우는 칭명이야말로 올바른 왕생의 요인인 정업正業이고 나머지 네 가지는 칭명을 돕는 조업助業이라 했다. 즉 극락에 왕생하기 위해서는 '일심으로 오로지 미타의 명호를 염'해야 한다는 것이다. 선도가 주장한 칭명염불이야말로 말세에 죄 많은 범부중생이 아미타불의 본원력에 기대어 극락정토에 왕생할 수 있다는 가장 확실한 수행법이다. 급하면 굳이 많이 외울 필요도 없다. 그저 지극정성으로 나무아미타불을 열 번만 부르면 충분하다. 그러나 목숨이 끊어지는 위급한 순간에 열 번을 온전히 부른다는 게 말처럼 쉽지 않다. 평소에 연습이 되어 있지 않다면 불가능한 일이다.

  선도의 칭명법은 당시 많은 사람들에게 큰 영향을 미쳤다. 극락정토 왕생은 오로지 '나무아미타불'을 부르는 것만으로 충분하다는 정토교의 가르침은 날마다 고통스러운 삶을 이어가는 사람들에게 큰 희망이었다. 그런데 선도는 범부중생의 극락왕생에서 멈추지 않았다. 한 걸음 더 나아갔다. 정토에 왕생했으면 그곳에서 혼자 행복을 누리고 즐기는 대신 다시 사바세계로 되돌아와 고통받는 중생을 구제해야 한다는 가르침이었다. 이것이 회향발원심廻向發願心이다. 회향발원심이야말로 자신의 행복을 다른 사람과 함께 나누겠다는 대비심의 실천이라 할 수 있다. 평생을 민중 교화에 힘쓴 선도는 681년에 예순아홉 살로 입적했다. 그의 가르침은 중국과 한국을 넘어 일본에까지 건너가 일본 정토종淨土宗에 큰 영향을 미쳤다.

2
강물이 모여
바다를 이루다

혜능

마음이
곧
부처다

김홍도「혜능상매」

"보리에는 본래 나무가 없고(菩提本無樹)
밝은 거울 또한 받침대가 없네(明鏡亦非臺)
본래 한 물건도 없거늘(本來無一物)
어느 곳에 티끌 먼지 있으리오(何處惹塵埃)."

저건 분명 신수의 게송은 아니었다. 아무리 뛰어난 신수라 해도 며칠 사이에 저런 깨달음을 얻을 그릇은 아니었다. 그렇다면 한 사람 밖에 없다. 혜능慧能, 638~713이다. 땔나무를 팔아 생활하던 혜능은 한 스님이 『금강경』을 독송하는 소리를 듣고 홍인대사를 찾아왔다. 와서 아뢰기를 자신은 영남 사람으로 부처되는 법을 구하러 왔다고 했다. 홍인대사는 첫눈에 봐도 그가 법기法器임을 알고 시험 삼아 물었다. "그대는 영남 사람이요, 오랑캐 출신인데 어떻게 부처가 될 수 있겠는가?" 혜능은 주저 없이 대답했다. "사람에게는 남북이 있으나 부처의 성품에는 남북이 없습니다. 오랑캐의 몸은 스승님과 같지 않사오나 부처의 성품에 무슨 차별이 있겠습니까?" 숙세에 법의 인연이 있는 사람만이 할 수 있는 대답이었다.

홍인대사는 혜능을 방앗간에서 일하게 했다. 8개월 전의 일이었다. 그때부터 지금까지 혜능은 홍인대사가 기거하는 조사당 근처에는 얼씬도 하지 않았다. 오로지 방아만 찧었다. 그런 어느 날 한 동자가 신수의 게송을 외우는 소리를 듣고 저간의 사정을 알게 되었다. 혜능은 그 동자에게 부탁하여 게송이 적힌 복도로 갔다. 글자를 몰랐던 혜능은 옆 사람에게 읽어주기를 청했다.

"몸은 보리의 나무요(身是菩提樹)
마음은 밝은 거울 같나니(心如明鏡臺)
때때로 부지런히 털고 닦아서(時時動拂拭)
티끌과 먼지 끼지 않게 하라(勿使惹塵埃)."

게송을 들은 혜능은 신수가 아직 본래 자기 성품을 보지 못하였음을 알았다. 마치 홍인대사가 신수의 게송이 다만 문 앞에 이르렀을 뿐 아직 안으로 들어오지는 못했다고 판단했듯이. 그래서 자신도 게송을 지어 글을 쓸 줄 아는 이에게 청해 서쪽 벽 위에 쓰게 했다. 신수의 짝을 이룬 게송은 이렇게 해서 탄생했다. 혜능의 게송을 읽은 홍인대사는 드디어 그에게 법을 전해줄 때가 되었음을 깨달았다. 그런데 여러 사람이 알까 두려워 짐짓 무관심한 척하며 버럭 소리를 질렀다.

"누가 이런 쓸데없는 짓을 했느냐? 당장 지워라!"

일자무식의 혜능, 가르침을 설법하다

대중은 홍인대사의 호통에 깜짝 놀랐다. 평소에 좀처럼 큰 소리를 내지 않던 분이 의외였다. 몹시 화가 난 모양이었다. 대중은 마치 그들의 잘못이라도 되는 양 벽에 적힌 게송을 얼른 지우고 뿔뿔이 흩어졌다. 그날 밤 삼경이었다. 홍인대사는 혜능을 조사당 안으로 조용히 불러 『금강경』을 설법해주었다. 혜능은 한 번 듣고 말끝에 바로 깨달았다. 그날 밤으로 법을 전해 받으니 다른 사람들은 아무도 알지 못했다. 홍인대사는 혜능에게 가사를 전하며 단박에 깨닫는 법을 알려주었다.

"그대가 6대조사가 되었으니 가사로서 신표를 삼아 대대로 이어받아 서로 전하되, 법은 마음으로서 마음에 전하여 마땅히 스스로 깨치도록 하여라. 옛날부터 법을 전함에 있어서 목숨은 실낱에 매달린 것과 같으니, 만약 이곳에 머물면 사람들이 그대를 해칠 것이니 그대는 모름지기 빨리 떠나도록 하여라."

혜능은 홍인대사로부터 가사와 법을 받고 밤중에 떠났다. 홍인대사는 몸소 구강역九江驛까지 전송하며 또 다시 이렇게 당부했다.

"그대는 가서 노력하여라. 법을 가지고 남쪽으로 가되, 3년 동안은 이 법을 펴려 하지 말아라. 어려운 일이 일어날 것이다. 뒤에 널리 교화하여 미혹한 사람들을 잘 지도하고 마음이 열리면 그대의 깨달음과 다름이 없으리라."

남쪽으로 향한 지 두 달 정도 지나 대유령大庾嶺에 이르렀다. 그때쯤 홍인대사의 문중에 있던 대중은 혜능에게 가사와 의발이 전해진 사실을 알게 되었다. 가사가 탐이 났던 수백 명의 대중은 혜능을 쫓아 남쪽으로 향했다. 혜명慧明도 무리 중에 속해 있었다. 그러나 그의 목적은 가사가 아니라 법을 듣는 것이었다. 법을 청한 혜명에게 혜능이 법을 설했다.

"선도 생각하지 말고 악도 생각하지 말라. 바로 이러한 때 어떤 것이 명상좌의 본래면목인가?"

혜능의 법문을 듣고 말끝에 혜명의 마음이 열렸다. 혜능은 혜명으로 하여금 북쪽으로 돌아가서 사람들을 교화하라고 당부했다. 혜명은 스승의 이름을 피휘避諱하여 도명道明으로 개명했다. 혜능은 혜명과 헤어져 남쪽으로 향한 후 16년 동안 몸을 숨긴 채 살았다. 때론 사냥꾼과 생활하기도 하고 때론 나무꾼들과 함께 어울리기도 하면서 소주, 신주, 강서성, 광동성 등지를 전전했다.

676년, 혜능이 서른아홉 살 되던 해였다. 남해의 법성사法性寺에서 인종忍宗법사가 『열반경』을 강의하고 있을 때였다. 마침 바람이 불어 깃발이 흔들리자 두 스님이 서로 다투었다. 한 스님은 바람이 움직인다고 했고 다른 스님은 깃발이 움직인다고 했다. 곁에서 이 광경을 지켜보던 혜능이 한마디했다. "움직이는 것은 바람도 아니고 깃발도 아니고 그대들의 마음이다." 혜능의 말을 들은 인종법사는 온몸의 털과 뼈가 오싹해질 정도로 깜짝 놀랐다. 이튿날 인종법사는 혜능을 불러 바람과 깃발의 뜻을 자세히 물었다. 혜능의 가르침으로 현묘한 이치를 깨달은 인종법사는 "구족한 범부로 육신肉身보살을 만났다"고 기뻐했다. 혜능은 인종법사를 인연으로 삭발 수계한 후 지광智光율사에게 구족계를 받았다. 그 후 보림사寶林寺로 돌아가게 되었다. 이때 소주韶州 자사刺史 위거韋據가 대범사大梵寺에서 혜능에게 설법을 청했다. 혜능은 법좌에 올라 마하반야바라밀법을 설하고 무상계를 주었는데 법좌 아래에는 비구, 비구니, 수도인, 속인 등이 1만여 명이었다. 위거는 혜능대사의 제자 법해法海로 하여금 그날의 설법을 기록해 도를 배우는 사람들이 이 종지를 이어받아 전수케 하였다. 그 기록이 바로 『육조단경六祖壇經』이다.

불자 김홍도, '그윽한 향기'로 '혜능의 법향'을 그리다

김홍도金弘道, 1745~1806?가 그린 「혜능상매慧能賞梅」는 매화꽃이 만발한 날 혜능이 수행하는 모습을 그린 작품이다. 혜능이 가부좌를 틀고 앉아 깊은 삼매에 빠져 있다. 깊은 산속인 듯 그의 앞에는 절벽이 가로막고 있다. 어떤 번뇌나 망상도 혜능의 마음속을 뚫고 들어오지 못함을 상징하는 것이리라.

김홍도는 혜능이 앉은 자리 밑으로 매화가지를 그려 넣었다. 부처가 앉은 연화대좌 대신 매화대좌를 보는 듯하다. 위로 뻗은 매화가지에는 까치 두 마리가 앉아 있다. 혜능이 깨달은 기쁜 소식을 축하해주기 위함이다.

「혜능상매」라는 제목은 김홍도가 아니라 후대 사람이 붙인 것이다. 그런데 왜 이런 제목을 붙였을까. "그윽한 향기가 구름처럼 온 하늘에 가득하다(暗香浮雲於諸天)"라고 적어 놓은 제시에서도 그림 속 주인공이 혜능이라는 단서는 찾아볼 수 없다. 이 제시는 송대宋代의 시인 임포林逋, 967~1028의 시 「산원소매山園小梅」의 한 구절인 "그윽한 향기 떠도는데 달은 이미 어스름(暗香浮動月黃昏)"을 참고했을 것이다. 그 해답은 『홍씨선불기종洪氏仙佛奇縱』에서 찾을 수 있다. 명대明代에 간행된 도석인물화본道釋人物畫本인 『홍씨선불기종』에는 김홍도의 「혜능상매」와 똑같은 도상의 그림이 들어 있는데, 상단에 '혜능대사慧能大師'라고 분명히 적혀 있다. 그리고 뒤이어 혜능대사의 전기가 간략하게 서술되어 있다. 독실한 불자였던 김홍도가 화보畫譜에 나타난 선승禪僧들의 모습에도 관심이 많았던 사실을 짐작할 수 있다.

화보의 그림과 김홍도의 작품을 비교해보면 김홍도의 작가적인 역량이 출

僧

김홍도, 「혜능상매」, 종이에 연한 색, 28.4×49.5cm, 개인 소장

중하다는 사실을 확인할 수 있다. 화보에서는 혜능이 괴석怪石과 나무를 배경으로 좌복坐服 위에 앉아 있고 주변에는 빙열氷裂이 있는 자기향로瓷器香爐와 두루마리로 된 경전經典 그리고 나무를 심은 화분이 놓여 있다. 여러 선사를 소개해 놓은 그림 가운데 일부라는 것을 알 수 있다. 그런데 김홍도는 화보 속의 인물을 참고하면서도 인물 주변에 언덕과 매화를 그려 넣음으로써 혜능이 실제로 매화꽃이 핀 장소 속에 들어가 있는 듯 전혀 다른 인물을 창조해냈다. 단지 인

「혜능대사」(「홍씨선불기종」 권 6중에서)

물 소개를 위한 삽화의 기능에서 벗어나 감상화로서의 예술성에 주목했음을 알 수 있다.

 도상적인 해석에서의 독자성 못지않게 제시의 변형도 예사롭지 않다. 그렇다면 김홍도가 적은 '그윽한 향기'는 어떤 향기일까. 얼핏 보면 매화꽃에서 뿜어져 나오는 향기일 것 같다. 그러나 선종의 역사에서 혜능대사의 위치를 생각한다면, '구름처럼 온 하늘에 가득한 향기'가 혜능의 법향法香임을 짐작할 수 있다.

 그렇다면 구름처럼 온 하늘에 가득한 혜능의 법향은 무엇일까? 먼저 혜능은 정定과 혜慧가 둘이 아니라 본래로 하나임을 밝혔다. 정과 혜는 등불과 빛과 같다. 정은 혜의 몸(體)이고, 혜는 정의 작용(用)으로 정혜일치定慧一致 혹은 정혜일체定慧一體라 할 수 있다. 혜능은 법상法相, 모든 현상계의 모양에서 집착이 없음

을 일행삼매一行三昧라 했다. 일상삼매一相三昧 혹은 일상장엄삼매一相莊嚴三昧라고도 부르는 일행삼매는 전 우주의 온갖 물심物心 현상은 평등하고 진여불성의 한 모양인 줄로 보는 삼매다. 어느 때나 가거나 머물거나 앉거나 눕거나(行住坐臥) 항상 곧은 마음(直心)을 행하는 것이다. 곧은 마음이 도량이고 정토이다. 단지 곧은 마음으로 행동하여 모든 법에 집착하지 않음이 일행삼매다.

곧은 마음으로 깨닫는 법에는 돈점頓漸, 단번에 깨달음과 점차로 깨달음이 없다. 단지 사람에 따라 영리하고 우둔함이 있으니 미혹하면 점차로 계합하고 깨달은 이는 단번에 닦는다. 자기의 본래 마음을 아는 것이 본래의 성품을 보는 것이니, 깨달으면 원래 차별이 없으나 깨닫지 못하면 오랜 세월을 윤회한다. 수행자는 생각 없음(無念)을 종宗으로 삼고, 모양 없음(無相)을 본체(體)로 삼고, 머무름 없음(無住)을 근본(本)으로 삼아야 한다. 모양이 없다고 하는 것은 모양에서 모양을 여읜 것이요, 생각이 없다고 하는 것은 생각에 있어서 생각을 여읜 것이요, 머무름이 없다고 하는 것은 사람의 본래 성품이 생각마다 머무르지 않는 것이다. 모든 경계에 물들지 않는 것을 생각이 없는 것이라고 한다.

마하반야바라밀다의 법향

자기 성품이 스스로 청정함을 봐야 한다. 스스로 닦아 스스로 이룸이 자기 성품인 법신法身이며, 법신 그대로 행함이 부처의 행위이며, 스스로 짓고 스스로 이룸이 부처의 도이다. 사람들은 자성自性의 삼신불三身佛에 귀의한다. 즉 '나의 색신色身의 청정법신불清淨法身佛에 귀의하며, 나의 색신의 천백억화신불千百億化身佛에 귀의하오며, 나의 색신의 당래원만보신불當來圓滿報身佛에 귀의합니다'라고 말한다. 그러나 색신은 집과 같으므로 귀의한다고 말할 수 없다. 삼신불은 색신이 아니다. 자기의 법성法性 속에 있다. 법성은 사람마다 다 가지고 있다. 그러나 중생들은 미혹하여 밖으로 삼신부처를 찾고 자기 색신 속의 세 성품의 부처는 보지 못한다. 그래서 각기 자기의 색신에 있는 법성이 삼신불을 지니고 있음을 깨달아야 한다. 이 삼신불은 자성으로부터 생긴다. 자기의 성품에 만 가지 법이 다 갖추고 있다. 모든 법에 자재한 성품을 청정법신이라 한다. 법신을 좇아 생각함이 화신이요, 생각마다 착한 것이 보신이며 스스로 깨달아 스스로 닦음이 바로 귀의歸依이다. 가죽과 살은 색신이며 집이므로 귀의할 곳이 아니다.

자성 안에 있는 삼신불에 귀의하면 네 가지 넓고 큰 서원(四弘誓願)을 발해야 한다. 사홍서원은 불교도로서 취해야 할 바인 실천 덕목으로 네 가지 큰 맹세이다. 즉 가없는 중생을 다 건지겠다는 '중생무변서원도衆生無邊誓願度', 끝없는 번뇌를 다 끊겠다는 '번뇌무진서원단煩惱無盡誓願斷', 한없는 법문을 다 배우겠다는 '법문무량서원학法門無量誓願學', 불도를 다 이루겠다는 '불도무상서원성佛道無上誓願成'이 바로 사홍서원이다. 사홍서원은 항상 마음을 낮추고 행동으로 일체를 공경하는 자세다. 사홍서원을 행하는 것은 미혹한 집착을 멀리 여의고 깨달아서 반야의 지혜가 생기고 미망함을 없애는 것이다. 바로 스스로 깨달아 불도를 이루겠다는 다짐이다. 이것이 바로 마하반야바라밀법의 법향이다.

마하반야바라밀법은 큰 지혜로 저 언덕에 이른다는 뜻이다. 이 법의 의미는 실행에 있지 입으로만 외우는 데 있지 않다. 입으로만 외우고 실행하지 않으면 꼭두각시와 허깨비와 같으나, 닦고 행하는 이는 법신과 부처와 같다.

마하摩訶는 크다는 뜻이다. 마음이 한량없이 넓고 커서 허공과 같으나, 다만 빈 마음으로 앉아 있지 말아야 하는데 바로 무기공無記空, 아무 생각 없이 멍청히 앉아 있는 것에 떨어지기 때문이다. 허공은 모든 것을 다 포함하고 있으니 세상 사람의 자성이 빈 것도 또한 이와 같다. 자성이 만법을 포함하는 것이 바로 큰 것이며 만법 모두가 다 자성이다. 만법을 보되 모두 다 버리지도 않고 그에 물들지도 않아 마치 허공과 같으므로 크다고 한다. 미혹한 사람은 입으로 외우고 지혜로운 사람은 마음으로 행한다.

반야는 지혜다. 어느 때나 생각마다 어리석지 않고 항상 지혜를 행하는 것을 반야행이라 한다. 반야는 형상이 없는데 지혜의 성품이 바로 그것이다. 바라밀은 '저 언덕에 이른다'는 뜻이다. 뜻을 알면 생멸을 여읜다. 경계에 집착하면 생멸이 일어나서 물에 파랑이 있음과 같으니 이것이 곧 이 언덕이다. 경계를 떠나면 생멸이 없어서 물이 끊이지 않고 흐름과 같으니 바로 저 언덕(彼岸)에 이른다고 하여 바라밀이라고 이름한다. 이런 법을 깨달은 이는 반야의 법을 깨달은 것이며 반야의 행을 닦는 것이다. 만약 반야삼매에 들어가고자 하는 사람은 바르게 반야바라밀의 행을 닦을 것이며 오로지 『금강반야바라밀경』 한 권만 지니고 수행하면 바로 자성을 보아 반야삼매에 들어갈 수 있다. 본래 성품이 스스로 반야의 지혜를 지니고 있어서 스스로 지혜로서 보고 비출 수 있다.

중국의 선 전통, 혜능의 남종선으로 이어지다

육조혜능대사는 마음(自心)이 곧 부처라고 가르쳤다. 마음이 온갖 종류의 법을 낳고 마음 밖으로는 한 물건도 만들 수 없다고 했다. 마음 혹은 도는 나지도 않고 죽지도 않고 가지도 않고 오지도 않아 불생불멸이다. 마음의 중요성을 역설한 혜능대사는 713년 8월 3일에 국은사國恩寺에서 천화遷化했다. 헌종憲宗은 혜능대사에게 '대감大鑑선사'라는 시호를 내렸다. 이로써 인도의 보리달마菩提達磨, ?~536가 남북조시대에 중국으로 와서 면벽수행하며 선종禪宗을 일으킨 지 150여 년 만에 선종은 가장 영향력 있는 종파로 자리 잡았다. 문화의 황금기인 당나라 때는 불교가 최전성기를 맞이했다. 중국에 불교가 들어온 지 300여 년이 지난 상태에서 중국불교는 역경사업과 교학 연구를 바탕으로 독자적인 면모를 갖추었다. 그 결과 도선의 남산율종, 현장과 규기의 법상종, 선도에 의한 정토교, 법장의 화엄종, 혜능의 선종 등 다양한 종파가 성립되었다. 그런데 당나라 말기 이후가 되면 사변적이고 현학적인 종파의 불교는 쇠퇴한 반면 실천불교를 지향한 불교는 더 많은 인기를 얻게 된다. 정토교와 선종이 대표적이다. 특히 보리달마에서 시작된 선종은 혜가慧可, 승찬僧璨, 도신道信, 홍인을 거쳐 혜능의 남종南宗과 신수의 북종北宗으로 뿌리가 뻗어 나갔다. 그중에서도 대세는 역시 혜능의 남종계였다. 신수계의 북종선은 초기에는 낙양을 중심으로 크게 번성했지만 혜능의 문하에 뛰어난 선승들이 많이 모여 결국 중국 선의 전통은 혜능의 남종선으로 이어졌다. 중국 전역에서 혜능의 남종선을 따르는 우수한 제자들의 활동이 두드러졌고 한국의 선도 혜능계에서 전해졌다. 이후 중국불교의 역사는 혜능의 제자들의 활동 무대였다고도 말할 수 있다.

僧

영가

무상대도를
얻기 위해
필요한 것

김농 「향림소탑도」

"무릇 사문이란 모름지기 3천 가지 위의威儀와 8만 가지 세행細行을 갖추어야 하거늘, 대덕大德은 어디서 왔기에 도도하게 아만我慢을 부리는가?"

　혜능대사의 목소리가 쩌렁쩌렁하게 울렸다. 영가永嘉, 665~713가 조계산曹溪山에 도착했을 때 혜능대사는 상당上堂하여 법문을 하고 있었다. 객승이 남의 문중에 찾아왔으면 예를 갖추는 것이 도리였다. 그런데 영가는 혜능대사에게 절도 하지 않고 대사를 세 번 돌고 나서 육환장을 짚고 우뚝 섰다. 영가는 서른한 살, 혜능대사는 쉰여덟 살이었다. 젊은 수행자가 어른 앞에서 취할 태도가 아니었다. 혜능대사가 화를 낸 것은 젊은 객승이 버릇없어서가 아니었다.

젊은 객승의 방자함을 빌미로 그에게 말할 기회를 주기 위함이었다.

영가가 대답했다.

"나고 죽는 일이 중대하고 무상無常은 빠르기 때문입니다."

혜능대사가 물었다.

"어찌하여 무생無生을 체득하여 빠름이 없는 도리를 요달하지 못하는가?"

영가가 대답했다.

"본체는 곧 무생이고 본래 빠름이 없음을 요달하였습니다."

이에 혜능대사가 흔연스럽게 말하며 영가를 인가했다.

"그렇다. 참으로 그렇다."

그 모습을 보고 대중이 모두 깜짝 놀랐다. 영가는 그때서야 비로소 위의를 갖추어 혜능대사에게 정중히 예배를 드리고 하직인사를 올렸다. 혜능대사가 말했다.

"돌아감이 너무 빠르지 않은가?"

"본래 스스로 움직이지 않거늘, 어찌 빠름이 있겠습니까?"

"누가 움직이지 않음을 아는가?"

"스님께서 스스로 분별을 내십니다."

"그대는 무생의 뜻을 참으로 잘 터득하였구나."

"무생에 어찌 뜻이 있겠습니까?"

"뜻이 없다면 누가 분별하는가?"

"분별도 또한 뜻이 아닙니다."

혜능대사가 탄복하면서 말했다.

"훌륭하고 훌륭하다. 하룻밤 쉬어가라."

그때부터 사람들이 영가를 일숙각一宿覺이라 불렀다. 조계산에서 하룻밤만

자고 갔다는 뜻이다. 다음날 영가가 혜능대사에게 하직을 고했다. 혜능대사는 몸소 대중을 거느리고 영가를 전송했다. 열 걸음쯤 걸어가던 영가가 석장을 세 번 내리치고 말했다.

"조계를 한 차례 만난 뒤로는 생사와 상관없음을 분명히 알았노라!"

육조 혜능이 배출한 5대종장

영가현각永嘉玄覺은 당대唐代의 고승으로 어려서 출가했다. 고향인 영가현에서 살았기 때문에 영가대사라 불렀다. 영가는 혜능대사를 만나기 전에 이미 『대반야경』 『열반경』 『유마경』 등 여러 경전에 두루 통달했다. 처음에는 천태지관天台止觀을 익혔는데 선종의 혜능대사를 만나 견성오도見性悟道하여 인가를 받았다. 혜능대사를 만나고 고향에 돌아오자 그에게 배우고자 하는 사람들이 밀물처럼 모여들었다.

육조六祖 혜능대사는 그의 종지를 계승할 수 있는 뛰어난 제자를 무수히 많이 배출하였다. 그중에서도 청원행사靑原行思, ?~740, 남악회양南嶽懷讓, 677~744, 남양혜충南陽慧忠, ?~775, 하택신회荷澤神會, ?~760, 영가현각 등 다섯 명의 제자는 5대종장五大宗匠으로 부를 정도로 수행력이 탁월했다. 특히 청원행사와 남악회양은 그 제자의 활발한 활동에 힘입어 중국 선종의 양대 산맥을 이루었다. 남악계는 마조馬祖, 709~788 - 백장百丈, 720~814 - 황벽黃檗, ?~850, 임제臨濟, ?~867로 이어졌고, 청원계는 석두石頭, 700~791 - 약산藥山, 745~828 - 운암雲巖, 782~891 - 동산洞山, 807~869 - 조산曹山, 840~901으로 이어졌다. 선종사禪宗史에서 남악과 청원이 얼마나 중요한지 짐작할 수 있다. 두 사람이 혜능대사를 만난 사연을 간략하게 살펴본다.

남악회양은 열다섯 살 때 출가했다. 수계한 지 5년 동안 율장을 공부했으나 참다운 진리를 깨닫지 못했다. 이때 혜능대사에 대한 소문을 듣고 찾아갔는데 다음과 같이 물었다.

"어떤 물건이 여기에 왔는가?"

혜능대사가 남악에게 화두를 던진 것이었다. 답을 할 수 없었던 남악은 8년 동안 각고의 정진 끝에 홀연히 깨친 바가 있었다. 남악이 혜능대사를 다시 찾아갔다. 혜능대사가 물었다.

"무엇을 깨달았는가?"

남악이 대답했다.

"설사 한 물건이라 해도 맞지 않습니다."

그렇게 하여 육조혜능대사에게 인가를 받고 15년 동안 시봉하였다. 남악은 "일체 만법이 모두 마음을 따라 일어난다(一切萬法 皆從心生)"라고 했는데, 이 사상은 혜능대사가 "본래 한 물건도 없다(本來無一物)"라고 한 사상에서 그 연원을 찾을 수 있다. 이것이 곧 남종선 사상체계의 근간이다. 그는 즉심즉불卽心卽佛과 평상심시도平常心是道를 강조했다. 그리하여 "그대의 마음이 곧 불佛이다. 달마가 서쪽에서 온 까닭은 일심一心을 정하기 위해서다. 삼계유심三界唯心이니 삼라만상이 일법一法에 인印하는 것이거늘 모든 소견所見의 색色은 모두 자심自心일 뿐이다"라고 강조했다.

혜능대사의 두 번째 수제자인 청원행사는 어려서 출가했는데, 성격이 과묵했다. 어느 날 혜능대사의 법석이 유명하다는 소문을 듣고 찾아가 절을 하고 물었다.

"무엇에 힘써야 계급에 떨어지지 않겠습니까?"

혜능대사가 반대로 물었다.

"그대는 지금까지 어떤 일을 했는가?"

僧

김농, 「향림소탑도」, 종이에 먹, 61.5×28cm, 중국 청, 장쑤성 쑤저우 박물관 소장

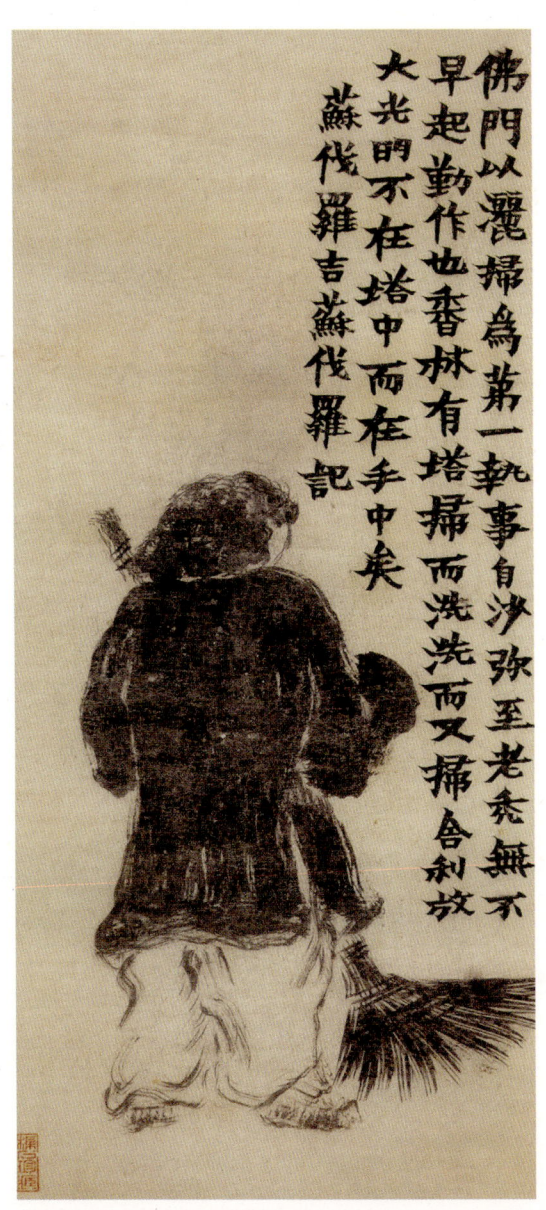

청원이 대답했다.

"성인聖人이 가르치신 무위無爲의 진리도 하지 않았습니다."

혜능대사가 물었다.

"그러면 어떤 계급에 떨어졌는가?"

청원이 대답했다.

"성인의 진리도 위하지 않았는데 무슨 계급이 있겠습니까?"

그때부터 혜능대사가 청원을 수제자로 삼아 가장 윗자리에 앉혔다. 청원은 혜능에게 법을 전해 받고 길주吉州 청원산靑原山 정거사靜居寺에 머물렀다. 청원은 선의 경계나 불법에 대한 고정된 틀이 없었다. 다만 일상생활 자체가 그대로 선이고 선이 바로 생활 자체였다. 그의 사상은 후대에 마조가 '마음이 곧 부처다(卽心卽佛)', '평상심平常心이 도道'라고 한 조사선의 사상을 형성하는 데 커다란 영향을 미쳤다.

영가현각의 「증도가」와 비질

이렇게 선종의 역사에서 청원행사와 남악회양의 위치는 영가현각과 비교할 수 없을 정도로 중요하다. 그럼에도 그들을 제치고 영가현각을 소개하는 것은 순전히 「증도가證道歌」 때문이다. 「증도가」는 영가현각이 혜능대사를 만나 확철대오한 경지를 읊은 노래로 지금도 선가에서 널리 애송되고 있다. 「증도가」에 들어 있는 '일초직입여래지一超直入如來地'는 선종의 돈오사상을 압축한 표현이다. 이는 '한 번 뛰어넘어 여래지에 바로 들어간다'는 뜻으로 '점차로 닦아 성불한다(漸修)'는 교종敎宗과 반대되는 입장이다. 그렇다면 「증도가」는 무슨 뜻일까.

성철性撤, 1912~93선사에 의하면 증證은 증오證悟의 준말로 구경究竟을 바로 체득함을 의미한다. 근본 무명인 제8 아뢰야식까지 완전히 벗어나 대원경지에 들어가 진여본성을 확철히 깨친 것을 증이라 한다. 이는 견해와 지해로 알아차리는 해오解悟와 다르다. 도道는 보리菩提 또는 각覺이라 한다. 구경각을 성취한 구경처로 증이 곧 도이고 도가 곧 증이다. 가歌는 영가현각이 혜능대사를 만난 후 확철히 깨우치고(證) 구경각을 성취한(道) 경지를 시가 형식으로 표현한 노래다.

"그대 보지 못하였는가. 배움이 끊어진 하릴없는 한가한 도인은 망상도 없애지 않고 참됨도 구하지 않으니 무명의 참성품이 곧 불성이요, 허깨비 같은 빈 몸이 곧 법신이로다. 법신을 깨달음에 한 물건도 없으니 근원의 자성이 천진불이다."

이렇게 시작된 「증도가」는 부처로부터 달마대사를 거쳐 육조혜능까지 마음에서 마음으로 전해져 내려온 증오처證悟處가 담겨 있다. 찰나에 아비지옥의 업을 없애버릴 수 있고 단박에 부사의한 해탈경에 들어갈 수 있는 수선修禪의 요의要義가 기록되어 있어 후대 학인들에게 등불 같은 책이다. 한 번 내 마음을 깨치면 일체 만법이 원만구족되어 있어 무생법無生法을 알고 단번에 여래지에 들어가는 세계를 알려주는 책이다.

절집에 들어온 지 얼마 되지 않은 모양이다. 삭발하지 않은 머리카락이 목까지 내려왔다. 뒷모습이라 더욱 눈에 띈다. 사미승은 무릎까지 내려 온 먹물옷을 입고 비질에 여념이 없다. 먹으로만 그린 단색의 단조로움은 쓱쓱 그은 바지에서 생동감을 얻는다. 붓질 몇 번으로 헐렁한 바지통을 입체적으로 살려낸 절묘함을 보라. 선이 꿈틀거릴 듯 살아 있다. 상의의 무거움은 하의의 활동성을 방해하지 못한다. 고수의 붓질이 아니면 얻을 수 없는 현장감이다. 바지를 그린 붓질로 짚신까지 마무리했다. 빗자루를 쥔 손에 힘이 들어간다. 빗

2

강물이 모여
바다를 이루다

자루가 바닥을 뒤덮은 듯 퍼져 있다. 사미승이 얼마나 열심히 청소를 하고 있는지 짐작가는 대목이다.

사미승이 몸을 향한 쪽으로는 다음과 같은 제발題跋이 현판처럼 적혀 있다. "불문佛門에서는 청소를 최우선의 일로 삼는다. 사미에서부터 노승에 이르기까지 일찍 일어나서 부지런히 하지 않은 자가 없다. 향림香林에 탑이 있는데 쓸고 닦고 쓸고 닦았다. 사리가 환하게 빛나서 탑 안에 있는 것이 아니라 마치 손 안에 있는 것 같았다."

절 마당을 유심히 본 사람이라면 제발의 의미가 오롯이 이해될 것이다. 한 치의 흐트러짐도 없는 비질의 흔적을 보고 얼마나 마음이 정갈해졌던가. 스님들은 비질을 하면서 마음의 때까지 깨끗이 쓸어냈을 것이다.

「향림소탑도香林掃塔圖」는 김농金農, 1687~1764의 대표작이다. 김농은 자가 수문壽門, 사농司農이고 호가 동심冬心, 곡강외사曲江外史로 양주팔괴揚州八怪의 한 사람이다. 기행과 괴벽으로 유명했는데 쉰 살이 넘은 늦은 나이에 그림을 배웠다. 어렸을 때부터 시문에 뜻을 둔 덕분에 그의 그림은 예서隷書와 해서楷書를 펼쳐놓은 듯 깔끔하고 거침없었다. 권세와 부귀에 타협하지 않는 성격으로 강직하면서도 서권기書卷氣 넘치는 사의화를 제작했다. 만년에는 불교에 깊이 심취하여 「향림소탑도」 같은 선화禪畵를 남겼다. 속되지 않는 붓질이 무엇인지를 보여주는 작품이다. 탑이 있는 향림이 어딘지는 확실하지 않다. 사미에서 노승에 이르기까지 빗자루 들고 청소하는 도량이라면 모두 향기 나는 숲이 아닐까.

불문에서는 청소가 최우선이라

영가현각의 「증도가」를 공부하는 사람이라면 반드시 알아두어야 할 사항

"벽돌을 간다고 어찌 거울이 되겠습니까?"

"벽돌을 갈아서 거울을 만들지 못하거늘, 어찌 좌선을 하여 부처를 이루겠는가?"

"그러면 어찌해야 되겠습니까?"

"소가 수레를 몰고 가는 것과 같으니, 수레가 가지 않으면 수레를 때려야 옳은가, 소를 때려야 옳은가?"

도일이 대답이 없자, 대사가 다시 말했다.

"그대는 좌선坐禪을 배우는 것인가? 앉은뱅이 부처(坐佛)를 배우는 것인가? 만일 좌선을 배운다면 선禪은 앉고 눕는 데 있지 않고, 앉은뱅이 부처를 배운다면 부처는 정해진 모습이 아니다. 머무름이 없는 법(無住法)에서 취하거나 버리지 말아야 한다. 그대가 만일 앉은뱅이 부처라면 곧 부처를 죽이는 일이니, 만약 앉는 모습에 집착한다면 그 이치를 통달한 것이 아니다."

좌선은 자세나 형식의 문제가 아니다. 밖으로 일체 경계에서 번뇌 망상이 일어나지 않는 것이 좌坐이고, 안으로 자기의 본성을 보고 깨달아 산란함이 없음이 선禪이다. 남악회양대사가 그 점을 지적한 것이다. 도일이 대사의 가르침을 받자, 마치 제호醍醐, 최상의 음료를 마신 듯해 절을 하며 물었다.

"어떻게 마음을 써야 무상삼매無相三昧에 부합하겠습니까?"

"그대가 심지법문心地法門을 배움은 씨앗을 뿌리는 것과 같고, 내가 법의 요체를 설함은 저 하늘이 비를 뿌리는 것과 같으니, 그대의 인연이 맞았으므로 마침 도를 보게 된 것이다."

마음을 대지에 비유한 것이 심지법문이다. 대지가 만물을 생성하듯 중생의 마음도 대지와 같아 만법이 이 마음에서 생성된다는 뜻이다. 삼계三界가 마음을 주인으로 하므로 마음을 깨달아야 구경究竟 해탈에 이를 수 있다.

2
강물이 모여 바다를 이루다

"도는 빛깔도 형상도 아니거늘 어떻게 볼 수 있다고 말씀하십니까?"

"심지법안心地法眼으로 도를 능히 볼 수 있으니, 모습 없는 삼매도 그러하다."

눈(眼)은 깨달은 마음이다. 진리를 깨닫게 되면 부처의 눈인 불안佛眼 혹은 마음의 눈인 심지법안心地法眼을 갖춘다고 한다. 선禪에서는 자기의 '마음'을 찾는 것을 '눈'을 찾는다고 표현한다.

"거기에 생성과 파괴가 있습니까?"

"만일 생성과 파괴, 모임과 흩어짐으로 도를 보는 자는 도를 보는 것이 아니다."

도일은 깨우침을 받고 심의心意가 초연해졌다. 남악회양을 10년을 시봉하였는데, 그 경지가 날로 더하였다.

도일은 속성俗姓이 마씨馬氏라서 후세 사람들이 마조馬祖, 마대사馬大師라 불렀다. 어릴 때 출가하여 수행하다 남악회양선사를 기연으로 심인을 얻었다. 769년에 강서성江西省 홍주洪州 개원사開元寺를 중심으로 남악회양에게 전수받은 남종南宗의 선법을 널리 펼쳤다. 그가 홍주를 중심으로 새롭게 펼친 마조선법馬祖禪法을 홍주선洪州禪 혹은 홍주종洪州宗, 강서선江西禪이라 한다. 이때 호남湖南에서는 석두희천石頭希遷이 석두종石頭宗을 세워 크게 번창했다. 이후 중국의 선종은 강서의 홍주종과 호남의 석두종이라는 양대 산맥으로 뿌리내렸다.

우리가 흔히 쓰는 '강호江湖의 제현諸賢'이라든가 '강호의 대덕大德 스님들'이란 표현은 여기에서 유래한다. 마조선은 강서를 넘어 중국을 대표하는 선이 되었고, 우리나라 선종에도 큰 영향을 미쳤다. 한국 선종 구산선문九山禪門 가운데 칠산선문七山禪門이 마조선을 이어받았다.

일체의 법이 마음의 법이다

 마조도일은 일체의 법이 마음의 법이며, 마음은 만법의 근본이라 했다. 그러므로 마음 밖에 따로 부처가 없고, 부처 밖에 따로 마음이 없다. 달마대사에서부터 시작된 선종의 4대 종지宗旨 '불립문자不立文字 교외별전敎外別傳 직지인심直指人心 견성성불見性成佛'의 가르침이 역대 조사를 통해 면면히 이어져 내려온 것을 알 수 있다. 즉 '문자를 세우지 않고(不立文字) 교 밖에 따로 전하며(敎外別傳), 사람의 마음을 바로 가리켜(直指人心) 성품을 보아 부처를 이루는(見性成佛)' 것이 선종의 종지다. 『사가어록四家語錄』과 『조당집祖堂集』에는 마조선사가 제자들을 가르친 일화가 간략하게 적혀 있다.

 대주혜해大珠慧海 스님이 처음 마조대사를 찾아와 참례하자 대사가 물었다.

 "어디서 오느냐?"

 "월주越州 대운사大雲寺에서 옵니다."

 "여기에 와서 무엇을 구하려 하느냐?"

 "불법을 구하려 합니다."

 "자기의 보배창고(寶藏)는 살피지 않고서 집을 버리고 사방으로 치달려 무엇을 하려느냐. 여기 나에게는 아무것도 없다. 무슨 불법을 구하겠느냐?"

 대주 스님은 드디어 절하고 물었다.

 "무엇이 저 혜해의 보배창고입니까?"

 "바로 지금 나에게 묻는 그것이 그대의 보배창고이다. 그것은 일체를 다 갖추었으므로 조금도 부족함이 없어 작용이 자유자재하니 어찌 밖에서 구할 필요가 있겠느냐?"

 대주 스님은 그 말끝에, 본래 마음은 깨달음을 말미암지 않음을 스스로 알고 기뻐하며 절을 했다. 대주 스님은 6년을 마조대사를 섬긴 뒤에 돌아가 『돈

2
강물이 모여 바다를 이루다

오입도요문론頓悟入道要門論』을 지었다. 제자가 묻고 대주혜해 스님이 대답하는 형식으로 된 이 책은 마조대사가 칭찬을 아끼지 않았다.

"월주越州에 큰 구슬(大珠)이 있는데, 뚜렷하고 밝은 광채가 자재하게 사무쳐 막힌 곳이 없구나."

마조선사의 교수법은 참으로 탁월했다. 방거사龐居士와의 대화를 보면 분별심에 사로잡힌 사람을 어떻게 가르쳤는지 확인할 수 있다. 방거사는 중국의 유마거사로 모든 번뇌를 완전히 여의었다고 평가받는 사람이다. 방거사가 물었다. "온갖 법으로 짝이 되어주지 않는 자는 어떤 사람입니까?" "네가 서강의 물을 한 입에 다 마시면 그 때 가서 말해주마." 모양도 없고 형체도 없으나 분명히 존재하는 법신 혹은 본래면목을 어떻게 말로 설명할 수 있겠는가. 선은 말로 하는 것이 아니다. 스스로 깨달아야 한다.

제자 중에는 달을 가리키는 스승의 손가락이 아니라 달을 쳐다 본 총명한 제자도 많았다. 대매법상大梅法常 스님이 마조대사에게 물었다.

"무엇이 부처입니까?"

"바로 마음이 부처다."

법상 스님은 그 자리에서 깨닫고 그때부터 대매산에 머물렀다. 마조대사는 법상 스님이 대매산에 머문다는 소문을 듣고 한 스님을 시켜 찾아가 묻게 했다.

"스님께서는 마조 스님을 뵙고 무엇을 얻었기에 갑자기 이 산에 머무십니까?"

"마조 스님께서 나에게 '바로 마음이 부처다'라고 하였다네. 그래서 여기에 머문다네."

"마조 스님 법문은 요즘 또 달라졌습니다."

"어떻게 달라졌는가?"

僧

여문영, 「강촌풍우도」, 비단에 연한 색, 169×104cm,
중국 명, 클리블랜드 미술관 소장

"요즘은 '마음도 아니고 부처도 아니다(非心非佛)'라고 하십니다."
"이 늙은이가 끝도 없이 사람을 혼돈시키는구나. 너는 네 맘대로 비심비불 해라. 나는 오직 즉심즉불일 뿐이다."
그 스님이 돌아와 마조대사에게 대매법상과의 대화를 얘기했다. 마조대사가 말했다.
"매실이 익었구나."

비바람에 몸살을 앓는 명소

바람이 불고 비가 쏟아진다. 주룩주룩 쏟아진 것이 아니라 좌악좌악 쏟아진다. 퍼붓듯 내리긋는 비바람 때문에 세상은 한 치 앞도 분간하기 힘들다. 사선으로 쓸어내린 붓질이 보이는가. 대각선으로 쏟아지는 비는 농도가 다른 두 가지 색을 교차하듯 그려 넣어 하늘에서 천둥 번개가 내리치는 듯하다. 막무가내 쏟아지는 빗줄기에 나무들이 몸살을 앓는다. 언덕 위에 뿌리를 드러낸 나무는 금세라도 가지가 부러질 것 같다. 대부벽준大斧劈皴으로 그린 바위와 산봉우리는 흑백 대비가 심해 느낌이 더욱 강렬하다. 강한 농담 대비, 과장되게 꺾인 나뭇가지의 표현 등은 남송南宋의 하규 작품을 보는 듯하다. 마원과 하규에 의해 시작된 남송의 산수화 양식은 명대明代 절파 화풍으로 그 맥을 잇는다.

「강촌풍우도江村風雨圖」는 여문영呂文英, 1421~1505의 작품이다. 여문영은 자가 활창闊蒼으로 인물화와 산수화를 잘 그린 명대의 절파 화가다. 8대 성화제成化帝, 재위 1464~87와 9대 홍치제弘治帝, 재위 1487~1505 때 궁정화원宮廷画院이 흥성해 이름 있는 화가들이 운집했다. 여문영을 비롯해 여기呂紀, 왕악王諤, 임량林良, 곽허郭詡, 은선殷善 등이 이 시기에 활동했다. 그러나 명대에는 정식 화원제도는 성립되지 않았다. 대신 궁정화가에게 일정한 직위를 주어 궁중회화의 제작 수요를 맡게 했다. 즉 화가들에게 금의위지휘錦衣衛指揮: 궁정 호위병를 주거나, 남경의 문연각文淵閣, 북경의 무영전武英殿, 인지전仁智殿 등의 전각 대조待詔직을 주어 궁중회화를 담당하게 했다. 여문영은 1488년에 당시 화조화花鳥畵의 일인자인 여기약1475~1503 활동와 함께 금의위지휘에 제수되었다. 두 사람 모두 홍치제의 총애를 받았고, 합작품도 여럿 남겼다. 합작품에서는 두 사람이 각각 자신의 특장을 살려 여문영이 인물을, 여기는 화조를 그렸다. 사람들은 여문영을 '소여小呂', 여기를 '대여大呂'라고 불렀다.

여문영의 작품으로는 「화랑도貨郞圖, 행상인」 춘하추동 4폭, 「희춘도嬉春圖, 봄을 즐거워함」 2폭, 「궁장왜왜宮妝娃娃, 집에서 단장하는 여인」 등의 인물화가 남아 있다. 여기와의 합작품으로는 「죽원수집도竹園壽集圖」와 「용녀참사도龍女斬蛇圖」 등이 전한다. 여문영의 작품은 대부분 인물화다. 이런 상황에서 「강촌풍우도」는 산수화도 잘 그렸다는 기록을 확인할 수 있는 대표적인 작품이다.

「강촌풍우도」는 얼핏 보면 소상팔경도瀟湘八景圖의 소상야우瀟湘夜雨를 연상시킨다. 소수瀟水와 상수湘水가 합쳐진 소상강瀟湘江은 중국 최대의 호수인 동정호洞庭湖로 흘러든다. 이곳은 산수가 아름답고 수많은 신화가 깃들어 있어 문인묵객의 발길이 끊이지 않는 곳이다. 무엇보다 회오리바람과 폭우가 잦은 곳이다. 그러나 비 내리는 명소가 어디 소상강 뿐이랴. 「강촌풍우도」는 소상강과는 아무 관련이 없는 작품이다.

평생 몰아치는 비바람의 출처

비바람이 소상강에만 불지 않듯 우리가 만나는 삶의 비바람도 특정한 시점에만 불지 않는다. 다섯 살에는 알사탕 때문에 요동치던 비바람이 열다섯에는 시험 때문에 요동친다. 스물다섯에는 취직 때문에 소용돌이치던 태풍이 서른다섯에는 자식 때문에 사고가 난다. 서른다섯의 태풍은 마흔다섯에도 계속되고 쉰다섯, 예순다섯에도 그치지 않고 몰아친다. 그렇다면 인생을 끝마칠 때까지 평생 동안 몰아치는 비바람은 어디서 불어오는 걸까. 햇볕이 쨍쨍 내리쬐는 맑은 날에도 가슴속에서 여전히 쿵쾅거리는 이 비바람은 도대체 어디에서 와서 어디로 가는 걸까. 마조대사는 말한다. 모든 것이 마음에서 만들어낸 작용이라고.

마조대사가 병이 들었다. 원주院主가 문안을 드렸다.

"스님께서는 요즈음 건강이 어떠하신지요?"

"일면불 월면불日面佛月面佛이니라."

일면불은 1,800년을 사는 반면 월면불은 하루밖에 살지 못한다. 본래면목, 법신, 불성을 깨닫고 나면 장수와 단명에 차이가 없다는 뜻이다. 하물며 잠깐 지나가는 비바람이겠는가. 스님은 설법하며 세상에 머무르기를 40여 년 동안 수많은 제자를 가르쳤다. 성품은 인자하고 모습은 준수하였으며 발바닥에는 두 개의 고리 무늬가 있고 머리에는 가마가 셋이었다. 무진년788년 2월 1일에 목욕하고 가부좌한 채 입적하니 '근본을 깨달아 초탈한' 수행자의 모습이었다.

僧

백장

땀 흘려
일하는 자,
무엇을 해도
떳떳하다

대진 「어락도」

　　백장회해百丈懷海, 749~814는 마조도일의 제자다. 속성이 왕씨王氏인데 어릴 때 속세를 떠나 삼장三藏을 두루 공부했다. 마조선사가 교화를 펼친다는 소문을 듣고 찾아가 서당지장西堂智藏, 735~814과 함께 입실하여 두각을 나타냈다. 날아가는 오리 때문에 마조선사에게 코를 잡혔던 백장선사는 강서성 홍주의 대웅산大雄山에서 크게 선풍을 일으켰다. 그 후 대웅산은 백장산으로 이름이 바뀌었다.

백장선사와 야호선

백장선사는 야호선野狐禪과 관련된 일화로 널리 알려져 있다. 백장선사가 설법을 하면 늘 한 노인이 와서 법문을 듣고 대중과 함께 흩어졌다. 하루는 노인이 가지 않고 혼자 있었다. 선사가 물었다.

"서 있는 사람은 무엇하는 사람인가?"

노인이 대답했다.

"저는 가섭불迦葉佛 때 이 산에 살았습니다. 그때 한 학인이 묻기를, '수행을 많이 한 사람도 인과因果에 떨어집니까?' 하기에 '인과에 떨어지지 않는다(不落因果)'라고 대답하여 여우의 몸(野狐)을 받았습니다. 지금 스님께서 대신 이 몸을 바꿀 만한 한마디를 해주십시오."

"지금 물어라."

"많이 수행한 사람은 인과에 떨어집니까?"

"인과에 어둡지 않다(不昧因果)."

노인은 말끝에 크게 깨닫고 선사에게 하직하면서 말했다.

"제가 이제는 여우 몸을 벗고 산 뒤에 있을 것입니다. 불법대로 화장해주시기 바랍니다."

선사는 유나維那에게 종을 쳐서 점심 후 대중 운력으로 죽은 스님을 장사지내겠다고 알리게 했다. 선사는 대중을 거느리고 산 뒤 바위 아래로 가서 죽은 여우 한 마리를 지팡이로 휘저어 꺼내더니 법도대로 화장했다.

『백장록百丈錄』에 나오는 이야기다. 여기서 나온 단어가 야호선이다. 야호는 '여우' 또는 '들여우'를 뜻한다. 선을 수행한 사람이 아직 깨닫지도 못했으면서 스스로 이미 진리를 깨달았다고 생각한 것을 야호선이라 한다. 노인이 오백 생 동안 여우의 몸을 받은 까닭은 불매인과不昧因果라고 해야 할 것을 불락인과不落因果라고 대답했기 때문이다. 불매인과와 불락인과는 매昧자와 낙落자만 다를 뿐 나머지는 똑같다. 그런데 결과는 엄청나게 차이가 난다. 모든 것은 한 끗 차이다. 불락인과는 대오한 수행인은 인과의 영향을 받지 않는다는 뜻으로 부처가 가르친 인과응보설을 부정한 것이다. 콩 심은 데 콩 나고 팥 심은 데 팥 나는 진리를 무시한 발언이다. 아무리 위대한 수행자라도 자기가 지은 선악의 과보는 피할 수 없다.

부처도 피해갈 수 없다. 누구나 다 착한 행위를 하면 복을 받고 악한 행위를 하면 화를 받는다. 그러니 불락인과는 불법의 진리에 어긋난다. 반면 불매인과는 인과응보의 진리를 분명하게 인식한다는 뜻이다. 백장선사의 한마디에 노인이 여우의 몸을 벗게 된 것도 정견正見을 얻었기 때문이다. 그러므로 불매인과는 정견이지만 불락인과는 사견邪見이다. 정견을 얻지 못한 사람이 마치 정견을 얻은 듯 선지식 행세를 했으니 그는 남을 속인 거나 다름없다. 이때부터 야호선은 아직 깨닫지 못했으면서도 스스로 진리를 깨달았다고 속이는 가짜 선을 지칭하게 되었다.

진짜와 가짜는 쉽게 구분되지 않는다. 진짜가 가짜 같고 가짜가 진짜 같다. 예나 지금이나 진짜보다 더 진짜 같은 가짜가 판을 치는 세상이다. 백장선사가 굳이 야호선을 얘기한 이유는 진짜 같은 가짜가 많았기 때문이다. 또한 불교의 기본인 인과응보도 무시한 채 거드름 피우는 제자들이 많았기 때문이다. 기본도 모르는 사람에게 어떤 진전이 있겠는가.

생계형 어부의 정직한 노동

물소리. 바람 소리. 투망 던지는 소리. 노 젓는 소리. 강가에 앉아 새참을 먹는 사람들 뒤로 고기잡이 배의 왁자지껄한 소리가 뒤섞인다. 그 소리는 무

2
강물이 모여
바다를 이루다

대진, 「어락도」(두루마리 부분), 비단에 연한 색, 46×740cm,
중국 명, 워싱턴 프리어 갤러리 소장

성하게 자란 수초를 뒤흔드는가 싶더니 정박해놓은 낡은 어선에 부딪친다. 장마가 끝난 뒤 물이 불었다. 불어난 물은 고기를 품는다. 어부들이 들어간 강물은 물 반 고기 반이다. 한동안 강에 들어가지 못해 속만 태웠던 어부들은 느긋한 심정으로 풍어를 즐긴다. 날마다 오늘 같으면 처자식 건사하기는 땅 짚고 헤엄치는 것만큼 쉬울 것 같다. 강이 베푼 풍요로운 선물에 모처럼 사람들의 얼굴에 웃음꽃이 핀다.

배를 탄 인물을 그린 그림은 어부도漁父圖 또는 주유도舟遊圖라 부른다. 어부도는 흔히 홀로 배를 탄 선비가 미늘 없는 낚싯대를 드리운 채 때를 기다리거나 시음詩吟에 취한 경우가 많다. 주유도는 기생을 대동한 선비들이 달빛을 감상하며 술잔을 부딪치는 예가 대표적이다. 모두 선비의 고상한 취미 생활을 짐작할 수 있는 대표적인 상류층 문화의 반영이다. 말이 좋아 풍류지 가진 자의 음풍농월을 과시한 혐의가 짙다. 그런데 대진戴進, 1388~1462이 그린 「어락도漁樂圖」는 이런 고상한 문화와는 질적으로 다르다. 강호한정江湖閑情이나 유유자적 대신 생계를 위한 절박함이 담겨 있다. 어부들은 찰랑거리는 물을 보며 술잔을 기울이는 대신 맨발로 물속에 들어가 물고기를 잡아야 한다. 살생의 업조차 생각할 겨를이 없다. 내 몸을 움직여 가족을 먹여 살리는 일인 만큼 누가 뭐라 해도 꿀릴 것 없이 당당하고 떳떳하다. 힘든 만큼 뿌듯하다. 「어락도」에는 강가에서 물고기를 잡아 살아가는 생계형 어부의 삶이 들어 있다. 몸을 움직여 먹거리를 구하고 움직인 만큼 먹을 것을 구할 수 있는 정직한 노동의 현장을 확인할 수 있다. 수초와 나무를 그린 짧고 거친 필치는 생계형 어부들의 일상만큼이나 투박하다. 꾸밈이 없고 활달하다. 그래서 더욱 현장감이 생생하다.

대진의 자는 문진文進, 호는 정암靜庵이다. 절강성 출신으로 궁정에 들어가 화원이 되었다. 그는 남송 원체 화풍院體畵風, 남송 때의 화원인 마원과 하규에 의해 형성된 화풍으로 마하파 화풍이라고도 함을 바탕으로 자신만의 독자적인 화풍을 이루어 절파 화풍의 시조가 되었다. 절파란 대진의 고향인 절강성에서 유래한 것이다. 어부도는 중국의 강남 지방에서 많이 그린 전통적인 화제였다. 대진을 비롯한 절파 화가들도 어부도를 즐겨 그렸다. 물이 많은 강남의 특수성 때문에 어부들의 삶을 자주 접할 수 있었다. 많이 본 만큼 생동감 넘치는 작품을 그릴 수 있었다. 대진은 「어락도」에, 양반이 데리고 온 기생의 비파 소리 대신 투망을 던지는 남정네의 우렁찬 목소리를 담았다.

하루 종일 몸을 부려 밥벌이를 하는 사람은 안다. '몸에 한세상 떠 넣어주는 먹는 일의 거룩함'을. 그리고 '이 세상 모든 찬밥에 붙은 더운 목숨'의 소중함을 안다. 남의 수고를 가로채거나 불로소득에 길들여진 사람은 절대로 알 수 없는 숭고한 세계다.

일일부작 일일불식

백장선사가 자신이 정한 수행 규칙에 얼마나 철저했는지 알려주는 일화가 전해진다. 백장선사가 노년이었을 때만 해도 그는 제자들과 똑같이 일하기를 멈추지 않았다. 제자들은 연로한 스승이 힘든 노동을 계속하는 것을 보고 건강이 상할까 염려되어 그만둘 것을 권했다. 그러나 스승은 막무가내였다. 제자들은 하는 수 없이 호미와 곡괭이를 감추어 버렸다. 연장이 없으면 노동을 안 하리라 생각했던 것이다. 백장선사는 연장을 찾아 사방을 뒤지다 끝내 찾지 못하자 곡기를 끊었다. 제자들이 물었다.

"왜 식사를 안 하십니까?"

백장선사가 대답했다.

"하루 일하지 않으면 하루 밥 먹지 않는다(一日不作 一日不食)."

이때부터 '일일부작 일일불식'은 선승의 수행 생활을 상징하는 글귀가 되었다. 노동을 생활화하면서 선종 사찰은 시주자의 희사에 의존하지 않는 독립적인 종단으로 우뚝 서게 되었다. 백장선사의 이런 혁신이 얼마나 앞서간 조치였는지는 845년 무종武宗에 의한 폐불廢佛 때 여실히 증명되었다. 3무1종三武一宗 폐불 중 세 번째에 해당되는 무종의 폐불은 네 차례의 법난 가운데 가장 심각하고 그 강도가 심했다. 무종의 연호가 회창會昌이어서 흔히 회창법난으로 불린다. 회창법난은 불교에 대한 도교의 배격이 직접적인 동기였지만 불교 자체 내에서도 그 원인이 잠재되어 있었다. 사원 경제가 비대해지면서 국가 재정이 고갈되었고, 승려의 부패와 타락이 극에 달해 가짜 승려가 속출했다. 무종은 폐불을 단행하여 26만 명의 승려를 환속시켰고, 4,600개소의 사찰을 폐지시켰다.

회창법난을 기점으로 하여 그 전에 번성했던 많은 불교의 종파들이 쇠락의 길을 걷게 되었다. 그런데 유독 선종만은 회창법난 이후에도 계속 발전할 수 있었다. 즉 다른 종파의 승려들이 무위도식하며 민초의 고혈을 빨아먹는 기생충이라는 비난을 받는 데 반해 선종의 승려들은 달랐다. 신도들의 보시에 의존하는 대신 낮에는 일하고 밤에는 참선하는 주경야선晝耕夜禪의 실천으로 법난에서 자유로울 수 있었다. 남에게 의지하지 않는 사람은 언제든 당당하다. 땀 흘려 일하는 사람은 무엇을 해도 떳떳하다. 호미질을 하든 낚시질을 하든 자존감이 넘친다.

다시 야호선으로 돌아가 보자. 만참晩參법문 때 백장선사가 앞의 인연을 거론했더니, 황벽 스님이 대뜸 물었다.

"옛사람을 깨닫게 해주는 한마디를 잘못 대꾸하였기 때문에 여우 몸에 떨어졌습니다. 오늘 한 마디 한 마디 어긋나지 않으면 어떻습니까?"

"가까이 오게. 그대에게 말해주겠네."

황벽 스님이 앞으로 다가가자 백장선사가 황벽 스님의 따귀를 때리려 했다. 그런데 황벽 스님이 한 박자 빨랐다. 황벽 스님이 느닷없이 스승의 뺨을 쳤다. 그러자 백장선사가 박수를 치고 웃으며 말했다.

"오랑캐의 수염이 붉다 하려 했더니 여기도 붉은 수염이 난 오랑캐가 있었구나."

백장회해의 가르침은 황벽희운黃檗希運, ?~850과 위산영우潙山靈祐, 771~853에게 전해졌다.

僧

황벽

추위가
매울수록
코를 찌르는
매화향

진홍수 「매화산조」

황벽희운선사는 복건성福建省 복주福州 출신이다. 어릴 때 고향 근처의 황벽산에서 출가했다. 이마 사이가 우뚝 솟아 마치 살로 된 구슬(肉珠) 같았다. 목소리는 낭랑하고 부드러웠으며, 뜻은 깊고도 담백했다. 백장선사를 만나 가르침을 받았다.『전등록』에는 백장선사가 황벽선사를 인가한 내용이 다음과 같이 적혀 있다.

어느 날 백장선사가 황벽선사에게 물었다.
"어디를 갔다 오는가?"
"대웅산 밑에서 버섯을 따고 옵니다."

"호랑이를 보았는가?"

황벽선사가 호랑이 소리를 흉내 냈다. 백장선사가 도끼를 들고 찍으려는 시늉을 했다. 황벽선사가 백장선사를 한 대 갈기니, 백장선사가 껄껄 웃고는 돌아가버렸다. 백장선사가 설법을 하며 대중에게 말했다.

"대웅산 밑에 호랑이가 한 마리 있으니, 여러분은 조심하시오. 늙은 백장도 오늘 한 차례 물렸소."

황벽선사의 그릇 크기를 가늠할 수 있는 얘기도 전해진다. 어느 날 황벽선사가 남전보원南泉普願, 748~834선사를 찾아갔다 하직하고 떠나는데 남전이 전송하면서 말했다.

"몸집은 큰데 삿갓은 몹시 작구만."

황벽선사가 대답했다.

"그렇지만 대천세계가 전부 이 속에 들어 있습니다."

"배휴는 어디에 있는고?"

황벽선사의 소문을 듣고 대중이 구름처럼 모여 들었다. 황벽선사의 가르침은 '한마음(一心)이 부처다'로 정리할 수 있다. 즉 "이 마음은 밝고 깨끗하며 허공 같아서 한 점의 모양도 없다. 모든 부처와 일체 중생은 한마음일 뿐, 다시 다른 법은 없다. 이 마음은 무시無始 이래로 일찍이 생긴 적도 없고, 없어진 적도 없다. 푸르지도 않고, 누렇지도 않다. 형체도 없고, 모양도 없다. 있고 없음에 속하지도 않는다. 새롭다거나 낡았다고 헤아릴 수도 없다. 길지도 않고, 짧지도 않다. 크지도 않고 작지도 않다. 모든 한계와 계량, 이름과 언어, 자취와 상대성을 넘어서 있다. 당체가 곧 그것이어서, 생각이 움직이면 즉시 어긋난다."

이 한마음 이대로 부처일 뿐, 부처와 중생이 다를 바가 없다. 우리는 왜 이 간단한 진리를 깨닫지 못할까? 모양에 집착하여 밖에서 찾기 때문이다. 허공이 모양이 없듯 마음도 모양이 없다. 모양이 없는데 중생은 상에 집착하여 모양에서 찾으려고 한다. 그러니 찾으면 찾을수록 더욱 멀어진다. 그러면 어떻게 해야 할까. "생각을 쉬고 도모하지 않으면 부처가 저절로 눈앞에 나타난다." 이 도리를 모르기 때문에 헤맨다. 이 마음 그대로가 부처고, 부처가 곧 중생이다. 그런데 마음이라고 하면 또 그 마음을 찾기 위해 집착한다. 황벽선사는 "마음을 일으켜 생각을 움직이면, 즉시 법체와 어긋나고 모양에 집착하게 된다." 오죽하면 "시방의 모든 부처님들께 공양하는 것이 무심도인 한 분께 공양하는 것만 못하다"라고 했을까. 무심한 사람에게는 일체의 마음이 없기 때문이다. 그것을 모르는 사람들이 도를 구하기 위해 이리저리 떠돌아다닌다.

황벽선사에게는 배휴裵休, 797~870라고 하는 뛰어난 제자가 있었다. 배휴는 재상을 지낸 재가거사로서 원래는 종밀宗密의 제자로서 유명하다. 나중에는 황벽선사의 제자가 되었는데, 그의 저서인 『전심법요傳心法要』와 『완릉록宛陵錄』은 모두 배휴에 의해서 편집된 것이다. 배휴와 황벽선사가 만나게 된 사연은 흥미롭다.

황벽선사가 개원사開元寺에 머물고 있을 때였다. 황벽선사는 회창법난을 만나 신분을 드러내지 않고 대중 속에 섞여 지내고 있었다. 어느 날 홍주자사洪州刺史 배휴가 절에 행차하여 벽화를 보고 주지 스님께 물었다.

"이것은 무슨 그림입니까?"

주지 스님이 말했다.

"고승들을 그린 그림입니다."

2
강물이 모여 바다를 이루다

배휴가 말했다.

"고승들의 겉모습은 여기에 있지만, 고승들은 어디에 계십니까?"

주지 스님이 아무 대답을 못하자, 배휴가 말했다.

"이 절에 선승은 없소?"

주지 스님이 말했다.

"한 분이 계십니다."

배휴는 마침내 황벽선사를 청해 뵙고, 주지 스님한테 물었던 것과 똑같이 말했다.

"고승들의 겉모습은 여기에 있지만, 고승은 어디 있소?"

그러자 황벽선사가 큰 목소리로 불렀다.

"배휴!"

배휴는 깜짝 놀라 엉겁결에 "예" 하고 대답했다.

"배휴는 어디에 있는고?"

배휴는 이 말에 깨달음을 얻어 황벽선사에게 귀의하였다. 8, 9세기의 당나라를 선禪의 황금시대라고 부른다. 출가사문이든 재가불자든 선문답 한 번에 깨달음을 얻었다. 그만큼 불교에 대한 공부가 기본이 된 시대였다. 수행이 일상이 되었다. 불심이 깊었던 배휴는 회창법난 이후 선종이 활발하게 살아나는 데 크게 기여했다. 뿐만 아니라 개원사에서 황벽선사에게 조석으로 법에 대해 묻고 들은 것을 기록해 『전심법요』와 『완릉록』을 완성했다. 『전심법요』의 원래 제목은 『황벽산단제선사전심법요黃檗山斷際禪師傳心法要』로 857년에 간행했다. 단제선사는 황벽의 시호다. 『전심법요』는 배휴의 서문과 배휴의 질문에 대한 황벽선사의 대답과 설법으로 이루어져 있다. 황벽선사는 선승禪僧이다. 그러나 답변할 때 『금강경』『묘법연화경』『유마경』『대반열반경』에 나오는 내용을 인용한 것을 보면 교학에 대한 공부가 상당히 깊었음을 알 수 있다.

자기 안에서 피워낸 매화꽃

매화꽃이 피었다. 새도 한 마리 날아와 앉았다. 바위인가. 버섯인가. 꿈틀거리듯 기괴한 형상을 한 거대한 태호석太湖石이 구부러진 늙은 매화와 한 몸을 이룬다. 작가는 매화꽃을 그리기 위해 붓을 들었을까. 아니면 바위를 그리기 위해 붓을 들었을까. 매화나무의 가장귀진 곳에 꽃망울이 활짝 피었다. 가지 위에 앉은 새가 고개를 돌려 꽃을 본다. 매화가지를 따라 왼쪽으로 향하던 눈길이 새의 눈을 쫓아 오른쪽으로 향한다. 균형이 잡힌다.

진홍수陳洪綬, 1599~1652는 「매화산조梅花山鳥」에 북송北宋의 원체 화조화에서 선호한 전통적인 구도와 기법을 차용했다. 매화가지는 고전적인 기법으로, 꽃은 구륵진채법을 썼다. 꽃의 윤곽선은 가늘고 예리한 선으로 그린 반면 꽃잎과 꽃술은 모두 백분白粉을 칠해 꽃송이들이 풍성해 보이도록 했다. 바위는 가늘고 굵은 선을 적절하게 뒤섞어 그렸다. 전통에 자신만의 해석을 곁들인 작품이다. 워낙 특이한 바위 표현법 때문에 매화 자체의 아름다움보다는 작가의 개성이 더 눈에 들어온다.

진홍수는 절강성 출신으로 자는 장후章侯, 호는 노련老蓮이다. 명이 멸망한 후에는 호를 노지老遲, 회지悔遲라 하였다. 그는 인물, 산수, 화조, 초충에 뛰어난 기량을 발휘했고, 판화 제작의 삽화에도 관여했다. 특히 인물화에서 과장적인 선묘를 즐겨 썼다. 그는 인물화에서 이공린李公麟, 1049~1106과 조맹부趙孟頫, 1254~1322의 묘한 솜씨를 얻었다고 평가받았다. 특히 생동하는 선과 장식적인 색채로 인물의 내면적인 심리묘사와 특징을 세련되게 표현했다. 화조화에서는 명말 이후 쇠퇴해가던 화조화의 세계에 새로운 생명력을 불어넣었다. 「매

진홍수, 「매화산조」,
비단에 연한 색, 124×49.6cm,
중국 명, 타이베이 고궁박물원 소장

화산조」에서 느껴지는 응축된 힘은 이전 화가들의 화조화에서는 찾아볼 수 없는 특징이다. 그는 1645년 과거에 급제하여 관직에 나아갔으나 명이 망하고 청이 들어서자 유랑길에 나서 승려가 되었다.

황벽선사는 매화시의 작가로도 유명하다. 공부하는 사람의 자세를 매화꽃이 피는 상황에 빗대어 쓴 황벽선사의 매화시는 짧지만 심오한 뜻을 담고 있다.

> 번뇌를 벗어나는 일이 예삿일이 아니니(塵勞迥脫事非常)
> 고삐를 단단히 잡고 한바탕 공부할 지어다(緊把繩頭做一場)
> 추위가 한 번 뼛속 깊이 사무치지 않으면(不是一番寒徹骨)
> 어찌 코를 찌르는 매화향기 맡을 수 있으리(爭得梅花撲鼻香).

특히 여기서 '뼛속 깊이 사무치다'는 '한철골寒徹骨'과 '코를 찌르는 향기'를 뜻하는 '박비향撲鼻香'은 어려움에 빠진 사람들에게 큰 희망을 주는 단어로 자주 사용된다. 뼛속 깊이 사무친 이 추위를 견디면 나도 꽃을 피울 수 있겠지. 이런 희망 말이다. 그래서 한철골을 뚫고 피어난 각각의 매화는 개별적이다. 수만 송이 매화꽃은 같은 시기에 무리지어 피어나지만 꽃을 피워내는 노력은 독자적이다. 모든 꽃송이들이 저마다 개별적으로 한철골의 고뇌를 극복해야 한다. 이웃하는 꽃송이에 무임승차할 수 없다. 이것이 우리가 매화꽃을 보고 찬탄하는 이유다. 각각의 꽃송이들이 저마다 뼛속 깊이 사무치는 추위를 이겨내고 향기를 피우듯 작가들도 마찬가지다.

수많은 작가들이 매화꽃을 그렸다. 그들이 그린 매화꽃은 매화도梅花圖라는 분류체계 속에 담겨 있지만 저마다의 특징과 개성을 지녔다. 진홍수의 매화는 오로지 진홍수만이 그릴 수 있는 매화다. 그는 자신의 매화꽃을 피워내기 위해 지독한 한철골을 견뎌냈다. 그의 꽃에서 그만의 박비향을 풍길 수 있는 비법이다.

오직 마음이 부처임을 전했을 뿐

달마대사에서 황벽선사에 이르기까지 그들이 설한 가르침은 오직 '마음'뿐이다. 그들의 가르침은 특별한 것이 아니다. '평상심이 도'라는 간단명료한 가르침이다. 그러나 그 가르침을 내 것으로 만들기 위해서는 꽃이 필 때까지 한철골을 견뎌야 한다. 내 꽃은 내가 피워야 한다. 다른 사람이 피게 할 수는 없다. 선종의 모든 조사는 저마다 자신 안에서 매화꽃을 피워 낸 노매老梅들이다.

마지막으로 사족 하나를 더 붙여야겠다. 우리도 배휴처럼 똑같은 질문을 되풀이하고 있기 때문이다. 배휴가 황벽선사에게 물었다.

"만약 자신의 마음이 부처라 한다면, 조사께서 서쪽에서 오시어 어떻게 그것을 전해주셨습니까?"

황벽선사가 대답했다.

"조사께서 서쪽에서 오시어 오직 마음이 부처임을 전했을 뿐이다. 그대의 마음이 본래 부처임을 바로 가르쳐주신 것이며, 마음과 마음이 다르지 않기 때문에 조사라고 한다."

아직 우리는 수행 중이다. 그러니 이 질문은 버려야 할 질문이 아니다. 되풀이해서 내게 던져야 할 질문이다. 오직 마음이 부처임을 확실하게 체득할 때까지. 내 안에서 피워낸 매화꽃에서 코를 찌르는 매화향기가 흘러나올 때까지.

僧

조주

시비 끊긴
자리에서
한 잔의 차
샘솟네

두경 「죽주거」

"어디서 왔느냐?"

누워서 쉬고 있던 남전보원선사가 물었다. 남전선사는 백장회해, 서당지장과 함께 마조도일선사의 선맥을 이었다. 사미의 신분으로 남전선사를 찾아온 조주종심趙州從諗, 778~897이 대답했다.

"서상원瑞像院에서 왔습니다."

"상서로운 모습(瑞像)은 보았느냐?"

"상서로운 모습은 보지 못했습니다만 누워 계신 여래는 봅니다."

"너는 주인 있는 사미냐, 주인 없는 사미냐?"

"주인 있는 사미입니다."

"누가 주인이냐?"

"정월이라 아직도 날씨가 찹니다. 스승님께서는 존체를 보존하소서."

조주선사는 18세가 되기 이전 어린 나이에 출가하여 남전선사의 문하에 들었다. 처음 본 남전선사를 단박에 스승으로 만들어버린 조주선사의 근기는 이미 사미 시절부터 드러났다. 그가 스승에게 배운 가르침은 무엇이었을까.

조주선사가 남전선사에게 물었다.

"어떤 것이 도입니까?"

"평상시의 마음이 도이다(平常心是道)."

"닦아 나아가야 합니까?"

"무엇이든 하려 들면 그대로 어긋나버린다."

"하려고 하지 않으면 어떻게 이 도를 알겠습니까?"

"도는 알고 모르고에 속하지 않는다. 안다는 것은 헛된 지각(妄覺)이고 모른다는 것은 아무런 지각도 없는 것(無記)이다. 만약 의심할 것 없는 도를 진정으로 통달한다면 허공같이 툭 트여서 넓은 것이니, 어찌 애써 시비를 따지겠는가?"

조주선사는 이 말끝에 깊은 뜻을 단박 깨닫고 마음이 달처럼 환해졌다. 조주선사는 남전선사의 문하에서 30년간 스승의 가르침을 받은 후 거의 여든 살까지 제방을 편력했다. 조주선사가 행각한 지역은 산동, 하북, 강서, 호남, 호북, 절강, 안휘 등 7개 성省에 이르렀다. 한반도의 몇십 배에 달하는 광대한 범위였다. 행각하는 동안 만난 선지식은 선종의 주류였던 남악南岳, 청원靑原계를 비롯하여 신수의 북종계 선사까지 포함되어 있었다. 가르침을 줄 수 있는 스승이라면 종파에 구애받지 않았다. 조주선사가 항상 입버릇처럼 말했던 다음 이야기에서 그 뜻을 확인할 수 있다.

"일곱 살 먹은 어린아이라도 나보다 나은 이는 내가 그에게 물을 것이요, 백 살 먹은 노인이라도 나보다 못한 이는 내가 그를 가르치리라."

"개도 불성이 있습니까?"

조주선사는 선이 번성하던 당나라 말, 임제의현臨濟義玄, ?~867선사와 더불어 중국 북방에서 가장 큰 역할을 한 선객이었다. 조주선사의 속성은 조씨趙氏가 아니라 학씨郝氏다. 산동성山東省 조주曹州의 학향郝鄕 출신인데, 여든 살이 넘어 하북성河北省 조주趙州의 관음원觀音院 혹은 백림사柏林寺에 머물렀기 때문에 '조주선사'라 불렀다. 관음원에서 조주선사는 매우 검소하게 생활했다. 가사는 낡아 형체뿐이었고 좌선하는 의자는 다리 하나가 부러져 타다 남은 나무를 끈으로 묶어 사용했다. 조주선사의 소문을 들은 하북의 실력자 연왕燕王과 조왕趙王이 귀의했고 스승으로 극진히 모셨다. 그러나 조주선사는 40년 동안 주지를 하고 120세에 입적할 때까지 시주에게 편지 한 통 보내는 일이 없었다.

조주선사의 선은 '구순피선口脣皮禪'이다. '구순피'는 '입과 입술'을 뜻하는 말로 훌륭한 법문을 일컫는다. 조주선사의 유명한 '무無'자 공안처럼 부드러운 입술로 일체의 사량분별을 뛰어넘어 상대의 어리석음을 일시에 타파하는 선이다. 참선의 최고 지침서로 평가받는 『벽암록碧巖錄』에는 조주선사의 공안이 100칙 중 12칙이나 된다. 운문문언雲門文偃, 864~949의 공안 다음으로 가장 많다. 공안이란 선가禪家에서 스승이 제자에게 의도적으로 의문의 말을 던져 깨달음으로 유도하는 일종의 교육적 과제다. 지식이나 상식으로는 해결할 수 없고 직접 참구하여야 알 수 있는 화두다. 공안은 유명한 조사들의 전기나 어록에서 발췌한다. 조주선사는 선법을 지도하는 방법이 워낙 탁월해 천하조

2
강물이 모여 바다를 이루다

주天下趙州, 조주고불趙州古佛로 불리었다. 우리가 잘 알고 있는 '무자화두無字話頭' '정전백수자庭前栢樹子' '끽다거喫茶去' '만법귀일萬法歸一 – 일귀하처一歸何處' 등 조주선사의 공안은 셀 수 없을 정도로 많다.

어느 날 한 스님이 조주선사에게 물었다.

"개도 불성이 있습니까?"

"있다."

"있다면 왜 가죽 부대 속에 들어 있습니까?"

"그가 알면서도 짐짓 범했기 때문이다."

다시 한 스님이 조주선사에게 물었다.

"개도 불성이 있습니까?"

"없다."

"위로는 모든 부처님에서 아래로는 개미까지 모두 불성이 있는데, 어째서 개에게는 없습니까?"

"그에게 업식의 성품이 있기 때문이다."

이것이 '개는 불성이 없다(狗子無佛性)'는 무자화두다. 똑같은 질문에 전혀 다른 답이 나왔다. 마조선사가 얘기했듯 '조작造作, 시비是非, 취사取捨, 단상斷常, 범성凡聖'을 버린 평상심에서만 찾을 수 있는 해답이다. 불성이 있는가 없는가에 대한 집착에 사로잡혀 있는 한 결코 찾을 수 없는 화두가 무자화두다.

어느 날 한 스님이 조주선사에게 물었다.

"무엇이 조사가 서쪽에서 오신 뜻입니까?"

"뜰 앞의 잣나무다(庭前栢樹子)."

"스님께서는 경계를 가지고 학인을 가르치지 마십시오."

"나는 경계를 가지고 학인을 가르치지 않는다."

"무엇이 조사가 서쪽에서 오신 뜻입니까?"

"뜰 앞의 잣나무다."

지금 이 자리에 조주선사가 있었다면 뭐라고 대답했을까. 베란다의 선인장이나 책상 위의 컴퓨터라고 말했을 것이다. 조주선사의 가르침은 마조선사의 즉심시불卽心是佛이나 비심비불非心非佛처럼 특별하지 않다. '평상심이 도'라는 뜻이다. 다만 우리가 분별심과 간택심에 사로잡혀 그 진리를 깨닫지 못할 뿐이다.

조주선사가 새로 온 두 납자에게 물었다.

"스님들은 여기에 와본 적이 있는가?"

한 스님이 대답했다.

"와본 적이 없습니다."

"차나 마시게."

또 한 사람에게 물었다.

"여기에 와본 적이 있는가?"

"왔었습니다."

"차나 마시게."

원주院主가 물었다.

"스님께서는 오지 않았던 사람에게 차를 마시라고 하신 것은 그만두더라도, 무엇 때문에 왔던 사람도 차를 마시라고 하십니까."

조주선사가 "원주야!" 하고 부르니 원주가 "예!" 하고 대답했다. 그러자 조주선사가 "차나 마시게"라고 했다. 이것이 끽다거라는 공안이다. 지금도 종로에는 끽다거란 찻집이 있다. 의정부에도 있고 고창에도 있고 진주에도 있다. 그 많은 끽다거에서 사람들은 차를 마시며 무슨 생각을 할까. 가끔씩 궁금하다. 그런 나를 조주선사가 봤다면 "너도 한 잔 마셔라" 할 것이다. 이 밖에도 조주선사가 던진 화두는 수없이 많다. 이런 질문을 통해 조주선사는 형상과 경계, 진실과 거짓 등 상대적인 인식 분별을 타파하고자 했다. 조주선사의 가르침대로 공부하면 우리 같은 사람도 진짜 불성을 찾을 수 있을까? 이 물음에 조주선사가 자신 있게 대답한다.

"금부처(金佛)는 용광로를 건너지 못하고, 나무부처(木佛)는 불을 건너지 못하며, 흙부처(泥佛)는 물을 건너지 못한다. 우리 안에 들어앉은 참부처(眞佛)야말로 불에 녹거나 타지 않고 물에 젖지 않는다. 보리, 열반, 진여, 불성 등은 모두 몸에 걸치는 옷으로 그 또한 번뇌라고도 한다. 문제 삼지 않는다면 번뇌랄 것도 없는데 진실된 도리가 어디에 성립하겠는가? 한마음이 나지만 않으면 만법은 허물이 없으니, 다만 이치를 궁구하면서 이삼십 년 앉아 있으라. 그래도 알지 못하거든 내 머리를 베어 가라."

선과 색으로 압축한 한 인간의 삶

정갈한 집이다. 소박하지만 초라하지 않고 수수하지만 누추하지 않은 집이다. 사랑채, 안채, 별채를 짓고 대나무 울타리를 두른 집은 거주하는 사람의 품격이 드러난다. 집 앞에는 도랑물이 흐르고 집 뒤에는 대나무 숲이 병풍을 이루었다. 바람 불어 대숲이 우수수 흔들리고 나면 비온 뒤 도랑물이 찰찰거리며 흘러간다. 솔향기에 취해 여름이 가면 단풍잎에 마음이 젖는 가을이 온다. 세상으로 향한 마음을 사립문 안으로 들이니 세상 밖 시끄러운 소리가 댓돌 위를 오르지 못한다. 세상에서 물러났으되 주인 찾는 손님의 발길이 끊이지 않아 적막하거나 고독하지 않다. 고요하되 적막하지 않고 한적하되 고독하지 않다. 삶의 깊숙한 곳에 마음을 내려놓으니 사람들 오고감을 문제 삼지 않는다. 찾아오는 사람과 마주 앉아 차 한 잔 마시는 것으로 족하다. 그저

두경, 「죽주거」(『남촌별서도』에서), 종이에 연한 색,
33.8×51cm, 중국 명(15세기), 상하이 박물관 소장

차만 마실 뿐 옳고 그름을 시비하지 않으니 말 없는 말 속에 긍정하는 단어가 가득하다.

두경杜瓊, 1396~1474이 그린 「죽주거竹主居」는 단아한 별서別墅다. 별서는 별저別邸, 별업別業, 별제別第 등으로도 불리며, 농장이나 들에 한적하게 따로 지은 별장別莊을 뜻한다. 아귀다툼하는 세상에 간섭하는 대신 자신에게 허락된 시간을 담백하게 살아가는 선비의 일상만이 짐작되는 그림이다. 선과 색채로 한 사람의 삶을 통째로 보여줄 수 있는 화가의 능력이 대단하다.

두경은 명대明代에 소주 지방에서 활동했다. 소주는 오파吳派 회화가 꽃 핀 지역으로 혜원법사에 대한 글에서 이미 살펴보았다. 심주와 문징명은 오파를 대표하는 작가인데 이들에게 원대元代의 문인화 양식을 전해준 사람이 두경이었다.

「죽주거」는 『남촌별서도南村別墅圖』에 들어 있는 작품이다. 『남촌별서도』는 죽주거, 초원蕉園, 내청헌來青軒, 개양루闓楊樓, 불경정拂鏡亭, 나고동蘿姑洞, 요화암蓼花庵, 학태鶴臺, 어은魚隱, 나실蠃室 등 모두 10폭으로 구성되어 있다. 두경은 『남촌별서도』에 발문을 써서 이 그림을 그리게 된 내력을 자세히 밝혀놓았다.

발문에 따르면 『남촌별서도』는 도종의陶宗儀가 쓴 『남촌별서십경영南村別墅十景詠』을 주제로 한 작품이다. 도종의는 남촌별서의 주인으로 남촌선생이라 불렸다. 원말명초를 대표하는 문학가이자, 사학자였는데 안빈낙도를 즐기며 명리를 구하지 않았다. 두경은 어릴 때 도종의 문하에서 공부했다. 그는 스승의 고결한 품격과 우아한 정취에 깊은 영향을 받았다. 스승의 아들 기남紀南과도 벗이 되어 친하게 지냈다. 두경은 스승이 세상을 떠난 후 우연히 상자에서 『남촌별서십경영』을 발견했다. 스승의 시를 소리 내어 읊던 그는 이미 이 세상 사람이 아닌 스승이 사무치게 그리웠다. 그는 스승에 대한 그리움을 담아 『남촌별서도』 10폭을 완성했다. 두경은 『남촌별서도』를 항아리에 넣어두었다. 그런 어느 날 기남이 집에 들렀다. 두경이 항아리에 넣어둔 그림을 꺼내보여주자 기남은 "이로써 돌아가신 아버지의 자취가 영원히 남게 되었다"고 기뻐하며 가져가겠다고 했다. 두경은 그림을 그리게 된 본말을 적어 스승의 아들에게 건네주었다.

그대는 새 여래일세

두경이 그린 『남촌별서도』는 심주의 「동장도東莊圖」와 문징명의 「졸정원도拙政園圖」에 큰 영향을 미쳤다. 두경이 오파를 여는 데 길잡이가 된 것은 선구자적인 의식이 있어서가 아니었다. 분별심과 우월감을 갖는 대신 그저 묵묵히 자신의 길을 걸어갔기 때문이다. 도종의의 시가 그림이 된 것도 마찬가지다. 세상에 나가 자신을 선전하는 대신 선비로서의 도리를 지키며 살았기 때문이다. 한 시대에 큰 획을 그은 사람들의 행동은 모두 이와 같다. 궁핍한 살림에도 시주 한 번 구걸하지 않았던 조주선사가 지금까지 우리에게 알려진 이유다.

한 거사가 조주선사를 뵙고 찬탄하면서 말했다.

"스님은 옛 부처님이십니다."

조주선사가 대답했다.

"그대는 새 여래일세."

이 글을 읽고 있는 나도 당신도 새 여래이다. 그러나 이것은 조주선사의 말일 뿐이다. 우리가 여래라는 것을 깨닫기 위해서는 우리 스스로의 노력과 고민이 필요하다. 이치를 궁구하면서 이삼십 년 앉아 있으면 가능하리라. 그래도 알지 못하면 내 머리를 베어 가라고 조주선사가 장담하지 않았던가.

임제

한 뿌리에서
났다고
향기까지
같으랴

범관 「계산행려도」

 드디어 임제다. 그동안 불교 공부를 하면서 의문이 생기고 미심쩍었던 부분을 일시에 제거해준 나의 위패스승이다. 아니다, 임제선사가 아니다. 종광 스님이다. 임제선사의 가르침을 알아듣지 못해 시무룩한 나를 위해 종광 스님은 친절하게 해설해주었다. 유치원생도 알아들을 수 있는 쉽고 정확한 해설이었다. 종광 스님이 강설한 『임제록臨濟錄』을 통해 나는 임제선사의 의발을 전해 받을 수 있었다. 『임제록』은 임제의 법문과 말씀을 정리한 어록으로 나는 이를 통해 전달자의 역할이 얼마나 중요한지 새삼 느꼈다. 임제는 자비로운 짚신선사 수월 스님과 함께 내게 가장 큰 영향을 준 스승이다.

호랑이 대가리에 올라탄 선사

임제의현선사는 조주曹州 남화南華 출신으로 속성은 형씨邢氏다. 조주선사의 속성이 조씨가 아니라 학씨인 것처럼 임제선사도 임씨가 아니라 형씨다. 하북성河北省 진주鎭州의 임제원臨濟院이라는 선원에 머물렀기 때문에 임제선사라는 이름이 붙여졌다. 임제선사는 어려서부터 영특하고 효성이 지극했다. 출가 후 교종의 경론과 율장을 연구했으나 '이것은 세간을 구제하는 의사의 처방이요 교외별전의 종지는 아니다'라는 생각에 황벽선사를 만나 수행정진하게 되었다. 황벽선사의 인가를 받고 임제원에서 임제종을 열어 선풍禪風을 진작시켰다.

『임제록』에는 임제선사가 황벽선사를 만나 인가를 받는 과정이 자세히 서술되어 있다. 임제는 황벽선사의 회상에서 3년을 공부했으나 진전이 없었다. 머리가 나쁘거나 건성으로 공부해서가 아니었다. 때가 무르익지 않았기 때문이다. 그가 공부하는 모습은 '행업行業이 순일純一'했다고 적혀 있다. 순일은 다른 것과 섞임이 없이 순수하다는 뜻이다. 수행정진하는 임제의 모습이 눈에 잡히듯 선하다.

하루는 임제가 황벽선사의 처소에 가서 다음과 같이 물었다. "무엇이 불법의 확실한 뜻입니까?" 황벽선사는 질문이 끝나기도 전에 몽둥이로 후려쳤다. 이와 같이 세 번을 찾아가서 세 번을 물었는데, 그때마다 때리기만 할 뿐 아무것도 가르쳐주지 않았다. 불법은 말로 가르쳐주거나 글로 설명할 수 있는 것이 아니다. 남악회양선사가 육조혜능에게 대답했듯 설사 한 물건이라 해도 맞지 않기 때문이다. 아무런 형체가 없으나 홀로 밝은 이것. 이것은 스스로 느끼고 깨우쳐야 한다. 황벽선사의 몽둥이질은 그런 가르침이었다. 그 가르침을 이해하지 못한 임제는 스승의 지도를 받기에는 자신이 부족하다고 생각했다. 떠나기 위해 하직인사를 하러 갔다. 황벽선사가 말했다. "너는 다른 곳으

2
강물이 모여 바다를 이루다

로 가지 말고 고안高安 여울목에 있는 대우大愚 스님을 찾아가도록 하라. 반드시 너를 위해 말씀을 해주실 것이다."

임제가 대우선사를 찾아갔다. 대우선사가 물었다.

"어디에서 왔느냐?"

"황벽 스님의 처소에서 왔습니다."

"황벽 스님은 어떤 말을 하시던가?"

"제가 세 번이나 불법의 대의를 물었다가 세 번을 얻어맞았습니다. 저에게 어떤 허물이 있는지 도무지 알지 못하겠습니다."

"황벽이 너를 위해 노파심으로 정성을 다해 가르쳐주었건만, 너는 나에게까지 와서 허물이 있는지 없는지 묻는가?"

임제가 이 한 마디에 크게 깨달았다. 익을 대로 익은 감이 대우선사의 한마디에 꼭지에서 떨어졌다. 깨달은 임제가 고백했다.

"아, 원래 황벽 스님의 불법이 이런 것이었군요."

그러자 대우선사가 임제의 멱살을 움켜쥐며 말했다.

"이 오줌싸개 같은 놈아. 조금 전에는 허물이 있느니 없느니 따지더니 이제는 도리어 황벽 스님의 불법이 이런 것이라니. 너는 도대체 무슨 도리를 보았느냐? 빨리 말해라. 빨리 말해."

대우선사가 다그치듯이 임제를 몰아붙였다. 분별심을 내기 전 무심의 경지를 묻고 있었다. 임제의 공부를 확인하기 위한 노파심이었다. 그러자 임제선사가 대우선사의 옆구리를 주먹으로 세 번 쥐어박았다. 대우선사가 움켜쥐었던 손을 놓고 밀치면서 말했다.

"너의 스승은 황벽 스님이지 내가 간섭할 바가 아니다."

뒷날 위산영우선사가 제자인 앙산혜적仰山慧寂, 803~887에게 물었다.

"임제는 그때 대우선사의 힘을 얻었는가, 황벽 스님의 힘을 얻었는가."

"호랑이의 대가리에 올라탔을 뿐만 아니라, 호랑이의 꼬리도 붙잡았습니다."

임제선사가 두 스승의 법을 모두 이었으며 완전히 자신의 것으로 체득했다는 뜻이다. 이렇게 멋지게 표현할 수 있는 위산영우와 앙산혜적도 보통 사람들이 아니다. 그들은 위앙종潙仰宗을 세운 고승들이다.

내가 바로 부처

임제선사의 가르침은 무엇일까. '수처작주隨處作主 입처개진立處皆眞'으로 요약할 수 있다. 어느 곳에 서든지 주인공이 된다면 서 있는 곳에서 진리의 세계가 된다는 뜻이다. 주인이란 무엇인가. 내가 바로 부처라는 사실을 명확히 아는 것이다. 이것이 참되고 올바른 견해(眞正見解)다. 다른 것은 없다. 사람들은 자신이 부처인데 그 사실을 믿지 못하고 다른 곳에서 구하려 한다. 이것은 자기 머리를 두고 또 다시 머리를 찾는 것과 같다. 머리는 밖에서 찾는다고 찾아지는 것이 아니다. 내가 이미 가지고 있다는 것을 알면 된다. "참된 부처(眞佛)는 형상(形)이 없고 참된 도(眞道)는 실체(體)가 없으며 참된 법(眞法)은 모양(相)이 없다." 그것을 깨닫는 것이다. 밖에서 찾지 말라, 하면 이번에는 좌선하고 앉아 안에서 찾으려고 한다. 분별과 집착을 끊어내기가 이렇게 힘들다. 그래서 망망한 업식의 바다에서 헤매는 사람을 우리는 중생이라고 한다.

임제선사가 달마탑에 가서 절하지 않자 주지가 한소리했다. "부처님과 조사와 무슨 원수라도 됩니까?" 그러나 임제선사는 대꾸도 하지 않고 소매를 떨치고 나가버렸다. 부처와 조사라는 형상은 참배의 대상이 아니라 이뤄야 할 경지다. 스스로 부처가 되어야지 외부에서 부처를 구하면 부처를 잃는다. 도를 구하면 도를 잃고, 조사를 구하면 조사를 잃는다. 그는 절대적인 관념이

나 대상의 권위에 사로잡힌 수행자들에게 자신이 무위진인無位眞人임을 알라고 말한다. 무위진인은 분별을 뛰어넘은 본래의 모습이고 참사람이다.

　임제의 '할喝'은 덕산의 '방棒'과 함께 조사선의 주요한 가르침으로 유명하다. 할과 방은 편견에 사로잡힌 제자를 가르치기 위한 방편이다. 깨달은 이가 자유자재로 활용할 수 있는 교육 방법이다. 그 깊은 의미도 모르고 흉내 내는 사람의 할과는 근본적으로 다르다. 잘 알지도 못하면서 아는 체 하는 사람에 대해 임제선사는 "똥덩어리를 집어 입속에 넣었다가 다시 뱉어서 다른 사람에게 먹여주는 것과 같다"라고 독설을 퍼붓는다. 가르치는 사람이 절대로 잊지 말아야 할 가르침이다.

같은 뿌리에서 핀 서로 다른 꽃

　산수화는 이런 것이다. 범관范寬, 약 967~약 1027의 「계산행려도溪山行旅圖」는 그렇게 말하는 것 같다. 거대한 산이 화면의 3분의 2를 차지했다. 산꼭대기에만 수목이 덮인 바위산은 아랫부분이 안개 속에 잠겼다. 전경과 후경을 분리시키고 거리감을 표시하기 위한 장치다. 산이 맞닿는 부분에서는 하얀 폭포수가 깊게 떨어진다. 그 모습이 마치 가느다란 실을 늘어뜨린 것 같다. 산의 높이를 가늠할 수 있다. 장관이다. 산이 높다는 사실을 알려주는 장치는 또 있다. 개미처럼 작게 표현된 인물이다. 전경의 바위 사이로 세찬 계곡물이 흐르고 계곡 오른편에서 움직이는 물체가 등장한다. 등에 짐을 실은 네 마리 나귀를 앞뒤에서 재촉하는 인물들이다. 굳세고 웅장한 산에 비해 사람과 짐승이 어찌나 작던지 주의해서 보지 않으면 놓치기 십상이다. 인물 때문에 이 그림의 제목이 '계산행려'가 되었다. 아무리 멋있는 계곡과 산(溪山)이 있다한들 그곳에 사람(行旅)이 없다면 의미가 없다. 내가 없으면 세상이 없는 것과 마찬

僧

범관, 「계산행려도」, 비단에 먹, 206.3×103.3cm,
중국 북송(약 1,000년경), 타이베이 고궁박물원 소장

가지다. 작지만 사람을 그린 이유다.

「계산행려도」는 북방 산수화를 대변하는 작품이다. 울창한 나무와 우뚝 솟은 바위, 짙은 묵색에 의한 강한 흑백 대비, 촘촘한 붓질로 점을 찍은 듯 날카로운 질감을 표현한 우점준雨點皴의 바위 등에 의해 산은 깊고 요원하다. 곽약허郭若虛, 11세기 후반 활동의 『도화견문지圖畫見聞志』에는 범관의 그림에 대해 "마치 눈앞에 실제 풍경이 펼쳐져 있는 듯한데, 뾰족한 봉우리가 크고 넉넉하며 기운이 웅장하고 빼어나며 필력이 노련하고 굳세다"라고 평가했다. 미불米芾, 1051~1107은 『화사畫史』에서 "범관의 산수화는 높고 험준한 모습이 헝산恒山과 다이산岱山 같으며, 멀리 있는 산은 정면을 향한 것이 많고 꺾이고 떨어짐이 기세가 있다"라고 극찬했다. 「계산행려도」를 보면 그 평가가 이해된다.

동양화는 인물화, 산수화, 화조화, 사군자화, 영모화, 계화 등의 화목畫目으로 분류할 수 있다. 중국에서 산수화는 위진남북조魏晉南北朝, 265~581 시대에 출현했다. 한대漢代, 기원전 206~기원후 219까지는 감계적鑑戒的인 성격의 인물화가 많이 그려졌는데, 그 경향은 당대唐代, 618~907까지도 지속되었다. 인물화의 배경으로 등장하던 산수화는 오대五代, 907~960와 북송北宋, 960~1127을 거치면서 다른 화목을 제치고 회화의 대표적인 장르가 되었다. 이후 청대淸代 중엽에 화조화에 자리를 내주기까지 900년 동안은 산수화의 시대였다. 당이 망하고 송이 들어서기 전까지의 기간을 오대라 부르는데 60여 년밖에 되지 않는 짧은 기간이었으나 대부분 무인武人이 통치했고 정권 교체가 잦았다. 사람 목숨도 부지하기 힘든 상황에서 인물화나 화조화가 그려질 리 없었다. 그런데 유독 산수화만이 발달했다. 산수화의 등장은 선비(士人)의 은둔과 관련이 깊다. 국가가 위험에 처하거나 정치적으로 혼란스러울 때 많은 문인과 학자들이 산림에 은둔했다. 그들은 관직을 버리고 깊은 산림에 은거하면서 마음을 다스렸

고 그 마음을 산수의 아름다움에 빗대어 화폭에 담았다. 산수는 도를 얻을 수 있는 장소로 여겨지면서 산수화가 유행하는 계기가 되었다. 당말송초唐末宋初에 독특한 화풍의 산수화가 발전하게 된 계기도 전쟁과 살육이 난무하던 시대 상황과 무관하지 않다. 북방 산수화를 대표하는 형호荊浩, 이성李成, 관동關同, 범관 등이 모두 오대 말에서 송대 초에 살았던 은사였다. 특히 이성과 범관의 화풍은 송대에 가장 많이 유행했다.

범관은 형호와 이성 등 대가의 그림에서 많이 배웠다. 그러나 "사람을 배우는 것은 자연을 배우는 것만 못하다"라는 사실을 깨닫고 대가들의 작품 대신 대자연을 배웠다. 그리고 마지막으로는 마음을 스승으로 삼았다. 그는 지금까지 배운 전통의 기초 위에 '밖으로 자연을 스승으로 삼고, 안으로는 마음의 근원에서 터득하는' 방식으로 자신의 작품 세계를 열어나갔다. 그의 작품이 형호와 이성을 넘어 범관만의 작품이 된 이유다.

육조혜능부터 임제의현까지 선종을 대표하는 선사들을 살펴보면 가끔씩 혼란스러울 때가 있었다. 마조도일, 백장회해, 황벽희운, 조주종심, 임제의현은 전혀 다른 사람들이다. 시대도 다르고 이들이 교화를 펼친 방법론과 개성도 제각각이다. 그런데도 이상하게 마치 한 사람의 배우가 매번 다른 옷을 입고 나온 것 같은 동질감을 느낄 수 있다. 사람은 다르되 가르침의 핵심은 다르지 않기 때문이다. 제자를 가르치는 교육 방식은 다르지만 그 근저에는 '불립문자 교외별전 직지인심 견성성불'이라는 선종의 핵심 사상이 흐르고 있다.

형호와 이성, 관동과 범관은 모두 북방 산수화를 대표하는 화가들이다. 그들의 산수화에는 공통적으로 관통하는 양식이 있다. 웅장하고 험준한 산세, 장송長松과 거목巨木, 높은 산과 폭포 등이다. 남방 산수화와는 다른 북방 산수화만의 특징이다. 한눈에 봐도 북방 산수화라는 것을 알 수 있는 징표다. 이런 특징은 형호의 작품에서도 발견할 수 있고 범관의 작품에서도 똑같이 찾아볼 수 있다. 그렇다면 형호의 작품과 범관의 작품이 같은가? 전혀 다르다. 이성의 작품도 범관의 작품과 같지 않다. 마조도일이 백장회해와 다르고 조주종심이 임제의현과 다른 것과 마찬가지다. 한 뿌리에서 났으되 전혀 다른 꽃을 피운 꽃과 같다. 스승과 같아지는 것을 추구하는 대신 스승을 뛰어넘는 것을 목표로 삼았기 때문이다. 그들은 달을 가리키는 손가락을 보는 우를 범하지 않고 달을 볼 줄 알았다. 그림에서도 선종에서도 기라성 같은 거장들의 출현이다.

최고의 교육 방법

정상좌가 임제선사를 찾아와 인사를 하고 물었다. "불법의 대의가 무엇입니까?" 우리는 그동안 선사들의 행적을 들여다보면서 이 말을 여러 차례 들었다. 새삼스럽거나 특별하지 않다는 얘기다. 그러나 그 질문을 하는 개개인에게는 일생을 걸만큼 중요하고 절실하다. 정상좌도 마찬가지였다. 정상좌의 간절한 눈빛을 본 임제선사가 법상에서 내려왔다. 그러더니 대뜸 정상좌의 멱살을 움켜쥐고 한 대 후려갈겼다. '데자뷔'가 느껴지지 않는가. 임제선사가 황벽선사한테 당한 그대로다. 정상좌가 멍하여 우두커니 서 있었다. 옆에 있던 스님이 말했다. "정상좌여! 어째서 절을 올리지 않습니까?" 정상좌가 절을 하다가 문득 크게 깨달았다. 깨닫지 못했을 때는 당한 것인데, 깨닫고 나면 배운 것이다. 임제선사가 스승한테 당한 대로 분풀이를 한 것이 아니다. 최고의 교육 방법으로 가르친 것이다.

그래서 우리도 선지식을 만나면 정상좌처럼 물어야 한다. "불법의 대의가 무엇입니까?" 혹여 그 질문에 대한 답으로 몽둥이가 날아온다면 우리 또한 정상좌처럼 절을 올릴 일이다. 혹시 아는가. 우리도 정상좌처럼 홀연히 깨닫게 될지. 오랫동안 의문을 갖고 해답을 찾기 위해 고민하다 보면 어느 순간 깨닫게 된다. 그래도 모르면? 스승이 몽둥이로 두들겨 패는 순간 알게 될 것이다. 한 번 맞아도 모르면 두 번 세 번 맞을 각오를 해야 한다. 그렇게 간절한 마음으로 가르쳐줬는데 모른다면, 맞아도 싸다.

설봉

밖에서
구하지 말고
스스로를
제도하라

마원 「매석계부도」

민왕閩王이 물었다.

"짐은 지금 절을 짓고 복을 닦으며 보시를 하고 스님들을 출가케 하여 모든 악업을 짓지 않고 선행을 권장하고 있습니다. 이와 같이 계속해 나간다면 성불할 수 있겠습니까?"

달마대사를 만난 양무제가 했던 질문과 비슷한 내용이다. 설봉의존雪峰義存, 822~908 선사가 대답했다.

"성불할 수 없습니다. 한다고 하는 생각이 있는 마음(有作之心)은 모두 윤회하는 것입니다."

"조사와 부처님이 나온 뒤로는 어떤 인과를 닦아야 성불할 수 있습니까?"

"반드시 성품을 보아야만 성불합니다."

"성품을 보는 것을 무엇이라 합니까?"

"자기 본성을 보는 것입니다."

"모양이 있습니까?"

"자기 본성을 보는 것은 어떤 물건으로도 볼 수 없습니다. 이는 믿기 어려운 법이며 수많은 부처가 똑같이 얻은 법입니다."

"어떻게 얻을 수 있습니까?"

"만약 이 일을 드러내려 한다면 온 누리를 다 들어(盡大地) 설명한다 해도 다 설할 수 없습니다."

"이 뭐꼬?"라는 공안

설봉선사는 청원靑原의 문하로 선종의 황금기인 당말唐末에서 오대에 활동했다. 앞에서 몇 차례 언급했다시피 육조혜능의 가르침은 남악회양과 청원행사의 양대 산맥을 통해 전해졌다. 그런데 지금까지 살펴본 마조, 백장, 황벽, 임제 등이 모두 남악계였다. 청원계는 설봉이 처음이다. 청원계에 인물이 없어서가 아니다. 제한된 지면에 소개하다 보니 청원계가 소외되었다. 청원계의 흐름을 살펴보면 이쪽 문중도 만만치 않다는 사실을 알 수 있다.

청원계에서는 석두희천石頭希遷, 700~791 – 약산유엄藥山惟儼, 745~828 – 운암담성雲巖曇晟, 782~891 – 동산양개洞山良价, 807~869 – 조산본적曹山本寂, 840~901 등이 배출되었다. 석두계에서는 다시 천황도오天皇道悟, 748~807 – 용담숭신龍潭崇信, ?~? – 덕산선감德山宣鑑, 782~865 – 설봉의존 – 운문문언雲門文偃, 864~949이 선풍을 일으켰고, 설봉계는 현사사비玄沙師備, 837~908 – 나한계침羅漢桂琛, 867~928 – 법안문익法眼文益,

885~958으로 계승되었다. 설봉과 다음에 살펴볼 운문문언을 통해 청원계의 역할을 확인할 수 있는 자리가 되었으면 좋겠다.

설봉선사의 속성은 증씨曾氏로 불교 집안에서 태어났다. 열일곱 살에 사미계를 받고 수행하다 회창파불會昌破佛 때는 변복을 하고 여러 고을을 만행했다. 동산洞山선사의 회상에 있다가 다시 덕산德山의 문하에 들어갔다. 덕산선사를 만나 가르침을 청하자 "우리 종문에는 말 이전의 것이 없으며 다른 사람에게 줄 그 어떤 법도 없다"라는 말을 듣고 '물통 밑바닥이 쑥 내려가는 느낌'을 얻었다. 그러나 설봉선사를 진심으로 깨우치게 한 사람은 도반인 암두전활巖頭全豁, 828~887이었다. 암두선사는 설봉이 공부하면서 부딪치는 경계를 하나하나 점검해주면서 그 문제점을 파악할 수 있게 했다. 함께 공부하는 도반이 얼마나 중요한지 알려주는 대목이다.

설봉선사는 "하늘땅이 모조리 해탈문인데 그 안에 들어가려고는 하지 않고 오직 뒷구석에 남아 어지럽게 날뛸 줄만 아는" 수행자들을 준엄하게 꾸짖었다. 그렇게 날뛰다 누구라도 만나면 "어느 것이 나요?"라고 물으니 이는 부끄러운 일이고 스스로 굴욕을 자초하는 일이다. 그런 까닭에 "큰 강물 옆에서 목말라 하는 사람이 수없이 많고 밥통 옆에서 배고파 하는 사람이 항하사 모래알처럼 많게" 된다. 그럼 어떻게 해야 할까. 정말로 깨달아 들어가는 길로 직진해야 한다. 자기 스스로 살펴야 한다. 지금 여기에서 깨치지 못하면 만 리 천생을 지나도 역시 깨치지 못한다. 깨우치는 법은 그다지 어렵지 않다. 목마를 때 옆에 있는 강물을 마시면 되고, 배고플 때 눈앞에 있는 밥통의 밥을 먹으면 된다. 물과 밥을 찾아 멀리 갈 필요가 없다. 그것이 바로 해탈문에 들어가는 것이다.

조주선사가 '무無'자 화두를 던졌다면 설봉선사는 '시십마是什麽'를 들었다.

흔히 "이 뭐꼬?"로 알려진 공안이다. 어느 날 두 명의 스님이 설봉선사를 찾아왔다. 설봉선사는 그들이 오는 것을 보자 두 손으로 문을 열어젖히고 뛰어나가 "이것이 무엇이냐(是什麽)?"고 물었다. 그들도 또한 "이것이 무엇이냐"고 되물었다. 설봉선사는 머리를 숙이고 암자로 되돌아가버렸다. 무엇이 문제였을까. 설봉선사는 두 스님에게 진리가 무엇이냐고 물었다. 그런데 뜻을 알지 못한 두 스님이 설봉선사에게 되물은 것이다. 설봉선사는 대답 대신 몸소 실천으로 가르쳐주었다. 진리는 말로 설명할 수 없기 때문이다. 그 가르침을 알아듣지 못한 두 스님은 다시 암두 스님을 찾아가 같은 질문을 되풀이한다. 꼭 우리들의 모습 같다.

그렇다면 진리란 무엇인가? 설봉선사가 민왕에게 설명한 진리는 다음과 같다.

"이제 대왕을 위하여 진여眞如의 이름을 죽 말씀드리겠습니다. 진여란 첫째로 부처 성품(佛性)이라고도 하고, 둘째로는 진여라고 하며, 셋째로는 현묘한 종지(玄旨), 넷째로는 청정한 법신세계(淸淨法身界), 다섯째는 신령한 대(靈臺), 여섯째는 진실한 영혼(眞魂), 일곱째는 갓난아기(赤子), 여덟째는 크고 둥근 거울같은 지혜(大圓鏡智), 아홉째는 공의 종지(空宗), 열째는 으뜸가는 뜻(第一義), 열한 번째는 희고 깨끗한 식(白淨識)이라고도 합니다."

여기까지 설법한 설봉선사가 말을 이었다.

"그러나 이 모든 이름이 다 마음 하나의 명목입니다. 세 살 때의 모든 부처님과 12부 경전이 모두 대왕의 본성에 스스로 갖추어져 있으니 이것을 바깥에서 찾을 필요가 없습니다. 그러므로 절대 스스로가 스스로를 구제하는 것이지 아무도 서로 상대를 구제해주는 사람은 없으며, 이 산승도 대왕을 구제하기에는 힘이 미치지 못합니다. 산승은 중생을 마치 갓난아기처럼 아끼고 염려하기에 인연을 만나면 방편에 따라 그들을 제도하지만 만약에 부처가 되고자 한다면 반드시 스스로 제도해야 합니다."

표현만 다를 뿐이지 남악계의 조사들이나 청원계의 조사들이 누누이 강조한 말이 아닌가.

곽희는 곽희대로, 마원은 마원대로

오리가 매화꽃이 핀 바위 계곡에서 한가롭게 놀고 있다. 마원의 「매석계부도梅石溪鳧圖」는 자연의 한 부분을 확대해서 그린 산수 화조화다. 부鳧는 오리를 뜻한다. 거대한 바위는 일부만 그렸다. 화면에 바위의 끝부분만 그린 것으로 봐서 화면 밖으로 바위가 계속된다는 것을 짐작할 수 있다. 바위 크기는 보는 사람의 상상력에 따라 달라질 것이다. 바위의 표면은 부벽준斧劈皴으로 그렸다. 도끼로 나무를 찍어낸 자국을 보듯 질감을 표현했다. 붓을 옆으로 뉘어 아래로 끌면서 그어 내린 기법이다. 바위를 일부분만 그린 것처럼 매화도 전체를 다 그리지 않았다. 심하게 꺾인 매화가지가 바위틈에서 뻗어 나왔다. 이런 나무를 절지折枝라 한다. 절지는 꺾인 나뭇가지나 잘린 꽃가지를 뜻한다. 특히 마원이 절지를 잘 그려 '마원절지'라 불렀다. 절지를 그릴 때는 화훼 한 그루를 다 그리지 않고 줄기에서 아래로 꺾어져 내려온 가지의 일부만 그린다. 절지에 길상적인 의미를 지닌 옛 청동기나 도자기를 배합해서 그린 그림을 기명절지器皿折枝라 부른다. 기명절지는 청대부터 독립된 화목으로 그렸는데, 우리나라에서는 장승업張承業, 1843~97이 처음으로 시도한 이후 유행했다.

「매석계부도」의 소재는 매우 단순하다. 바위와 나무와 계곡의 오리가 전부다. 그나마 모든 경물이 한쪽으로 치우쳐 있어 무게중심이 심하게 기운다. 나머지 화면은 여백이 차지하고 있다. 그림 오른쪽 위에서 왼쪽 밑으로 대각선

마원, 「매석계부도」, 비단에 연한 색, 26.7×28.6cm,
중국 남송, 베이징 고궁박물원 소장

2
강물이 모여 바다를 이루다

을 그으면 왼쪽이 무거운 반면 오른쪽이 가볍다. 이런 것을 변각구도 또는 일각구도라 한다. 이런 구도는 마원뿐만 아니라 하규도 즐겨 다루었다. 그래서 이들이 이룬 화풍을 마하파 화풍이라 한다. 마원과 하규의 이름 첫 글자를 따서 만든 단어다.

마원은 남송 때 활동한 화원 화가다. 그는 대대로 그림으로 이름을 떨친 화가 집안에서 태어났다. 그의 집안의 화명畵名은 증조부보다 윗대부터 시작됐다. 증조부의 증조부는 '불상마가佛像馬家'라는 별명을 얻을 정도로 불상을 잘 그렸다. 증조부와 조부도 산수, 화조, 불화를 잘 그렸다. 백부와 부친도 그림을 잘 그려 화원에게 주는 대조待詔 벼슬을 역임했다. 마원의 형도 가법을 계승했고, 마원은 황가皇家의 총애를 독차지했다. 마원의 그림은 황실에 소장되거나 대신들에게 상으로 하사되었다. 마원은 특히 산수화를 잘 그렸다. 산수와 화조가 결합된 형식, 화조와 산수, 인물을 결합한 형식 그리고 산수와 인물을 결합한 형식을 즐겨 그렸다. 「매석계부도」는 산수화와 화조가 결합된 형식이다. 이밖에도 물의 다양한 모습을 열두 장면으로 그린 「수도水圖」는 그의 걸작으로 평가받는다.

마원의 산수화는 간결하고 날카롭다. 이당李唐, 약 1066~약 1150의 화법을 배웠으나 그의 그림은 이당의 그림보다 더 강건하고 예리했다. 자연의 경치 일부를 취하여 그린 사람은 마원이 처음은 아니었다. 이당이 먼저였다. 이당은 북송 화원과 남송 화원 모두에서 활동한 과도기적 인물이었다. 송나라는 만주족의 침략을 받아 수도 변경汴京, 개봉을 버리고 장강長江을 건너 임안臨安, 항주으로 이주했다. 수도를 옮기기 전 개봉 시기를 북송, 옮긴 후 항주 시기를 남송이라 한다.

그런데 두 지역을 대상으로 그린 산수화는 그 성격이 전혀 달랐다. 화북 지방의 산천을 그린 북송의 산수화는 대산대수도大山大水圖였다. 웅장하고 험난한 대자연에 인물을 작게 그려 넣는 형식이다. 대표 작가로는 오대의 형호荊浩, 관동關同, 북송의 동원董源, 거연巨然, 이성李成, 허도녕許道寧, 곽희郭熙 그리고 이당李唐 등을 들 수 있다. '임제의현' 편에서 살펴보았던 범관도 이에 속한다. 대산대수도를 그린 화가들은 거비파巨碑派, Monumental School 화가라고도 부른다. 거비파 화가의 산수는 이 분야의 대표적인 화가 이성과 곽희의 이름을 따서 이곽파李郭派 화풍이라 부른다. 이곽파 화풍은 조선 전기 「몽유도원도夢遊桃源圖」의 작가 안견安堅의 화풍에 지대한 영향을 미쳤다.

남송의 산수화는 그 반대였다. 호수와 강이 많은 장강 이남의 항주는 기후가 따뜻하고 안개가 자주 출몰했다. 이런 자연환경은 화가의 작품에 큰 영향을 미쳤다. 안개가 자욱한 날에는 아무리 큰 산이라도 볼 수가 없다. 남송의 산수화에 큰 산 대신 가까이 있는 산이나 수목이 자주 등장한 이유다. 안개가 바람에 따라 피어오를 때는 물가에 서 있는 나무라도 전체가 보이는 대신 일부만 보일 수 있다. 절지와 일각구도가 등장한 배경이다. 마하파 화풍의 산수화는 거비파 화가의 산수에서 느낄 수 있는 웅장함이 없다. 대신 여백과 암시를 통해 시적인 정취를 느낄 수 있다. 대산대수에서는 개미처럼 작아 존재감이 느껴지지 않던 인물 비중이 마하파 화풍에서는 산수와 거의 비슷해진 것도 달라진 점이다. 마하파 화풍은 조선 전기 「송하보월도」의 작가 이상좌李上佐의 화풍에 큰 영향을 끼쳤다.

남설봉 북조주

설봉선사는 회창폐불 이후 유생儒生의 복장으로 변복하며 수행했다. 불교 탄압이 사라지고 부흥기가 도래하자 남쪽에서 교화를 펼쳤다. 당시에 북쪽에서는 조주선사가 교화를 펼치고 있었는데 사람들은 두 사람의 활동을 '남설봉南雪峰 북조주北趙州'라 불렀다. 남설봉과 북조주의 가르침은 어느 쪽이 더 우세했을까. 이런 질문이야말로 어리석기 짝이 없다. 그것은 마치 이곽파 산수와 마하파 산수 중 어느 쪽이 더 예술적으로 뛰어나느냐고 묻는 것과 같다. 중요한 것은 화파나 문중이 아니다. 예술성과 가르침의 내용이다. 곽희는 곽희대로 마원은 마원대로 각자의 예술적 성취를 이루었다. 범관은 범관대로 하규는 하규대로 그들만의 독특한 작품을 완성했다. 조주선사와 설봉선사도 마찬가지다.

설봉선사는 평생 동안 두터운 마음으로 중생을 제접提接, 일깨우고 가르침하고 앉으나 걸으나 언제나 법을 보였다. 908년 5월 2일 밤 3경 초에 천화하니 춘추는 여든일곱이요, 법랍은 쉰아홉이었다. 시호는 진각眞覺대사라 하였고, 탑호塔號는 난제難提라 하였다. 설봉선사의 행장과 법문은 『설봉록』에 자세히 적혀 있다.

운문

마음을
여는 순간
삼라만상이
법신

황공망 「부춘산거도」

운문문언선사가 주장자를 세우더니 다음과 같이 물었다.

"15일 이전은 그대에게 묻지 않겠다. 15일 이후를 한마디로 말해 보라."

운문선사는 기다리지 않고 대신 대답하였다.

"날마다 좋은 날이다(日日是好日)"

운문문언은 소주 가흥嘉興 출신으로 속성은 장씨張氏였다. 어려서 가흥 근처 공왕사空王寺에서 지징志澄율사에게 출가했다. 그 영민한 기질은 타고난 것이었고, 지혜로운 논변은 하늘이 주신 것 같아 모든 경전을 암송해 번거롭게 다시 열어 보는 일이 없었으므로 지징율사는 그를 대근기라고 높이 평가했다. 지

2
강물이 모여 바다를 이루다

징율사에게 구족계를 받고 율법과 경전을 공부한 후 목주도종睦州道踪, 780~877 선사를 찾아갔다. 목주선사를 처음 뵈러 갔을 때 세 번 문을 두드리자 그제야 빗장을 열어주었다. 운문이 들어가려는 순간 목주선사는 밀어내면서 말했다. "아무짝에도 쓸모없는 놈 같으니라구." 운문은 그 말끝에 밝게 깨달았다. 운문은 여러 해 동안 목주선사에게 묻고 참례하였다. 목주선사는 운문의 마음이 빈틈이 없고도 확 트인 것을 알고 설봉의존선사에게 보냈다. 운문은 설봉선사의 가르침을 받은 후 수년 간 모시면서 수행을 거듭했다. 그 후 설봉선사의 곁을 떠나 17년 동안 여러 총림을 찾아다니며 철저하게 공부했다. 그는 설봉선사를 통해 선의 종지를 배웠지만 조주선사와 남악혜충선사의 선사상도 흡수했다. 그 후 운문산으로 옮겨 남한南漢의 유씨왕劉氏王의 귀의와 시주를 받고 널리 교화를 펼쳤다. 운문선사는 선종5가禪宗五家의 종조다. 육조혜능대사의 문하인 남악회양과 청원행사의 두 계열에서 위앙종위산영우, 임제종임제의현, 조동종동산양개, 운문종운문문언, 법안종법안문익의 선종이 갈라져 나왔다. 운문종은 오대 말에서 송대 초까지 흥성하다 남송대에 이르러 점차 쇠퇴했다.

마른 똥막대기

운문선사는 언어적인 사랑분별을 버리고 반드시 스스로가 실제로 체득하라고 가르쳤다.

한 승이 물었다.

"무엇이 석가모니 부처의 몸(佛身)입니까?"

운문선사가 대답했다.

"마른 똥막대기(乾屎橛)이니라."

한 승이 또 물었다.

"어떤 것이 진진삼매塵塵三昧입니까?"

"밥통의 밥이요, 물통의 물이다."

어찌 똥막대기뿐이겠는가. 마음을 여는 순간 삼라만상이 모두 법신인 것을. 그래서 운문선사는 '하늘과 땅 사이에 한 보배가 있다'고 가르쳤다. 그것이 진여이고 본체이고 법신이다. 두두물물이 부처 아닌 것이 없으니 '어떤 것이 진진삼매'냐고 묻는 사람에게 '밥통의 밥이요, 물통의 물'이라고 대답할 수밖에 없다. 현상세계 이대로가 그대로 삼매라는 뜻이다.

운문선사는 한 글자로 된 짧은 말을 써서 학인들을 가르쳤다. 이것을 일자선一字禪이라 한다. 이를테면 다음과 같은 경우다.

"무엇이 운문의 한 길입니까?"

"친親: 친절하다"

"삼신三身 가운데 어느 부처가 설법을 합니까?"

"요要: 필요한대로"

"부모를 죽인 죄는 부처님 앞에서 참회하면 되지만, 부처님과 조사를 죽이면 어디다가 참회해야 합니까?"

"로露: 드러내라"

"무엇이 참선입니까?"

"시是: 옳구나"

"그러면 무엇이 도입니까?"

"득得: 되었구나"

운문선사의 일자선은 학인들이 말에 떨어지지 않도록 망상을 해결해주는 일구一句로 극찬받았다. 그런데 그 뜻을 알겠는가? 아무리 생각해도 잘 모르겠다. 내가 공부가 부족해서인가? 망상을 피워서인가?

후대에 가장 큰 영향을 끼친 작품

 고즈넉한 수면을 따라 올망졸망하게 늘어선 수목을 구경하다보니 아담한 집 몇 채가 눈에 들어온다. 사람살이가 이 정도로 평온하면 얼마나 좋을까. 오솔길을 걸어 언덕에 올라서자 저 멀리 강 위에 떠 있는 고기잡이 배가 한가롭다. 눈을 거두어 흙다리를 건너려는데 우뚝 솟은 산봉우리가 느닷없이 앞을 가로막는다. 한동안은 땀 흘리며 산길을 올라가야 하리라. 황공망黃公望, 1269~1354은 「부춘산거도富春山居圖」에서 변화무쌍한 자연을 담담하게 풀어냈다. 웅장하고 광활한 자연은 담묵淡墨과 농묵濃墨의 조화 속에 활기가 넘친다. 수목의 줄기와 잎은 구륵과 몰골을 번갈아 사용해 다양한 필선의 변화를 주었다. 산의 질감을 드러내기 위해 무수히 되풀이한 피마준은 오래전부터 전해 내려온 기법인데도 마치 그가 처음 시도한 것처럼 신선하다. 범관의 「계산행려도」가 웅장하고 마원의 「매석계부도」가 시적詩的이라면 「부춘산거도」는 이 두 가지를 다 갖췄다.

 동기창은 「부춘산거도」를 보고 "마치 보배가 있는 곳에 빈손으로 갔다가 가득 얻어서 돌아오는 것과 같으니, '맑은 복을 받은 하루'라는 말이 저절로 나오고, 마음과 몸이 모두 상쾌해진다"고 찬탄했다. 명대明代의 화가 장경張庚은 "진실로 예림藝林의 신선이 되어 속세의 바깥으로 벗어난 자가 되었다"고 극찬했고, 명말청초明末淸初의 추지린鄒之麟은 "그림에서 황공망은 서예의 왕희지"라고 추켜올렸다. 현대의 미술사학자 천촨시陳傳席는 "중국 산수화는 이 그림에 이르러 서정시와 같은 정신적 면모를 갖추게 되었다"라고 평가했다.

 중국 회화사에서 후대에 가장 큰 영향을 끼친 작품을 꼽으라면 주저 없이 「부춘산거도」를 들고 싶다. 황공망이 1347년에 자신이 살던 절강성 부춘산을 그린 실경산수화實景山水畵로 두루마리 대작이다. 황공망이 그림에 직접 쓴

황공망, 「부춘산거도」(부분), 종이에 먹, 33×636.9cm,
중국 원, 타이베이 고궁박물원 소장

2
강물이 모여
바다를 이루다

화제에는 구도를 잡고 처음 붓질을 시작한 지 3, 4년이 지나서야 완성했다는 내용이 적혀 있다. 왜 이렇게 시간이 많이 걸렸을까?

황공망의 자는 자구子久, 호는 대치大痴, 대치도인大痴道人, 일봉도인一峰道人이다. 본래 그의 성은 육씨陸氏였는데 일곱여덟 살 때 황씨黃氏의 양자로 들어가 성씨를 바꾸었다. 그는 남송 때 출생했지만 열한 살 때인 1279년 송이 망하는 바람에 원元 왕조에서 관리가 되었다. 하급관리 생활을 하던 중 누명을 쓰고 하옥된 뒤 가까스로 목숨을 구할 수 있었다. 벼슬길에 나아가 큰일을 하겠다는 원대한 포부가 사라지자 쉰 살에 신도교新道敎에 입교했다. 그는 은둔자가 되어 점술을 팔아 생계를 유지했다. 화명이 알려지자 제자들이 몰려들었다. 명청대明淸代에는 문인들이 생계수단으로 그림을 파는 것이 유행했지만 원대元代에는 사정이 달랐다. 즐거움을 얻기 위해 여기餘技나 여흥餘興으로 그림을 그렸을 뿐 생계수단으로 삼는 경우는 드물었다. 황공망은 예외적인 사람이었다.

그는 인생의 대부분을 한 곳에 정착하지 않고 유랑 생활을 하며 보냈다. 소주의 천지산天池山을 비롯하여 화산華山, 태호太湖, 소산小山, 부춘산을 자주 유람遊覽했다.「부춘산거도」를 3, 4년이 지나도록 완성하지 못한 것도 산속에 머물러 있으면서 바깥세상을 구름처럼 떠돌아다녔기 때문이다. 유랑하는 것은 신도교의 계율에 의한 것이었지만 유람은 산수화가들의 예술정신을 함양하고 화격畵格을 높이는 데 큰 도움이 되었다. 인간 세상의 일을 버린 사람에게 유랑과 유람은 별 차이가 없었다. 그는 유랑을 통해 마음을 다스렸고 유람을 통해 산수의 정신을 터득했다. 그의 화법은 당말唐末에 활동한 동원董源, 거연巨然과 형호荊浩, 이성李成, 관동關同의 작품에서 배운 바가 컸다. 그러나 그에 못지않게 대자연의 가르침도 지대했다. 어쩌면 마음속에 담아둔 대자연이 가장 큰 스승이었을지도 모른다. 그는 많은 산수화를 남겼지만 직접 산수를 사생한 적은 없었다. 대신 유랑과 유람을 통해 관찰한 산수를 마음에 담아 둔 후 오랜 사색과 성찰을 통해 정화시켰다. 그야말로 흉중구학胸中丘壑이 스승이었다. 그가 학생들을 가르치기 위해 쓴『사산수결寫山水訣』에는 배우는 자의 자세에 대해 이렇게 적어두었다. "배우는 자는 마땅히 마음을 다해야 한다." 어떻게 해야 마음을 다할 수 있을까. "그림 그릴 때의 큰 요체는 바르지 않은 것(邪), 달콤한 것(甛), 속된 것(俗), 의지하는 것(賴), 이 네 가지를 버리는 것"이라고 했다. 산수화가 단순히 본 대로 그린 것이 아니라는 것을 알 수 있다. 이렇게 해서 그는「부춘산거도」를 비롯하여「천지석벽도天池石壁圖」「구봉설제도九峰雪霽圖」「단애옥수도丹崖玉樹圖」등 수많은 걸작을 남겼다.

그의 산수화는 후대 문인화가들의 스승이 되었다. 원대에 활동한 네 명의 화가 즉 황공망, 오진吳鎭, 1280~1354, 예찬1301~74, 왕몽王蒙, 약 1308~85을 원4대가 또는 원말4대가라고 한다. 그들은 독특한 필묵과 개성적인 화풍을 성취하고 사실성과 사의성寫意性을 결합한 산수화를 완성해 후대의 많은 화가들이 도달하고 싶은 경지에 이르렀다. 그중에서도 황공망은 중국과 조선의 산수화가들에게 가장 큰 영향을 미쳤다. 원4대가의 나머지 세 사람 모두 황공망에게 그림을 배웠다. 명청대의 심주, 문징명, 당인唐寅, 동기창, 진계유, 4왕5운(四王吳惲: 왕시민王時敏, 왕감王鑑, 왕휘王翬, 왕원기王原祁, 오력吳歷, 운격惲格)과 그 유파, 금릉8가(金陵八家: 공현龔賢, 번기樊圻, 고잠高岑, 추철鄒喆, 오굉吳宏, 엽흔葉欣, 호조胡造, 사손謝蓀), 신안4대가(新安四大家: 사사표査士標, 손일孫逸, 왕지서汪之瑞, 홍인弘仁)와 그 유파 등이 모두 황공망의 산수화를 임모臨摹하거나 영향을 받았다.

조선시대에는 심사정을 비롯한 많은 남종 문인화가들이 황공망을 추종했다. 특히 조선 후기의 정수영鄭遂榮, 1743~1831과 말기의 장승업은 황공망의 그림을 모방하여「방(황)자구산수도倣黃子久山水圖」를 남겼다. 추사秋史 김정희金正喜,

1786~1856는 제자 허련許鍊, 1808~93에게 '조선의 작은 대치'라는 뜻으로 '소치小痴'라는 호를 줄 정도였다.

이렇게 많은 사람에게 영감을 준 「부춘산거도」는 역설적으로 그 가치 때문에 불태워질 뻔 했다. 역대 소장가들은 「부춘산거도」를 진귀한 보물 다루듯 소중하게 여겼다. 심주와 동기창도 마찬가지였다. 사건은 강소성江蘇省에 살았던 오홍유吳洪裕에게서 발생했다. 명말청초의 거부이자 소장가였던 오홍유도 「부춘산거도」를 매우 아꼈다. 그는 임종이 가까워지자 가족들에게 「부춘산거도」를 태워 자신과 함께 묻어달라고 유언했다. 명화를 혼자 독차지하고 싶은 이기심의 발로였다. 가족들은 고인의 유언에 따라 명화를 불태웠다. 이때 방에 있던 오홍유의 조카 오정안吳靜安이 무엇인가 타는 냄새를 맡고 밖으로 나왔다. 천하의 명화가 불타고 있는 현장을 목격한 오정안은 황급히 그림에 붙은 불을 껐다. 다행히 불길은 잡았으나 그림은 두 토막이 났다. 두 그림은 현재 두 곳에 소장되어 있다. 시작 부분은 저장성박물관에, 주요 부분이 들어간 다른 그림은 타이베이 고궁박물원에 있다.

운문선사의 가르침이 우리 곁에 왔으면

위대한 그림이 후손에게 전해지기까지는 숱한 위험과 어려움이 뒤따른다. 사량분별을 단칼에 베어버리기 위한 선사들의 가르침인 공안은 더하다. 말은 말인데 도무지 무슨 말인지 이해되지 않는 가르침은 전달 과정에서 왜곡되거나 삭제되기 십상이다. 운문문언선사의 가르침은 『운문록雲門錄』에 정리되어 있다. 그러나 아무리 읽어봐도 가슴에 와 닿지가 않는다. 와 닿지 않으니 읽고 싶지가 않다. 내용을 이해할 수 없으니 책에 적힌 내용이 말장난처럼 보이고, 일반인은 안중에도 없는 전문가들끼리 '그들만의 리그'에서 나누는 대화 같다. 나 같은 사람이 이런 소외감을 느끼지 않도록 누군가 눈 밝은 스승이 나타나 운문선사의 가르침을 자분자분 해설해주었으면 좋겠다.『운문록』에 대한 해설이 '날마다 좋은 날이다'처럼 가슴에 와 닿았으면 좋겠다. 석가모니 부처의 몸을 '마른 똥막대기'라고 한 말처럼, 구체적이고 직접적인 해설이면 더욱 좋겠다.

僧

영명

선과
염불을
양 날개 삼아

예찬 「용슬재도」

　　적막한 세계는 어떤 풍경일까. 예찬이 그린 「용슬재도^{容膝齋圖}」는 그에 대한 대답이다. 바스라질 것 같은 낮은 언덕. 메마른 나무 다섯 그루. 사람의 발길이 닿지 않은 빈 정자. 오직 그것만이 전부다. 움직임이라고는 바람 한 점, 구름 한 조각 감지되지 않는다. 하늘에서 내려오는 햇볕조차 땅에 발을 뻗으려면 결심이 필요하다. 고요가 깨지는 소리에 스스로 놀라지 않으려면 말이다. 근경^{近景}뿐만이 아니다. 중경^{中景}의 아득한 강과 원경^{遠景}에 누워 있는 무심한 산도 마찬가지다. 침묵의 소리만이 요란할 뿐 살아 있는 생명체는 그림자도 찾아볼 수 없다. 적막 그 자체다.

근경과 원경이 한몸인 세계

　예찬은 황공망과 함께 원말4대가를 대표하는 작가다. 「용슬재도」는 예찬의 작품 중 가장 널리 알려진 걸작이다. 용슬재는 무릎을 겨우 펼 수 있을 만큼 작은 정자라는 뜻이다. 그림 속 정자를 보니 그 제목이 이해된다. 「용슬재도」는 근경, 중경, 원경이 뚜렷한 삼단식三段式 구도다. 삼단식 구도는 예찬 그림의 특징이다. 물기 적은 갈필渴筆에 연한 먹을 묻혀 간결하게 그린 것도 그만의 특징이다. 그는 근경과 원경을 똑같은 농담濃淡으로 그렸다. 가까운 곳은 진하게, 먼 곳은 연하게 그리는 근농원담近濃遠淡의 구분도 거의 하지 않았다. 예찬은 언덕이나 바위를 그릴 때 절대준折帶皴을 썼다. 절대준은 붓을 옆으로 뉘어 수평으로 긋다 갑자기 방향을 꺾어 수직으로 획을 그어 내리는 필법이다. 수평 지층에 수직 단층이 보이는 바위산의 모습을 묘사할 때 예찬이 즐겨 쓴 필법이다. 절대준으로 그린 암석은 태호太湖 지역의 침적된 지층의 단면과 흡사하다. 언덕을 보고 바스라질 것 같은 느낌이 든 것은 그 때문이다.

　「용슬재도」는 평온하고 담담한 그림이다. 조용하다 못해 황량하기까지 하다. 그런데도 예찬의 그림은 씹을수록 단맛이 우러나오는 칡뿌리 같다. 볼수록 참맛이 느껴진다. 예찬의 그림은 크게 기교를 부리지 않으면서도 사물의 차이점을 정확하게 표현했다. 오랫동안 관찰한 후에 붓을 들었음을 알 수 있다. 나무를 모르는 사람 눈에는 모든 나무가 비슷하다. 나무를 아는 사람 눈에는 수종樹種의 차이점은 물론이고 수령과 발육 상태까지 보인다. 전경의 언덕에 서 있는 나무에는 예찬의 예리함이 감지된다. 얼핏 보면 모두 같은 필법으로 그린 것 같은데, 자세히 보면 세 종류의 나무가 뒤섞여 있다. 두 그루는 점엽법點葉法으로 농묵을 찍어 잎을 그렸다. 두 그루는 수직으로 처지듯 잎을 그렸고, 마지막 한 그루는 고사枯死된 듯 잎이 다 떨어지고 없다. 같은 듯 다른

僧

예찬,「용슬재도」, 종이에 먹, 74.7×35.5cm,
중국 원(1372년), 타이베이 고궁박물원 소장

나무다. 점엽법으로 나무에 찍은 농묵은 바위 곳곳에도 찍었다. 다른 듯 같은 느낌을 주기 위함이다.

예찬은 강소성 출신으로 원래 이름은 정珽이고 자는 원진元鎭, 현영玄瑛이다. 호는 운림雲林, 운림생雲林生, 운림자雲林子인데 운림을 가장 즐겨 썼다. 별호는 풍월주인風月主人, 소한선경蕭閑仙卿, 주양관주朱陽館主, 무주암주無住庵主, 유마힐維摩詰, 정명거사淨名居士 등 아주 많다. 호와 별호는 그의 집에 있던 운림당雲林堂, 소한선정蕭閑仙亭, 주양빈관朱陽賓館, 청비각淸閟閣 등의 전각에서 비롯되었다. 전각의 이름과 호를 보면 그가 추구한 세계가 불교와 도교였음을 짐작할 수 있다. 그는 부호의 서자로 태어나 어린 시절을 풍족하게 보냈다. 그러나 그가 살았던 시기가 원元, 1279~1368 명明, 1368~1644 교체기였던 만큼 파란만장한 생애를 보내야 했다. 그는 서른다섯 살 때 세금 독촉을 피해 전답을 팔아 가족과 함께 유랑을 떠났다.

유랑하는 동안 그의 관심은 오로지 서화뿐이었다. 예찬이 그림을 그릴 때 가장 중요하게 생각한 바는 일기逸氣였다. 그는 대나무를 그린 제시에서 "나의 대나무는 단지 가슴속의 일기를 그릴 뿐이니 어찌 다시 그 닮음과 닮지 않음, 잎의 무성함과 성김, 가지의 기움과 곧음을 비교하겠는가?"라고 했다. 형상을 닮게 그리는 것보다 세상을 벗어난 기운을 그리고 싶어 했다는 뜻이다. 그가 그토록 중요하게 생각한 일기는 무엇일까. 속된 것에 구애받지 않은 정신적인 풍모다. 소쇄蕭灑한 기운이라고도 할 수 있다. 그의 그림은 「용슬재도」처럼 평담하고 탈속한 경지를 담고 있다. 세속의 굴레를 벗어난 고일高逸한 경지를 드러냈다. 속세와 섞여 있으나 마음이 한가롭고 자유로운 선비가 빚어낸 경지였다.

그는 방랑 생활을 계속하던 중 58세에 아내를 잃었다. 상처한 지 5년 후,

주원장朱元璋에 의해 명 왕조가 세워지고 천하는 평정을 되찾았다. 홀로 남겨진 예찬은 늙고 외로워 고향을 그리워했다. 그러나 그에게는 돌아갈 집이 없었다. 그는 오랫동안 고독하고 쓸쓸하게 지내다 69세에 세상을 떠났다. 「용슬재도」 상단에는 '임자년 7월 5일 운림생이 그렸다'라고 적혀 있다. 그로부터 2년 후에 소장자의 요청에 의해 다시 제발을 썼다. 소장자가 의사였던 인중仁仲이란 사람에게 이 그림을 주고자 글을 부탁했기 때문이다. 예찬은 1374년에 다시 제발을 써주었다. 그가 세상을 떠난 해였다.

「용슬재도」는 강을 중심으로 근경의 언덕과 강 건너 대안對岸으로 나눠지는 일하양안一河兩岸의 구도다. 근경에서 뻗은 나무줄기의 끝부분을 기준선으로 가로로 잘라내면 독립된 두 개의 그림으로 나뉜다. 근경과 원경은 아무런 관련이 없어 보인다. 마치 두 개의 풍경을 조합해놓은 듯 독립적이고 개별적이다. 그렇다면 「용슬재도」를 두 개로 분리해서 독립시키면 현재와 같은 걸작이 될 수 있을까. 독립할 수는 있으나 현재와 같은 의취는 사라진다. 여백에 의해 연결되는 넓은 중경이 의미가 없어지기 때문이다. 그러므로 근경은 원경 때문에 돋보이고 원경은 근경 때문에 존재감이 드러난다. 근경과 원경은 한 몸이다.

일심을 지키는 것이 바로 진여문

영명연수永明延壽, 904~975선사는 법안종法眼宗의 3세 종조다. 법안종은 법안문익法眼文益, 885~958이 당말에 세운 종파로 천태덕소天台德韶를 거쳐 영명연수에게 가르침이 전해졌다. 선종5가 중 가장 늦게 형성되었으나 송초까지 운문종과 함께 중국 전역에 큰 위세를 떨쳤다. 영명연수선사는 법안문익과 천태덕소의 종풍을 이어받았다. 여기에 청량징관清凉澄觀, 738~839, 규봉종밀圭峯宗密, 780~841

2
강물이 모여 바다를 이루다

을 비롯하여 천태지자, 담연, 제관, 승조 등 여러 사람의 사상을 흡수하여 선교일치禪敎一致, 선정쌍수禪淨雙修, 삼교일치三敎一致를 강조했다.

그는 『종경록宗鏡錄』 100권과 『만선동귀집萬善同歸集』 3권을 지어 선교일치론을 체계화했다. 그는 『종경록』 서문에서 '한마음(一心)을 들어 으뜸(宗)으로 삼고, 만법萬法을 비춤이 거울(鏡)과 같다'고 전재한 뒤 '옛 문헌의 깊은 뜻을 모아 보배로운 원교圓敎의 이치를 모두 모아 이를 함께 현양하는 것이 록錄'이라 했다. 여기에 인용된 전적은 화엄 전적이 가장 많고, 그다음이 천태교 전적이다. 즉 화엄, 유식, 천태의 삼종을 소의로 하여 마음을 근본으로 삼는 일심위종一心爲宗의 입장에서 유심의 뜻을 밝히고자 엮은 것이 『종경록』이다. 그는 '불법은 바다와 같은 것이어서 일체의 모든 것을 포용하며, 궁극의 진리는 허공과 같아서 어느 문으로도 들어갈 수 있다'고 강조했다.

그렇다면 연수선사는 왜 일심一心이라 했을까? '참됨과 망령됨(眞妄), 물듦과 깨끗함(染淨), 일체의 만법이 둘이 없는 성품이기 때문에 하나라고 이름한다'라고 했다. 즉 일심은 바로 일체의 유정이 모두 갖추고 있는 자성청정여래장自性淸淨如來藏의 각성覺性이다. 그래서 연수선사는 '일승법一乘法이 일심'이라고 단언하고 '일심을 지키는 것이 바로 진여문'이라 했다. '일체법은 모자라거나 적지 않다. 일체의 법행이 자기 마음을 벗어나지 않는다. 오직 마음이 저절로 알고 다시 별다른 마음이 없다'고 했다. 그러므로 '곧바로 진심을 요달하면 자연히 진실해진다'고 강조했다. 그는 마음을 일컬어 진원眞源, 각해覺海, 진심眞心, 진여眞如, 법성法性, 여래청정심如來淸淨心, 공성空性, 심지心地 등이라고 한다.

『종경록』 서문에는 송나라 상서였던 양걸楊傑이 지은 명문이 적혀 있다.

"모든 부처님의 참말씀(諸佛眞語)은 마음을 근본으로 삼고(以心爲宗), 중생이 믿는 도(衆生信道)는 근본을 거울로 삼는다(以宗爲鑑). 만약 사람이 부처로서 거울을 삼는다면 계율, 선정, 지혜(戒定慧)가 모든 선의 근본이 되어 사람과 하늘, 성문, 연각, 보살, 여래가 이로 말미암아 나오는 줄 알 것이므로 온갖 착한 무리들은 믿어 받지 않을 이 없고, 만약 중생으로서 거울을 삼는다면 탐냄, 성냄, 어리석음이 모든 악惡의 근본이 되어 수라, 축생, 지옥, 아귀가 이로부터 나오는 줄 알 것이므로 온갖 나쁜 무리들은 두려워 꺼리지 않음이 없으리라. 그러나 선악이 비록 다르다하더라도 그 근본은 동일하다."

이러한 연유로 『종경록』은 '종감록宗鑑錄' 또는 '심감록心鑑錄', '심경록心鏡錄' 등 다른 이름으로도 불린다. 워낙 감동적인 문장이라 조금 더 음미해보자.

"마음은 마치 밝은 거울과 같아서 만상萬象이 또렷하여 부처와 중생은 그 영상影像이며, 열반涅槃과 생사生死는 모두가 억지로 붙인 이름이다. 거울의 바탕은 고요하면서도 언제나 비추고 거울의 빛은 비추면서도 항상 고요하며, 마음과 부처와 중생, 이 셋은 차별이 없다. 돌이켜 그 마음을 비춰보건대 신령하고 밝고 깊고 고요하고 넓고 크고 막힘없이 통하며, 함이 없고 머무름이 없고 닦음이 없고 증득함이 없으며, 더럽힐 수 있는 먼지가 없고 닦을 만한 때(垢)가 없어서 온갖 모든 법의 근본임을 알겠다."

이윽고 『종경록』을 요약할 만한 문장이 이어진다.

"중생계衆生界가 곧 모든 부처님의 세계(佛界)로되 미혹함 때문에 중생이 되었고, 모든 부처님의 마음이 중생의 마음이나 깨침으로 인하여 부처님이 되셨다."

부처의 가르침 이후 선종의 조사들이나 염불선의 조사들이 한결같이 강조한 얘기가 바로 이것이다. 부처와 우리가 한 치의 차이도 없다는 것.

『만선동귀집』에서는 선과 염불을 함께 권장하여 선정일치를 강조했다. 평소에 그는 좌선뿐만 아니라 염불과 송경誦經도 깨달음을 얻을 수 있는 방편이라 굳게 믿었다. 출가하기 전이었던 스무 살에도 그는 늘 『법화경』을 독송하면서 신심을 키웠다. 출가 후에는 선과 염불을 겸하였다. 즉 낮에는 선의 종지를 밝히고 밤에는 '아미타불'을 염하였다. 그는 '자성미타自性彌陀 유심정토唯心淨土'를 주장하여 선과 정토의 일치점을 강조했다. 그야말로 선정쌍수의 수행법이었다.

수행의 양쪽 날개

선의 황금기였던 당대가 지나고 송대가 되자 불교계는 여러 가지 변화의 바람을 맞았다. 선의 대중화와 함께 아미타불을 염불하는 염불선이 대중적으로 자리 잡게 되었다. 그 변화의 중심에 영명연수선사가 있었다. 선도 중요하지만 돌아가신 분의 극락왕생을 발원하는 염불도 중요하다는 것. 내 마음의 자성을 밝히는 염불이야말로 진짜 내가 부처라는 사실을 확인할 수 있는 수행이라는 것. 영명연수선사는 그 사실을 새삼 일깨워주었다.

새가 높은 하늘을 날기 위해서는 양쪽 날개가 필요하다. 선과 염불은 수행의 양쪽 날개다. 근경과 원경이 각각 독립되어 있는 것 같아도 서로 의존하고 있는 예찬의 「용슬재도」처럼 선과 염불도 마찬가지다. 선이 부처의 마음이요, 교가 부처의 말이라면 선과 염불은 부처의 마음과 말을 내 것이 되게 하는 수행법이다. 내가 부처라는 사실을 확인할 수 있는 실천법이다. 나무아미타불을 부르며 극락왕생을 발원하는 것이 염불이라면 법장비구의 원력을 실천하겠다는 의지는 선이다. 선과 염불은 둘이 아니라 하나다. 여산혜원선사로부터 시작된 염불의 전통은 영명연수선사에 의해 송대에 크게 부흥했다. 그래서 영명연수선사는 송대 정토교의 원조로 추앙받는다.

허운

수난의
질곡에도
신념의 꽃은
핀다

장조화 「유민도」

"그런 사람이 없단 말씀입니까?"

허운虛雲, 1840~1959은 노스님의 대답을 듣고 깜짝 놀랐다. 그렇다면 지금까지 그와 함께 있던 문길文吉은 누구란 말인가.

1882년 7월 보타산에서 시작해 오대산에서 끝난 삼보일배 순례는 3년 만에 끝났다. 총 길이 4,000킬로미터로 서울에서 부산까지 다섯 번 왕복한 거리에 해당된다. 절강성 보타산관음보살, 산서성 오대산문수보살, 사천성 아미산보현보살, 안휘성 구화산지장보살은 중국의 불교 4대 명산이었다. 많은 사람이 삼보일배를 하며 보타산에 있는 사찰들을 순례했다. 허운대사도 그 길을 걸었다. 이

제 그의 나이도 어느덧 마흔다섯이었다. 뭔가 정리가 필요했다. 그가 삼보일배를 시작한 이유는 두 가지였다. 20년이 넘도록 도업道業을 이루지 못한 것과 부모님에 대한 은혜를 갚기 위해서였다. 비가 오나 눈이 오나 춥거나 덥거나 상관하지 않았다. 낮에는 절을 하고 밤에는 잠시 쉬었다.

그런 어느 날이었다. 동짓달의 추위가 매서웠다. 허운은 추위와 굶주림에 지쳐 쓰러졌다. 눈을 떠 보니 한 걸인이 죽을 끓이고 있었다. 그가 문길이었다. 문길은 오대산에서 장안으로 가는 길이라면서 모든 사람이 자신을 알고 있다고 소개했다. 그때부터 문길은 허운이 필요할 때마다 나타나 옷을 빨아주고 짐을 들어주었으며 음식을 만들어주었다. 문길의 도움으로 허운은 편안하게 삼보일배를 계속할 수 있었다. 그런데 뜻하지 않게 두 사람이 헤어지게 되었다. 문길은 허운에게 먼저 오대산에 가 있겠다고 말하고 자취를 감춰버렸다. 두어 달이 지나 허운은 마침내 오대산에 도착했다. 그런데 문길을 찾았으나 그를 아는 사람이 없었다.

믿을 수 없는 사실에 멍하게 서 있는 허운에게 노스님이 합장하며 말했다.
"문길은 문수보살의 화신인데, 스님은 문수보살을 친견한 것입니다."

시대의 격변기에 만신창이가 된 수행자

후한後漢 때 중국에 들어온 불교는 당송대唐宋代에 화려한 꽃을 피웠다. 원대元代 이후 청대淸代까지도 불교는 1,000여 년 동안 융성했으나 정신적인 깊이에 있어서는 당송 시대에 비할 바가 아니었다. 불교를 이끈 설두중현雪竇重顯, 대혜종고大慧宗杲, 굉지정각宏智正覺, 운서주굉雲棲袾宏, 감산덕청憨山德清 등 위대한 선사들도 큰 가르침을 주었다. 그러나 원대 이후의 선사들에 대해서는 생략하고 허운대사를 끝으로 중국편을 마치도록 하겠다. 특별히 허운대사를 선택한 이유는 격변기를 보낸 불교 수행자로 조동종의 법을 받았으며 당나라 말기에 끊겼던 위앙종, 법안종, 운문종의 종지를 되살린 선승이자 중생구제를 위해 일생을 바친 선지식이었기 때문이다.

허운대사는 1840년 7월 29일 복건성에서 태어났다. 부모가 마흔 살이 넘은 늦은 나이에 절에서 관음기도로 얻은 아들이었다. 허운대사의 어머니가 출산하여 만난 것은 사람이 아니라 벌건 살덩어리였다. 충격을 받은 어머니는 이내 숨을 거두었고, 다음날 한 의원이 그 살덩이를 갈라 아이를 꺼냈다. 허운대사였다. 허운대사는 양모의 손에 의해 양육되었다. 허운대사의 어릴 때 이름은 충국忠國이었다. 어릴 때부터 육식을 금하고 책 읽는 데 몰두했던 충국은 열일곱 살에 사촌동생과 함께 호남성 상봉사에서 아버지 몰래 출가했다. 이 사실을 안 아버지는 충국을 전씨田氏와 담씨譚氏 두 여인과 혼인시켰다. 그러나 충국은 밤마다 두 부인에게 부처의 진리를 가르쳐주었고 나중에 함께 출가하자는 약속까지 했다.

대를 이으라는 아버지의 성화를 견디기 힘들었던 충국은 열아홉 살에 사촌동생과 함께 집을 나와 56일을 걸어 복건성 용천사湧泉寺에 도착했다. 여기서 수계를 받고 고암古巖이라는 법명을 받고 지냈다. 아버지는 아들을 찾아 전국 방방곡곡의 절을 찾아다녔다. 허운대사는 아버지의 눈을 피해 용천사 뒤에 있는 동굴에 들어가 3년을 보냈다. 다시 아버지의 부고 소식을 들은 허운대사는 절에 내려와 4년 동안 소임을 맡았다. 그러나 수행에 진전이 없자 다시 산에 들어가 3년 동안 수행했다. 서른한 살 때 천태산 용천암에 있는 융경融鏡 스님을 찾아가 공부를 시작했다. '누가 이 송장을 끌고 다니는가'라는 화두를 시작으로 천태지관 수행법과 경전 공부를 병행했다. 융경 스님이 입적하자 6년 동안 여러 곳을 행각하며 선지식을 찾아다녔다.

허운대사가 보타산에서 오대산으로 삼보일배 순례를 떠난 시기가 바로 이때였다. 자신을 낳다 세상을 떠난 어머니와 출가한 아들을 찾아다니다 세상을 떠난 아버지의 극락왕생을 위한 순례였다. 오대산에서 시작된 성지순례는 해외로 이어졌다. 티베트 라싸를 비롯해 부탄, 인도, 스리랑카, 미얀마 등을 걸어서 참배했다. 2년간의 해외 성지순례를 마치고 귀국한 후에도 계족산, 황산, 구화산 등을 걸어 다니며 끊임없이 수행을 계속했다. 드디어 쉰여섯 살에 강소성 고민사高旻寺에서 정각을 이루었다. 쉰여덟 살 때 절강성 아육왕사에서 부처의 사리에 예배하기로 했는데 병이 생겼다. 죽음을 앞둔 허운대사는 부모님의 은혜를 갚기 위해 소지공양을 했다. 그는 일심으로 염불하며 백만 배를 하면서 모친의 왕생극락을 염원했다.

예순 살까지 자신의 수행을 위해 정진한 허운대사는 그 후로 제자들을 가르치고 중생을 구제하기 위해 불사에 헌신했다. 1905년 예순여섯 살에 운남성 축성사 불사를 시작으로 그의 보살행은 계속되었다.

당시 중국은 1912년에 청이 망하고 중화민국이 건국되었으며, 1921년에는 중국 공산당이 창립되는 등 격변의 시기였다. 불교는 미신이라고 손가락질을 받았고 봉건주의의 산물이라고 배척받았다. 절은 더 이상 서슬 푸른 수행자들을 찾아볼 수 있는 청정도량이 아니었다. 스님들은 계율을 알지 못했고 절은 양반자제들이 군대에 끌려가지 않기 위해 도첩을 사서 사는 도피처였다. 부처를 모신 도량에서 도박을 하고 부녀자를 희롱하는 일이 비일비재했다. 이런 상황에서 허운대사는 가는 곳마다 도량을 정비했다. 계율의식을 고취시키고 불교학자를 불러 강좌를 열었으며 대장경과 불교 서적을 비치했다.

그의 노력으로 허물어진 법당은 위용을 갖추었고 스님들은 수행자의 본분을 되찾았다. 1952년까지 운남성, 복건성, 광동성, 강서성에 있던 수많은 사찰들이 지속적으로 복원되었다. 그의 보살행은 불사에만 그치지 않았다. 당시 중국은 일본과 전쟁 중이었다. 일본과의 항전으로 어려움을 겪는 정부에 법회 시주금을 보냈고 죽 배급소와 무료 의료실을 열어 난민구제에 나섰다. 수많은 제자들이 그를 따랐고 불교를 비난하던 사람들도 불자가 되었다. 신해혁명을 이끈 잠학려蔘學呂는 허운대사가 계단에 오르자 대웅전 앞 늙은 매화에서 갑자기 수십 송이의 꽃이 만발하고 산에서 내려온 호랑이가 계단에 얌전히 엎드리는 것을 보고 계를 받았다.

허운대사의 보살행은 평생 계속되었지만 항상 좋은 결과를 얻은 것은 아니었다. 1949년 마오쩌둥毛澤東에 의해 중화인민공화국이 들어선 이래 종교탄압과 숙청이 시작되었다. 1951년 112세의 허운이 광동성 운문산 대각사大覺寺에 머물 때였다. 2월 어느 날 공산당 병사들이 들이닥치더니 불사금으로 받은 돈이나 금괴를 내놓으라고 요구했다. 허운은 그들이 휘두르는 몽둥이에 맞아 피를 흘리며 쓰러졌다. 그들은 갈비뼈가 부러진 허운을 '반혁명 분자'라고 부르며 방장실에 가둔 뒤 음식도 주지 않고 대소변을 보는 것도 금지했다. 그들은 허운대사가 죽었는지 확인하기 위해 2~3일에 한 번씩 들여다보며 구타를 계속했다. 허운대사의 법문집을 불태우고 스승이 보는 앞에서 제자 스님들을 고문했다. 그 사건으로 많은 스님이 뼈가 부러지거나 목숨을 잃었다. 이것이 중국 불교사에서 알려진 '운문사변雲門事變'이었다.

운문사변은 곧바로 국내외에 알려졌다. 사방에서 허운 구명운동이 일어났다. 세계 각국의 종교 지도자들을 비롯해 태국 국왕, 베트남 총리, 인도의 네루 수상 등이 허운대사의 석방을 요청했다. 곤란에 처한 마오쩌둥은 어쩔 수 없이 허운대사를 석방했다. 대신 베이징으로 올라오게 해서 광제사에 감금했다. 공산당은 1952년 10월 1일 천안문광장에서의 국경절 경축 행사에 허운대사를 참석시키면서 공산당의 선전도구로 이용했다. 힘든 나날이 계속되었다. 허운대사는 강서성 연수현에 있는 진여사에 가겠다고 요청했다. 1954년 105세에 진여사에 내려와 중일전쟁으로 파괴된 가람을 복구했다. 전 대중이 직접 땅을 개간하고 수행하는 선농병행의 노력과 홍콩과 해외 화교들의 도움으로 진여사의 불사는 원만히 진행되었다. 허운대사는 선종5가 중 종맥이 끊긴 위앙종을 되살려 진여사를 위앙종 종풍 본찰로 만들었다.

그러나 허운대사의 고난은 아직 끝나지 않았다. 허운대사에 의해 진여사가 웅장한 가람의 모습을 되찾고 찾아오는 신도들이 많아지자 공산당 병사들이 수시로 들락거리며 감시했다. 그날도 불시에 들이닥친 병사들은 대중을 한 곳에 모았다. 그리고 허운대사를 중앙에 앉힌 후 제자들에게 스승을 비판하라고 강요했다. 제자들은 아무도 나서지 않았다. 그러자 이번에는 허운대사에게 총을 들이대며 자아비판을 하라고 요구했다. 참 어려운 시절이었다. 허운대사는 1959년에 자리에 누운 후 10월 13일에 입적했다. 유골을 가루로 만들어 환으로 만든 다음 강에 던져 물고기 밥이 되도록 하라고 말한 후 다음과 같은 유언을 남겼다.

"계정혜를 부지런히 닦고, 탐진치를 소멸하라. 법을 구하기 위해 신명을 바치고, 서로서로를 존중하라. 도량을 보존하고 사원의 청규를 지켜나가는 데는 오직 한 글자, 바로 계戒이다. 정념정심正念正心으로 대무외大無畏정신을 기르고, 사람을 제도하고 세상을 제도하라."

중일전쟁에서 본 중국의 참상

「유민도流民圖」를 그린 장조화蔣兆和, 1904~86는 어렸을 때 부모가 병으로 세상을 떠나자 집을 나와 유랑민이 되었다. 이곳저곳을 떠돌아다니다 열여섯 살

장조화,「유민도」(부분), 종이에 채색, 200×1202.7cm, 1943년, 베이징 중국미술관 소장

2
강물이 모여
바다를 이루다

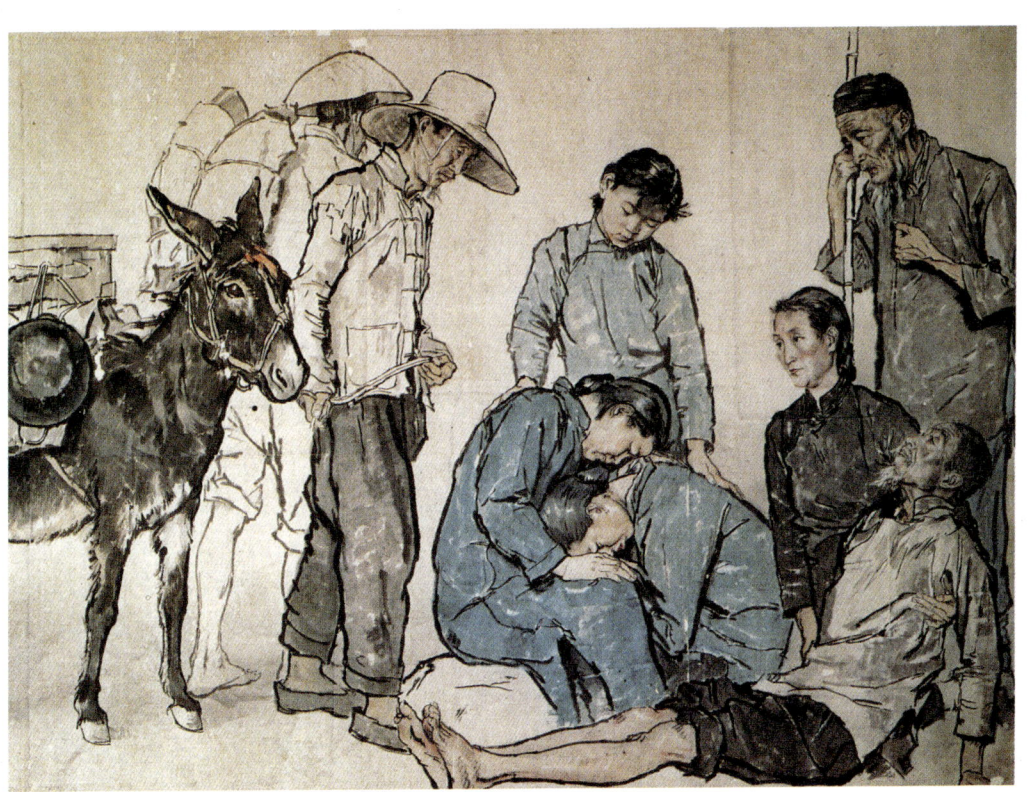

에 상하이로 가 하루 벌어 하루를 살았다. 그럼에도 그는 독학으로 그림을 공부해 초상화와 광고용 그림을 그렸다. 스물다섯이 되던 해에 교육부 주최 전국미술전람회에 출품하여 화가로서 인정을 받았고, 그 이듬해인 1930년에는 마침내 남경중앙대학 미술과 조교수가 되었다. 그의 재능을 알아본 사람은 서비홍徐悲鴻, 1895~1953이었다. 서비홍은 중국 전통화법에 서양의 사실주의적인 관찰 방법을 도입해 중국 근대회화의 기반을 다진 인물이었다.

1931년 만주사변이 발발했다. 1932년 1월 28일에는 일본군이 상하이를 급습했다. 장조화는 상하이에 살면서 전쟁으로 고통받는 중국인의 참상을 자신의 눈으로 목격했다. 1937년 7월 7일 중일전쟁의 시발점이 된 노구교 사건 이후에는 일본이 점령한 베이징에 고립되었다. 일제치하에서 베이징은 더 이상 자유로운 도시가 아니었다. 노예처럼 짓밟힌 사람들은 분노를 가슴 밑바닥에 묻어야만 했다. 도처에 위험이 도사리고 있었고 치욕은 일상이 되었다. 분노는 마침내 화산처럼 폭발했다. 1942년 서른여덟 살의 작가는 믿을 수 없을 정도의 용기로 베이징을 점령한 일본군의 눈앞에서 「유민도」를 그리기 시작했다. 그는 자신이 직접 겪은 고통, 일본군의 폭격, 강압적인 공격에 의해 많은 사람이 겪어야했던 전례 없는 고난에 대해 온전하게 폭로하고자 했다. 축 늘어진 딸의 시체를 안고 있는 엄마, 죽은 엄마의 품에 안겨 젖을 빨고 있는 아이, 양손으로 귀를 막은 노인, 팔을 잃은 친구를 부축하며 가는 친구, 주먹밥을 빼앗으려고 싸우는 아이들, 통곡하는 여인들, 절름발이, 부랑자, 맹인 등. 「유민도」에는 일제치하에서 고통받는 사람들의 모습이 적나라하게 묘사되었다.

「유민도」는 송대의 화가 정협鄭俠, 1041~1119의 「유민도」에서 제목을 취했다. 정협은 호가 일불거사一拂居士로 신종神宗 때 안상감문安上監門이 되었는데 유민의 참상을 목격하였다. 오랫동안 비가 오지 않고 병충해가 계속되자 길거리에는 굶어죽은 사람의 시체가 널려 있었다. 하동河東, 하북河北, 산시陝西의 유민들은 모두 집을 떠나 경성京城으로 몰려들었다. 정협은 자신이 목격한 유민들의 참상을 그림으로 그려 조정에 올렸다. 장조화는 자신의 그림을 「유민도」의 속편이라 불렀다. 그는 노구교 사건을 회상하며 동포들의 고통을 묘사하기 위해 수백 장의 초상화를 그렸다.

그는 평범한 사람들의 초상화를 그리는 것으로 위장하고 상하이와 다른 지역을 여행하며 자료를 모아 유랑민의 삶을 관찰했다. 일본군에게 발각되는 것을 피하기 위해 숙소에 돌아온 후 기억에 의해 「유민도」의 밑그림을 그렸고, 결국은 밑그림조차 전부 없애버렸다. 「유민도」는 여러 폭으로 나누어 그렸다. 그는 집에 자주 드나드는 일상적인 방문객의 방해를 피하기 위해 각 폭의 그림이 완성될 때마다 숨겼다. 그래서 사람들이 본 것은 단지 2미터 높이의 드로잉판에 그려진 한두 명의 얼굴뿐이었다. 작가를 제외한 그 누구도 완성된 그림을 볼 수 없었다. 심지어 작가조차도 그림이 완성될 때까지 전체 그림의 효과를 볼 기회가 없었다.

드디어 1943년 9월에 「유민도」를 완성했다. 많은 어려움과 난관을 극복하고 마침내 그림을 전시할 기회를 얻었다. 뜻밖의 사건에 대비해 장조화는 50세트의 사진을 찍었다. 전시회 때 「유민도」는 「군상도群像圖」라는 이름으로 발표했다. 2주 동안 시민들이 와서 볼 수 있는 무료 전시회였다. 1943년 10월 29일, 「유민도」는 베이징 태묘 정전太廟正殿에서 장엄하고 엄숙하며 정중하게 전시됐다. 「유민도」 앞에는 긴 줄의 황색 국화가 놓여졌다. 긴 줄로 늘어선 많은 방문객은 엄숙하면서도 비애감 넘치는 그림 앞을 조용히 지나갔다. 전시회가 열리자마자 작품이 인쇄된 「유민도」 사진이 전부 매진되었다. 비록 그

전시회는 일본 헌병대가 폐쇄하기까지 겨우 몇 시간밖에 열리지 않았지만 작가의 양심에 따라 민족적 자존감과 인민의 불행을 표현하려는 비장한 서사시로 식민지인들의 가슴을 흔들어놓았다.

전시회가 금지되자 화가는 급히 작품을 담아 현장을 떠났다. 그가 막 전시장을 떠나려고 할 때 전시장 폐쇄를 담당한 중국 경찰은 그에게 다가와 눈물을 머금고 경례를 했다. 전시가 끝난 1년 뒤 1944년 장조화와 그의 아내는 길이 26미터에 높이가 2미터인「유민도」를 한 장 한 장 분리해서 상하이로 옮겼다. 상하이의 프랑스 조차지에서 열린 전시회 또한 큰 반향을 일으켰다. 그러나 전시가 끝날 무렵 그림은 당국에 의해 몰수되어 결국 분실되고 말았다. 그해에 서비홍은 장조화와 8년 동안 연락이 끊겨 접촉을 하지 못했는데, 1941년 적의 통치하에서 출판된 장조화의 화집과 사진을 보고 곧바로 그와 접촉해 그를 북경예술대 교수로 위촉했다.

「유민도」의 막장 드라마 같은 시련

1953년에 「유민도」가 상하이에서 발견되었다. 절반이 흰곰팡이로 훼손된 상태였다. 그림 중간 중간이 삭제되고 형태가 분명하지 않은 것은 그 때문이다. 장조화가 1957년에 러시아에 가서〈현대중국화전〉에 참석했을 때「유민도」가 전시되었다. 이 작품은 2차 세계대전 당시 똑같은 고통을 겪은 러시아 작가들에게 큰 반향을 일으켰다. 「유민도」의 중앙 장면은 폭격당한 사람들을 묘사하고 있는데 – 여러 여성들이 서로 끌어안은 채 놀란 눈으로 하늘을 쳐다보고 있고, 노인은 손으로 귀를 가리고 시체는 여기저기 나뒹굴고 있는 부분 – 일본군의 침공 때문에 중국인들이 겪은 역사적 비극을 생생하게 재현하였다.

2
강물이 모여 바다를 이루다

그동안 잘 보관된 「유민도」 초본은 1960년대 문화대혁명 때 사라져버렸다. 그리고 잔존했던 절반의 그림은 화재火災로부터 간신히 살아남았다. 그러나 그보다 더 어이없는 일이 발생했다. 문화대혁명 때는 많은 관리와 지식인, 학자와 예술가들이 반혁명 인사로 지목되어 자아비판을 해야 했다. 장조화도 예외는 아니었다. 그는 우스꽝스럽게도 "「유민도」가 반공산주의적 작품으로 공습 장면은 공산당 비행기가 인민들을 폭격한 것을 묘사한 것"이라고 고백해야만 했다. 일흔 살의 장조화는 거듭해서 '범죄'를 자백하도록 강요받았다. 그러나 그는 비인간적이고 정신적인 고통을 겪으면서도 다음과 같은 글로 「유민도」를 분명하게 옹호했다. "그 당시에는 오직 일본군만이 폭탄을 떨어뜨리기 위해 비행기를 이용했다."

「유민도」는 서양화와 중국 전통회화를 결합한 장조화의 대표작이다. 수묵과 채색을 이용해 중국 초상화의 새 장을 열었으며 이전에는 시도되지 않은 기법을 적용해 현실을 묘사했다. 장조화는 「유민도」를 그린 것만으로도 진실하게 역사의 한 페이지를 압축했다. 「유민도」는 예술가의 용기 있는 정신을 기록한 서사시이며, 사람들의 심장박동 소리를 들을 수 있는 생생한 교훈이다. 어떻게 해서 그는 이런 작품을 그릴 수 있었을까. 장조화는 말한다.

"나는 프롤레타리아 예술과 리얼리즘에 관해 단순하면서 따뜻한 감정을 가지고 있다. 나는 개인적인 경험으로부터 세상 사람들의 고통을 깊이 이해한다. 나는 가난한 사람들의 삶을 사실적으로 그리기를 원한다. 나는 그 일을 동정하는 사람이나 인도주의자, 그 계층 사람들 바깥에 서 있는 사람으로서 그림을 그리지 않았다. 나에게 사람들과 유리된 예술, 삶과 유리된 예술은 말할 가치가 없다."

허운대사와 장조화는 모두 같은 시대를 살았다. 역사의 격변기에 한 사람은 종교로, 다른 한 사람은 예술로 그 시대를 충실히 살았다. 한 사람은 중생을 위해 다른 사람은 인민을 위해 봉사했지만 공산당 치하에서 갖은 수모를 겪어야만 했다. 그러나 두 사람은 법난과 수난을 당하면서도 자신들의 행위에 대해 확고한 신념이 있었다. 다른 사람을 탓하거나 원망하는 대신 그들의 가치를 삶 속에서 실천했다. 이것이 허운대사와 장조화의 삶에서 현재의 우리가 감동받는 이유다. 우리가 닮아야 할 삶의 방식이다.

3
교教와 선禪을
회통하다

한국의 스님

자장
원효
의상
혜초
도의
의천
지눌
일연
보우
나옹
서산
사명
경허
수월

자장

사람들이
편안해질 수
있다면

신명연 「금낭화」

"그대 나라에 무슨 어려움이 있는가?"

자장율사慈藏律師, 590~658가 장안에서 태화지太和池 옆을 지날 때였다. 갑자기 신령스러운 사람이 나타나 자장에게 물었다.

"우리나라는 북으로 말갈과 이어졌고 남으로는 왜인과 접해 있으며, 또 고구려, 백제 두 나라가 번갈아 변경을 침범하는 등 이웃의 적들이 어지러우니 이것이 백성들의 걱정입니다."

"지금 그대의 나라는 여자를 임금으로 삼으니 덕은 있으나 위엄이 없다. 그 까닭에 이웃나라가 침략을 도모하고자 하니 빨리 본국으로 돌아가야 한다."

"고국에 돌아가면 장차 무엇을 해야 이익이 되겠습니까?"

"황룡사皇龍寺 호법룡護法龍은 나의 맏아들이다. 범왕梵王의 명을 받고 이 절에 와서 호위하고 있으니 본국으로 돌아가서 절 안에 9층탑을 세우면, 이웃나라들이 항복하고 9한九韓이 와서 조공하여 왕업이 길이 편안해질 것이다."

643년에 자장은 당나라 황제가 준 불경과 불상 등을 모시고 신라로 돌아왔다. 자장은 선덕여왕善德女王, 재위 632~647에게 아뢰어 탑을 세울 것을 건의했다. 나라에서는 보물과 비단을 보내 백제의 공장工匠 아비지阿非知를 청했다. 아비지의 지휘로 소장小匠 200명이 힘을 합쳐 탑을 완성했다. 이 탑이 바로 황룡사구층탑이다. 일연선사一然禪師, 1206~89는 『삼국유사』에서 황룡사구층탑 건립의 의의를 다음과 같이 찬탄했다.

"탑을 세운 후 천지가 태평해지고 삼한이 통일되었으니 어찌 탑의 영험이 아니겠는가?"

자장율사가 황룡사구층탑을 세운 까닭

신라는 삼국 중에서 가장 늦게 불교를 받아들였다. 신라에 불교가 전래된 시기에 대해서는 의견이 분분한 데다 받아들인 과정도 순탄치 않았다. 미추왕 2년263년에 고구려와 신라에 불교를 전한 승려로 알려진 아도我道 혹은 阿道가 왔다는 설과 눌지왕訥祗王, 재위 417~458 때 고구려승 묵호자墨胡子가 왔다는 설, 그리고 소지왕炤知王, 재위 479~500 때 아도가 와서 불교를 전했다는 기록이 혼재한다. 고구려와 백제의 불교가 왕실과 귀족의 적극적인 지원에 의해 수용된 것에 반해 신라는 상황이 전혀 달랐다. 천신天神신앙과 고목古木신앙 등의 토착

신앙과 귀족세력의 반대로 불교가 쉽게 뿌리내리지 못했기 때문이다. 불교가 국교로 공포된 것은 신라에 불교가 들어온 지 200여 년이 흐른 뒤였다. 527년, 법흥왕法興王, 재위 514~540 14년에 이차돈의 순교를 계기로 마침내 불교가 공인되었다.

신라는 불교를 늦게 받아들였지만 가장 크게 융성했다. 특히 법흥왕과 진흥왕眞興王, 재위 540~576대에 눈부시게 발전했다. 534년 신라 최초의 사찰인 흥륜사興輪寺가 세워진 것을 시작으로 대왕흥륜사大王興輪寺, 영흥사永興寺, 황룡사, 기원사祇園寺 등의 불사가 이어졌다. 백고좌법회百高座法會가 551년에 열렸고, 572년 팔관연회八關筵會를 개최했다. 수많은 출가자가 배출되었고, 중국으로 가는 유학승도 생겨났다. 법흥왕과 진흥왕은 만년에 머리를 깎고 출가했으며 왕후도 마찬가지였다.

자장율사는 이런 사회 분위기 속에서 나고 자랐다. 그는 진골眞骨 출신으로 부모가 부처에게 치성을 드려 늦은 나이에 얻은 아들이었다. 자장율사는 부모가 일찍 세상을 떠나자 인생무상을 절감하고 깊은 산속에 들어가 고골관枯骨觀을 수행했다. 고골관은 백골관白骨觀이라고도 하는데, 시체가 썩어 없어지는 과정을 상상하며 자신의 몸과 일체만물이 무상함을 깨닫는 수행법이다.

더욱이 재상에 기용하려는 임금의 명을 거절하고 출가한 그는 산속에 들어가 마음껏 수행에 정진했다. 그러나 공부가 부족하다고 느낀 뒤, 636년 당나라로 유학을 떠났다. 그는 청량산에서 7일 동안 기도한 후 문수보살의 감응을 받았다. 그 후 장안으로 들어가 당태종의 후한 대접을 받으며 지냈다. 그의 도력으로 신이한 일이 발생하자 날마다 계를 구하는 사람이 1,000여 명에 이르렀다. 번거로움을 느낀 자장율사는 종남산으로 자리를 옮겼다. 종남산은 남산종의 개산조인 도선율사가 법을 펼친 곳이다. 종남산에서 3년을 보낸 자장율사가 다시 장안으로 갔다. 이번에도 태종은 비단과 선물을 보냈다. 그때 마침 선덕여왕이 사신을 보내 자장율사의 귀국을 요청했다. 자장율사가 태화지에서 신령스러운 사람을 만난 것이 바로 이때였다.

선덕여왕은 귀국한 자장율사를 분황사芬皇寺에 머무르게 했다. 자장율사는 분황사에서 섭대승론攝大乘論을 강의했고, 황룡사에서는 보살계본菩薩戒本을 설했다. 선덕여왕은 그를 대국통大國統으로 삼아 출가자의 일체 법규를 위임했다. 대국통이 된 자장율사는 신라의 교단을 쇄신했다. 각종 불사를 담당하고 계율을 정비해 호법護法보살의 역할을 충실히 해냈다. 승려에게는 보름에 한 번씩 계를 설법했고, 겨울과 봄에는 모두 시험을 치러 지계持戒와 범계犯戒를 알게 했다. 순사巡使를 보내 지방 사찰을 돌며 승려들을 감독하게 했고 경전과 불상을 관리하도록 했다. 이때에 이르러 나라 안 사람들이 계를 받고 부처를 받드는 일이 열 집에 여덟아홉이었고, 출가하기를 청하는 것이 날이 갈수록 늘었다. 또한 자장율사는 통도사通度寺를 창건하여 당나라에서 가져온 진신사리를 탑 속에 봉안한 후 금강계단金剛戒壇이라 하였다. 태백산의 석남원石南院, 지금의 정암사, 강릉의 수다사水多寺, 울산의 태화사太和寺 등 수많은 절을 짓게 하였다. 자신이 태어난 집을 고쳐 원녕사元寧寺라 바꾼 뒤『화엄경』을 강의했다. 강원도 오대산을 문수도량으로 가꾼 사람도 자장율사였다. 그러나 무엇보다도 자장율사가 한 일 중에 가장 큰 역할은 역시 황룡사구층탑의 건립이었다.

서로 다름이 이루어낸 조화

'하트' 모양의 분홍꽃이 휘어진 줄기에 주렁주렁 매달려 있다. 얼굴 붉히며 고개 숙인 모습이 마치 꽃등을 걸어놓은 듯 아름답다. 화려하지도 않고 수수하지도 않으나 한 번 보면 쉽게 잊을 수 없는 꽃, 금낭화錦囊花다. 금낭화는 '금

주머니꽃'이라는 뜻이다. 꽃 속에 금빛 꽃가루가 들어 있어 붙여진 이름이다. 줄기가 등처럼 휘어지고, 꽃이 모란처럼 아름다워 '등모란' 또는 '덩굴모란'으로도 부른다. 금낭화는 양귀비과의 여러해살이풀이다. 꽃의 생김새가 어린아이들이 세뱃돈을 넣어 두던 비단 복주머니를 닮았다. 또 옛 여인들이 지갑 대신 치마 속에 넣고 다니던 주머니와 비슷해 '며느리주머니'라 부른다. 금낭화의 어린 순은 '며늘치'라고 한다.

　금낭화를 소재로 그린 그림은 많지 않다. 특히 신명연申命衍, 1809~86이 그린 「금낭화」처럼 꽃의 고운 자태가 은은하게 살아 있는 작품은 찾아보기 힘들다. 사대부 화가 애춘藹春 신명연은 대나무를 잘 그린 자하紫霞 신위申緯, 1769~1845의 아들이다. 형 소하小霞 신명준申命準과 함께 삼부자가 모두 시서화에 뛰어났다. 그는 산수, 사군자, 화조 등 여러 분야에 능했는데 특히 채색 화조화를 잘 그렸다. 세련된 색상과 참신한 발상은 동시대 작가인 남계우南啓宇, 김수철金秀哲, 전기田琦, 홍세섭洪世燮 등의 작품에서도 확인할 수 있다. 이들은 운수평惲壽平, 나빙羅聘 등 청대淸代에 활동한 작가들의 새로운 화풍을 받아들여 신선하면서도 장식적인 화면으로 화단에 변화의 바람을 일으켰다. 이들에 의해 19세기 화단에 등장한 화풍을 '신감각파' 혹은 '이색화풍'이라 부른다.

　「금낭화」는 양귀비, 옥잠화, 원추리, 수국, 난초, 백합, 연꽃 등과 함께 『산수화훼도첩山水花卉圖帖』에 들어 있는 작품이다. 이 화첩은 19점의 꽃 그림과 21점의 산수화로 구성되어 있다. 그의 나이 쉰여섯 살 때인 1864년 10월 하순에 제작했다. 「금낭화」는 『산수화훼도첩』에 들어 있는 19점의 꽃 그림 중에서 그다지 눈에 띄는 작품은 아니다. 평면적인 선과 장식적인 색으로 꽃의 자태가 가장 아름답게 돋보인 작품은 「백합」, 「연꽃」, 「옥잠화」 등이다. 그에 비하면 「금낭화」는 있는 듯 마는 듯하다. 소박하다 못해 촌스럽기까지 하다. 그럼에도 불구하고「금낭화」에 눈길이 자꾸 가는 것은 자연스러움과 조화로움 때문이다. 이런 느낌은 소재를 풀어내는 기법에서 우러난다. 금낭화의 잎과 줄기, 배경이 되는 바위는 몰골법沒骨法으로 처리했다. 윤곽선 없이 채색을 바로 사용함으로써 연약한 꽃나무의 생리를 실감 나게 표현했다. 여기에 꽃과 바위는 구륵법鉤勒法으로 명확하게 선을 그었다. 몰골법만으로 구성된 그림이 '매가리가 없는' 단점을 구륵법이 보완했다.

「금낭화」의 조화로움은 기법에 국한되지 않는다. 소재에서도 찾아볼 수 있다. 괴석怪石의 사용이다. 괴석은 기이하게 생긴 바위를 뜻한다. 바위는 변하지 않는 선비의 지조를 상징한다. 거대한 산의 축소판으로 여겨 문인들이 화조와 더불어 즐겨 그렸다. 구멍이 숭숭 뚫린 돌은 태호석이라 하여 중국에서는 송대宋氏부터 그림에 많이 등장한다. 우리나라에서도 괴석과 사군자를 곁들여 그리는 것이 유행했다. 특히 신명연과 비슷한 시기에 활동한 작가 정학교丁學敎, 1832~1914가 괴석을 잘 그렸다.「금낭화」에서도 당시 유행하던 꽃과 바위를 결합한 그림 취향을 반영했다. 금낭화의 배경에, 우뚝 솟은 괴석을 그려 넣자 갑자기 '매가리가 없는' 꽃 그림에 무게감이 실린다. 백합이나 옥잠화를 그린 절지화折枝畵에서는 찾아볼 수 없었던 안정감이다. 괴석으로 인해 화면에는 부드러움과 강함, 가벼움과 무거움, 음과 양이 조화를 이룬다. 그 자체로는 별 볼 일 없던 괴석이 금낭화의 뒷자리에서 존재감을 드러낸다. 꽃의 부드러움은 지키되 결코 주인의 자리를 넘보지 않는 호위신장 같은 존재감이다. 서로 다른 성질을 가진 소재가 이루어낸 조화로움. 그것이 바로「금낭화」가 보는 사람의 마음을 빼앗는 이유다.

자장율사가 선덕여왕에게 황룡사구층탑과 첨성대 건립을 건의한 이유도 이와 다르지 않을 것이다. 금낭화처럼 여리고 부드러워 보이는 선덕여왕의 뒤

신명연, 「금낭화」, 비단에 연한 색, 34×21cm, 1864년, 국립중앙박물관 소장

에 바위 같은 튼튼한 호위신장이 필요했기 때문이다. 선덕여왕은 '나약한 여자가 왕이기 때문에 나라에 힘이 없다'는 얘기를 수시로 들어야 했다. 백제의 침공으로 대야성 등 40여 성이 함락되자 여왕을 향한 공세는 더 심해졌다. 그녀가 자장율사의 귀국을 요청한 이유도 그 때문이었다. 이에 자장율사는 왕실의 권위를 회복하고 주변의 9개국으로부터 신라를 지키기 위해 황룡사구층탑을 세웠다.

황룡사구층탑은 황룡사장륙존상皇龍寺丈六尊像과 천사옥대天賜玉帶와 함께 '신라 삼보三寶'로 일컬어진다. 황룡사구층탑은 1238년 몽고 침입 때 모두 불타버리고 현재는 초석만 남아 있다. 진흥왕 때 조성된 장륙존상은 거대한 불상이다. 현재는 사라지고 없지만 대좌는 남아 있다. 장륙존상의 크기가 궁금한 사람은 황룡사에 직접 가서 대좌를 확인해보기 바란다. 바닥에 놓인 대좌를 보는 것만으로도 왜 장륙존상이라 했는지 그 크기를 짐작할 수 있을 것이다. 천사옥대는 하늘이 진평왕眞平王, 재위 579~632에게 내려줬다는 옥으로 만든 허리띠다. 왕은 천제를 지내거나 종묘에 제사를 지낼 때 항상 천사옥대를 착용했다. 천사옥대 설화는 왕의 권위를 하늘에서조차 인정해주었다는 뜻을 의미한다.

그러나 왕권이 강했더라면 굳이 천사옥대 같은 설화가 필요하지도 않았을 것이다. 하늘의 힘을 빌려서라도 왕권을 강조해야 할 만큼 왕의 자리가 위태로웠음을 반증하는 얘기일 것이다. 법흥왕 때 불교를 공인하기까지 이차돈의 순교가 필요했듯, 진흥왕과 진평왕도 왕권을 지키기 위해 장륙존상과 천사옥대가 필요했다. 선덕여왕도 그 필요성을 절감하고 있었다. 이것이 자장율사가 황룡사구층탑을 건립한 이유다. 높이 80미터에 이르는 황룡사구층탑은 아파트 21층의 높이에 해당된다. 그는 또한 선덕여왕이 천기를 꿰뚫고 있는 왕이라는 것을 보여주기 위해 첨성대도 건립하게 했다. 여왕 폐기론에 맞서 그녀가 '인도 석가족의 왕'이라는 이야기까지 만든 사람이 자장율사였다. 흩어진 민심을 하나로 모아 왕을 중심으로 불국토를 이룰 수 있다면 아무리 궂은 일이라도 할 수 있었다. 그는 진덕여왕眞德女王, 재위 647~654에게 관리들의 의복과 연호를 당나라식으로 바꾸자고 건의했다. 그렇게까지 할 필요가 있었을까 비판하는 사람도 있다. 그러나 자장율사의 선택은 오로지 한 가지만을 위해서였다. 여왕이 다스리는 나라에서 '9한이 와서 조공하고 왕업이 길이 편안해지기를' 바라는 심정에서였다. 자장율사의 역할은 금낭화 뒤의 괴석처럼 여왕의 부족함을 채워줌으로써 신라가 안정감을 되찾는 것이었다. 단순히 중국을 섬기는 사대주의 때문이 아니었다. 자장율사의 노력 덕분인지 신라는 숱한 어려움을 타개하고 통일을 이루었다. 『삼국유사』에는 '신라 삼보' 때문에 고구려가 신라를 침범하려는 계획을 중지했다고 전해진다.

괴석 같은 정치인을 기다리며

우리나라도 여성 대통령을 맞이했다. 선덕여왕과 진덕여왕 이후 처음이다. 여성 대통령을 금낭화처럼 돋보이게 해줄 수 있는 괴석 같은 정치인은 없을까. 저 혼자 잘났다고 떠드는 사람 말고 대통령을 바른 길로 보필하며 국민이 편안해질 수 있는 길이라면 기꺼이 자신을 희생할 줄 아는 호국護國 정치인, 그런 정치인은 없는 것일까. 날마다 멱살 잡고 싸움만 하는 정치인이나 종교인 말고, 험한 일은 도맡아 하면서도 존재감을 드러내지 않는 괴석 같은 정치인과 종교인 말이다.

僧

원효

신라불교의
기틀을 다진
호법보살

김홍도 「남해관음」

'아, 몹시 목이 마르구나.'

황폐한 무덤 속에서 잠을 자던 원효元曉, 617~686대사는 심한 갈증으로 잠이 깼다. 곁에서 의상義湘, 625~702대사의 고른 숨소리가 규칙적으로 들렸다. 당나라로 유학을 가기 위해 항구로 향하던 두 사람은 직산稷山, 천안에서 밤을 맞아 무덤 속에서 눈을 붙였다. 그들은 현장법사가 주도하는 중국의 새로운 불교 학풍을 배우고 싶어 당나라 유학을 결정했다. 유학행은 처음이 아니었다. 10여 년 전에도 그들은 유학을 시도했다. 그러나 고구려와 당나라의 국경인 요동에서 변방을 지키는 병사들에게 첩자로 오인을 받아 갇히는 신세가 되었다. 다행히 수십 일 만에 간신히 빠져 나와 목숨은 건졌지만 당나라 유학은 좌절되었다. 그런 후 10년 세월이 눈 깜짝할 새에 지나갔다. 원효대사의 나이도 어느덧 마흔다섯 살이었다.

컴컴한 어둠 속에서 타들어가는 갈증을 느낀 원효대사는 주변을 살펴보았다. 그러나 초하루 그믐밤에 보이는 것은 어둠뿐이었다. 어둠 속에서 눈은 있으나 마나였다. 원효대사는 손으로 더듬거리며 물을 찾았다. 뭔가 손에 잡혔다. 물이 담긴 바가지였다. 원효대사는 바가지를 들어 시원하게 물을 들이켰다. 물맛이 아주 좋았다. 생명수를 마신 듯 갈증이 해소된 원효대사는 편안하게 다시 잠이 들었다. 다음날이었다. 잠에서 깬 원효대사의 눈에 해골이 들어왔다. 설마 저기에 담긴 물을 마셨단 말인가. 주위를 두리번거렸지만 다른 그릇은 보이지 않았다. 알고 보니 자신이 생명수라고 느끼며 마신 물은 시체 썩은 물이었다. 갑자기 속이 뒤틀린 원효대사는 심한 구토를 느꼈다. 웩웩거리며 토하는데, 그 순간 벼락 같은 깨달음이 내리쳤다. 똑같은 물인데 어젯밤에는 맛있던 물이 오늘 아침에는 역겨웠다. 이것은 물이 더러운 것이 아니라 마음이 더럽다고 느낀 것이 아닌가. 큰 깨달음을 얻은 원효대사는 탄식하듯 말했다.

"내 듣건대 부처님께서는 삼계유심三界唯心이요, 만법유식萬法唯識이라 하셨다. 그러니 아름다움과 나쁜 것이 나에게 있고, 진실로 물에 있지 않음을 알겠구나."

해골바가지의 물을 마시고 대각하다

진리를 깨치자 더 이상 당나라로 갈 필요가 없었다. 원효대사는 의상대사를 뒤로 하고 고향으로 되돌아갔다. 문무왕 원년661년의 일이었다. 초등학생조차 알고 있을 정도로 유명한 이 이야기는 중국의 영명연수선사의 『종경록』에 적혀 있다.

원효대사는 성이 설씨薛氏로 동해 상주湘州 사람이다. 어릴 때 이름은 서당誓幢으로 열다섯 살쯤 출가했다. 낭지郎智, 보덕普德 스님에게 배웠다. 자신보다 여덟 살 어린 의상대사와는 평생 불법을 함께한 도반으로 지냈다. 원효대사가 젊은 시절에 어떻게 수행했는가에 대한 기록은 전해지지 않는다. 다만 원효대사가 쓴 『발심수행장發心修行章』을 보면 그가 참된 수행자가 되기 위해 각고의 노력을 기울였음을 확인할 수 있다.

"좋은 음식으로 길러도 이 몸은 무너질 것이고, 부드러운 옷으로 보호해도 목숨에는 반드시 끝이 있다. (중략) 백 년이 잠깐인데 어찌 배우지 아니하며, 일생이 얼마라고 닦지 않고 방종하랴. (중략) 사대는 흩어지니, 내일 살기 기약 없고, 오늘은 이미 저녁, 아침부터 서둘러야 하리라."

당나라 유학길에서 되돌아온 원효대사는 요석瑤石공주를 만나 설총薛聰을 낳고 환속한다. 승복을 벗은 후부터는 자신을 소성거사小性居士 또는 복성거사卜性居士라 부르며 대중교화를 펼친다. 소성小性은 '마음이 작다'는 뜻이고 복성卜性은 '아래 하下자도 못 된다'는 뜻이니 지극히 낮은 사람을 의미한다. 파계한 스님인 만큼 걸림이 없었다. 그는 술집이든 기생집이든 여염집이든 산수 간이든 마음 내키는 대로 다녔다. 광대, 백정, 술장사 등 누구라도 만났다. 그들 모두 불성에 있어서는 귀족과 한 치의 차이도 없는 똑같은 부처였다.

원효대사는 가는 곳마다 사람들을 교화했다. 그는 수없이 많은 시골 마을을 노래하고 춤추고 돌아다니면서 가난하고 무지몽매한 사람들까지도 부처의 이름을 알게 하고, 모두 나무아미타불을 부르게 했다. 우연히 광대들이 춤출 때 쓰는 큰 박을 얻어 무애無碍라 이름 짓고 노래를 지어 세상에 퍼뜨렸

3
교와 선을
회통하다

다. 무애는 『화엄경』에서 '일체에 걸림이 없는 사람은 한 길로 생사를 벗어난 다'는 구절에서 따온 이름이었다. 무애는 곧 '한마음(一心)'이다.

원효대사가 승복을 벗고 무애를 두드리며 민중을 교화한 데는 깊은 이유가 있었다. 당시 불교는 왕실과 귀족들을 위해 존재했다. 일반 백성이나 천민들은 감히 넘나들 수 없는 귀족불교였다. 자장율사나 원광법사가 귀족불교를 지향했다면 원효대사는 거기에서 머무르지 않았다. 원효대사에게는 부처의 가르침을 전해줄 수 있는 곳이라면 세간과 출세간이 따로 없었다. 이런 원효대사를 『삼국유사』의 저자 일연一然 스님은 '불기不羈의 자유인'이라고 표현했다. 굴레가 없다는 뜻이니 매인 곳이 없다는 말이다. 자신이 가진 모든 것을 벗어버리면서까지 대중교화에 나선 원효대사야말로 진정한 보살정신의 실천자였다. 그는 '불기의 자유인'의 모습을 이론적으로 규명하여 『이장장二障章』을 남겼다. 그에게 이론은 항상 실천과 함께였다.

저술가 원효대사와 알기 쉬운 『대승기신론』 해석서

원효대사는 환속한 후 단지 대중교화에만 그치지 않았다. 그는 전법 못지않게 학문 연구에도 매진했다. 그는 환속한 몸으로 절에서 머물며 강의를 하고 저술에 집중했다. 쉰다섯 살에 행명사行名寺에서 『판비량론判比量論』을 저술했고, 분황사에서는 『화엄경소華嚴經疏』를 지었다. 황룡사에서는 『금강삼매경金剛三昧經』을 강의했고, 혈사穴寺에서 입적했다. 진정한 출가는 옷이 아니라 행위에 있다. 이것이 후대에 원효대사를 원효거사가 아닌 원효대사라고 부른 이유다. 그는 일생에 걸쳐 80부 150여 권에 이르는 저술을 남겼다. 그 내용이 모두 도리에 정통하고 입신의 경지에 도달함이 '문장의 전장을 영웅처럼 누비는' 것 같았다. 한 사람이 심원하고 깊이 있는 내용의 저서를 100권 이상 남긴 예로는 신라의 원효대사를 제외하고, 『지도론』을 쓴 인도의 용수보살, 『종경록』을 쓴 중국의 영명연수선사 정도를 들 수 있다. 그러나 현재 원효대사의 저술은 대부분 산실되고 거의 남아 있지 않다. 온전히 전하는 것은 『대승기신론소』 『화엄경소』 『금강삼매경론』 『이장의』 『십문화쟁론』 등 13부 17권에 불과하고 12부 안팎이 부분적으로 전해질 뿐이다.

원효대사의 저서에는 특히 『대승기신론大乘起信論』 관련 글이 가장 많다. 『대승기신론』은 '큰 믿음을 일으키는 글'이라는 뜻으로 인도의 마명보살이 지었다. 수많은 경전이 있음에도 불구하고 마명보살이 이 책을 지은 이유는 오로지 자비심 때문이었다. 경전 속에 법이 있더라도 중생의 마음과 행동이 다르고, 법을 받아들이고 이해하는 인연이 다르다. 그렇기 때문에 '법이 없어도 법을 말하고 한 번 척보고 도를 아는 사람이 아니라면' 불법을 들어도 믿음을 내기가 쉽지 않다. 그래서 마명보살은 '무명이라는 헛된 바람이 마음의 바다를 흔들기에 윤회에 떠돌게 된 중생들을 한없이 자비로운 큰마음으로 불쌍히 여겨' 『대승기신론』을 지었다. 말하자면 『대승기신론』은 '모든 경전들의 고갱이를 하나로 꿰뚫고 있는 책'이라고 할 수 있다. 경률론의 압축이 『대승기신론』이다. 즉 '글은 적되 뜻은 많은(少文多意)' 책이다. 그런데 불교 공부가 깊지 않은 사람은 많은 뜻을 적은 글에 담은 『대승기신론』을 이해하기가 쉽지 않다. 이럴 때는 친절한 안내자가 필요하다. 원효대사가 쓴 『대승기신론소疏별기別記』는 전문가가 알기 쉽게 풀이한 최고의 해석서다. 즉 마명대사의 압축파일을 '글은 간략하되 뜻은 풍부하게(文約義豊)'라는 원칙에 맞춰 풀었다. 압축풀기만으로도 잘 열리지 않은 파일은 별기를 붙여 더 자세히 설명했다. 마명보살이 캐낸 원석을 원효대사가 정련하여 순도 높은 금을 추출했다고나 할까. 현대의 번역본은 원순 스님이 역해한 큰 믿음을 일으키는 글을 권한다. 지운 스님의 유튜브 강의도 참고하면 도움이 된다. 그러고 보면 하나의 결과물이 우리에게 오기까지 얼마나 많은 사람들의 노고가 들어 있는지 알게 되면 새삼 숙연해진다. 마명→원효→원순→지운으로 이어지는 단계를 거쳐야 비로소 우리의 인식에 가닿을 수 있다는 뜻이 아닌가. 밥 한 그릇이 식탁 위에 놓이기까지의 과정과 다르지 않다.

원효대사의 학문적 관심사는 어느 한 분야에 국한되지 않고, 매우 다양했다. 그러나 소승 계통의 저술이 없는 것을 보면 주된 관심사가 대승경전이었음을 알 수 있다. 그중에서도 특히 화엄학과 유식학에 대한 관심이 컸다. 고려시대의 대각국사 의천義天, 1055~1101은 원효대사를 '화쟁국사和諍國師'로 추증했다. 중국을 다녀온 유학승들이 종파적 성격이 강한 중국불교의 영향을 받아 분열되고 대립하던 것과는 달리 원효대사는 화회和會와 회통會通을 강조했다. 『십문화쟁론』에서 밝힌 것처럼 갈등과 대립을 넘어선 원효대사의 화쟁사상은 중국불교와 다른 한국불교의 전통이라 할 수 있다. 12세기에 원효대사를 교조로 한 해동종海東宗이 창시된 것도 화쟁이야말로 한국불교가 나아가야 할 방향이라는 자각이 있어서였다.

원효대사의 가르침과 실천은 신라 사회를 넘어 중국과 일본에도 큰 영향을 미쳤다. 『십문화쟁론』은 중국을 넘어 인도에까지 번역되어 전해졌다. 『금강삼매경론』은 당나라에서 소疏가 논論으로 격상되었고, 『대승기신론소』는 해동소海東疏로 불리었다(해동은 우리나라를 가리킨다). 『화엄경소』는 중국 화엄학의 집대성자 법장法藏의 저술에 큰 영향을 미쳤다. 일본에는 8세기 중반 나라 시대에 원효대사의 많은 저술이 건너갔다.

왜 제목이 '남해관음'일까?

바다에서 솟았을까. 하늘에서 내려왔을까. 관세음보살이 심하게 요동치는 푸른 파도 위에 서 있다. 구불구불한 천의天衣가 밑으로 향할수록 옆으로 퍼져 파도와 조화를 이루면서 관세음보살이 마치 바닷속에서 방금 솟구친 듯 생생하다. 먹의 농담에 의한 필선筆線 변화가 자연스럽게 표현된 작품이다. 머리에는 화관花冠을 쓰고 머리카락은 양어깨 위로 내려뜨렸다. 머리에는 보름달 같은 두광頭光이 눈부시다. 두광의 가운데는 색을 칠하지 않고 주변을 푸르스름하게 물들였다. 홍운탁월烘雲拓月 법이다. 달과 어둠의 경계선은 어디일까. 두광을 그린 선은 예배용 불화에서처럼 자로 잰 듯 정확하게 그리는 방식을 따르지 않았다. 달이 어둠에 다가설 때 머뭇머뭇. 어둠이 달에 접근할 때 주저주저. 보름달 같은 두광의 선이 그러하다. 사랑도 배려도 누군가에게 스며들 때는 달과 어둠처럼 조심스러워야 하리라. 고개를 오른쪽으로 살짝 돌린 관세음보살은 만면에 잔잔한 미소를 머금었다. 괴로움에 빠진 중생이 아무리 많다 해도 천수천안千手千眼으로 모두 거둬줄 것 같은 미소다. 자애로운 미소로 천 개의 손과 천 개의 눈을 대신했다.

관세음보살만큼 친숙한 이름이 또 있을까. 불교가 이 땅에 들어온 이후 가장 많은 사람이 부른 이름, 나무아미타불 관세음보살. 관세음보살은 인기가 많은 만큼 이름도 참 많다. 광세음光世音, 관세음觀世音, 관음觀音, 관세자재觀世自在, 관자재觀自在 등. 왜 이렇게 인기가 많을까. 비원悲願 때문이다. 비원은 부처나 보살의 자비심에서 우러난, 중생을 구제하려는 서원이다. 『법화경』「보문품」에 보면 관세음보살에 대해 다음과 같이 적혀 있다. '고통에 허덕이는 중생이 일심으로 그 이름을 부르기만 하면 즉시 그 음성世音을 관觀하고 해탈시켜 준다.' 관세음보살은 어머니 같다. 오직 어머니라는 이유만으로 자식이 부르면 무조

김홍도, 「남해관음」, 비단에 연한 색, 30.6×20.6cm, 조선 후기, 간송미술관 소장

건 돌아보고 손을 내미는 분이 관세음보살이다. 관세음보살 뒤에 숨어 고개를 반쯤 내민 선재동자는 엄마 뒤에 숨은 아이 같다. 53명의 선지식을 찾아다니며 가르침을 청하는 비장한 수행자의 모습은 찾아볼 수 없다. 관세음보살의 자비로운 마음이 선재동자의 긴장된 마음을 무장해제시켰으리라. 선재동자는 버들가지를 꽂은 정병淨瓶을 들고 있다. 정병은 중생의 갈증을 없애주는 감로수를 담고 있다. 버들가지는 중생의 병을 치료해주고 고통을 소멸시켜준다. 관세음보살은 정병과 버들가지로 만중생의 갈증을 없애주고 고통을 치료해준다.

그림 오른쪽에는 '단원檀園'이라고 적었다. 단원은 김홍도가 1784년 마흔 살 이후부터 즐겨 쓰던 호다. 김홍도의 「남해관음南海觀音」은 예배용이 아니라 감상용으로 그린 작품이다. 「남해관음」과 비슷한 도상을 가진 감상용 불화로는 「지단관월指端觀月」이 있다. '지단관월'은 『원각경』「청정혜보살장」에 나오는 내용으로 '경전의 가르침은 달을 가리키는 손가락과 같다. 손가락을 매개로 가리키는 달을 보면 손가락은 궁극적으로 달이 아님을 알게 된다. 모든 부처가 중생을 깨우치는 다양한 방편도 이처럼 달을 가리키는 손가락과 같은 것이다'라는 가르침을 그린 것이다. 이 작품은 『중국고사도8첩병풍中國故事圖八帖屛風』에 들어 있는데 관세음보살이 나무가 그려진 절벽을 배경으로 보름달이 뜬 바위 위에 서 있는 그림이다. 거품을 일으키며 출렁이는 파도와 구름이 뒤섞여 신비로운 분위기가 느껴지는 작품이다. 역시 단원이란 관서를 쓰고 있다.

「남해관음」과 「지단관월」 모두 경전의 내용을 충실히 반영한 불화이면서 종교화라는 격식을 벗어버린 예술작품이다. 그래서 특별히 불교 신자가 아니라도 누구나 편안하게 감상할 수 있다. 종교화라는 틀을 벗어나 감상화 자체만으로도 훌륭한 예술작품이기 때문이다. 불교를 말하지 않으면서 불교를 드러낼 수 있는 작품이 「남해관음」이다. 마치 원효대사가 환속한 후 소성거사와 복성거사로 살면서도 부처의 가르침에서는 한 치도 벗어나지 않았던 것과 같다. 이것이 우리가 김홍도를 화성畵聖이라 부르는 이유다. 또한 우리가 소성거사를 원효거사가 아니라 원효대사라고 부르는 이유다. 우리나라에는 수승한 스님과 기량이 뛰어난 화가가 많다. 그중에서도 원효대사와 김홍도는 감히 다른 사람과 비교할 수 없을 정도로 뛰어나다. 이런 사람들을 두고 군계일학群鷄一鶴이라고 한다. 태산북두泰山北斗라고도 하고 철중쟁쟁鐵中錚錚, 낭중지추囊中之錐, 간세지재間世之材라고도 한다. 어느 경우든 드물게 뛰어난 인재를 가리킬 때 쓰는 말이다. 원효대사가 저술과 중생교화로 '첫 새벽'이 되었듯 김홍도는 「남해관음」을 완성했다. 첫 새벽을 의미하는 원효는 '부처를 처음으로 빛나게 하였다'는 뜻이다. 원효대사는 우리 불교사에서 첫 새벽이자 영원한 새벽이다. 김홍도가 우리 회화사에서 그러하듯.

그런데 왜 제목을 '남해관음'이라 했을까. 관세음보살이 인도 남쪽 바닷가에 있는 보타락가산에 있기 때문이다. 그래서 선재동자를 남순동자南巡童子라고도 한다. 관세음보살이 있는 남쪽까지 순례를 한 동자라는 뜻이다. 남해관음은 우리나라에도 있다. 남해 금산 보리암, 양양 낙산사, 여수 향일암, 강화 보문사가 모두 관음도량이다. 네 곳이 모두 바닷가에 있는 이유는 관세음보살의 거처가 남쪽 바닷가의 보타락가산이기 때문이다. 어찌 바닷가뿐이겠는가. 우리가 관세음보살처럼 자비를 행하고 타인의 고통을 거둬줄 때 그곳이 바로 관세음보살의 도량이다. 이것이 원효대사가 우리에게 가르쳐주고자 한 진리다. 인도에서부터 전해진 부처의 가르침은 톈산 산맥을 넘고 고비 사막을 넘고 압록강을 건너 원효대사에 이르러 가장 우리다운 불교로 뿌리내렸다. 원효대사는 인도의 관세음보살, 중국의 관세음보살이 아닌 신라의 관세음보살로 살았다. 보타락가산의 관세음보살이 아니라 신라의 관세음보살로 살았다. 우리도 원효대사의 원력에 따라 살 때 우리 동네의 관세음보살이 될 수 있을 것이다.

3
교와 선을
회통하다

의상

사랑하는
마음이 없는
사람은

작자 미상 「화엄종조사회전 의상회」

　사랑은 주는 것이다. 상대에게 온전히 자신을 내어주는 것이다. 내어주되 대가를 바라지 않고 주어도 더 주고 싶은 것이 사랑이다. 사랑은 상대를 자유롭게 하는 것이다. 행여 상대를 위한다는 구실로 구속하는 것은 사랑이 아니라 집착이다. 온전히 나를 다 주었는데도 돌아서 가는 사람에게 서운해 하지 않는 것이다. 나를 버리고 가시는 님은 십 리도 못 가서 발병난다고 저주 진언을 퍼붓는 대신, 가시는 걸음걸음 놓은 그 꽃을 사뿐히 즈려 밟고 가도록 축원하는 것이 사랑이다. 사랑에 대해 분석하려고 사랑 타령을 하는 게 아니다. 의상대사를 사모한 선묘妙낭자의 큰 사랑을 들려주려는 것이다.

낙산사를 창건한 의상대사

의상대사는 의상義湘 또는 義想으로 지칭한다. 그는 진평왕 47년625년에 귀족 가문에서 태어나 스무 살 때 경주 황복사에서 출가했다. 스물다섯 살 때 중국으로 구법여행을 떠나려 했으나 실패한 후 10년 뒤인 661년에 다시 시도했다. 그 과정은 앞의 '원효대사' 편에서 살펴보았다. 해골물을 마시고 깨달음을 얻은 원효대사는 도중에 돌아오고 의상 혼자 배를 타고 당나라로 들어갔다. 처음에는 양주揚州에서 머물렀는데, 얼마 후 종남산 지상사至相寺로 가서 지엄중국 화엄종의 제2조의 문하에 들어갔다.

의상은 지엄 문하에서 현수법장賢首法藏과 같이 10년 남짓 화엄학을 공부했다. 지엄은 이론적 체계화에 뛰어난 현수법장에게는 문지文持라는 호를, 이론의 본질적 이해에 뛰어난 의상에게는 의지義持라는 호를 지어주었다. 의상은 종남산에서 남산 율종의 완성자인 도선과도 교유했다. 의상은 지엄 문하에서 익힌 화엄사상의 요체를 「화엄일승법계도華嚴一乘法界圖」로 정리했다. 꿈속에 선재동자가 준 약을 먹고 자신이 터득한 오묘한 경지를 정리해 『십승장十乘章』 10권을 엮었다. 이것을 본 지엄이 너무 번거롭다고 하자 의상이 부처님 앞에 나아가 그 책을 불살랐다. 의상은 불길 속에서 타지 않은 글자 210자를 수습해 「화엄일승법계도」를 지었다. 화엄경의 방대한 사상을 7언 30구 210자로 요약한 그림이자 시다. 백지에 붉은 도장을 찍듯이 각을 만들고, 그 안에 길을 내고 검은 글자를 써 넣었다. 미로찾기 하듯 복잡한 길은, 제대로 찾아가지 못하면 미궁에 빠질 것 같아 우리네 인생과 유사하다. 「화엄일승법계도」는 '법의 성품은 원융하여 둘이 없고(法性圓融無二相)'로 시작해 '옛부터 변함없는 그 이름 부처일세(舊來不動名爲佛)'로 끝난다. 즉 법法에서 시작해 불佛에서 끝나는데, 그 지점이 바로 출발한 곳이다. 수행의 방편을 기준으로 하여 원인과 결과

3
교와 선을 회통하다

가 같지 않음을 드러내기 때문이다. 그것도 꼭 우리네 인생 같다. '하나 중에 일체가 있고 일체가 하나이니(一中一切多中一) 하나가 곧 일체고 일체가 곧 하나라네(一卽一切多卽一)'라는 표현은 모든 대립물 간의 본질적인 무차별성을 의미한다. 즉 모든 개체는 절대평등하다는 의미다. 「화엄일승법계도」는 210자의 글자를 54각角이 있는 도장처럼 만든 그림이다.

  지엄이 입적한 뒤 현수법장은 중국 화엄의 제3조가 되고 의상은 귀국한다. 귀국 후 자신이 체득한 화엄사상을 펼칠 도량을 찾다 동해 낙산굴에 관세음보살 진신이 산다는 말을 듣고 그곳에 가서 관음을 친견한다. 그 후 낙산사를 창건한다. 그의 관음신앙은 현세 이익적인 것이라기보다는 구도적 신앙으로 화엄경설에 토대를 둔 관음신앙을 더욱 확실한 기반 위에 정착시키고자 했다. 이때 의상이 관세음보살에게 기도한 내용이 「백화도량발원문」이다. '관세음보살님이 지극한 정성으로 이마 위에 아미타불을 모시는 것처럼 저희 또한 관세음보살님을 정수리 높이 모시고자' 하는 의상의 신앙고백이다.

  낙산사를 창건한 의상은 출가사찰인 황복사에서 화엄교학을 강론한다. 그 후 부석사浮石寺를 창건하여 해동화엄의 초조初祖가 되었다. 부석사에는 당시 폭넓게 수용된 아미타불을 모시고 화엄을 강술했다. 의상이 주도한 신라의 화엄사상은 중국과 달리 화엄사상과 정토신앙이 일치되어 실천적인 성격이 강했다. 이후 화엄사상을 선양하기 위해 화엄사, 범어사, 해인사 등 화엄 십찰을 건립한다. 이 밖에도 불영사, 삼막사, 초암사, 홍련암 등을 창건한 것으로 알려져 있다.

  의상의 교화 활동 중 가장 큰 업적은 제자 양성이었다. 의상은 원효처럼 많은 저서를 남기지는 않았으나 뛰어난 제자들을 배출했다. 원효가 세속에 들어가 대상을 가리지 않고 민중교화에 나섰다면, 의상은 대조적으로 조용하면서도 차분하게 제자들을 가르치는 데 매진했다. 그에게는 3,000명 이상의 제자가 있었다고 하는데, 당시 유명했던 사람으로 오진, 지통, 표훈, 의적 등 열 명의 제자가 있다. 그는 빈민 출신의 진정, 귀족 가노 출신의 지통 등 신분을 가리지 않고 제자를 받아들였다. 중국에 있는 현수법장은 의상을 매우 존경하여, 그의 저서 『화엄경탐현기』를 보내 비판을 구하였다. 의상대사는 효소왕 11년702년 3월에 입적했다.

큰 사랑, 용으로 변하다

거대한 용이 거친 바다를 헤엄쳐 가고 있다. 그의 뒤로는 스님이 탄 배가 보인다. 반야용선도인가? 반야용선도般若龍船圖는 아미타여래와 권속 보살들이 왕생자를 용선에 태워 서방정토로 인도해 가는 모습을 그린 그림이다. 이때 용선은 배의 앞이나 뒤에 용의 머리나 꼬리를 그리는가 하면 배 전체를 용의 모습으로 그린다. 반야용선은 중생으로 하여금 생사의 윤회를 벗어나 정토에 이르게 하는 배인 만큼 불보살이 함께 등장하는 것이 중요하다. 초창기 반야용선도에는 아미타여래와 관음보살, 세지보살, 인로왕보살, 지장보살이 함께 등장했다. 이들 권속 중 일부만 등장한 경우도 있다. 후대에는 배 중앙에 아미타여래가 앉아 있는 가운데 인로왕보살이 배의 앞에서 번이나 삿대를 들고 인도하고, 지장보살은 배의 뒤에서 호위하는 도상으로 정착된다.

그런데 다음 소개되는 그림에서 배는 용선은 용선이되 불보살이 보이지 않는다. 자세히 들여다보니 용과 배는 따로따로다. 용이 배를 호위하는 것 같다. 그렇다. 용은 선묘낭자가 변한 것이다. 무슨 사연이 있는 것일까. 당에 도착한 의상은 그곳에서 선묘낭자를 만났다. 선묘낭자는 의상대사를 보자마자 첫눈에 반했다. 저렇게 잘생긴 남자와 한평생을 살 수 있다면 내 인생은 행복으로 충만하리라. 그녀는 부끄러움을 무릅쓰고 자신의 마음을 고백했다. 꽃이 활짝 핀 정원에서였다. 의상이 대답했다.

"나는 목숨을 걸고 계를 지키고 있소. 불법의 힘으로 중생들을 행복하게 해주고 싶기 때문이오. 색욕의 세계는 이미 버렸으니 부디 나를 원망하지 말기를 바라오."

분명한 거절이었다. 그런데 수치심과 모멸감도 잠시, 선묘는 정신이 번쩍 들었다. 단호함 속에 한없는 연민을 담은 의상의 눈빛을 보자 마치 오랜 꿈에서 깨어난 듯 모든 것이 분명해졌다. 꿈에서 깨어 보니 자기 눈앞에 서 있는 사람이 남자가 아니라 스님이었다. 순간 소유욕과 갈애로 출렁거리던 마음이 일시에 고요해졌다. 시간이 멈춘 듯 고요함의 세계는 넓고 깊었다. 허공 같은 마음에 한 조각 구름이나 한 점 그림자도 어른거리지 않는 적멸의 세계였다. 눈빛 한 번에 걷혀지는 번뇌의 세계라니. 묘하고 묘했다. 선묘는 자신도 모르게 이렇게 고백했다.

"다시 태어나도 스님께 귀의해 그림자처럼 따르며 힘이 되어 드리겠습니다."

의상은 선묘를 뒤로 하고 장안으로 떠난다. 몇 년 후 지엄의 문하에서 공부를 마친 의상은 귀국선에 오른다. 의상의 귀국 소식을 전해들은 선묘는 선물을 상자에 담아 항구로 달려간다. 그러나 그녀가 당도했을 때는 배가 이미 떠난 뒤였다. 어떡해야 하나. 안타까운 마음을 주체하지 못해 한동안 해변을 서성거리던 선묘는 결심한 듯 상자를 바다에 던졌다. 그리고 하늘을 향해 다음과 같이 기도했다.

"저는 오래전에 스님께 귀의하기로 결심한 몸입니다. 그러하오니 이 몸이 변하여 용이 되어 스님이 탄 배가 무사히 신라 땅에 닿아 스님의 법이 전해질

僧

작자 미상, 「화엄종조사회전 의상회」(부분),
종이에 색, 세로 31.8cm, 13세기 전반,
교토 고잔지 소장

수 있게 해주소서."

　이것이 사랑을 거절당한 여인이 할 수 있는 기도일까. 보통 사람으로서는 가늠하기 힘든 거대한 사랑이다. 기도를 마친 선묘는 바다를 향해 몸을 던졌다. 그 용의 기도에 하늘도 감동한 것일까. 놀라운 일이 발생했다. 그녀의 몸이 용으로 변한 것이다. 그녀의 도움으로 의상이 탄 배는 무사히 신라에 도착할 수 있었다. 그러나 여기가 끝이 아니었다. 신라에 도착한 의상은 낙산사를 창건한 후 영주에 화엄도량을 세우고자 했으나 쉽지 않았다. 방해하는 사람들 때문에 어려움을 겪는 의상 앞에 어느 날 다시 선묘가 나타났다. 선묘는 큰 돌이 되어 공중에 떠올라 방해자들을 쫓아버렸다. 그 모습에 놀란 방해꾼들이 혼비백산하여 도망갔다. 의상은 무사히 도량을 완성한 후 절의 이름을 '부석사'라 지었다.

　『화엄종조사회전華嚴宗祖師繪傳』「의상회義湘繪」는 일본에서 제작된 에마키繪卷, 가로로 긴 두루마리 그림이다. 고잔지高山寺를 창건한 묘에明惠, 1173~1232 스님의 지도로 제작되었다. (묘에 스님에 대해서는 380쪽에서 살펴보기로 하겠다.) 묘에 스님은 1206년에 고잔지를 화엄종 사원으로 부흥시키기 위해 전력을 기울였다. 『화엄종조사회전』을 제작하게 된 것도 고잔지 부흥의 일환이었다. 『화엄종조사회전』은 여러 차례의 수리를 거쳐 현재는 모두 7권으로 복원되었는데, 화엄종을 중국에서 신라에 전한 의상대사의 「의상회」 4권과 원효대사의 「원효회」 3권으로 구성되었다. 그런데 「의상회」와 「원효회」는 그림을 풀어가는 시각이 전혀 다르다. 「원효회」가 원효대사의 생애 전반에 걸친 구법과 전법 활동에 맞춰 전개된다면 「의상회」는 의상대사를 향한 선묘낭자의 숭고한 사랑이 중심이다. 그 이유가 무엇일까. 선묘낭자가 의상대사로 대표되는 화엄을 수호하겠다고 맹세했기 때문이라고 한다. 고잔지의 별원인 젠묘지善妙寺가 전쟁으로 남편을 잃은 여성들을 위한 비구니 절이었기 때문이라고도 한다. 비구니들이 선묘처럼 수행에 힘쓰도록 하기 위해 묘에 스님이 「의상회」를 선묘낭자 중심으로 꾸몄다는 것이다. 어느 경우든 선묘낭자는 지금까지도 부석사의 선묘각과 고잔지의 젠묘지에서 의상대사와의 아름다운 사랑 이야기를 전해주고 있다.

선묘낭자의 설화는 지어낸 이야기일까. 그럴지도 모른다. 그러나 허구의 이야기라도 산 사람에게 영향을 미칠 때는 허구가 아니다. 선묘낭자의 헌신적인 사랑은 의상대사에게 어떤 영향을 미쳤을까. 문무왕은 의상대사가 부석사를 완성하자 그 공을 치하하여 토지와 노비를 주고자 했다. 그러나 의상대사는 이 모든 배려를 물리치고 청정한 수행자로 살았다. 청렴한 수행자는 재물을 탐하지 않는다. 사랑받는 사람은 함부로 살 수 없기 때문이다.

진실한 사랑의 의미를 전하다

의상대사가 부석사에서 설법하는 모습으로 끝나는 「의상회」에는 다음과 같은 문장이 적혀 있다.

"사랑하는 마음이 없는 사람은 불법을 이해할 수 없다."

우리는 마음속에 사랑을 품고 사는가. 원효대사와 의상대사를 생각하면 두 사람이 남긴 업적보다 요석공주와 선묘낭자가 먼저 떠오른다. 그런데 두 사람이 여인을 대하는 태도는 극과 극이다. 원효대사는 요석공주를 만나 파계하고 설총을 낳았다. 의상대사는 선묘낭자를 만나 파계 대신 지계의 중요성을 깨우쳐주었다. 한 사람은 움직였고 한 사람은 움직이지 않았다. 그런데 두 사람은 한 지점에서 만났다. '법'으로 시작해 '불'로 끝난 「화엄일승법계도」가 한 지점에서 만난 것과 같다. 왜 그럴까. 원효대사는 파계를 했으나 법을 떠난 적이 없었으니 파계라 할 수 없다. 의상대사는 욕정은 거부하되 진실한 사랑의 의미를 알게 했으니 그녀의 부처가 되었다. 원효대사도 의상대사도 모두 '불'과 '법' 안에서 살았다. 두 사람의 삶은 '진리의 성품은 깊고 지극히 미묘하여(眞性甚深極微妙) 자성을 지키지 않고 인연을 따라 이룬다(不守自性隨緣成)'는 「화엄일승법계도」 안에 있었다. 원효대사와 의상대사를 잊을 수 없는 이유는 두 사람이 모두 불법의 진리를 실천하며 살았기 때문이다. 껍데기뿐인 진리 말고 진짜 진리 말이다.

3
교와 선을
회통하다

혜초

우주 만유는
부처의
몸이요

김준근 「장가가고」

　집 떠나면 고생이다. 그냥 고생이 아니라 개고생이다. 해외여행이라고 다를까. 설레는 마음으로 여행 짐을 꾸리는 것도 잠시, 대문을 나선 순간부터 고생은 시작된다. 그럼에도 불구하고 방학마다 여행길에 오르는 이유는 여행이 아니고서는 절대로 느낄 수 없는 매력이 있기 때문이다. 그나마 지금은 어디를 가더라도 교통과 숙박시설이 잘되어 있어 아무리 먼 오지라도 그다지 큰 불편 없이 여행할 수 있다. 그러나 1,400년 전이라면 얘기가 다르다. 해남에서 제주에 가는 배만 타도 목숨이 위태로운 지경에 중국을 거쳐 인도, 아랍까지 다녀온 대담한 여행승이 있었다. 혜초慧超 스님이 바로 그 주인공이다.

여행승 혜초가 기록한 문명교류의 발자취

혜초는 700년을 전후해 신라에서 태어나 열여섯에 구법을 위해 당나라로 갔다. 당시 신라는 당나라와의 관계가 밀접해지면서 불승佛僧과 유학승들이 당나라로 떠나는 풍조가 유행처럼 번졌다. 신라승이 구법을 위해 입당한 것은 진흥왕 때의 각덕覺德이 효시였다. 중국의 남조 양梁으로 건너간 각덕은 진흥왕 10년549년에 양의 사신과 함께 불사리를 가지고 귀국했다. 진흥왕 26년 565년에는 관명觀明이 진陳의 사신 유사俞思와 함께 경론 1,700여 권을 가지고 귀국한 것을 비롯해 신라가 멸망하기까지 약 400년 동안 중국을 다녀온 승려의 수는 수백 명에 달한다. 그중 일부는 혜초처럼 천축으로 갔으며, 일부는 신라에 귀국하지 않고 중국에 남았다.

당나라에 도착한 혜초는 금강지金剛智, 671~741와 불공不空을 만나 그들의 지도를 받았다. 금강지는 남천축 출신 밀교승密敎僧으로 불공과 함께 스리랑카와 수마트라를 거쳐 719년에 중국 광주에 도착했다. 그 후 낙양과 장안에 가서 밀교를 전파했다. 혜초는 금강지의 가르침을 받으며 인도에 대한 여행을 꿈꾸었다.

인도 여행을 꿈꾼 사람은 혜초가 처음이 아니었다. 그가 인도에 가기 훨씬 이전에도 인도를 다녀온 승려들이 있었다. 6세기에는 백제의 겸익이, 7세기에는 신라의 혜업, 현조, 현각 등이 인도를 다녀왔다. 혜초도 그들처럼 중국을 넘어 더 넓은 세상을 구경하고 싶었다. 혜초는 인도로 향했다. 그는 719년에 중국 광주를 출발해 남해의 바닷길을 건너 동인도에 도착했다. 그곳에서 불교의 성지들을 참배한 후 중인도와 남인도, 서인도, 북인도 등으로 발걸음을 향했다. 그 후 아랍의 페르시아까지 갔다 중앙아시아의 몇몇 나라를 돌아본 후 발걸음을 돌렸다. 당나라에 돌아올 때는 해로 대신 육로를 선택해 파미르

고원을 넘어 쿠차와 둔황을 거쳐 장안으로 돌아왔다. 그 여행 기간은 723년에서 727년까지 총 4년이었다.

4년이란 기간 동안 낯선 타국을 혼자 여행한 것도 대단하지만 문명교류사적으로는 더 대단한 업적을 남겼다. 불멸의 여행기 『왕오천축국전往五天竺國傳』이 그것이다. 그는 인도와 서역의 여러 나라를 돌아다니면서 여행 기간 내내 자신이 직접 보고 들은 것을 기록했다. 불교 성지와 유적지에 대한 정보뿐만 아니라 이교도들이 사는 다양한 풍습까지 각 나라의 정치, 경제, 문화, 군사, 사회 등 여러 측면들을 골고루 구명하여 서술했다. 약 6,400자에 달한 『왕오천축국전』에는 각 나라의 규모와 위치, 대외관계, 기후와 지형, 음식과 의상, 풍습과 언어, 종교 등이 구체적으로 적혀 있다.

『왕오천축국전』은 8세기의 인도와 중앙아시아에 관한 유일무이한 기록이다. 또한 불교적인 내용 이외에도 각 지역의 풍습과 사회현상이 자세하게 묘사되어 있다. 이를테면 중인도에서는 어머니나 누이를 아내로 삼는다거나, 여러 형제가 아내를 공유하는 풍습이 있다는 등의 기록을 비롯해 카슈미르 지방에는 여자 노예가 없고, 인신매매가 없다는 등 세세한 내용이 적혀 있다. 안타까운 것은 『왕오천축국전』이 완질이 아니라 일부분만 현존한다는 점이다. 『왕오천축국전』은 1908년에 프랑스 탐험가였던 펠리오Pelliot가 중국 둔황의 천불동千佛洞에서 발견하여 세상에 알려졌다. 원래는 세 권이었던 듯 하나 현존본은 그 약본略本이며, 그마저도 앞뒤 부분이 떨어져 나가 전체 면모를 파악하는 데 어려움이 있다.

중국에 돌아온 혜초는 733년에 천복사薦福寺에서 금강지로부터 밀교 경전인 『대교왕경大教王經』을 받은 후 약 8년간 그곳에서 금강지를 모셨다. 740년 4월 15일에 황제 현종이 천복사에 행차하자 『대교왕경』의 역경을 청했다. 한 달

후 역경하라는 칙령이 내려오자 향불을 사르고 번역을 시작했다. 번역은 금강지가 구연口演하고 혜초가 필수筆受, 불경을 한역할 때 범어에 능통한 번역가가 직역한 것을 다시 한문으로 다듬어 옮기는 것하는 방법으로 진행됐다. 그러나 다음 해인 741년에 금강지가 입적하자 작업은 일시 중단되었다. 『대교왕경』의 범어 원문은 금강지의 유언에 따라 그다음 해에 인도로 보내졌다. 스승이 입적한 후 혜초는 773년 10월부터 장안의 대흥선사大興善寺에서 불공으로부터 다시 『대교왕경』을 공부했는데 안타깝게도 이듬해에 불공마저 세상을 떠났다.

혜초는 불공의 유언에 따라 6대 제자 중 한 명이 되어 동료들과 함께 황제에게 표문을 올렸다. 스승의 장례에 황제가 베풀어준 하사와 부조에 감사함을 표한 후, 스승이 세운 사원을 존속시켜줄 것을 주청하는 표문이었다. 이때부터 혜초는 밀교승으로서 여러 행사에 적극적으로 참석한다. 관정도량灌頂道場을 개최하는 데 앞장서는가 하면, 심한 가뭄에 기우제를 주관해 비가 내리는 신이神異를 드러냈다. 그는 780년 4월 15일에 오대산 건원보리사乾元菩提寺에 들어가 9월 5일까지 『대교왕경』을 다시 필수하고 서문을 쓴 후 그 해에 이곳에서 입적했다.

무명 화가, 조선의 풍속을 그리다

장가가는 날이다. 신랑이 혼례식을 치루기 위해 신부 집으로 향한다. 초행길이다. 인륜지대사人倫之大事인 혼례식에 신랑 혼자 갈 수 없다. 신랑 앞뒤로 수행인이 따라 붙는다. 하인들이 호위한 가운데 신랑을 중심으로 가마를 탄 상객上客이 앞장서고 말을 탄 후행後行이 뒤따른다. 「장가가고」에서는 가마 탄 상객이 보이지 않는다. 상객은 신랑집을 대표하는 어른이 뽑힌다. 오늘은 상객 대신 기럭아범(雁夫)이 앞장섰다. 기럭아범은 비단보에 싼 기러기 나뭇조각을

김준근, 「장가가고」(『조선과 신성한 백두산』 중에서), 비단에 색, 30×36cm, 19세기 말

품에 안았다. 기러기는 일생 동안 단 하나의 짝을 만나 평생을 함께 산다고 한다. 오늘 처음으로 부부가 된 두 사람은 기러기처럼 한 사람만을 사랑하고 아끼라는 뜻이다.

혼례날에는 모름지기 청사초롱이 있어야 제격이다. 기럭아범 뒤로 두 명의 어린아이(小童)가 청사초롱을 들고 길을 밝힌다. 그런 가운데 수행인에 둘러싸인 신랑이 당당하게 모습을 드러냈다. 벼슬을 해본 적이 없는 남자라도 혼례식만큼은 예외다. 일생에 단 한 번 정당하게 사모를 쓰고 단령을 입고 관대를 맬 수 있다. 어디 신랑뿐이랴. 신부도 공주나 옹주의 대례복을 입고 혼례를 치른다. 남녀가 배필을 만나 부부가 된다는 것은 신분귀천과 상관없이 경사스러운 일이다. 일산日傘을 쓴 신랑은 흰 말을 타고 붉은 비단부채(遮扇)로 얼굴을 가렸다. 귀신이나 부정한 기운을 피하기 위한 주술적인 관례다. 신랑 뒤로는 후행이 뒤따른다. 후행은 신랑과 동년배이거나 손위가 되는 남자 두서너 명으로 정한다. 그러나 혼례풍속도 시대에 따라 간소화되거나 변형된다. 김준근金俊根이 그린 「장가가고」는 그 시대의 혼인풍속을 보여줌과 동시에 여러모로 변형된 혼례의 모습을 확인할 수 있다.

김준근은 호가 기산箕山으로 19세기 말에 활동한 풍속 작가다. 그의 생몰년은 물론 사승師承 관계에 대해서도 밝혀진 바가 없다. 그는 김홍도나 신윤복처럼 화단에서 이름을 얻은 유명 화가도 아니었다. 그러나 해외에서는 다르다. 그의 풍속화 1,000여 점이 미국, 프랑스, 독일, 덴마크, 영국, 네덜란드, 일본 등 외국의 여러 박물관과 미술관에 소장되어 있으며, 오스트리아와 캐나다 그리고 러시아의 박물관에서도 그의 작품을 찾아볼 수 있다. 김준근의 작품이 여러 나라에 소장될 수 있었던 것은 그가 개항지에서 활동했기 때문이다. 조선은 일본의 압력에 의해 1876년 병자수호조약丙子修好條約을 체결하고 부산,

원산, 인천 등을 차례로 개방했다. 이 불평등조약은 열강에 의해 강제로 체결된 만큼 조차지를 설정하고 치외법권을 인정하는 등 여러 문제점을 내포하고 있었다. 그러나 장점이 없는 것도 아니었다. '은둔의 나라'에 살던 조선 사람들은 개항지를 통해 외국의 새로운 문화를 접할 수 있었다. 다양한 피부색을 가진 사람들이 쏟아내는 수많은 언어, 낯선 언어가 전해준 미지의 세계에 대한 호기심, 조선 사람들은 개항지에서 은둔의 삶을 벗어나 비로소 국제인이 되었다. 조선 사람들이 낯선 이방인에게 다가가려하듯 이방인들 또한 조선을 이해하기 위해 노력했다.

이때 김준근의 풍속화는 아주 효과적인 시각자료였다. 이방인들은 조선의 풍속을 이해하기 위해 김준근의 풍속화를 찾았다. 귀국할 때는 조선 여행을 기념하기 위해 그의 그림을 샀다. 김준근은 부산과 원산에 살면서 외국인을 대상으로 그림을 그려 팔았다. 1886년 부산 초량에 살 때는 고종의 초청으로 내한한 미국의 슈펠트Shufeldt, R. W. 제독의 딸에게 풍속화를 그려주었다. 1892년에는 원산에서 캐나다 출신 선교사 게일Gale, J. S.이 한역한 『천로역정』의 삽화를 맡아서 그렸다. 그의 풍속화는 네덜란드 공사관의 서기관인 라인Rhein, J.이 수집했고, 독일의 마이어Meyer 상사商社의 세창양행世昌洋行이 구입했다. 독일 출신의 외교관으로 조선에서 외교 고문을 한 묄렌도르프Mölendorf, P. G. von도 그의 그림을 수집했다. 「장가가고」도 그런 작품 중 하나다. 이 작품은 1894년 발표된 영국 해군 대위 캐번디시Cavendish의 『조선과 신성한 백두산』에 실려 있다. 1891년에 조선을 방문하고 돌아가서 쓴 이 책에는 김준근의 풍속화 26점이 실려 있다. 김준근의 풍속화를 수집한 외국인들은 본국으로 돌아간 뒤 이방인의 작품을 박물관과 미술관에 기증했다. 그것이 김준근의 그림이 김홍도나 신윤복보다 해외에 더 많이 알려진 이유다.

김준근의 그림에는 김홍도의 그림에서와 같은 일화가 없다. 말은 하지 않되 눈빛과 얼굴 표정만으로 교환되는 사람들 사이의 교감이 빠져 있다. 그의 그림은 마치 백과사전의 참고 도판이나 신문의 삽화 같다. 그는 그림을 통해 예술성을 드러내는 데는 관심이 없었다. 조선의 풍속을 모르는 낯선 이방인들에게 이국적인 정서를 느낄 수 있게 그려주면 충분해서 나온 결과다. 그래서 김준근의 작품은 소재는 같으나 구도만 바꾼 비슷비슷한 그림들이 많다. 그의 그림을 구입한 사람들도 별다른 불만이 없었을 것이다. 그림보다 중요한 것은 그들이 조선에 와서 직접 보고 듣고 체험한 추억이었을 테니까. 이런 그림을 구입하는 것조차도 즐거운 기억이 될 테니까.

이국정서에서 자신을 확인하다

혜초는 어떠했을까. 그는 4년 동안 수많은 사람을 만나고 겪으면서 무엇을 느꼈을까. 모르긴 해도 긴 여행을 통해 '나라는 좁은 울타리'를 넘어 '그곳에도 나와 똑같은 사람이 있었구나' 하는 확인을 할 수 있었을 것이다.

우리는 인연에 따라 수많은 중생의 모습을 하고 살아간다. 탐내는 마음과 화내는 마음과 어리석음 때문에 잠시 몸이 병들기도 하고 다른 사람과 불화도 겪지만 우리 안에는 부처와 똑같은 무량공덕이 들어 있다. 조금도 차이가 없는 똑같은 무량공덕이다. 천지우주가 부처의 몸이요 부처의 마음 아닌 것이 없으니 부처와 나는 둘이 아니고 하나다. 하물며 피부색이 다르고 먹는 음식이 다르다 해서 그들과 내가 다르겠는가. 이런 확신은 나와 비슷한 사람들 속에 섞여 있으면 잘 느끼지 못한다. 전혀 다른 환경, 전혀 다른 사람을 만났을 때 확실히 느낄 수 있다.

김준근의 그림을 산 사람들도 마찬가지였을 것이다. 그들 또한 자신의 삶터로 돌아가 일상이라는 매너리즘에 빠질 때면 조선이라는 낯선 땅에서 사온 그림을 보며 삶을 새롭게 바라보았을 것이다. 그런 용도의 그림이라면 굳이 예술성이 부족해도 상관없었으리라.

  오늘도 많은 사람이 외국으로 떠난다. 고생할 줄 알면서도 떠난다. 기왕 고생해서 가는 여행이라면 진한 감동을 받고 돌아오기를 바란다. 다르면서도 똑같은 사람살이를 보면서 부처가 곧 중생이고 우주 만유가 바로 한 덩어리의 광명이라는 사실을 발견했으면 좋겠다.

도의

위엄과 존경은 권위에서 나오지 않는다

작자 미상 「금강산도10폭병풍」

현재 한국불교의 최대 종파는 조계종曹溪宗이다. 조계종의 종조는 도의道義, ?~825선사다. 도의선사는 이 땅에 남종선을 처음으로 전했고, 구산선문九山禪門의 시작인 가지산문迦智山門의 개산조. 그러나 석가모니 부처가 처음부터 불교라는 종교를 세우지 않았듯 도의선사 또한 처음부터 조계종의 종조가 된 것은 아니었다.

그런데 중요한 인물임에도 불구하고 도의선사에 관련된 자료는 그다지 많지 않다. 『조당집』 권17에 실린 「도의전」을 통해 행적을 간략하게나마 살펴볼 수 있을 뿐이다. 그 이외에 장흥 보림사에 있는 보조선사 체징비體澄碑나 쌍계

3
교와 선을
회통하다

사의 진감선사비眞鑑禪師碑, 봉암사의 지증대사비智證大師碑, 풍기 비로암의 진공대사비眞空大師碑 등에서 도의선사의 일면을 단편적으로 파악할 수 있다.

조계종의 종조, 도의선사

도의선사는 속성이 왕씨王氏로 북한군北韓郡, 서울 사람이다. 신라 경덕왕景德王 때인 750년경이었다. 어머니가 꿈속에 승려와 동침하는 꿈을 꾸고 39개월 만에 태어났다. 스무 살을 전후하여 출가했는데 법호를 명적明寂이라 했다. 서른 살 전후인 선덕왕善德王 784년, 당나라에 들어가 40여 년을 수행했다. 처음 입당入唐했을 때 오대산 문수도량을 참배하였는데, 기도하는 도중 문수보살을 친견하는 감응을 받았다. 도의선사가 입당할 때는 선종이 아니라 화엄학에 관심을 가졌다는 사실을 알 수 있다. 수행 과정에서 육조혜능대사가 『육조단경』을 설법한 대범사에서 구족계를 받고, 조계산 보림사에 있는 혜능의 조사당을 참배한 후 남종선으로 바꾸었다. 그 후 홍주의 개원사로 가서 서당지장西堂智藏선사를 만나 자신의 의문점을 해결했다. 서당지장선사로부터 '법을 전할 만한 사람'이라는 찬탄과 함께 '도의'라는 법명을 얻었다. 다시 백장회해선사를 찾아가 '마조의 법맥이 모두 동국으로 돌아간다'는 찬탄을 들었다. 서당지장과 백장회해는 혜능대사-남악회양-마조도일로 이어지는 남종선의 쌍수제자다. 도의선사는 당나라에서 810년경에 쌍계사의 진감혜소眞鑑慧昭, 774~850와 만나 10여 년을 함께 절차탁마했다. 그 후 당나라에서 37년간 수행한 후 821년경에 신라에 귀국했다.

신라에 귀국했지만 금의환향과는 거리가 멀었다. 그는 신라의 수도 경주에 입성하지 못하고 설악산으로 갔다. 교종의 세력이 우세한 상황에서 '불립문자 교외별전'을 강조하는 그의 설법은 받아들여지지 않았다. 심지어는 '마구니의 말(魔語)'이라고 하며 신랄하게 비판받았다. 이런 반응을 본 도의선사는 아직 선법의 시기가 오지 않았다는 생각에, 동해의 동쪽인 경주에 갈 생각을 그만두고 북산北山, 설악산으로 들어갔다. 학자에 따라서는 그가 귀국한 다음 해인 822년에 김헌창金憲昌의 난이 발발해 혼란스러움을 피해 설악산을 택했다고도 전한다. 결국 그는 불교계의 반대와 정치적인 사정으로 경주에 들어가지 못했다. 그를 경제적으로 후원해줄 왕실과 진골 귀족 등의 정치세력이 없었다는 것을 의미한다.

그는 설악산 진전사陳田寺에 은거하며 수행에 전념했다. 그의 소문을 듣고 선승들이 몰려들었다. 도의선사는 진전사에서 염거廉居,?~844화상에게 법을 전했다. 달마조사가 양 무제를 만났음에도 뜻이 통하지 못했지만 소림사에서 9년 면벽 끝에 혜가慧可를 얻은 것과 같았다. 염거화상은 설악산 억성사億聖寺, 선림원지에 머물며 보조체징普照體澄, 803~880에게 법을 전했다. 진전사와 억성사를 중심으로 자연스럽게 설악산문雪嶽山門이 형성되었다. 왕실의 적극적인 지원도 한몫했다. 도의선사가 귀국하던 헌덕왕憲德王, 재위 809~826 때의 기존 불교계는 매우 보수적이었다. 그러나 다음 보위를 물려받은 흥덕왕興德王, 재위 826~836은 불교 정책을 선종 중심으로 전환했다. 흥덕왕은 828년 실상산문實相山門을 개창한 홍척洪陟선사와 쌍계사의 혜소선사에게 귀의했다. 흥덕왕은 도의선사와 혜소선사를 중국의 현장과 법현에 빗대어 '흑의이걸黑衣二傑'이라 표현하며 존경했다. 이즈음 불교계의 변화는 단순한 변화 정도가 아니라 가히 혁명적인 변화였다. 당시 당에서 귀국한 선승들은 북으로는 북산에서 남으로는 남악南岳, 지리산에 이르기까지 소위 구산선문을 개창하면서 선의 시대가 문을 열었다. 지금까지 불교의 중심지였던 경주 중심의 불교가 변방으로 확산된 것이다.

설악산문에만 한정되어 있던 도의선사의 가르침은 어떻게 해서 가지산문으로까지 이어지게 되었을까. 설악산에서 도의선사의 법을 배운 체징은 837년 당나라에 건너갔다. 그러나 당나라에서 도의선사의 가르침 이상의 것이 없음을 알고 귀국했다. 체징은 중국에서 돌아온 이후 고향 근처인 웅진(현 공주) 장곡사에 머물렀으나 불교계에서의 위상은 그다지 높지 않았다. 그런데 그가 무진주(현 전주)의 황학사에 머물러 있을 때 헌안왕憲安王, 재위 857~861의 요청으로 장흥 보림사에서 주석하게 되었다. 당시 선종산문 중 전라도 지역에는 홍척선사가 개창한 실상산문과 혜철惠哲선사가 곡성 태안사泰安寺에 839년 개창한 동리산문桐裏山門 등 영향력이 있는 산문들이 생겨나 있었다. 이런 상황에서 비록 왕실의 지원으로 산문을 개창했으나 체징의 이름만으로는 뭔가 부족했다. 이에 체징은 자신과 가지산문을 현양하기 위해 도의선사를 1조로 삼고 염거화상을 2조로 삼아 가지산문을 열었다. 설악산문의 적통이 가지산문에 있음을 보여준 것이다. 아울러 체징은 가지산문이 있는 보림사가 동국선문東國禪門의 총본산이 되기를 희망했다. 그의 노력으로 왕실에서는 체징이 열반에 들자 보림사라는 사호를 내려주었다. 육조혜능대사가 주석한 중국 선종의 총본산이 보림사이듯 도의선사의 법맥을 이은 가지산문의 보림사가 동국선문의 총본산이 되었다. 설악산문은 가지산문의 개창과 함께 영향력이 약화되었다. 명주에서 범일梵日선사에 의해 강릉의 굴산사崛山寺에서 847년 사굴산문闍崛山門이 열린 것도 한 원인이었다. 당나라에서 귀국 직후 '마구니의 말'을 한다고 비난받던 도의선사의 가르침이 동국선문의 기준이 된 것이다.

진경산수화의 정신이 사라진 진경산수화

「금강산도10폭병풍」은 금강산의 주요 경물을 10폭의 병풍에 그린 산수화다. 각 병풍에는 총석정, 표훈사, 정양사, 구룡연, 만폭동, 진주담 등 금강산의

僧

작자 미상, 「금강산도10폭병풍」 중 7폭, 종이에 연한 색,
76×36.5cm, 19세기, 서울역사박물관 소장

명소가 빼곡히 그려졌다. 금강산을 가보지 않은 사람들을 위해서 명소마다 붉은색으로 이름을 적어 넣었다. 19세기에 그려진 이 병풍을 보면 거의 2세기 전에 금강산을 그린 진경산수화의 대가 정선鄭敾, 1676~1759과 만날 수 있다. 날카로운 바위산과 부드러운 토산土山을 비교해서 그린 사람이 정선이다. 바위 표면을 수직준垂直皴으로 내리그어 거칠고 뾰족한 바위 질감을 표현한 것은 정선의 특기다. 둥근 토산에 붓을 뉘어 미점준米點皴으로 점을 찍듯 부드럽게 표현한 것도 정선의 장기였다. 그뿐인가. 각 봉우리와 암자, 사찰과 연못 등에 이름을 적어 넣는 형식도 정선의 방식이다. 금강산 전체 모습을 한 장에 그린 전도全圖와 특정 지역만을 확대해서 그린 명소도名所圖를 구분해서 그린 사람도 정선이다. 여행자는 금강전도를 들여다보며 금강산으로 향하는 기행 여정에 따라 현재 자신이 서 있는 위치를 확인할 수 있도록 그렸다. 그가 시작한 진경산수화의 전통은 수많은 후배들에 의해 전승되었고 「금강산도10폭병풍」에까지 이어졌다.

그러나 이 그림은 정선의 화풍을 따랐으되 정선 그림보다 격이 떨어진다. 훨씬 도안화되어 있고 매너리즘에 빠져 있다. 토산의 미점은 도장을 찍은 듯 천편일률적이고 변화가 없다. 암봉 사이로 흐르는 구름은 또 어떠한가. 구름이 아니라 조개껍데기 같다. 진경산수화의 전통이 시대에 따라 퇴화되었음을 보여준다. 단순히 민화 작품이어서라고 변명하기에도 옹색하다. 이 작품이 제작된 19세기에 민화가 아닌 일반 산수화에서도 정선의 작품에 버금갈 만한 진경산수화를 발견할 수 없기 때문이다. 진경산수화의 정신이 사라진 진경산수화는 진짜 경치를 그렸다고 할 수 없다.

구산선문은 어떻게 해서 조계종의 뿌리가 되었을까. 구산선문은 신라 때부터 시작되어 고려 태조 때 완성된 불교 선종의 아홉 산문을 가리킨다. 한

국 선종의 종풍宗風을 일으킨 구산선문을 시대별로 살펴보면 다음과 같다. 도의선사의 법을 이어받은 가지산문과 홍척선사의 실상산문이 가장 빠르다. 그 후 혜철선사의 동리산문이 개창했고, 무염無染선사에 의해 보령의 성주사聖住寺에서 성주산문聖住山門, 847년이, 범일선사의 사굴산문이, 도윤道允선사의 법맥을 계승하여 영월의 흥녕사興寧寺에서 사자산문獅子山門, 882년이, 현욱玄昱선사의 법맥을 계승하여 창원의 봉림사鳳林寺에서 봉림산문鳳林山門, 890년이, 이엄利嚴선사에 의해 고려 초에 해주의 광조사廣照寺에서 수미산문須彌山門, 932년이, 도헌道憲선사의 법맥을 계승하여 문경의 봉암사鳳岩寺에서 희양산문曦陽山門, 935년이 열려 구산선문이 정립되었다.

신라 말기부터 고려 초기까지의 불교계 종파는 교종의 5교와 선종의 9산문을 합해 '5교 9산五敎九山'으로 불리었다. 구산선문은 모두 선적종禪寂宗에 속했다. 그런데 의천義天이 교종과 선종을 통합해 선禪 중심의 천태종天台宗으로 개칭하자 구산선문은 선적종을 조계종으로 개칭했다. 이로써 선종에 천태종과 조계종의 두 종파가 생겨 종래 교종의 5교와 선종의 두 종파를 합해 '5교양종'으로 부르게 되었다. 교종의 5교 중에서는 화엄종의 교세가 가장 컸고 선종의 2종에서는 천태종의 교세가 컸다. 천태종은 비록 교종과 선종을 통합했다고는 하나 근본적으로는 교종 중심이었다. 따라서 고려 전기의 불교계는 교종이 지배했다. 선종의 근본인 조계종이 불교계를 지배하게 된 것은 보조국사普照國師 지눌知訥, 1158~1210에 의해서였다. 이 부분에 대해서는 '보조지눌' 편에서 상세히 살펴보기로 하겠다. 정리하자면, 신라 때 도의선사를 시작으로 한 구산선문이 고려시대 때 조계종으로 통합되고 오늘에 이르게 되었다.

지금의 조계종에 묻는다

도의선사를 종조로 하는 현재의 조계종은 신라시대에 비해 어떻게 변했는가. 더 발전했을까. 아니면 순수성을 잃고 변질됐을까. 조계종은 남종선을 근본으로 하는 종파인데 과연 지금의 조계종은 남종선을 얼마만큼 깊이 있게 실천하고 있을까.

서두에서 현재 한국불교의 최대 종파가 조계종이라고 했다. 불교계의 큰집이다. 큰집은 집이 커서 큰집이 아니다. 위엄이 있고 존경을 받을 수 있을 때 큰집이라 한다. 위엄과 존경은 권위나 허세에서 나오지 않는다. 상대의 마음을 움직여 저절로 고개가 수그러질 때 우러난다. 조계종은 지금 큰집으로서의 역할을 제대로 하고 있는지 살펴볼 일이다. 혹시 정선의 금강산도를 종조로 하면서도 정선의 필법에서 한참 멀어진 「금강산도10폭병풍」이 되어 있지는 않을까. 조계종단에 몸을 담고 있는 불자로서 이런저런 반성의 시간이 많아졌다.

의천

캄캄한 밤
어둠 밝히는
등불 하나

김명국 「달마도」

'아, 원효대사는 동방의 성인인데 비석 하나가 없다니……'
 원효대사의 흔적을 찾아 분황사를 찾은 의천은 안타까움으로 가슴이 미어졌다. 퇴락한 분황사에는 무성한 풀만 자라고 있었다. 의천은 대웅전에 들어가 제수를 갖추고 제문을 읽었다. 제문을 읽는 의천의 목소리가 떨렸다. 그런 의천을 진흙으로 빚은 원효대사의 소상塑像이 말없이 내려다보았다. 아버지를 그리워하던 설총이 옆에서 절을 하자 그를 향해 돌아보았다는 그 소상이었다. 그는 원효대사와 설총을 생각하며 제문 읽기를 마쳤다.
 "오늘 계림의 보살님이 계시던 옛 절 분황사에서 다행히 생존해 계신 듯한 거룩한 모습을 보고 옛적 부처님께서 설법하시던 저 영취산 봉우리에서 처음 만나 뵈옵던 때를 그리며 이에 변변치 못한 공양을 드리옵고, 감히 작은 정성을 올리오니, 바라옵건대, 두터운 자비를 베푸사 밝게 굽어 살피소서."

그가 오늘 분황사를 찾은 것은 선지식으로서 원효대사의 가르침이 필요했기 때문이다. 그는 침체된 불교를 재건하고 교종과 선종의 대립을 융합하기 위해 고심했다. 그때 생각난 사람이 원효대사였다. 다양한 종파 간의 분열과 대립에도 불구하고 오직 중생제도라는 종교 본연의 사명을 위해 '한마음(一心)'을 강조했던 원효대사야말로 의천이 찾아야 할 해답이었다.

대각을 얻은, 나라의 스승

의천은 고려 문종文宗, 1046~83의 넷째 아들로 태어났다. 열한 살에 영통사의 난원爛圓, 999~1066 문하로 출가해 화엄종을 공부했다. 그 후 열세 살에 승통僧統에 임명되었고 스승이 세상을 떠난 후에는 스승을 대신해 강학을 도맡았다. 그는 불교뿐만 아니라 유교와 도교, 제자백가의 학설까지 폭넓게 공부했다. 그 후 더 깊은 공부와 연구를 위해 송나라에 가려 했지만 신변을 걱정한 왕실의 반대로 뜻을 이루지 못했다. 결국 서른 살에 제자 두 사람만을 데리고 몰래 송나라로 떠났다. 그곳에서 여러 고승대덕을 만나 법을 물으며 학문에 전념했으나 국왕과 태후의 간절한 청에 의해 14개월 만에 귀국했다. 귀국 후 흥왕사興王寺의 주지로 있으면서 제자를 양성하며 불교 전적의 정비와 교학 진흥에 진력했다. 특히 교장도감教藏都監을 두고 전적을 정비하고 목록을 작성해 교장을 간행했다. 교장教藏은 신라 고승의 저술 400여 권을 비롯하여, 송, 거란, 일본 등에서 수집하여 간행한 대장경에 대한 연구 해석서다. 경률론 삼장에 대해 연구하고 해석한 장소章疏를 수집하고 그 목록을 만든 것으로, 불교가 생긴 이래 처음이었다.

　의천은 서른다섯 살에 화엄종을 기반으로 한 천태종을 개창하기 위해 국청사國淸寺를 세웠다. 그러나 법상종과 다른 종파의 반대가 심해 국청사를 세우는 일은 쉽지 않았다. 그는 선암사와 해인사를 돌아다니며 때가 되기를 기다렸다. 그 후 마흔두 살에 다시 흥왕사에 올라와 중단되었던 국청사 공사를 재개했다. 드디어 국청사가 완공되고 그는 제1세 주지가 되어 천태교학을 강했다. 그의 강의를 듣기 위해 전국에서 1,000여 명의 학인이 몰려들었다. 그는 교학의 중심을 화엄경에 두었지만 『법화경』과 열반경 등 경론에 대해서도 강론을 계속함은 물론 선과 계율, 정토사상에 대해서도 깊은 관심을 가졌다. 그는 화엄종을 개창한 의상대사와 화쟁和諍과 화회和會를 강조한 원효대사의 업적을 선양하는 데 주력했다. 특히 교종과 선종을 통합하려는 입장에서 원효대사의 회통사상은 좋은 본보기였다. 그는 원효대사에게 어울리는 최고의 시호를 내려줄 것을 숙종에게 건의했다.

　"이제까지 수많은 성인들의 저서를 읽고 법문을 들었습니다만 부처님을 빼놓고 우리나라에선 원효 스님 같이 훌륭한 사상가가 없었습니다. 부처님의 사상을 가장 잘 계승하고 있습니다. 저 같은 사람은 금생에 원효 스님을 뵙지 못한 것이 한스러울 뿐입니다. 부디 원효 스님께 최고의 시호를 내려주십시오. 더한 바람이 없을 것입니다."

　의천의 건의대로 숙종은 원효대사를 대성화쟁국사大聖和諍國師로 추봉해 분황사에 비석을 세우도록 했다. 평생 화해와 회통에 진력한 원효대사에게 딱 어울리는 시호였다. 이로써 원효대사는 입적한 지 400여 년 만에 의천에 의해 눈부시게 되살아났다. 의천이 아니었더라면 값진 보석이 보석인 줄도 모른 채 흙 속에 묻혀 있을 뻔했다. 평생 교종의 통합에 진력한 의천은 마흔일곱의 나

3
교와 선을
회통하다

이로 눈을 감았다. 의천에게는 대각국사大覺國師라는 시호가 내려졌다. 큰 깨우침을 얻은 나라의 스승이란 뜻이다.

선미 넘치는 '김명국표' 달마대사 상

힘차다. 거침없다. 농묵으로 단숨에 그린 듯 호쾌하다. 두건을 쓴 보리달마菩提達磨는 초승달 같은 눈과 주먹코에서 서역인의 풍모가 역력하다. 단독 반신상의 왼쪽에는 '蓮潭연담'이라는 관지가 쓰여 있다. 그 아래로 '蓮潭' '金氏明國 김씨명국'이라는 주문방인朱文方印, 글씨가 붉은 색인 네모난 도장이 찍혀 있다. 작가가 김명국金明國, 17세기 중반 활동임을 알 수 있다. 그가 그린「달마도達磨圖」는 현존하는 달마도 중 달마대사의 정신세계를 가장 잘 표현한 선종화禪宗畵다. 수염을 제외하면 총 30획의 붓질로 한 인물의 응축된 내면 세계를 드러낸 감필법減筆法의 전형이다. 감필법은 필선의 수를 극도로 생략해 최소한의 붓질로 대상의 정수를 표현하는 동양화 기법이다. 두건과 가사는 농묵으로 힘차게 그린 반면 얼굴은 담묵으로 섬세하게 표현했다. 자유분방하면서도 재빠른 필법과 간략하되 더 이상 보탤 것이 없는 필치로 인물의 정신세계를 함축적으로 드러낸 사의寫意적 인물화의 본보기다. 제작 시기는 김명국이 통신사행通信使行의 수행 화원으로 일본으로 건너갔던 1636년(丙子)과 1643년(癸未) 중 어느 한 해일 것으로 추정된다. 일본에서 그곳 사람들의 요청에 의해 그려 준 수응화酬應畵로 추정된다.

조선에서는 억불숭유抑佛崇儒 정책으로 선종화가 그다지 주목받지 못했다. 반면 일본에서는 막부幕府, 1192~1868가 집권한 중세부터 선종화가 일세를 풍미했다. 남송의 양해梁楷, 목계牧溪에 의해 발전된 선종화는 일본에 건너가 막부 시대에 크게 유행했다. 셋슈 토요雪舟等楊, 1420~1506 같은 선종화의 대가가 탄생하게 된 것도 이런 배경에서였다. 김명국이 일본에 간 에도 시대江戶時代,

1603~1867에는 선종화가 선승禪僧들의 전유물을 벗어나 일반인들도 즐겨 그릴 만큼 저변화되어 있었다. 그러나 에도 시대의 달마도는 순수성을 잃고 그 의미가 상당히 변질되어 있었다. 선수행을 하는 수행자들을 깨달음의 세계로 인도하는 선종의 초조初祖로서의 상징성은 흐릿해졌다. 대신 수복壽福 안녕을 바라는 세속적 의미가 강조되고 부각되었다. 달마도는 과장적이면서 장식적인 그림으로 전락했다. 그런 상황에서 조선에서 건너간 김명국이 「달마도」를 선보였다. 일본인들은 열광했다. 김명국의 「달마도」에는 절제된 붓질 속에 엄숙하면서도 인간적인 풍모를 지닌 선종의 개조가 생생하게 살아 있었다. 그들은 김명국의 「달마도」에서 자신들이 잊고 지낸 달마대사를 새롭게 만났다. '전도몽상顚倒夢想'에서 깨어날 수 있었다.

김명국은 일본에서 여러 점의 달마도를 그렸다. 두건을 쓴 달마도와 함께 두건을 쓰지 않는 승려형의 달마도도 함께 그렸다. 달마대사가 갈대를 타고 양자강을 건넌 일화를 그린 노엽달마蘆葉達磨도 그렸다. 김명국이 일본에 가서 그린 선종화는 현재 15점이 남아 있다. 그중 3분의 1이 달마도다. 가히 김명국을 달마도의 화가로 부를 만하다. 선종화에 열광한 일본에서 그의 인기는 대단했다. 얼마나 인기가 많았던지 잠을 잘 틈도 주지 않고 그림을 요청하는 사람들 때문에 울려고 할 정도였다. 이긍익李肯翊, 1736~1806은 『연려실기술』에서 '김명국 신드롬'에 대해 이렇게 적었다. "명국이 통신사를 따라서 일본에 갔더니 온 나라가 물결이 일 듯 떠들썩하여 명국의 그림이라면 한 조각의 종이도 큰 구슬을 얻은 것처럼 여겼다." 조선 문화에 대한 동경과 우호적인 감정을 감안한다 하더라도 김명국의 인기가 상당했음을 보여준다.

이렇게 유명한 김명국의 본관은 안산安山으로 자는 천여千汝다. 생몰연대는 알려져 있지 않다. 1636년 도일渡日 당시 그의 호는 연담蓮潭, 연꽃이 핀 못이며, 1643

김명국, 「달마도」, 종이에 먹, 83×57cm, 17세기, 국립중앙박물관 소장

년 호는 취옹醉翁, 취한 늙은이이다. 연꽃이 핀 연못과 취한 늙은이 사이에 그의 그림 세계가 놓여 있다. 김명국은 일본으로 건너갔을 당시 나라에서 금지한 인삼을 밀매하려다 적발되어 그 죄를 처벌받았다. 당연히 조선 정부에서는 다음 연행에 그를 보낼 생각이 없었다. 그러나 그의 그림에 반한 일본 정부는 김명국이 다시 일본에 오기를 희망했다. 일본의 외교 관련 문서를 정리한『통항일람通航一覧』에 의하면 다음 통신사행에 '연담과 같은 자가 오기를 희망한다'고 적혀 있다. 이것이 계기가 되어 김명국은 1643년(癸未)에 다시 한 번 도일하게 된다. 두 차례의 사행 이후에도 김명국의 인기는 사그라질 줄을 몰랐다. 왜관 관련 자료인『왜인구청등록倭人求請謄錄』1662년 3월 13일자에는 일본 정부가 조선 측에 다음과 같이 요청했다고 적혀 있다.

'구체적으로 8폭의 팔선인도八仙人圖와 산수, 인물이 포함된 춘하추동 사계절을 8폭으로 나눠 그려 보내 줄 것.'

여전히 그의 그림을 원하는 일본 팬들이 많았음을 알 수 있다.

김명국은 달마대사의 얼굴을 모르는 우리에게 그의 초상화를 남긴 작가다. 그가 그린 달마대사의 얼굴이 실제 얼굴과 같은가 다른가는 중요하지 않다. 그가 해석한 달마대사라는 게 중요하다. 그는 불교 신자가 아니었다. 달마대사를 흠모했다는 기록도 발견되지 않는다. 그러나 달마대사의 초상 작업을 위해 그의 행적을 찾고 형식과 표현방법을 고민해 작품을 그렸다는 것이 중요하다. 그가 깊은 삼매에서 만났을 달마대사는 형상 너머의 진짜 달마대사다. 삼매라는 표현이 과하다면, 삼매 대신 몰입이라고 해도 좋다.

모든 예술가는 자기 나름의 삼매와 몰입을 통해 자신이 이르고자 한 경지에 도달한다. 그리고 자신이 보고 듣고 깨달은 경지를 대중에게 아낌없이 회향한다. 김명국이 그린「달마도」가 그렇고 의천이 복원한 원효대사가 그렇다.

이것이 화가가 그림을 그려야 하는 이유다. 시인이 시를 써야 하고 조각가가 망치를 들어야 하는 이유다. 우리가 복원해야 할 인물이 어디 달마대사와 원효 스님뿐이겠는가. 더 많은 의천과 김명국이 나타나 이차돈과 방울대사와 월명 스님을 되살려야 한다. 사료를 모으고 업적을 정리하고 재평가 작업을 해야 한다. 그 과정에서 혼자만 알고 있기 아까운 내용이 있다면 주변 사람에게 널리 알려주어야 한다. 말재주가 없어서, 글재주가 없어서라고 핑계대지 말고 자신이 할 수 있는 만큼 전해주면 된다. 내가 하다 부족하면 부족한 내 것을 바탕으로 그다음 사람이 나머지를 보충할 것이다. 그저 나는 내가 할 일만 하면 된다. 그것이 전등의 역사다. 캄캄한 밤에 어둠을 밝히는 등불을 켜는 작업이다.

지눌

이론과 실천이
동행하는
목우행

김희겸 「적성래귀」

"부처란 바로 이 마음이다. 마음을 어찌 멀리서 찾을 것인가? 이 몸을 떠나지 않는다. 이 육신은 헛것으로서 나기도 하고 죽기도 하지마는, 참마음은 허공과 같아서 끊어지지도 않고 변하지도 않는다."
보조국사 지눌이 『수심결修心訣』에서 한 말이다.

당신이 곧 부처

익숙하게 들어온 말이다. '마음이 곧 부처'라는 '즉심시불'은 동북아시아 선종의 핵심 명제다. 초조달마에서 육조혜능을 거쳐 수많은 선승이 일관되게

3
교와 선을 회통하다

가르쳐온 진리다. 죽으면 지수화풍으로 흩어져버릴 육신이 아니라 마음이 부처다. 배고프면 배고프다고 느끼는 이 마음, 슬프면 울고 싶다고 느끼는 이 마음, 뜨겁고 춥고 아프고 즐겁다고 느끼는 이 마음이 부처라는 것이다. 그런데 우리는 미혹해 '제 마음이 바로 참부처임을 알지 못하고, 제 성품이 바로 참법임을 알지 못하여 법을 구하려 하면서도 멀리 성인들에게 미루고, 부처를 구하려 하면서도 제 마음을 관하지 못한다.' 여기서의 성품은 불성佛性이고 법성法性이고 자성自性이고 본성本性이다. 그런데 마음이 부처임을 알지 못하니 내 안의 불성을 외면하고 자꾸 바깥에 있는 신을 찾아 복을 구한다. 영험한 곳에 가서 기도하면 '반드시 소원 하나는 들어준다'는 소문에 따라 만사 제쳐두고 기도터로 향한다. 부처가 최후로 남긴 '자기 자신을 등불로 삼고 진리를 등불로 삼으라'는 유훈은 잊은 지 오래다. 마음 밖에서 부처를 찾고 신을 찾는 것은 부처의 가르침을 따르는 불자가 취할 태도가 아니다. 외도나 하는 짓이다. 그런데 우리는 지금도 마음 밖의 대상을 찾고 구하는 기복 불교를 지향한다. 이런 폐단에 대해 지눌대사는 단호하게 말한다. 만약 '마음 밖에 부처가 있다 하고 성性 밖에 법이 있다 하여 이 소견을 고집하면서 부처의 도를 구하려 한다면, 티끌처럼 많은 겁을 지나도록 몸을 사르고 팔을 태우며 뼈를 깨뜨려 골수를 내고, 피를 내어 경전을 쓰며, 언제나 앉아 눕지 않으며, 하루에 밥은 묘시에 한 번만 먹으며, 나아가서는 대장경 전부를 다 읽고 갖가지 고행을 닦더라도 그것은 모래를 삶아 밥을 지으려는 것과 같아서 다만 수고를 더 끼칠 뿐이다'.

그런데 다행히 선지식을 만나 바른 길에 들어가서 스스로 본성을 보게 된다. 이 본성에는 부처와 똑같이 번뇌 없는 지혜의 성품이 스스로 구족되어 있음을 알게 된다. 이것을 단박의 깨달음인 '돈오頓悟'라고 한다. 돈오는 번뇌가 없고 한량없는 지혜의 성품이 구족되어 있고, 그것이 부처와 중생이 전혀 다름이 없다는 사실을 아는 것이다. 그런데 지눌은 이렇게 깨달았어도 점진적으로 닦아야 한다고 강조한다. 이것이 '점수漸修'다. 왜 점수가 필요한가. 비록 본래의 성이 부처와 다르지 않음을 깨달았어도 오랜 세월 익혀온 습기習氣는 갑자기 버리기 어려우므로 깨달음에 의해 차츰 닦아 나가야 한다. 오랫동안 몸에 배인 습관은 하루아침에 버려지지 않는다. 습기는 단순히 익숙한 습관 정도가 아니라 지독한 중독에 가깝기 때문이다. 이번 생에서만 물든 습관이 아니라 다겁생에 걸쳐 익힌 고질병이다. 어찌 단 한 번의 깨달음만으로 고질병을 고칠 수 있겠는가. 그러니 수행자는 단박에 깨달은 돈오에 의지해 지속적으로 점수를 해나가야 한다. 이것이 돈오점수다.

지눌은 『수심결』에서 깨달음 이후의 수행인 돈오점수를 '목우행牧牛行'이라 표현했다. 목우행이야말로 진정한 수행이고 깨닫기 이전의 수행은 진정한 수행이 아니라고 했다. 왜 그럴까. 목우행이야말로 무명을 타파할 수 있는 반야般若에 의지한 수행이기 때문이다. 깨닫기만 하고 지속적인 수행이 따라주지 않는다면 그 수행은 유지되기 힘들다. 무명이 단 한 번의 깨달음으로 타파될 수 있을 만큼 허술한 번뇌라면 왜 그렇게 많은 사람들이 괴로워하겠는가. 번뇌가 많지 않은 상근기의 수행자가 아니라면 반드시 목우행이 필요하다.

지눌의 호는 목우자牧牛子다. 그는 선교禪敎 일치를 위해 헌신한 고승으로 이십대에 승과에 합격한 후 명리를 취하지 않고 산림에 은둔하며 정혜결사定慧結社 운동을 펼쳤다. 당시 불교계는 선종과 교종이 첨예하게 대립하고 있었다. 의천과 지눌은 원효대사처럼 선종과 교종을 통합한 회통불교를 지향했다. 그러나 의천이 교종의 입장에서 선종을 흡수한 천태종을 개창했다면 지눌은 선종의 입장에서 교종을 흡수하고자 했다. 즉 지눌은 선정과 지혜를 함께 닦는 정혜쌍수定慧雙修를 주장했으나 선정이 먼저였다. 이것은 의천이 교관겸수教觀兼修를 주장했으나 교를 윗자리에 둔 가르침과는 상반된다. 그는 쉰세 살의 나이에 입적할 때까지 조계산 송광사에서 선교일치운동을 펼치며 중생구제에 진력했다. 그가 지은 『수심결』과 『권수정혜결사문勸修定慧結社文』 『진심직설眞心直說』은 교와 선을 수행하는 사람들에게 지금까지도 큰 영향을 주고 있다.

산에 사는 즐거움

달이 떴다. 보름달이 떴다. 하늘에도 물속에도 맑은 달이 온전하게 떠 있다. 귀갓길에 오른 선비는 물속의 달에 마음을 빼앗겨 잠시 발길을 멈춘다. 만상이 하루의 고단함을 내려놓고 고요 속에 잠긴 시간. 해 넘어간 뒤 황혼은 어둠을 걸치고 온 평안과 휴식에게 낮의 자리를 내어준다. 어둠이 깔린 나뭇잎 사이로 저녁 안개가 스며든다. 오늘 하루도 무사히 지나갔노라고 다독이듯 내려앉는다. 세상에 남겨둔 사소한 분별마저 흐릿해질 즈음 저 멀리서 호젓한 피리 소리가 들린다. 소를 탄 동자가 구멍 없는 피리를 불면서 집으로 돌아오고 있다. 주인이 길을 잡아주지 않아도 저절로 집을 찾아가는 소의 걸음걸이는 오랜 세월 길들여온 목우牧牛의 결과다. 마음의 고향을 찾아가는 수행자의 모습에 다름 아니다.

김희겸金喜謙, 조선 후기 활동이 그린 「적성래귀遂聲來歸」는 '피리 불며 돌아오다'라는 뜻이다. 원래 구절은 '소잔등에서 피리 불며 짝지어 돌아올 때면(牛背籢聲 兩兩來歸) 달빛은 앞 시내에 뚜렷이 떠오르네(而月印前溪矣)'다. 이 문장은 남송의 유학자 나대경羅大經, 1196~1242이 지은 수필집 『학림옥로鶴林玉露』의 「산거山居」편에 들어 있다. 『학림옥로』는 나대경의 호 학림을 따서 지은 책으로 모두 18권이다. 주희朱熹, 구양수歐陽修, 소식蘇軾 등의 문인과 학자들의 어록, 시문에 관한

논평이 적혀 있다. 그중 산속 생활의 즐거움을 읊은「산거」는 중국과 조선의 문인들에게 인기가 많아 여러 작가들이 다투어 그림의 소재로 삼았다. 김희겸 역시「산거」를 여섯 폭으로 그렸는데「적성래귀」는 마지막 여섯 폭째 그림이다. 나머지 다섯 폭의 그림 제목을 보면 다음과 같다. 1폭은「산정일장山靜日長, 산은 고요하고 해는 길다」, 2폭은「산가독서山家讀書, 산속 집에서 책을 읽다」, 3폭은「좌롱유천坐弄流泉, 흐르는 시냇가에 앉다」, 4폭은「산처치자山妻稚子, 촌티 나는 아내와 자식」, 5폭은「수루작서水樓作書, 물가의 누각에서 글을 짓다」이다. 제목만 훑어봐도 작가가 소박하게 사는 삶을 지향했음을 느낄 수 있다. 김희겸은 화원 화가로 자는 중익仲益, 호는 불염자不染子, 불염재不染齋다. 희성喜誠이란 다른 이름으로도 알려져 있는데, 아들 후신厚臣도 화가였다. 그는 1748년영조 24년 어진 제작에 참여할 정도로 인물화에 능했다. 지팡이를 짚은 선비의 뒷모습과 소등에 탄 동자의 율동감 넘치는 동작에서 그의 인물화 실력을 짐작할 수 있다.

「산거」에 묘사된 삶은 '슬로 라이프slow life'다. '빨리빨리'에서 벗어나 '느리게 더 느리게' 사는 삶이다. 어떤 삶이 느리게 사는 것일까. 조바심을 내려놓고 마음에 여유를 담고 사는 삶이다. 산은 태고처럼 고요하고 해는 소년처럼 긴데 깊은 산속에 있는 집에는 문을 두드리는 사람이 없다. 하루 종일이 나의 시간. 게으름을 피우고 늦장을 부려도 누가 뭐라 나무랄 사람이 없다. 늦은 아침을 먹고 새소리를 들으며 낮잠을 잔다. 샘물을 길어다 차를 끓여 마신다. 책을 읽다 지치면 한가로이 시냇가에 앉아 발을 담그고 배고프면 돌아와 촌티 나는 아내가 차린 보리밥을 먹는다. 창가에 앉아 글씨를 쓰고 시를 짓는다. 책을 뒤적거리다 심심하면 다시 쓴 차를 달여 마시고 밖으로 나가 시냇가를 거닌다. 밭둑의 노인이나 냇가의 벗들과 만나 벼농사에 대해 얘기하다 석양에 집으로 돌아온다. 지팡이에 기대어 사립문 아래 서면 서산에 걸린 석

김희겸, 「적성래귀」, 종이에 연한 색, 29.5×37.2cm, 1754년, 간송미술관 소장

양이 만 가지 형상으로 변해 눈을 황홀하게 한다. 아이들이 소잔등에서 피리 불며 돌아올 때면 어느새 달빛은 하늘과 시내에 뚜렷하게 떠 있다. 무탈하게 보낸 하루가 소리 없이 어둠에 잠긴다. 넉넉한 하루였다.

「산거」는 느긋한 삶을 보여준다는 점에서 김소월의 시 「산유화」가 떠오른다. 시인은 갈 봄여름 없이 저만치 혼자서 피고 지는 꽃이 좋아 산에서 산다. 「산거」의 주인공도 마찬가지다. 글의 내용은 이러한데 작가는 이 글을 어떻게 그림으로 그렸을까. 「적성래귀」를 확인했으니 나머지 그림도 찾아보기 바란다. 내가 상상한 그림과 작가가 그린 그림이 어떻게 같고 다른지 확인하는 재미를 느낄 수 있을 것이다. 「적성래귀」가 6폭의 마지막인 까닭에 그림을 그린 날짜와 장소가 적혀 있다. '갑술년1754년 늦봄(3월)에 초진 임소에서 그리다. 불염자(甲戌暮春 在椒鎭任所寫 不染子)'라고 되어 있다.

소를 잘 길들이려면

「적성래귀」는 그저 산에 사는 즐거움을 그린 그림일 뿐 목우도牧牛圖는 아니다. 목우도는 소를 길들인다는 뜻에서 붙여진 이름으로 선종에서 선의 수행 단계를 소와 동자에 비유해서 그린 선화다. 수행 단계를 10단계로 나누어 그려 십우도十牛圖라고도 하고, 소를 찾는다는 뜻에서 심우도尋牛圖라고도 한다. 여기서 소는 우리 자신의 번뇌이고 마음이다. 소를 찾아 산속을 헤매던 동자가 결국에는 소도 잊고 자기 자신도 잊어버린 상태를 수행자가 본성을 찾아가는 과정에 빗대어 그린 그림이다. 본성을 찾는 것은 견성見性으로 돈오와 같다. 소를 잘 길들이기 위해서는 선정과 지혜가 필요하다. 이론과 실천은 항상 함께 가야 한다. 이론만 강조하고 실천이 뒤따르지 않을 때 공허하다. 실천만 강조하고 이론을 무시할 때 위험하다. 그러나 이 두 가지 자세보다 더 나쁜 것은 이론도 실천도 모두 망각하는 자세다. 우리는 지금 어떤 상황인지 돌아볼 때다. 소 등에서 구멍 없는 피리를 불기는커녕 소의 고삐에 끌려가느라 헉헉거리고 있는 것은 아닌지.

일연

격동의
현장에서
명작을 낳다

작자 미상 「청령포도」

　경주의 한기리에 사는 여인 희명의 아이가 태어난 지 5년 만에 갑자기 눈이 멀었다. 하루는 그 어머니가 아이를 안고 분황사 좌전 북벽에 그린 천수대비 앞에 나아가서 아이에게 노래를 지어 빌게 하였더니 마침내 눈을 떴다. 그 노래는 이러하다.
　"무릎을 꿇으며 두 손을 모아 천수관음 앞에 빌어 사뢰옵니다. 천 개의 손과 천 개의 눈을 가지셨사오니, 하나를 내어 하나를 덜어 주옵소서. 두 눈이 먼 아이오니 하나라도 고쳐 주옵소서. 아아, 나에게 주신다면 자비가 클 것입니다."

3
교와 선을 회통하다

『삼국유사』「탑상」편에 나오는 얘기다. 불교의 가피란 이를 두고 한 말일 것이다.

선덕왕 덕만이 병에 걸려 오랫동안 낫지 않았다. 흥륜사의 승려 법척은 왕명에 따라 병을 치료하였으나 오래도록 효험이 없었다. 이때에 밀본密本법사가 덕행으로 나라에 소문났으므로 왕은 신하들의 청을 들어 밀본을 궁 안으로 맞이하였다. 밀본은 왕의 침실 밖에 있으면서 『약사경』을 읽었는데 경을 다 읽자마자 가지고 있던 육환장이 침실 안으로 들어가 늙은 여우 한 마리와 법척을 찔러 뜰 아래로 거꾸로 내던졌고, 왕의 병이 곧 나았다. 이때 밀본의 머리 위에 오색의 신비로운 빛이 비쳤는데 보는 사람이 모두 놀라워했다.

『삼국유사』「신주」편에 나오는 얘기다. 올바른 믿음과 수행이란 이를 두고 한 말일 것이다.

강주의 선사善士 수십 명이 서방정토를 구하려는 뜻으로 주의 경계에 미타사를 세우고 만일을 기약으로 계를 만들었다. 그때 아간 귀진의 집에 한 여종이 있었는데 이름은 욱면郁面이었다. 욱면은 주인을 따라 절에 가서 마당에 서서 스님을 따라 염불했다. 주인은 그녀가 직분에 어긋남을 미워하여 매번 곡식 두 섬을 주면서 하루저녁에 찧게 하였다. 욱면은 오후 7시부터 9시까지 찧는 것을 마치고 절에 가서 염불하였는데 밤낮으로 게을리하지 않았다. 욱면은 마당의 좌우에 긴 말뚝을 세우고 두 손바닥을 뚫어 노끈으로 꿰고 말뚝 위에 매어 놓고 합장하였으며, 좌우로 움직이면서 격려했다. 그때 공중에서 하늘의 외침이 있어 "욱면 낭자는 법당에 들어가서 염불하라"라고 했다. 절의 무리가 그것을 듣고 여종에게 권하여 법당에 들어가 예에 따라 정진하게 했다. 오래지 않아 천상의 음악이 서쪽부터 들려오는데 여종이 솟구쳐 집의 들보를 뚫고 나갔다. 서쪽으로 가고 교외에 이르더니 육신을 버리고 부처의 몸으로 변해 나타났다. 연화좌에 앉더니 큰 광명을 발하면서 천천히 떠났는데 공중에서 음악 소리가 그치지 않았다. 그 법당에는 지금도 구멍이 뚫어진 곳이 있다고 한다.

『삼국유사』「감통」편에 나오는 얘기다. 서방극락정토 발원염불이란 이를 두고 한 말일 것이다.

월명 스님은 일찍이 죽은 누이동생을 위하여 재를 올리고 향가를 지어 제사를 지냈는데, 갑자기 회오리바람이 일어나더니 종이돈을 불어서 서쪽 방향으로 날려 사라지게 했다. 향가인 「제망매가」는 다음과 같다.

> 생사는 예 있으매 머뭇거리고
>
> 나는 간다는 말도 못다 이르고 어찌 갑니까.
>
> 어느 가을 이른 바람에,
>
> 이에 저에 떨어질 낙엽처럼
>
> 한 가지에 나고서 가는 곳 모르는구나.
>
> 아아. 미타찰에서 만날 나, 도 닦으며 기다리겠노라.

『삼국유사』「감통」편에 나오는 얘기다. 『삼국유사』에 나오는 얘기는 이뿐만이 아니다. 우리 민족의 시조인 단군왕검에 대한 신화를 최초로 수록한 책이『삼국유사』다. 원효대사와 의상대사의 구법 활동, 김대성이 전생의 부모와 현생의 부모를 위해 석굴암과 불국사를 지은 사연, 항상 아미타불을 염불한 염불 스님 등 불교와 관련된 내용이 무궁무진하게 들어 있다. 진평왕이 하늘로부터 얻었다는 천사옥대, 황룡사장륙삼존불상, 황룡사구층목탑 등의 신라 삼보와 소리로 천하를 다스린다는 만파식적 얘기도 들어 있다. 어디 그뿐인가. 한 노옹이 수로부인에게 꽃을 바치며 노래를 불렀다는 「헌화가」, 자신의 아내를 범한 역신을 용서하며 춤을 춘 처용의 아름다운 사연도 들어 있다. 향득이라는 사람이 흉년에 아버지가 굶어죽게 되자 자신의 다리 살을 베어 봉양했다는 내용과 품팔이하는 손순이 자신의 어린아이가 늙은 어머니의 음식을 뺏어 먹자 아이를 묻으려했다는 내용도 들어 있다. 고조선에서 후삼국까지의 흥미진진한 역사를 57개의 항목으로 정리한 『삼국유사』의 저자가 일연 스님이다.

우리 고대사의 보고, 『삼국유사』의 저자

일연 스님은 자가 회연晦然, 호가 목암睦庵으로 초기의 법명은 견명見明이었다. 아홉 살에 불문에 들어 가지산문을 거친 후 나중에 국존國尊으로 추대되었다. 그는 임제선臨濟禪의 영향을 받은 간화선看話禪에 심취했으나 특정 종파에 얽매이지 않고 여러 종류의 불교 서적을 편수했다. 특히 일흔아홉에 인각사麟角寺에서 편찬한 『삼국유사』는 몽고 침입 아래에서 신음하는 백성들에게 희망과 자부심을 주기 위한 목적으로 집필했다. 그는 곳곳에 흩어진 수많은 자료를 수집하고 현장을 답사한 후 자신이 평생 수행한 경험과 지혜를 더해 『삼국유사』를 완성했다.

일연 스님이 쓴 『삼국유사』는 김부식金富軾이 쓴 『삼국사기』와 함께 한국고대사를 알 수 있는 중요한 역사서다. 그러나 『삼국유사』와 『삼국사기』는 글의 체계나 서술방식이 전혀 다르다. 『삼국사기』가 인물과 왕조 중심의 기전체 서술이라면, 『삼국유사』는 사건 경과를 중요시하는 기사본말체 서술이다. 책을 집필한 의식의 차이도 명확하다. 『삼국사기』가 중국 중심적이고 유교적이라면,『삼국유사』는 민족적인 자주의식을 바탕으로 우리의 전통문화를 계승하려는 측면이 더 강하다. 일연은 정사正史의 성격을 지닌 딱딱한『삼국사기』와는 달리 자신의 관심을 끄는 인물이나 내용을 자유롭게 서술했다. 향가와 이두는 물론 불교에서의 신이한 감통과 민간 설화 등이 담긴 것도 그 이유 때문이다. 그래서『삼국유사』는 한국 고대문화와 역사를 알 수 있는 총체적인 문화유산의 보고로 평가되어 왔다. 지금까지 소개한 '한국' 편 스님들 이야기도 모두『삼국유사』에서 발췌했다. 알고 보면 내 글도 일연 스님이 써둔 것을 편집한 것에 불과하다.

힘없는 어린 왕 단종端宗, 1441~57이 강원도 영월에 유배된 것은 그의 나이 열여섯 때인 1457년 6월이었다. 왕의 신분이 아니라 노산군魯山君으로 강봉된 몸이었다. 자신의 의지와 상관없이 열한 살 어린 나이에 왕위에 올라야 했듯 영월에 유배온 것도 자신의 뜻이 아니었다. 작은아버지인 수양대군의 엄명 때문이었다. 그나마 다행인 것은 호랑이처럼 무서운 작은아버지의 눈에서 벗어날 수 있었다는 점이다. 작은아버지의 눈길은 어린 노산군이 감당하기에는 너무 무섭고 두려웠다. 노산군은 삼면이 강으로 가로막힌 청령포淸泠浦에 갇혀 한양에 두고 온 아내를 생각했다. 아내가 너무 그리울 때는 높은 소나무 위에 올라가 한양 쪽을 바라보며 눈물을 삼켰다. 언젠가는 만날 수 있겠지. 날마다 그 기대감으로 하루하루를 견뎠다. 그러나 세상은 노산군을 그냥 내버려두지 않았다. 유배온 지 석 달이 되던 9월에 청천벽력 같은 소식이 들렸다. 경상도로 유배간 숙부 금성대군이 단종 복위를 꾀하다 발각되었다는 소식이었다. 한 달 뒤인 10월에 노산군은 서인으로 강봉되어 영월 관아인 관풍헌觀風軒에서 사약을 받았다.

단종의 시신은 강물에 버려졌다. 죄인의 시신을 거두는 자는 죽음을 각오

해야 했다. 모두 다 어린 왕의 시신을 외면했다. 그러나 죽이겠다고 위협해도 죽음을 무릅쓰고서라도 의로운 행동을 하는 사람이 있기 마련이다. 영월의 하급 관리였던 엄흥도嚴興道가 가엾은 왕 단종의 시신을 수습하여 정중하게 장사를 치렀다. 그는 벼슬을 내려놓고 아들을 데리고 숨어 살았다. 단종을 모시던 시종들은 낙화암洛花巖에 올라가 강물에 몸을 던졌다. 한양에서는 수양대군을 왕으로 인정하지 않은 사육신의 죽음이 뒤따랐다.

현장에서 탄생한 명작

세월이 흘러 숙종 때부터 단종을 추숭하기 위한 복원사업이 시작되었다. 영월에 남겨진 단종의 유적지는 단정하게 정비되었다. 엄흥도가 몰래 꾸민 단종의 무덤은 장릉莊陵으로 격을 갖추었고 엄흥도는 사육신과 함께 창절사彰節祠에 배향되었다. 영정조 시대에는 단종과 충신들의 자취가 서린 곳을 8폭 기록화로 남겼다. 이것이 『월중도越中圖』다.

『월중도』는 청록산수 화풍으로 그린 회화식繪畫式 지도다. 땅의 형세와 건물 등을 지도의 형식을 빌려 그린 실경산수화다. 『월중도』에는 단종의 능인 「장릉도」, 유배지 「청령포도」, 숨을 거둔 「관풍헌도」, 유배의 시름을 달랜 「자규루도」, 충신들의 사당인 「창절사도」, 시종들이 순절한 「낙화암도」를 비롯해 영월부 행정기관이 있던 「읍치도」와 영월부 형세를 그린 「영월도」가 들어 있다.

그중 「청령포도」는 단종이 유배되어 눈물로 세월을 보낸 장소다. 그마저도 겨우 석 달 동안 목숨을 연명한 장소였다. 그런데 무슨 그림이 이럴까. 이 그림은 실제 장소를 가보지 않으면 결코 이해되지 않는 그림이다. 청령포는 뒤로 험준한 산이 둘러 쳐져 있고 세 면이 모두 강으로 막힌, 하늘이 만든 유배지다. 그림에서 보듯 청령포를 휘감고 도는 강물이 갈고리처럼 단종의 마음

작자 미상, 「청령포도」, 종이에 채색, 20.5×36cm,
1820년대, 한국학중앙연구원 소장

을 찍어놓은 듯하다. 작가는 「청령포도」를 그리면서 두 가지 시점을 혼재했다. 원을 그리며 흐르는 강물은 위에서 내려다본 부감법으로 그린 반면 울뚝불뚝 선 험준한 바위와 집과 토산은 측면에서 본 시각으로 그렸다. 이런 혼재된 시점은 옛 지도에서 흔히 찾아볼 수 있는 기법이다. 「청령포도」를 비롯한 『월중도』는 왕이 보는 어람용으로 제작된 듯 뛰어난 화원의 솜씨를 확인할 수 있는 작품이다. 얘기만 들어서는 알 수 없던 단종의 애사哀史가 생생하게 그려지는 물증이다. 일연의 『삼국유사』가 없었더라면 결코 알 수 없었던 우리 고대사처럼 『월중도』도 그러하다. 『삼국유사』나 『월중도』나 모두 현장을 답사하고 고민하는 가운데 탄생한 명작이기 때문에 더욱 감동을 줄 것이다.

여인을 구한 정수 스님 이야기

끝으로, 『삼국유사』에서 가장 감명 깊게 읽은 내용을 소개한다. 「감통」편에 나오는 정수正秀 스님 얘기다. 애장왕哀莊王, 재위 800~809 때였다. 정수 스님이 황룡사에 머물고 있었다. 한겨울이었다. 발이 푹푹 빠질 정도로 눈이 깊이 쌓였는데 날은 이미 저물었다. 정수 스님은 삼랑사에서 돌아오는 길에 천엄사 문 밖을 지나다 뜻밖의 광경을 목격하고 자기 눈을 의심했다. 한 거지 여인이 눈 속에서 아이를 낳고는 추위에 얼어 죽었는지 꼼짝도 하지 않고 누워 있었다. 깜짝 놀란 스님이 달려가 보니 여인은 아직 숨이 붙어 있었다. 스님은 측은한 생각이 들어 의식을 잃고 사경을 헤매는 여인을 품에 안고 몸을 따뜻하게 해주었다. 얼마나 지났을까. 죽음의 문턱을 넘은 듯이 보였던 여인이 가까스로 눈을 뜨고 정신을 차렸다. 비로소 스님의 얼굴에 미소가 번졌다. 스님은 자신이 입고 있던 옷을 벗어 여인을 덮어 주었다. 그러고는 맨몸으로 황룡사로 돌아가 거적을 덮고 밤을 보냈다.

일연 스님이 『삼국유사』를 집필한 이유가 이런 삶을 지향했기 때문이 아닐까. 어쩌면 『삼국유사』를 읽는 사람 모두가 정수 스님 같은 보살행을 실천하기를 바라는 마음에서 붓을 들었는지도 모르겠다.

3
교와 선을
회통하다

보우

신념은
흔들리지 않으니
매번
일어나리라

전 공민왕 「천산대렵도」

"왕께서 승하하셨습니다."
"아직 세연世緣이 남았거늘 어떻게 돌아가셨다는 게냐?"
"척살刺殺당하셨다 하옵니다."

1374년 10월 27일이었다. 태고보우太古普愚, 1301~82 스님은 공민왕恭愍王, 1330~74의 부고를 접하고 마음이 무거웠다. 왕의 나이 아직 한창때인 마흔다섯이었다. 떠나기엔 너무 일렀다. 예상치 못한 것도 아니었다. 9년 전에 왕비인 노국공주魯國公主가 난산難産으로 세상을 뜨자 예전의 총기를 놓아버렸다. 저 사람이 진짜 예전에 알던 왕이 맞을까, 싶을 정도로 완전히 변했다. 사랑하는 아내를 잃은 왕은 모든 권한을 신돈辛旽에게 넘기고 국정에는 일절 관여하지 않았다. 개혁과 자주를 위해 펄펄 날아다니던 왕은 더 이상 찾아볼 수 없었다. 몇 년 지나지 않아 정신을 가다듬고 다시 국정을 바로잡으려고 했지만 때는 너무 늦었다.

공민왕의 멘토

보우 스님과 공민왕과의 인연은 아주 오래되었다. 처음 두 사람이 만났을 때 공민왕은 열여덟 청년이었고 보우 스님은 마흔일곱이었다. 보우 스님은 속성이 홍씨洪氏로 열세 살에 양주 회암사檜巖寺에서 출가했다. 가지산문의 총림에서 수행할 때 '만 가지 법이 하나로 돌아가니, 하나는 어디로 돌아가는가'라는 '만법귀일萬法歸一 일귀하처一歸何處'를 참구하여 크게 깨쳤다. 스물여섯에는 교종의 화엄선과華嚴選科에 합격해 경전을 공부했다. 그 후 성서城西의 감로사甘露寺와 송도의 전단원栴檀園에서 차례로 크게 깨달음을 얻고 삼각산에 태고암太古庵을 짓고 머물렀다. 그 후 마흔다섯에 건너간 중국에서 석옥청공石屋淸珙을 만나 임제종의 법맥을 이어 받았다. 이 소식을 들은 연경의 황실에서는 보우 스님을 초청해 법회를 열었다. 법회는 삼일 밤낮 동안 성대히 거행되었다. 이때 연경에 와 있던 공민왕이 법회 장면을 보고 크게 감동을 받았다. 공민왕은 만약 자기가 고려에 돌아가 정치를 맡으면 반드시 보우 스님을 스승으로 모시겠다고 약속했다. 5년 후에 귀국해 왕이 된 공민왕은 약속대로 보우 스님을 스승으로 모셔 설법을 부탁했다.

그때부터 보우 스님은 자신에게 의지하는 공민왕의 부름을 받고 여러 차례 궁궐을 드나들었다. 공민왕은 혼란한 국가를 효과적으로 통치하기 위해 불교를 국가 이념의 근거로 세우고자 했다. 불교계에서 존경받는 인물을 국사나 왕사로 책봉함으로써 구심점을 마련할 계획이었다. 보우 스님은 그 목적에 가장 적합한 인물이었다. 불심도 깊었던 공민왕은 정치적인 목적뿐만 아니라 자신의 불심을 증장시키기 위해서도 보우 스님을 가까이했다.

보우 스님은 어디서든 결코 선승으로서의 자신의 본분을 잊지 않았다. 공민왕이 왕도에 대해 묻는 말에 다음과 같이 대답한 것만 봐도 보우 스님의 확고한 의지를 읽을 수 있다.

"임금되는 도리는 교화를 닦아 밝히는 데 있는 것이지 반드시 부처를 믿는 데 있는 것이 아닙니다. 만일 국가를 잘 다스리지 못한다면 비록 부처님을 지극히 받들어도 무슨 공덕이 있겠습니까. 꼭 하시겠다면 다만 태조께서 설치하신 절터를 개수할 뿐이지, 새로 절을 창건하지는 마십시오."

자신이 승려의 본분을 다하듯 왕은 왕의 본분을 다하라는 가르침이었다. 각자 자신의 자리에서 본분에 충실할 때 국가는 저절로 평안을 얻고 안정될 것이었다. 정치는 불교 신앙에 있지 않고 밝은 정치에 있다는 가르침은 아무나 할 수 있는 조언이 아니다. 자신의 본분을 잊지 않은 사람만이 할 수 있다. 보우 스님은 공민왕이 필요로 하면 언제든 궁궐로 향했지만 일이 끝나면 곧다시 산으로 발걸음을 돌렸다. 그는 자신이 본래 산중의 사람이니, 마땅히 산중에 살아야 한다고 생각했다. 이런 자세는 신돈의 탄핵을 받아 속리산에 유폐될 때도 변하지 않았다. 어디 있느냐가 중요하지 않았다. 그곳이 어디라도 자신의 본분을 지키고 사는 것이 중요했다. 4년 전에 신돈이 주살되고 보우 스님이 다시 국사로 책봉되었을 때도 마찬가지였다. 보우 스님에게는 수행자로 사는 것이 가장 중요했다.

전 공민왕, 「천산대렵도」, 비단에 색, 24.3×22cm, 고려시대, 서울대학교 규장각 소장

3 교와 선을 회통하다

그림 그리는 왕의 대표작

세 사람이 말을 타고 달리며 사슴 한 마리를 쫓고 있다. 두 사람은 활을 들고, 한 사람은 창을 들고 목표물을 잡기 위해 맹렬하게 달리며 포위망을 좁혀 나간다. 다리를 쫙쫙 벌린 말에서 속도감이 느껴진다. 녹綠, 청靑, 홍紅의 사냥복을 입은 인물들은 세필細筆로 정교하게 그렸다. 옷과 활통에 그려진 금색 문양은 마치 고려불화의 인물을 보는 듯 섬세하다. 바탕에 그린 문양은 박락剝落이 심해 거의 확인하기가 힘들다. 보존 상태가 좋지 못해 화가의 솜씨를 충분히 확인할 수 없는 것이 안타깝다. 정조 때 학자 이덕무李德懋가 볼 때도 마찬가지였던 것 같다. 그는 자신이 쓴 『앙엽기盎葉記』에서 「천산대렵도天山大獵圖」를 보고 이렇게 적었다.

"헤진 비단이 너울너울 나는 나비 날개와 같이 되었고 다만 사슴 두서너 마리만이 남았다. 그림이 마치 연藕의 실처럼 세밀하게 되었으니 참으로 조화옹의 솜씨라고 할 수 있다."

이덕무가 실견한 작품이 이 「천산대렵도」인지는 확신할 수 없다. 다만 헤진 비단이 나비 같다는 표현이나 세밀하게 그렸다는 느낌은 이 그림에도 적용된다.

규장각에 소장된 「천산대렵도」는 공민왕의 작품으로 전해진다. 이밖에도 공민왕의 작품으로 전해지는 수렵도가 국립중앙박물관에 두 점이 더 있다. 모두 한 작품에서 잘려 나간 편화片畵다. 두 점의 수렵도와 규장각에 소장된 「천산대렵도」와의 관계는 확실하지 않다. 필치와 채색법에서 조금 차이가 있어 한 사람의 작품으로 보기는 힘들 듯하다. 두 곳의 작품 모두 공민왕의 진작眞作인지는 규정하기 어렵다. 이덕무가 살았던 시대까지도 공민왕의 그림이 인기가 있었던 만큼 여러 점의 임모본이 제작된 것은 짐작할 수 있다.

「천산대렵도」에서 보듯 공민왕은 산수화와 더불어 인물화를 잘 그렸다. 공민왕의 서화 제작에 대해서는 오세창吳世昌, 1864~1953이 편찬한 『근역서화징槿域書畫徵』에 상세히 기록되어 있다. 『근역서화징』은 우리나라 서화가의 인명사전이다. 기록에 따르면 공민왕은 보현보살이 코끼리를 탄 「동자보현육아백상도童子普賢六牙白象圖」, 석가모니가 고행림을 나서는 모습을 그린 「석가출산상釋迦出山像」, 달마대사가 갈대잎을 타고 양자강을 건너는 「달마절로도강도達磨折蘆渡江圖」 등의 불화를 그렸다. 그의 불심을 확인할 수 있는 작품이다. 사랑하는 아내 「노국대장공주초상화魯國大長公主肖像畫」도 직접 그렸다. 문신 윤택尹澤과 염제신廉悌臣 등의 초상화를 그려주었다는 기록도 보인다. 그림을 좋아한 왕은 많았지만 직접 신하의 초상화를 그려준 왕은 많지 않다. 왕의 권위에만 갇혀 있지 않고 자신이 좋아하는 여가를 적극적으로 행하였음을 알 수 있다. 이런 작품들은 현재 전해지지는 않지만 기록만으로도 그의 인물화 실력을 가늠할 수 있다.

공민왕은 예술적인 감수성이 뛰어난 반면 거칠고 호방한 것을 싫어했다. 그는 고려의 왕 중에서 유일하게 사냥을 하지 않았고 말조차도 타지 않았다. 살생을 금지하는 불교의 가르침에 깊이 경도된 왕이 아닌가. 불심이 깊은 왕으로서 당연했을 것이다. 그런 사람이 사냥 장면을 그렸다. 어떻게 해석해야 할까. 자신이 직접 사냥에 나설 수 없으니 대리만족을 위해 붓을 든 것일까. 아니면 사냥꾼이 사슴을 쫓듯 개혁에 반대하는 사람들을 몰아내기 위해서였을까. 그것도 아니라면 이 작품이 공민왕의 이름만 빌린 다른 사람의 작품일까. 여러 의문이 남는 작품이다.

공민왕은 인물화를 잘 그렸지만 용과 말 그림도 잘 그렸다. 한번은 윤두서尹斗緖, 1668~1715가 그린 용과 말 그림을 보고 홍득구洪得龜가 놀라서 말했다. "공민왕 이후에는 이런 작품이 없었다." 이 감탄문은 윤두서가 '동식물을 그릴 때 반드시 종일토록 눈이 뚫어져라 보고서 그 진짜 모양을 똑바로 본 뒤에야 그렸다'는 작화 태도를 칭찬하기 위함이다. 그러나 윤두서가 나오기까지 용과 말 그림의 일인자는 공민왕이었음을 알 수 있다. 공민왕의 영모화翎毛畫 실력이 300여 년이 지난 조선 후기까지도 인정받을 만큼 유명했음을 말해준다.

공민왕은 글씨도 잘 썼다. 공민왕은 큰 글씨로 '直指堂月潭직지당월담'이라 써서 회암심선사檜巖心禪師에게 내렸다. 이 글씨가 얼마나 훌륭했던지 익재益齋 이제현李齊賢이 다음과 같이 극찬했다. "마치 천년 묵은 곧은 나무를 깎아서 대들보를 만들고 만금짜리 아름다운 구슬을 쪼아서 그릇을 만든 것과 같으니, 어찌 하늘이 낸 특수한 솜씨로 자연의 조화를 얻은 것이 아니겠는가." 천년 묵은 나무를 깎아 만든 대들보와 만금짜리 구슬을 쪼아 만든 그릇은 어떻게 생겼을까. 그 기세와 우아함이 쉽게 상상되지 않는다. 왕이 쓴 어필御筆이니 과장되게 추켜세운 감이 없지 않으나 글씨가 뛰어났던 것만은 사실인 것 같다.

그렇다면 공민왕에 대한 후대의 평가는 어떠했을까. 조선 중기의 문신 김안로金安老가 지은 『용천담적기龍泉談寂記』에는 이런 기록이 적혀 있다. "공민왕은 큰 글씨를 잘 쓰고 그림에도 뛰어났다. 「아방궁도阿房宮圖」를 그렸는데, 사람의 크기가 파리 대가리만 하고 의관과 신발처럼 털끝 같은 것도 다 그려 넣어서 그 정밀하고 세세하기가 겨룰 자가 없었으니, 이른바 나라를 다스리는 일에만 능하지 못했다"라고 평가했다. 공민왕의 업적과 한계를 분명하고 준엄하게 평가한 기록이다.

자기 본분을 잊지 않고

김안로의 글을 읽고 나니 공민왕이 그림을 잘 그렸듯 나라 다스리는 일도 잘했더라면, 하는 안타까움을 금할 수 없다. 잘한다는 것은 어디서 나올까. 한결같은 데서 나온다. 능력이 있든 없든 자신의 본분을 잊지 않고 일관되게 밀고 나가는 데서 나오는 힘이다. 그러나 공민왕은 그렇지 못했다. 그는 사랑하는 아내를 잃고 실의에 빠져 이전과는 전혀 다른 사람이 되었다. 정치는 신돈에게 맡기고 그는 자신의 슬픔에만 충실했다. 정신병을 앓게 된 것도 슬픔에서 헤어 나오지 못했기 때문이다. 왜 아니 그러겠는가. 온통 정적이 가득한 궁궐에서 자신이 유일하게 믿고 의지할 수 있는 사람을 잃었으니. 공민왕의 심정이 이해되지 않는 바는 아니나 그의 선택을 수긍할 수는 없다.

  우리가 평소에 불교 공부를 하는 이유는 삶의 결정적인 순간에 써먹기 위해서다. 예측하지 못한 불행을 만났을 때 올바른 선택을 하기 위해서다. 질병에 걸렸을 때, 이별의 순간에, 죽음이 다가왔을 때 흔들리지 않고 자신의 신념대로 살기 위해서다. 보우 스님이 공민왕의 소식을 듣고 안타까워했던 이유도 이와 다르지 않을 것이다. 보우 스님의 안타까움은 단지 공민왕에게만 해당되는 걸까. 우리에게는 해당되지 않는 걸까. 매번 일어서고 매번 넘어지는 나를 보면서 보우 스님의 측은한 눈길이 느껴져 하는 얘기다.

3
교와 선을
회통하다

나옹

부처의
법을 만나
불퇴전
발원하니

조영석 「노승헐각」

　나옹懶翁, 1320~76 스님을 처음 알게 된 것은 30대 중반이였다. 길거리를 걷는데 레코드 가게에서 이상한 가사의 노래가 들렸다. '청산은 나를 보고 말없이 살라 하네. 창공은 나를 보고 티 없이 살라 하네.' 그렇게 시작된 노랫말은 대중가요라기에는 왠지 초월적인 느낌이 들었다. 멋지다고 생각했지만 아직 30대였으므로 그다음 구절이 쉽게 와 닿지 않았다. '탐욕도 벗어놓고 성냄도 벗어놓고 하늘은 나를 보고 티 없이 살라하네.' 탐욕도 성냄도 활활 타오르던 시기였으므로 하늘이 시키는 대로 티 없이 살지 못했다. 그렇게 살고 싶지 않았다. 당연히 그 가사의 출처가 나옹 스님의 시였다는 사실을 찾는 일에는 관심이 없었다.

　그다음 나옹선사를 만나게 된 것은 월인 스님을 통해서였다. 월인 스님이 부안에 있는 월명사에서 안거를 할 때 참선수행과 함께 '10악참회'와 '발원문' 정진을 했다고 한다. 성불을 하기 위해서는 수시로 짓는 악업을 소멸시키지 않으면 안 된다는 생각에서였다. 안거 첫 해에 열 명의 선객들이 모여 10악참회와 발원문 정진으로 한철을 났다. 그때 부안군에는 3개월 동안 단 한 건의 범죄도 발생하지 않았다. 경찰들이 할 일이 없어질 정도로 한가했다. 이 소식은 금세 방송을 타고 전국에 알려졌다. 월명암을 찾는 사람들이 늘어났고 참선도량은 참회도량으로 거듭났다. 그러던 어느 해였다. 참선수행만 하고 참회와 발원정진을 하지 말자는 의견이 나왔다. 월인 스님은 늙은이가 고집을 부린다고 할까 봐 대중의 의견에 따랐다. 10악참회와 발원문 정진을 생략하고 참선수행만 한 지 한 달이 지났다. 비보가 날아들었다. 서울에서 승합차를 타고 내려오던 신도들이 논산 근처에서 사고가 나 한 사람이 죽고 두 사람이 크게 다쳤다는 소식이었다. 월인 스님은 대중에게 첫해의 기억을 상기시켰다. "이 도량을 옹호하고 우리 승단을 돌보는 신장님의 가피력이 없다 할 수 없고 우리가 참회, 발원, 정진을 하는 바른 뜻이 자리이타의 보살행을 실천하자는 데 있음을 잊지 말고 이제부터라도 참회, 발원, 정진을 열심히 하자." 비로소 대중은 월인 스님의 뜻을 조건 없이 받아들였다.

　이번에는 제대로 걸렸다. 나는 월인 스님의 얘기를 듣고 화엄성중이 불법을 옹호하는 힘을 느꼈다. 그 힘은 매우 강렬하면서도 신비스러워 잠들어 있던 신심이 저절로 깨어났다. 우리가 주변 사람들에게 불법을 전해야 하지만 너무 조급해 할 필요는 없다. 아무리 냉담한 사람이라도 시절인연이 무르익으면 딱 걸리게 되어 있기 때문이다. 나처럼. 월명사의 가피를 알게 된 후부터 나는 『천수경』을 읽을 때 건성으로 하던 10악참회를 진지하게 대했다. 참회기도가 어떠해야 하는지 스스로 익혔다.

대중가요로 만난 고려 말의 선승

의문도 없지 않았다. '살생중죄금일참회'로 시작되는 10악참회는 악업소멸을 위한다 쳐도 나옹선사발원문은 왜 들어갔지? 월인 스님께 직접 여쭤볼 수 없으니 내 스스로 터득하는 수밖에 없었다. 수행이란 묻고 답하는 데서 해결되는 것이 아니다. 내가 직접 느껴야 한다. 그 의미를 알기 위해 나는 아침저녁으로 나옹선사발원문을 열 번씩 읽었다. 처음에는 발원문의 마지막 부분에 가장 많은 힘이 들어갔다. "원하노니, 모든 천룡과 팔부중이 이내 몸을 옹호하여 잠시라도 뜨지 말고(願諸天龍八部衆 爲我擁護不離身) 아무리 어려운 곳에서도 어려움 없게 하오며 이 같은 큰 서원 모두 다 성취하여지이다(於諸難處無諸難 如是大願能成就)."

그 발원 덕분일까. 나는 많은 어려움을 겪으면서도 주저앉지 않고 여기까지 올 수 있었다. 죽음의 문조차 거뜬히 밀쳐 버릴 수 있었다. 모두 나옹선사발원문 덕분이라 생각하며 살았다. 그렇게 10여 년이 지났다. 지금은 발원문을 읽을 때 마음이 머무는 부분이 바뀌었다. 마지막 문장에서 첫 번째 문장으로. "원컨대 세세생생 나는 곳 어디에서나 항상 불법에서 물러나지 아니하고(願我世世生生處 常於般若不退轉)"이다. 이 문장이면 충분하다. 부처의 법을 만났으니 더 이상 바랄 것이 없다. 그저 반야지혜에서 물러나지만 않으면 그것으로 충분하다. 부처의 법을 만난 것이 바로 엄청난 가피인데 무엇을 더 바랄 것인가.

기도나 수행은 사랑과 같다. 처음에는 너무 많은 것을 기대하여 상대방에게 실망을 하다가도 그저 사랑하는 사람 곁에 있는 것만으로도 감사하게 되는 것. 그것이 사랑이다. 물질적인 풍요, 사회적인 명성, 힘 있는 권력 이런 것이 아니라도 그저 불법에서 퇴전치 않으면 그것으로 충분한 것. 그것이 수행이 아닐까. 이런 발원을 하게 해준 스승이 나옹선사다.

나옹 스님은 고려 말의 선승이다. 지공화상指空和尙의 법통을 이은 계승자로 공민왕 때를 전후해 보우 스님과 같은 시대를 살았다. 보우 스님과 나옹 스님은 당시 불교계의 양대축이었다. 보우 스님을 중심으로 한 가지산문과 나옹 스님을 중심으로 한 사굴산문이 당시의 불교계를 주도했다. 두 스님은 같은 시대를 살았을 뿐만 아니라 구법과 전법 활동도 비슷했다. 호가 나옹인 스님의 법명은 혜근惠勤으로 원명은 원혜元惠다. 스무 살 때 요연선사了然禪師를 은사로 출가해 양주 회암사에서 4년간 정진한 후 깨달음을 얻었다. 스물여덟 살 때 원元에 건너가 인도에서 온 지공 스님 문하에서 2년간 수학하고 불교사상의 기틀을 마련했다. 원에서 불교의 깊은 뜻을 충분히 체득한 스님은 10년 만에 귀국했다. 귀국 후에는 평양, 동해, 오대산 등 여러 인연처에서 설법했다. 쉰한 살 때인 1370년에는 모든 종파를 망라한 공부선功夫選을 주관하였고, 다음 해에 공민왕으로부터 왕사로 책봉받는다. 송광사松廣寺 주지를 거쳐 회암사를 크게 중창했으며, 영원사瑩原寺로 가는 도중 신륵사神勒寺에서 입적하였다.

나옹 스님은 일관되게 마음을 강조했다. 말로는 표현할 수 없으나 항상 있는 자성, 텅 비고 신령스러워 시방세계에 두루한 빛의 덩어리, 부처와 우리가 한 치의 차이도 없이 똑같이 지닌 진여본성. 그 마음을 깨달아 한 생각도 일어나지 않게 보림하는 것을 중요하게 여겼다. 나옹 스님은 수행방법으로 염불을 중요시했다. 나무아미타불을 일념으로 불러 청정심淸淨心을 지니면 삼악도를 벗어나 정각을 이룬다고 가르쳤다. 그는 서방정토를 별개로 인정하지 않고 선가(禪家)의 입장에서 정토 자체를 마음에서 구하고자 했다. 나옹선사는 보우 스님이 그렇듯 왕사로 있으면서도 왕실과 일정한 거리를 두고 구도에 힘썼다. 수행인은 어디를 가든 수행인 본연의 모습을 잃지 않을 때 아름답다. 그는 고려에서 중국으로, 중국에서 다시 고려로, 회암사에서 송광사로, 송광사에서 오대산으로 수많은 곳을 걸어 다니며 불법을 전했다. 걸음걸음이 구법이고 전법이었다. 출가수행인의 본분이었다.

걸음걸음이 구법이고 전법인 수행자의 향기

노스님이 소나무 곁에 앉아 있다. 머리에는 모자를 쓰고 목에는 유난히 굵은 염주를 걸고 노면에 드러난 소나무 뿌리 위에 간신히 걸터앉아 있다. 부처가 말년에 '낡아빠진 수레가 간신히 움직이고 있듯 겨우겨우 움직이고 있다'고 한 말이 저런 상태였을까. 세필로 간략하게 묘사된 얼굴에는 주름이 덮였다. 눈썹은 길게 이어졌고 수염 또한 듬성듬성 자랐다. 남자가 나이 들어갈수록 수염이 짙어지고 길게 늘어져 신선처럼 바뀌는 모습을 예리하게 잡아냈다.

오랜 세월 이끌고 다닌 노구에는 생의 피로가 가득한데 입가에는 미소를 잃지 않았다. 몸에 이끌려 다니지 않는 수행자답다. 작가는 수행자의 본분을 잊지 않고 살아온 노스님을 존경하기라도 하듯 옷 주름 선은 단정하게 그렸다. 몇 가닥의 선으로 전혀 망설임 없이 완성한 의습선에서 작가의 노련함을 느낄 수 있다. 바닥에 자란 여린 풀은 심심해서 그렸다는 듯 특징이 없어 보인다. 스님이 내려놓은 가방이 아니었다면 이곳이 물 위가 아닐까 착각을 일으켰을 것이다.

스님 뒤의 소나무는 스님이 기대는 용도로만 필요하다는 듯 줄기는 전부 생략하고 몸통만 그렸다. 주변에 솔방울 하나 떨어져 있지 않다. 직업 화가

僧

조영석, 「노승헐각」, 비단에 색, 17.2×26.8cm, 조선 후기, 간송미술관 소장

가 아닌 사대부 화가가 여기로 그렸기 때문에 가능한 구도다. 지팡이는 소나무와 같은 방향으로 세워 몸을 기대었다. 소나무와 지팡이 사이에 팔을 그려 넣지 않았더라면 정말 딱딱했을 구도다. 소나무 껍질은 작은 동그라미를 연속해 그리듯 채워나갔다. 농담 차이는 있으나 질감은 느껴지지 않는 표현법이다. 하나하나 뜯어보면 특별할 것 없는 그림인데 보면 볼수록 담백하다. 수행자의 향기도 그러해야 하지 않을까.

「노승헐각老僧歇脚, 노승이 다리를 쉬다」은 조영석趙榮祏, 1686~1761의 작품이다. 조영석은 호가 관아재觀我齋로, 사대부 화가다. 그는 바느질하는 여인, 새참을 먹는 농민들, 장기 두는 모습, 절구질, 말 징박기 등 서민들의 삶을 생생한 필치로 그렸다. 김홍도라는 거장이 조선적인 필치로 본격적인 풍속화를 완성할 수 있었던 것도 조영석이라는 선배가 있었기 때문이다. 그러나 조영석은 자신의 재주가 알려지는 것을 달가워하지 않았다. 사대부가 '천한 재주(賤技)'로 이름 얻는 것을 수치스러워 했기 때문이다. 1735년에 세조의 어진을 모사模寫하라는 명을 받았을 때도 천한 재주로 임금을 섬기는 것은 선비의 도리가 아니라는 이유로 거부했다. 이로 인해 수개월 동안 옥고를 치렀다. 풍속화를 그리되 기교 부리는 것을 극도로 삼간 이유를 알 것 같다. 그가 그리고 싶었던 것은 사람이지 재주를 드러내기 위함이 아니었으므로.

쉬고 또 떠나다

스님은 지금 잠시 쉬고 있다. 쉬어야 또 길을 떠날 수 있다. 이 마을에서 저 마을로, 이 산골에서 저 산골로 돌아다니며 자신이 수행한 바를 증명할 것이다. 스님이 떠나는 이유는 두 가지 이유에서다. 깨우치기 전에는 자신의 공부를 위해 떠난다. 선지식을 찾아서 혹은 기도처를 찾아서 떠난다. 깨우치고 나서는 일체중생의 행복을 위해 떠난다. 무명에 빠진 중생을 구제하기 위한 자비심 때문이다. 너의 아픔이 나의 아픔이니 너의 아픔을 모른 체 할 수 없다는 자비심이다. 자비심이야말로 수행의 완성이다. 이렇게 떠나다보면 이 생에서 저 생으로 갈 때도 망설임 없이 떠날 수 있다. 저 생에서 다시 이 생으로 돌아올 때도 마찬가지다. 기꺼운 마음으로 올 수 있다. 업에 의해서가 아니라 원력에 의해 오기 때문이다. 내가 곧 너이니 불행한 너를 두고 나 혼자 극락 가서 행복하게 살 수 없다는 원력이다. 보우 스님도 나옹 스님도 그리고 월인 스님도 모두 그렇게 오신 선지식들이다. 우리도 그 분들이 찍어놓은 발자국을 따라 걸어갈 수 있을까. '원컨대 세세생생 나는 곳 어디에서나 항상 불법에서 물러나지 아니하고'라는 발원을 잊지 않는다면 가능할지도 모르겠다.

서산

오늘 심은
자비의 씨앗
하나

허련 「완당난화」

 팔자다. 말려도 소용없다. 고생해도 상관없으니 그 길을 꼭 가겠다는 사람을 보면 흔히 하는 소리다. 내 경우만 봐도 그렇다. 나는 지금까지 글만 생각하고 살았다. 글이 되겠다 싶으면 밥을 먹다가도 메모를 했고, 만질수록 반질반질해지는 문장을 보면 정신줄을 놓은 듯 희죽거렸다. 이런 자신을 보며 스스로에게 말했다. 팔자다. 정말 못 말리는 팔자다. 이름을 얻고 얻지 않고는 중요하지 않다. 그저 만족할 만한 글을 쓰면 충분하다. 글에 대한 열망이 얼마나 지독했는지는 죽음을 경험할 때 확인했다.

 3년 전, 뇌종양 판정을 받았을 때였다. 수술 결과는 반반이라는 말을 의사에게 들었는데 내 마음도 반반이었다. 죽어서도 나는 글을 쓰고 있겠지. 운 좋게 살아난다면 죽음을 직접 체험한 사람으로서 그 경험담을 쓸 수 있으니 얼마나 생생할까. 죽으나 사나 남는 장사였다. 글 쓸 생각에 병의 심각성은 잊어버렸다. 단순히 아는 단어를 나열하는 글이 아니라 철학과 수행과 통찰력이 동행하는 글이라면 죽음이라도 막지 못할 것 같았다.

사람마다 편견이 있다. 유달리 선호하는 분야가 있고 때론 편벽되게 치우친 경우도 있다. 나의 경우는 특별히 글을 남긴 사람에 대한 존경심이 가장 크다. 존경심을 넘어 숭배에 가깝다. 불기 2559년의 역사 동안 부처의 뛰어난 제자는 하늘의 별처럼 많다. 그 많은 별 중에서 이 책에서 소개하는 48명의 제자는 거의 자신의 저작물을 가지고 있거나 제자들에 의해 사상이 전달된 경우다. 아무리 위대한 선사의 가르침이라도 문자를 통해 전해지지 않는다면 후대 사람들은 알 수가 없다. 서산대사를 선정하게 된 배경도 그의 저서인 『선가귀감』이 있기 때문이다.

처음에, '옛 그림으로 배우는 불교이야기'를 시작할 때는 부처의 생애만 다룰 예정이었다(『옛 그림, 불교에 빠지다』). 내 능력으로는 부처의 생애만 추적하는 것도 벅찬 수준임을 충분히 알고 있었기 때문이다. 그러나 알 수 없는 것이 사람의 일이다. 과유불급임을 알면서도 굳이 부처의 가르침(『옛 그림, 불법에 빠지다』)을 좇았고, 결국 조사들까지 범위를 확대한 이유는 다음의 문장 때문이었다.

"선의 등불(禪燈)은 가섭의 마음에 켜시고, 가르침의 바다(敎海)는 아난의 입에 부으셨다."

이 문장을 읽는 순간 모든 것이 결정됐다. 부처님이 밝힌 진리의 등불이 2559년의 세월을 건너 우리 집 안방에까지 켜졌다. 팔만대장경을 가득 채운

3
교와 선을 회통하다

부처님의 가르침이 마음속에서 바다처럼 출렁거렸고, 어둠 속에 빛나는 불빛은 신기루처럼 황홀했다. 출렁거리는 바다와 황홀한 불빛에 취해 이끌리듯 오다 보니 불법승 삼보가 되었다. 가섭의 마음에 켠 선의 등불과 아난의 입에 부으신 가르침의 바다를 직접 손으로 만져보고 싶다는 열망이 무모하게도 여기까지 오게 했다. 나를 여기까지 끌고 온 문장의 출처가 바로『선가귀감』이다.

편집자 서산대사가 만든 책

서산대사는 법명이 휴정休靜, 1520~1604, 호는 청허淸虛다. 묘향산에 오래 머물렀기 때문에 묘향산인妙香山人 또는 서산대사西山大師라 부른다. 열다섯 살에 과거시험에 낙방한 후 불교를 공부하고 5년 동안 교리에 심취하다 불문에 들었다. 스물아홉 때인 1549년 승과 합격을 시작으로 대선大選을 거쳐 선교양종판사禪敎兩宗判事가 되었다. 수행승은 수행을 해야 수행승이다. 아무리 높은 관직에 오른다해도 수행이 결여된 승려는 수행승이 아니다. 서산대사는 서른여섯 살 때인 1556년에 출가의 본뜻이 입신양명에 있지 않다는 것을 알고 금강산으로 들어갔다. 혼자 미륵봉 아래에서 살다 어느 날 밤 산에 달이 떠서 천지가 환한 것을 보고 문득 깨우쳤다. 그 후 금강산·태백산·오대산·묘향산 등지를 돌아다니며 보임保任과 후학 지도에 전념했다.

『선가귀감』은 서산대사가 1564년 여름에 50여 종의 불교 서적에서 선종과 관련해 꼭 필요한 내용을 뽑아 편집한 책이다. 제자들을 가르치기 위한 교재로 제작하기 위한 목적이었다. 왜 이런 교재가 필요했을까. 불교를 처음 공부하는 사람들은 자칫 방대한 팔만대장경의 바다에 빠져 허우적거리다가 종지를 놓칠 수가 있다. 그럴 때 핵심을 간추려줄 수 있는 스승의 지도가 필요하다.『선가귀감』은 그 용도로 제작한 편저다. 선종에 대한 내용 중 핵심만 뽑아 요약 정리한 책이니만큼 입문과정생이 아니라 졸업생들이 '파이널 코스'에서 봐야 할 책이다. 어느 정도 공부가 된 사람이라면 교재만 봐도 알 수 있지만 초심자는 다르다. 교재를 봐도 모르겠다고 어려움을 호소하는 제자가 속출했다. 서산대사는 다시 각 구절마다 주해를 달아 친절하게 설명을 덧붙였다. 『선가귀감』은 주해가 백미다.

서산대사는 금강산 백화암에서 『선가귀감』의 서문을 썼다. 그 후 묘향산에서 10여 년 동안 학인들을 가르치는 교재로 사용하면서 필요한 부분을 손질하고 첨삭했다. 완벽한 강의 교재다. 서산대사는 이 교재가 책으로 나오는 것을 꺼려했다. 그러나 스승의 은혜를 입고 깨달음에 이른 도반들이 바랑을 털어 판각했다. 그들은 스승의 교재를 판각한 소회를 다음과 같이 고백했다.

"천 리 밖에서 듣고 보아도 놀라거나 의심하지 않고 받들어 읽어 보배로 삼는다면, 참으로 천년 뒤에 밝은 등불이 될 것이다."

서산대사는 1592년 임진왜란이 발발하자 선조의 부름을 받고 전국에 격문을 보내 승군을 조직해 왜적에 대항했다. 난이 평정된 후 여러 곳을 순력하다 1604년 1월 묘향산 원적암에서 입적했다. 세수 여든다섯, 법랍 예순일곱이었다. 서산대사는 입적하기 전에 자신의 영정을 꺼낸 후 다음과 같이 말했다.

"80년 전에는 네가 나이더니, 80년 후에는 내가 너로구나."

일기 같은 그림

연로한 선비가 책상 앞에 앉아 있다. 정자관程子冠을 쓰고 심의深衣를 입고 반듯하게 앉아 붓을 들었다. 휘어진 등 뒤로 신산스러웠던 삶이 아득하게 떠 있다. 오만하고 분노하고 그리워하고 후회하면서도 결코 읽고 쓰기를 멈추지 않았으니 이젠 붓을 통해 세상으로 향하려는 생각을 놓아줄 때가 되었다. 늙은 선비는 침침한 눈으로 종이를 내려다보며 또박또박 글씨를 써 내려간다. 오랜 시간 붓을 들고 글씨를 쓰는 일은 쉽지 않다. 천 개의 붓을 닳게 하고 열 개의 벼루를 구멍낼 정도로 거듭된 연습이 있어 가능하다. 그는 지금 글씨를 잘 쓰기 위해 붓을 들지 않았다. 이젠 글씨의 외형과 형식은 잘 훈련된 말처럼 그가 원하는 대로 따라온다. 중요한 것은 생각이다. 머릿속에서 오랫동안 궁굴리며 다듬고 덜어내고 채우고 교체했던 단어들을 어떻게 배치할 것인가에 대한 생각이다. 어렸을 때부터 신동이란 소리를 듣고 자란 그였다. 여기에 엄청난 독서량이 더해졌으니 글쓰기가 뭐 그리 어려울까. 스스로를 다독거려도 여전히 단어에 대한 허기와 갈증은 채울 수가 없다. 적합한 단어가 떠오르지 않으면 차선책으로 준비한 단어를 쓰면 된다. 그러나 차선은 차선일 뿐이어서 결코 우선이 될 수 없다. 우선의 경지에 올라 보지 못한 차선의 단어로 우선의 세계를 보여줘야 하는 불가항력. 결핍감과 공허함이 납덩이처럼 무겁게 가슴을 짓누른다. 그만두고 싶지만 그만둘 수도 없다. 매순간 자포자기의 심정에 사로잡히지만 글과 함께 살아왔으므로 도망갈 수도 없다. 도망은 삶을 버리는 것이나 마찬가지다. 거미줄에 걸린 나비처럼 저항할 수 없다 해도 마지막 순간까지 글을 쓰며 살아야 하는 것이 글쓴이의 숙명이다. 노인은 다시 붓을 들고 멈추었던 지점부터 쓰기 시작한다.

「완당난화阮堂蘭話」는 소치 허련의 작품이다. 소치는 스승 완당 김정희가 난 치는 법에 관해 쓴 글을 베끼면서 처음과 마지막 면에 인물과 산수를 각각 그려 넣었다. 그림 속 인물이 김정희라는 부연 설명은 붙이지 않았다. 스승에 대한 마음이 극진했던 소치가 스승의 글을 필사한 만큼 김정희일 것으로 추정된다. 김정희 주변에 있는 소품들은 그의 생활을 말해준다. 선비의 필수품인 문방사우와 화로 위의 주전자, 매화 심은 화분과 수선화가 전부다. 그가

허련, 「완당난화」, 종이에 연한 색, 26.5×12.9cm, 19세기, 국립중앙박물관 소장

3
교와 선을
회통하다

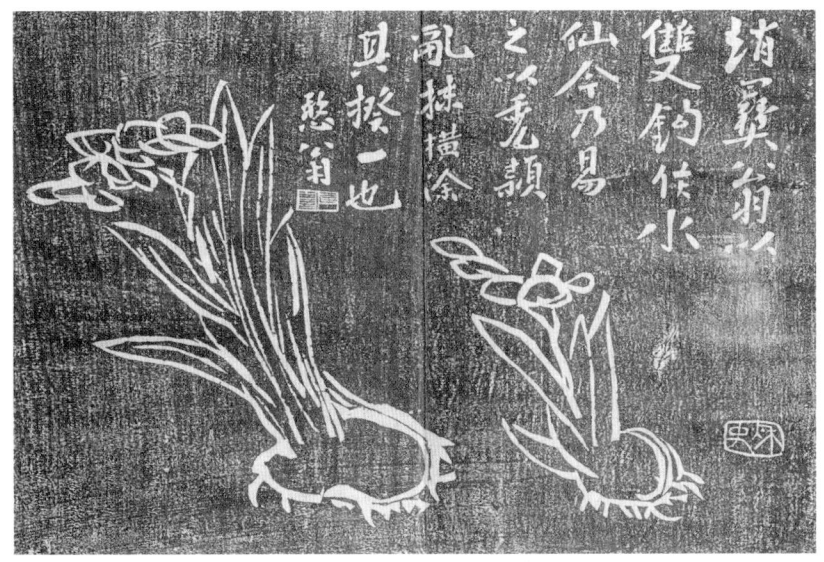

김정희, 「수선화부」(탁첨), 18.7×31cm

무엇을 하고 어떤 취미 생활을 했는지 알 수 있다. 매화는 선비들이 좋아하는 사군자다. 방에 놓인 이유가 이해된다. 뿌리를 드러낸 수선화는 왜 그렸을까. 김정희는 수선화를 사랑했다. 그는 겨울을 견디고 꽃을 피우는 수선화를 '그윽하고 담담한 기품이 냉철하고 빼어나다'고 찬탄했다. 김정희의 그림과 글씨를 탁본한 『완당탁묵阮堂拓墨』에는 그가 그렸다는 수선화 그림이 실려 있다. 수선화를 사랑한 이유는 간단하다. 꽃이 사랑스러워서다. 사랑스러운데 당차기까지 하다. 그 여린 꽃잎으로 한겨울 추위를 견뎌낸다. 수선화는 12월에서 3월 사이에 개화한다. 김정희는 수선화를 보면서 겨울 추위 같은 제주도 유배를 견뎌야겠다고 다짐했으리라. 스승의 마음을 아는 제자가 굳이 수선화를 그려 넣은 이유다.

　김정희는 차도 좋아했다. 그는 초의草衣, 1786~1866 선사가 보내준 차에 마음을 빼앗겼다. 해남 두륜산頭輪山 일지암一枝庵에 주석하고 있던 초의선사는 김정희에게 좋은 차를 보내줬다. 때론 차가 늦게 도착할 때도 있었다. 그럴 때면 김정희는 어린애처럼 투정을 부렸다. "나는 스님을 보고 싶지도 않고 또한 스님의 편지도 보고 싶지 않으나 다만 차의 인연만은 차마 끊어버리지도 못하고 쉽사리 부수어버리지도 못하여 차를 재촉하니, 편지도 보낼 필요 없고, 다만 두 해의 쌓인 빚을 한꺼번에 챙겨 보내되 다시 지체하거나 빗나감이 없도록 하는 게 좋을 거요." 연인 사이의 밀당이 이러할까. 화로 위에 끓고 있는 주전자의 물은 오랜 시간 차와 함께 살아온 김정희의 일상을 보여준다. 찻잔은 벼루 옆에 하나, 화로 옆에 두 개다. 스승과 제자는 보글보글 끓는 물을 부어 차를 마시며 난 치는 법에 대해 묻고 답하리라.

　「완당난화」는 일기 같은 그림이다. 수선화를 사랑하고 차를 마시고 그림을 그리는 김정희의 일상이 손에 잡힐 듯 생생하게 드러난다. 19세기를 살았던 선비의 일상을 가감 없이 보여준 것만으로도 큰 의미가 있다. 그러나 그것이 전부가 아니다. 진정으로 이 그림이 가치 있는 것은 김정희의 기록 정신에 있다. 그는 자신이 평생 연구하고 사유한 학문의 세계를 후학들을 위해 기록했다. 그가 난 치는 법에 대해 쓴 글은 단순히 한 개인의 기록을 넘어 당시까지 논의되던 난화에 대한 총정리라 할 수 있다. 대나무의 마디에 해당된다. 마디가 있어야 그 위에 또 다른 공간이 형성된다. 내가 오늘 마디 하나를 형성하면 누군가 다른 사람이 나타나 내 마디 위에 또 다른 마디를 덮을 것이다. 그러면서 대나무는 위로 치솟고 높이 자란다. 학문도 사상도 예술도 그렇다.

자비심을 실천하는 수행자가 되길

수행자는 수행을 해야 수행자다. 자신이 수행한 결과를 진리에 목말라하는 중생들과 시방삼세에 아낌없이 회향하는 것은 자비심이다. 부처의 전법도 자비심에서 출발했고 서산대사의 집필도 자비심에서 시작됐다. 우리 시대를 사는 수행자들도 책과 신문, 인터넷 매체 등을 통해 중생들에게 조금 더 적극적으로 자비심을 보여주었으면 좋겠다. 불은佛恩을 입어 진리를 깨우쳤으니 법공양으로 그 은혜를 나누어주는 것은 당연하지 않은가. 팔자라서 글을 쓰는 게 아니다. 글은 과거로부터 내려온 정신을 후세에 전해줄 수 있는 가장 중요한 도구이기 때문이다. 받는 만큼 돌려주는 작업 중 가장 의미 있기 때문이다.

사명

수행자는
제자리로
돌아갈 수
있어야

전 이징 「연사모종도」

　　출판사 편집자를 만났다. 통일신라 탑에 대해 얘기를 하다 석가탑과 다보탑 사진을 보여주었는데 자꾸 두 탑을 혼동했다. 나한테는 너무나 분명하게 구분되는 두 탑이 그 사람에게는 어려웠던 모양이다. 아니 두 탑이 이렇게 다른데 어떻게 헷갈릴 수가 있지? 도저히 이해할 수 없었다. 그런데 곰곰이 생각해보니 나도 마찬가지였다. 글을 쓰면서 언제나 어려운 것이 띄어쓰기다. 특히 '~지'는 거의 매번 틀린다 해도 과언이 아니다. 가령 '만난 지'와 '도착했는지'는 띄어쓰기 용법이 다르다. '만난 지'처럼 시간의 경과를 나타낼 때는 띄어 쓴다. '도착했는지'처럼 의문이나 추측을 나타낼 때는 붙여 쓴다. 머리로는 이해해도 막상 문장에 적용할 때는 금방 잊어버린다. 두 가지 사용법을 구분하지 못하고 청탁 받은 원고를 써 보내면 담당자가 곧바로 지적해준다. 친절한 설명과 더불어. 그런데도 나는 여전히 띄어쓰기에 대해 지적을 받고 있다.

법명이 헷갈리는 스승과 제자

서산대사와 사명대사도 난제였다. 서산대사는 법명이 휴정이고 사명대사^{泗溟大師, 1544~1610}는 유정^{惟政}이다. 한자는 다르지만 한글 발음은 비슷하다. 어디 그 뿐인가. 스승과 제자 사이인 두 사람은 삶의 궤적도 비슷하다. 두 사람 모두 왜적과 대항해 싸웠고 높은 지위에 올랐다. 공부가 깊지 않은 사람은 당연히 혼동할 만하다. 변명 같지만 내가 서산대사와 사명대사를 혼동한 이유가 꼭 머리가 나빠서만은 아니란 뜻이다. 같은 시대를 살았고 같은 문제를 고민했으며 같은 해법을 실천하며 살았다는 데 더 큰 원인이 있다.

사명대사는 법명이 유정으로 자는 이환^{離幻}, 호는 송운^{松雲}이다. 당호가 사명당이라 흔히 존경의 뜻을 담아 사명대사라 부른다. 사명대사는 열다섯 살에 어머니가, 열여섯 살에 아버지가 연이어 세상을 떠났다. 부모의 죽음이 계기가 되어 가문이 영락^{零落}하고 집안이 몰락함으로써 삶에 대한 근원적인 모색이 시작되었다. 그는 구경^{究竟}의 법과 무루^{無漏}의 학을 배우기 위해 직지사^{直指寺}로 출가한다. 출가 후 열여덟이라는 이른 나이에 승과^{僧科}에 합격한다. 서산대사가 서른셋에 승과에 합격한 것을 감안하더라도 매우 이른 나이였다. 그 후 직지사의 주지를 거쳐 서른하나에는 봉은사^{奉恩寺}의 주지로 천거되었다. 그러나 그 자리를 사양하고, 묘향산의 서산대사를 찾아가 가르침을 청한다. 결정적인 순간에 자신이 출발한 지점으로 돌아갈 수 있는 자세는 삶에서 매우 중요하다. 자신이 누구이고 무엇을 해야 하는지 확인할 수 있기 때문이다. 그는 서산대사의 가르침을 "법의 은혜는 하늘과 같고 입은 덕은 땅과 같다"고 표현했다. 그 후 스승과 헤어져 금강산 보덕암에서 3년을 보낸 후 팔공산, 청량산, 태백산 등을 다니면서 선을 닦았다. 마흔셋에는 옥천산 상동암上東庵에서 오도한 후 제자들을 가르쳤다.

1592년에 임진왜란이 발발하자 7년 동안 왜적을 물리치는 데 전공을 세웠다. 연로한 서산대사가 승병을 모으는 상징적 구심점이었다면 사명대사는 전쟁을 수행하는 실질적인 업무를 맡았다. 불살생을 금과옥조로 한 불교 수행자로서 전쟁에 참여하는 데 갈등은 없었을까. 임진왜란이 발생할 무렵 조선은 붕당정치의 폐해로 민생이 도탄에 빠져 전쟁을 할 여력이 거의 없었다. 파죽지세로 밀고 올라오는 왜적 앞에서 속수무책이었다. 이때 사명대사는 자신의 삶 속에서 체득한 경지를 실질적으로 구현하려고 노력했다. 그 경지가 바로 자비심이었다. 처음에 사명대사는 왜적들을 타일러서 흉기를 쓰지 못하도록 하겠다는 의지를 세웠다. 고성에서 적장 세 명을 만나 살생하지 말 것을 당부한 것도 그와 같은 이유에서다. 그러나 조선을 완전 정복하려는 왜군의 야욕을 알고나서는 적을 설득하는 단계를 넘어 토벌하는 방향으로 참전을 결정한다. 고통받는 중생들을 구제하는 것이야말로 진정한 자비의 실천이라 생각했기 때문이다. 그는 승병을 이끌고 여러 차례의 전쟁에 참여해 승리를 이끈다. 선조는 그의 전공을 높이 사 선교양종판사를 제수했다. 이때 선조는 사명대사에게 환속을 권한다. 그러나 사명대사는 왕의 솔깃한 제안을 정중하게 거절한다. 그는 자신이 돌아갈 자리를 분명히 알고 있었기 때문이다.

전쟁이 끝난 후 1604년 2월에 스승 서산대사가 입적했다는 소식이 전해진다. 사명대사는 묘향산으로 향한다. 그런데 가는 도중 선조로부터 일본과의 강화를 위한 사신으로 파견한다는 임명장이 도착했다. 그는 스승 곁에는 가

3
교와 선을
회통하다

보지도 못하고 왕명에 따라 1604년 일본으로 건너갔다. 일본에서 8개월 동안 눈부신 활약으로 외교 성과를 거두어 전란 때 잡혀간 3,000여 명의 조선인들을 데리고 1605년 4월에 귀국했다. 그의 나이 예순두 살이었다. 이 성과로 조선은 물론 일본에서조차 사명대사의 이름을 모르는 사람이 없을 정도로 높은 명성을 얻었다. 그러나 귀국한 사명대사는 헛된 이름에 사로잡히지 않고 자신의 갈 길을 분명히 직시했다. 오대산, 묘향산을 찾아 비로소 스승의 영전에 머리 숙여 절했다. 그 후에도 여러 차례 왕의 부름을 따라 산성 축조에 참여하는 등 세속적인 일에 관여하다 말년에는 해인사에 머물렀다.

1610년 8월 26일이었다. 세상을 떠날 시간이 다가온 것을 안 사명대사는 스승의 가르침을 떠올렸다.

"마음은 환幻을 만드는 환술사이고, 몸은 환의 성이며, 세계는 환의 옷이고, 이름과 형상은 모두 환의 밥이니, 마음을 일으키고 생각을 내는 것, 거짓, 참 모두 환 아닌 것이 없다. 때문에 시작도 없는 환상 같은 무명이 본래 다 마음에서 나온 것이다. 모든 환상은 실체가 없는 허공의 꽃과 같기에 환상이 없어지면 바로 그 자리가 부동의 경지이다."

그의 자가 '환을 떠난다'는 이환이듯 사명대사는 환을 떠나 부동의 경지에 들어갔다. 설법을 마친 사명대사는 환의 옷을 벗고 결가부좌한 채 조용히 입적에 들었다.

절로 향하는 스님의 무게

각이 진 흙 비탈(土坡) 위로 두 그루 소나무가 우람하다. 시선을 들어 낙락장송의 꼭대기까지 향하니 대각선으로 솟은 봉우리가 불안하게 서 있다. 봉우리 오른쪽 계곡은, 가라앉을 듯 자리한 서너 채의 초가집을 제외하면 텅

僧

전 이징, 「연사모종도」, 비단에 연한 색, 103.9×55.1cm,
17세기, 국립중앙박물관 소장

빈 여백이라 더욱 위태롭다. 위태로운 봉우리 정상에는 휘장처럼 안개가 걸렸다. 산봉우리를 휘감은 안개는 계곡으로 내려앉았다 솟구치기를 반복한다. 안개 때문에 주변 풍경이 수시로 바뀐다. 겹겹이 물러난 원경의 봉우리들은 안개에 가려 보일 듯 말 듯 형체만 남았다. 사람의 발길을 쉽사리 허락할 것 같지 않은 깊은 산속이다. 화면의 대부분은 산과 나무와 언덕과 물로 채워져 있다. 멋진 풍경이다.

그런데 이 그림이 단순한 풍경화를 벗어나 활기를 얻게 된 것은 순전히 인물 때문이다. 붉은색 가사를 입은 스님이 다리를 건너고 있다. 손에는 석장을 짚고 조심스럽게 발을 앞으로 내딛는 스님의 등이 살짝 굽었다. 이 늦은 시간에 스님은 어디로 가는 걸까. 스님이 향한 방향을 따라 눈길을 계속 주다보니 왼쪽 상단에 종각이 보인다. 절이다. 안개에 다리를 걸친 듯 아슬아슬한 절벽에 세워진 종각 안에는 둥근 종이 걸려 있다. 스님이 발걸음을 옮기는 내내 저녁 예불을 알리는 종소리가 계곡 사이로 울려 퍼진다. 해거름에 울리는 종소리는 육중하면서도 경건하다. 하루 위에 쌓인 번민과 망상을 털어내라는 듯 간절하면서도 무겁다.

「연사모종도煙寺暮鐘圖」는 '안개에 싸인 산사에서 저녁 종소리가 울리는 풍경'을 그린 작품이다. 조선 중기의 화원 허주虛舟 이징李澄, 1581~1674?의 작품이다. 이징은 16세기를 대표적인 왕족 출신 화가인 이경윤李慶胤의 서자庶子로 서화에 능했다. 어려서부터 그림을 잘 그렸는데, 오세창의 『근역서화징』에는 그의 어린 시절 일화가 간략하게 소개되어 있다. 이징이 어렸을 때 다락에 올라가 그림 연습을 하고 있었다. 집안 사람들은 그가 어디 갔는지 몰랐다가 사흘이 지난 뒤에야 찾게 되었다. 화가 난 아버지가 종아리를 치자 이징은 눈물을 줄줄 흘리면서도 새(鳥) 그림을 끝냈다. 그림만이 오직 그의 관심사였음을 알 수 있다.

이징은 전통적인 화풍인 안견파 화풍을 선호했다.「연사모종도」에서도 그 취향을 확인할 수 있다.「연사모종도」는「소상팔경도瀟湘八景圖」중의 한 폭이다.「소상팔경도」는 중국 호남성湖南省의 소수瀟水와 상강湘江이 만나는 동정호洞庭湖 주변의 절경을 8폭에 그린 그림이다. 처음에는 빼어난 경치를 그린 승경勝景의 대상으로 그려졌지만 나중에는 마음속의 이상향으로 사랑받았다. 중국에서 뿐만 아니라 조선에서도 초기부터 말기까지 지속적으로 많은 화가들이 즐겨 화제로 삼았다.

특히 이징은 여러 점의「소상팔경도」를 그렸다. 인조의 명으로「소상팔경도」를 제작한 이후 사대부들의 요청이 끊이지 않았다고 전해지는데 현재까지 여러 점의 작품이 남아 있다. 현존하는 작품으로는 온전하게 8경을 모두 갖춘 화첩이 있다. 본래 병풍이었을 것으로 추정되는 작품 중 3폭만 남은 것, 그리고 원래의 형식을 알 수 없는 두 점도 유존한다.「소상팔경도」는 아니지만 이와 유사한 형식의「니금산수도泥金山水圖」도 현존한다. 지금 소개하는「연사모종도」는 병풍으로 추정되는 3폭 중 하나다.

다시「연사모종도」의 두 그루 소나무가 서 있는 근경으로 눈길을 돌려보자. 나무와 봉우리 등의 경물景物이 유난히 왼쪽으로 많이 치우쳤다. 무게가 한쪽으로 실린 편파偏頗 구도다. 편파 구도는 조선 전기에 활동한 안견이「사시팔경도四時八景圖」에서 즐겨 사용했다. 전경에 뿌리가 드러난 소나무를 그려 중경으로 시선을 유도하는 구도도 안견의 특징이다. 이징이 안견 화풍을 매우 선호하였음을 알 수 있다.

「연사모종도」에는 안견 화풍의 계승 못지않게 새로운 화풍도 발견할 수 있다. 안견의「사시팔경도」가 원경을 그렸다면, 이징의「소상팔경도」는 근경을 그렸다.「사시팔경도」가 전경과 후경의 이단二段 구도라면「소상팔경도」는 전경

3
교와 선을
회통하다

과 후경 사이에 중경을 집어넣은 삼단三段 구도다. 그만큼 복잡하고 그림 읽는 재미를 느낄 수 있다. 「소상팔경도」에서는 조선 중기에 유행한 새로운 절파 화풍의 흔적도 확인할 수 있다. 중경에 사선으로 솟은 봉우리와 전경의 각이 진 바위에 보이는 흑백 대비가 심한 바위 표현은 절파 화풍의 특징이다. 「연사모종도」는 이징이라는 작가가 전통을 어떻게 소화했고 새로운 화풍을 어떻게 자기화했는지를 보여주는 대표작이다.

「연사모종도」는 차분한 그림이다. 오랫동안 그림에 전념했으되 특별히 작가의 특징이나 필력이 드러나지 않은 작품이다. 천부적인 재능이나 강렬한 개성 같은 단어는 이징의 작품과 거리가 멀다. 대신 그의 그림에는 재능이 있고 없고를 생각하지 않고 오직 자신이 좋아하는 그림 세계를 끝까지 밀고 나간 예술가의 성실성과 헌신성이 들어 있다. 조선 후기의 문인인 남태응南泰膺, 1687~1740이 『청죽화사聽竹畫史』에서 한 평가처럼 「연사모종도」가 '기운이 웅장하지 못하고 묘한 지경에는 이르지 못했으며 변화하지 못해 평범함을 떨어내지 못했다'해도 한 번 보면 쉽사리 잊을 수 없는 작품이다. 한결같은 길을 간 자의 신뢰가 느껴지는 그림이다.

언제든 제자리로 돌아가야

다보탑과 석가탑을 혼동하는 것은 괜찮다. 띄어쓰기를 헷갈리는 것도 상관없다. 그 정도 실수는 언제든 수정하면 된다. 진짜 중요한 것은 자기가 갈 길을 잊지 않는 것이다. 이징의 「연사모종도」가 주제의식이 뚜렷하게 부각되는 것은 절로 향하는 스님이 있기 때문이다. 수행자는 시절인연에 따라 여러 가지 일을 할 수 있다. 원하든 원치 않든 번거로운 직책을 맡아야 할 때도 있고 어쩔 수 없이 남들 앞에 서서 버벅거리는 목소리라도 들려주어야 할 때도 있다. 중요한 것은 그 일이 끝나면 언제든 제자리로 돌아가는 것이 중요하다.

　수행자는 어느 곳에 있든 항상 절(고향)로 돌아갈 수 있어야 한다. 내가 누구인가. 나의 행위가 일체중생에게 어떤 이로움을 주는가. 이런 질문으로 다시 돌아와 자신을 재점검할 때 수행자는 아무리 먼 타국에 있더라도 절을 떠나지 않는 것과 다름없다.

3
교와 선을
회통하다

경허

대낮의 격정이
휘몰아쳐도
서원을
잊지 않으리

김홍도 「죽하맹호도」 「송하맹호도」

긴 슬럼프에 빠졌다. 부처의 법을 공부한 지 벌써 20여 년. 최근 3년 동안 불법승 삼보를 한 신문에 연재하면서 온통 불교에 젖어 살았다. 새벽 4시면 일어나 경전을 읽고 예불을 드리고 참선을 했다. 새벽은 감히 어떤 사악한 기운도 범접할 수 없을 만큼 신령스럽다. 우주가 선물한 새벽 기운을 받고 고요히 앉아 내면을 들여다본다. 사람으로 태어날 만큼 공덕을 쌓은 나 자신이 고맙고 감사하다. 넘칠 만큼 행복하다보니 세상 한 편에서 울고 있을 누군가에게 슬그머니 미안해진다. 그때쯤 가만히 나무아미타불을 염불한다. 살아 있는 모든 존재가 고통에서 벗어나기를……. 격려와 위로를 담아 밝은 기운을 보낸다. 이때의 나는 관세음보살의 자비심으로 충만하다. 아미타불이 법장비구 시절 '제가 부처가 될 적에 그 나라의 중생들이 좋지 않은 일이 있으면 저는 차라리 부처가 되지 않겠나이다'라고 서원하던 영특한 수행자를 닮는다. 예불을 끝내고 방문을 나서는 순간까지 나의 몸에서는 광채가 나듯 경건하다.

딱 거기까지다. 새벽마다 다짐하듯 올리는 발원은 예불이 끝나버림과 동시에 끝난다. 일상으로 돌아오면 언제 그랬냐는 듯 전혀 다른 나로 돌변한다. 성스러운 모습은 사라지고 사소한 문제마다 경계에 부딪친다. 염불하던 입에서는 거친 말이 튀어나오고 경전을 담았던 가슴에는 분노가 들어찬다. 온전히 나의 것이라 여겼던 부처의 가르침은 완벽하게 나의 것이 아니었다. 나의 말과 행동은 '립싱크'에 지나지 않았다. 공부 따로 행동 따로다. 이런 나의 살림살이를 지켜볼 때마다 통곡하고 싶을 만큼 한탄스럽다. 이 생에서 내가 죽자 사자 노력한다한들 나의 업력을 얼마나 바꿀 수 있을까. 절망감도 없지 않다. 내 슬럼프의 원인은 여기에 있다.

슬럼프와 경허선사

'정도의 차이는 있지만' 경허鏡虛, 1849~1912 선사도 나와 비슷한 체험을 했던 것 같다. 경허의 속성은 송씨宋氏, 속명은 동욱東旭이다. 경허는 법명으로 성우惺牛라고도 한다. 아홉 살 때 과천의 청계사에서 출가하여 계허桂虛 밑에서 수학했는데, 계허가 환속하는 바람에 동학사의 원오圓悟에게서 경학을 배웠다. 동학사의 강사가 되어 교학을 가르치던 중 서른 살 때 1879년에 스승인 계허를 만나러 길을 떠난다. 가는 도중 콜레라가 휩쓴 죽음의 마을을 지나게 되었다. 한암선사의 표현처럼 '모골이 송연해지고 정신이 아득해져서 죽음이 임박하

3
교와 선을 회통하다

여 목숨이 한 호흡 사이에 끊어질 것 같은 느낌이었다. 그는 죽음의 위협을 겪으며 자신이 지금까지 공부하고 강의한 교학이 얼마나 허망한가를 처절하게 깨닫는다. 자신의 것이라 여겼던 불학의 세계가 립싱크였음을 알았다. 그는 가던 길을 되돌아와 가르치던 학인들을 전부 돌려보내고 폐관수행에 몰입한다. '나귀의 일이 끝나지 않았는데 말의 일이 닥쳐왔다'는 화두를 참구하며 폐침망식廢寢忘食했다. 목숨을 건 수행이었다. 그로부터 3개월 후 '소가 되어도 콧구멍 뚫을 곳이 없는 소가 된다'는 말을 듣고 대오한 후 은산철벽을 뚫었다. 그는 자신의 새로운 법명을 성우, '깨달은 소'라고 지었다.

그 후 서산에 있는 천장암에서 보림한 후 전국을 다니며 선법을 전했다. 그는 남녀노소, 빈부격차, 승과 속을 묻지 않고 자신의 법문을 원하는 사람이 있으면 누구에게나 법을 설했다. 그의 설법을 듣는 사람들은 한결같이 '그릇된 견해를 버리고 집착이 사라져서 그 시원하기가 마치 뼈를 바꾸고 창자를 씻어낸 듯하다'고 말했다. 그가 한 번 거쳐 간 곳은 다투어 선원을 열었고 발심한 승려들이 구름처럼 몰려들었다. 그의 철저한 선 체험과 전법으로 몰락해 가던 근현대 한국불교가 바로 섰다. 그는 '오직 투철하게 깨닫는 것만이 중요하다'고 강조하면서 주체적인 자기 형성의 자유를 체득해야 한다고 가르쳤다. 한암, 만공, 수월, 혜월, 남전 등 그의 가르침을 받은 기라성 같은 제자들에 의해 근현대 불교가 생명력을 되찾았다. 말년에는 주장자를 꺾어버리고 갑산, 강계를 돌아다니며 머리를 기르고 아이들을 가르치며 박난주朴蘭州라는 이름으로 살았다. 수많은 기행을 일삼으며 자발적인 시련과 고독을 선택한 그는 1912년 4월 25일에 임종게臨終偈를 남기고 입적했다. 세수 예순일곱, 법랍 쉰아홉이었다. 1913년 7월 15일에 혜월과 만공이 관을 모셔다 난덕산에서 다비하고 화장했다.

단원 김홍도의 호랑이 그림

「죽하맹호도竹下猛虎圖」는 대나무 아래 선 호랑이를 그린 작품이다. 오른쪽 위에 능산菱山 황기천黃基天, 1760~1821이 그림의 내력을 밝히는 제발을 쓰고 도장을 찍었다. "조선의 서호산인이 호랑이를 그리고 수월옹이 대나무를 그리다(朝鮮西湖散人畵虎 水月翁畵竹)"라고 되어 있어 두 사람의 합작품임을 알 수 있다. 서호산인은 김홍도의 젊은 시절 호이고, 수월옹은 임희지林熙之, 1765~?의 호다. 앞에 '조선'이라는 국적을 표시한 것은 일본에 보내기 위해 제작되었기 때문이다. 일본에는 매와 호랑이가 없어 조선에서 그린 그림을 많이 구입해 갔다.

지금은 멸종되었지만 조선 산천은 호랑이가 지배했다. 단군신화에서부터 시작된 호랑이 신화는 그 초월적인 힘과 위풍당당한 자세로 백수百獸의 왕으로 여겨졌다. 날카로운 이빨과 발톱, 가죽은 다른 동물과 인간들에게 두려움을 주는 맹수의 능력을 상징했다. 호랑이가 지닌 절대적인 힘과 능력은 반대로 사악한 기운을 복종시킬 수 있다고 믿어 벽사의 의미로 신격화되었다. 백호白虎가 서방을 지키는 방위 신으로 선정되고, 설화와 민담에 자주 출몰하는 것도 불가사의한 능력에 대한 경외심 때문이다. 용호상박龍虎相搏이란 단어에서 알 수 있듯 호랑이의 능력은 용에 비견될 만큼 강력하다. 십이지 중 오직 용만이 실재하지 않은 상상의 동물이다.

호랑이는 단독으로 그려질 때도 있지만 소나무나 대나무를 배경으로 그려질 때가 더 많다. 소나무는 지혜롭고 굳건한 영웅호걸을 상징한다. 때로는 소나무가 용을 대신할 때도 있다. 용맹스런 호랑이가 강렬한 힘을 가진 용과 함께 서 있으니 '송호도松虎圖'는 벽에 붙여놓은 것만으로 삼재를 물리쳐줄 든든한 그림이 된다. 소나무 위에 까치가 등장할 때도 있다. 까치 역시 벽사적인 의미가 스며 있다. 무속에서 까치는 서낭신의 사자로 호랑이에게 신탁神託을 전하는 메신저로 인정받는다.

호랑이가 대나무를 배경으로 서 있는 '죽호도竹虎圖'는 주로 일본에서 인기가 많았다. 대나무는 불교적인 의미가 많이 투영되어 있다. 대나무가 자라는 곳은 명상의 장소이자 자비가 펼쳐지는 성스러운 장소다. 석가모니의 '본생담本生譚' 중 널리 알려진 '사신사호捨身飼虎'에도 대나무가 나온다. 석가모니가 과거생에 전담마제라는 태자였을 때 굶주린 호랑이에게 자신의 몸을 던져 호랑이의 먹이가 된 '사신사호'의 배경이 죽림竹林이다. 수월관음水月觀音이 거처하는 보타락가산에도 대나무가 자란다.

김홍도는 모든 분야의 그림에 능통했다. 인물과 동물도 마찬가지였다. 그의 전칭작傳稱作으로 알려진 호랑이 그림이 여러 점 남아 있다. 「죽하맹호도」는 그의 대표작으로 알려진 「송하맹호도」와 여러 면에서 공통점이 많다. 두 작품은 모두 호랑이 한 마리가 각각 대나무와 소나무를 배경으로 서 있는 출산호出山虎의 형식을 취했다. 출산호는 산에서 나온 호랑이 모습을 그린 형식이다. 백수의 왕이 꼬리를 세운 채 걷는 모습은 사나운 맹수로서 진면목을 드러내기에 부족함이 없다. 특히 호랑이가 많았던 우리나라에서 출산호는 호환虎患의 두려움을 환기시킨다. 앉아 있는 호랑이를 그린 좌호坐虎는 강력한 힘을 가진 존재로서 경외감을 불러일으켰다. 호랑이는 두루마리나 병풍에 여러 마리를 한꺼번에 그린 군집 형식보다 축軸이나 화첩에 한 마리를 단독으로 그린 그림이 훨씬 더 위압적이다.

「죽하맹호도」는 「송하맹호도」와 자세가 정반대다. 얼굴은 정면인데 고개를 좌측으로 살짝 돌렸다. 다리는 짧아 민첩하게 움직일 수 있다. 긴 등은 높게 둥글리고 있어 언제라도 먹잇감을 향해 뛰어오를 수 있는 응축된 힘이 저장되어 있다. 꼬리는 굽이치며 하늘로 향했다. 온몸에 긴장감이 팽팽하게 흐

김홍도·임희지, 「죽하맹호도」, 비단에 연한 색, 91×34cm, 18세기, 개인 소장

김홍도, 「송하맹호도」, 비단에 연한 색, 90.4×43.8cm, 18세기, 삼성미술관 리움 소장

른다. 몸 전체는 연한 황색으로 바탕색을 칠한 후 털은 가느다란 붓으로 세밀하게 그렸다. 움직일 때마다 물결치는 검은색 줄무늬가 생동하다. 뻣뻣하고 부드럽고 짧고 굵은 수많은 털이 방향을 달리하며 온몸을 덮었다. 붓질로 덮었다. 배와 엉덩이 꼬리에는 흰 선을 더해 호피의 질감을 능숙하게 처리했다. 눈두덩이에 나비처럼 그려 넣은 흰 선과 치켜 올라간 눈동자가 불을 뿜듯 형형하다. 먹색의 미묘한 변화와 탁월한 양감, 사실력이 극대화된 붓질은 가히 조선 최고의 작가만이 그릴 수 있는 솜씨다. 김홍도가 아니면 그릴 수 없는 신운의 경지다.

「죽하맹호도」는 「송하맹호도」에 비해 맹호의 비중이 축소되었다. 대나무에게 화면을 많이 내어준 탓이다. 대나무를 그린 임희지는 호가 수월당水月堂, 수월헌水月軒, 수월도인水月道人이다. 그림을 그린 후 '水月'이란 두 글자를 초서체로 특이하게 흘려 써 마치 부적 글씨 같았다고 한다. 「죽하맹호도」는 합작품이이서인지 부적 같은 초서를 생략했다. 그가 수월관음을 염두에 두고 수월이란 호를 지었는지는 알 수 없다. 그는 풍류에 기행도 서슴지 않았다. 그는 두어 칸 밖에 되지 않은 집에 살면서도 반드시 연못을 팠다. 샘이 나오지 않자 연못에 쌀뜨물을 부어놓고 휘파람을 불며 다음과 같이 노래했다. "내가 수월의 뜻을 저버리지 않으니 달이 어찌 물을 가려 비추랴."

그는 한역관漢譯官으로 중인 출신 문인의 모임인 송석원시사松石園詩社의 일원이었다. 그는 대나무와 난을 잘 그렸다.『근역서화징』에는 임희지의 대나무가 '강세황과 더불어 이름이 가지런하고' 난초는 '그보다 낫다'고 적혀 있다. 「죽하맹호도」에 소나무 대신 대나무를 그린 이유가 이해된다. 일본에 보낼 그림이라는 이유 외에도 김홍도와 임희지 두 사람 모두 자신들이 가장 잘 할 수 있는 분야를 그렸다. 임희지는 김홍도보다 스무 살 어린 후배로 이름이 덜 알려진 작가다. 그런데 기인적인 행동과 호탕함은 김홍도가 따라갈 수 없을 정도였다.

그의 특별한 사고방식을 짐작할 수 있는 일화가 전해진다. 그가 배를 타고 강화도에 갈 때였다. 바다 가운데에 이르러 거센 바람과 소낙비가 몰아쳐서 거의 건널 수 없는 지경에 이르렀다. 두려움에 사로잡힌 뱃사람들은 정신없이 '나무아미타불 관세음보살'만을 불렀다. 그런데 임희지가 갑자기 껄껄대고 웃으며 일어나더니 캄캄한 구름 속 허연 물결 사이에서 덩실덩실 춤을 추었다. 바람이 잔잔해진 뒤 사람들이 그 까닭을 물었다. 임희지가 대답했다. "누구든지 한 번 죽는 것은 당연한 것이다. 그런데 바다 가운데서 비바람이 몰아치는 장관은 쉽사리 볼 수 있는 것이 아니니 어찌 춤을 추지 않을 수 있겠는가?"

기행은 기행일 뿐이다. 그림이 뒷받침되지 않는다면 웃음거리밖에 되지 않는다. 그의 난과 대나무는 기행을 미화할 정도로 예술성이 뛰어날까. 죽는 것을 당연하게 여겨 비바람 속에서도 담대하게 춤출 수 있을 정도로 화격이 높을까. 그런 기행 한 번 없는 김홍도의 호랑이는 붓끝으로도 충분히 속세를 초탈한 경지를 보여주고 있지 않은가.

경허선사와 호랑이

우리나라에 호랑이가 많았듯 호랑이 그림도 많이 그려졌다. 수많은 호랑이 그림 중에서 유독 김홍도가 그린 호랑이가 신령스러운 것은 그리는 사람의 능력 때문이다. 참선을 하고 염불을 하고 관경을 하는 사람은 많지만 경허선사 같은 경지에 도달할 수 있는 사람이 몇이나 될까. 경허선사를 준비하면서 그를 대변할 만한 그림이 떠오르지 않았다. 그의 돌올한 경지를 드러낼 수 있는 그림이 어떤 것이 있을까. 몇 날 며칠을 고민하다 무의식적으로 한숨을 내

쉬었다. 정답은 의외로 가까운 곳에 있었다. 곁에 있던 남편이 내 얘기를 듣자마자 일초도 망설이지 않고 "호랑이!"라고 소리친다. 경허에 대한 전기를 읽을 때부터 남편의 머릿속에는 그의 초상화 대신 호랑이가 들어와 있었단다.

  호랑이가 멸종된 한반도에서 호랑이 그림이 여전히 호랑이를 기억하게 하듯 경허가 살았던 격정적인 삶은 지금도 여전히 진리를 향해 나아가게 한다. 그가 도달한 경지에는 근처에도 가보지 못한 채 막행막식만을 행하는 사람이 결코 알 수 없는 세계다. 경허선사는 어떻게 해서 그런 경지에 도달했을까. 고민의 시작은 비슷한데 수십 년이 지나도 여전히 한 발자국도 나아가지 못한 사람이 있는데, 그는 어떻게 해서 진리의 핵심에 도달할 수 있었을까. 새벽이면 세웠던 굳건한 서원도 해가 지기 전에 놓쳐버리는데, 그는 어떻게 해서 한생을 진리 속에서 살 수 있었을까. 고민의 정도가 차이가 있어서일까. 여전히 어렵고 절망스럽고 고통스런 삶이다. 내 앞에 놓인 생은.

수월

바로 지금
이 자리에서
수행 시작하기

양기성 「맹광제미」

　믿을 수가 없었다. 믿기지가 않았다. 처음에는 소설을 버무려놓은 글이라 생각했다. 논픽션으로 생각하기에는 전설 따라 삼천리에서나 나올 법한 내용이 너무 많았다. 조선시대의 일이었다면 무시하고 넘어갔을 것이다. 그런데 근대를 살았던 분의 얘기였다. 믿지 않을 수가 없었다. 지은이가 스님을 직접 모시거나 곁에서 지켜 본 사람들의 증언을 채록하여 평전을 썼기 때문이다. 10여 년 전, 『물속을 걸어가는 달』을 읽었을 때 느낌이 그랬다. 수월水月, 1855~1928 스님의 삶을 기록한 책이다.

비증보살의 현현, 수월 스님의 용맹정진

수월 스님은 경허 스님의 제자다. 흔히 수월, 혜월^{慧月}, 만공^{滿空} 세 사람을 일러 경허의 세 달이라 부른다. 경허 스님의 제자 중 세 사람이 가장 뛰어난 인물인데다 모두 법명에 달을 뜻하는 '月'이 들어 있기 때문이다. 만공 스님의 법명은 월면^{月面}이다.

도저히 믿을 수 없었던 첫 번째 사연은 이러하다. 충남 홍성에서 태어난 수월 스님은 어려서 고아가 되어 남의 집에서 머슴살이를 했다. 서른이 다 된 나이에 서산에 있는 천장암^{天藏庵}으로 출가를 했는데, 이곳에는 경허 스님의 친형인 태허^{太虛} 스님이 주지로 있었다. 출가 후 수월 스님은 행자가 되어 나무꾼 생활을 했다.

1887년 겨울 어느 날이었다. 수월 스님이 여느 때와 다름없이 물레방앗간에서 방아를 찧고 있었다. 입으로는 부지런히 천수다라니를 외우며 밤늦게까지 방아를 찧었다. 그때 마침 외출에서 돌아오던 태허 스님이 물레방앗간 앞을 지나게 되었다. 무심히 방앗간을 들여다보던 태허 스님은 자기 눈을 의심하지 않을 수 없었다. 수월 스님이 돌확 속에 머리를 집어넣고 잠들어 있었는데, 방앗공이가 허공에 그대로 떠 있었기 때문이다. 깜짝 놀란 태허 스님이 수월 스님을 끌어냈다. 그 순간 방앗공이가 떨어지면서 다시 방아를 찧기 시작했다. 태허 스님은 수월 스님의 수행력을 확인하고 난 다음 날에 법명과 사미계를 내려 정식으로 출가시켰다. 법사는 경허 스님이었다.

믿을 수 없는 얘기는 계속되었다. 출가 후에도 수월 스님은 경허 스님의 가르침대로 죽기 살기로 천수다라니를 외웠다. 나무를 하든 밥을 하든 어떤 일을 하더라도 언제나 천수다라니를 놓치지 않았다. 이런 그를 기특하게 본 덕분일까. 특별히 이레 동안의 용맹정진이 허락되었다. 그는 방문을 걸어 잠그고 앉아 천수다라니를 외웠다. 먹지도 않고 마시지도 않고 잠도 잊고 오로지 천수다라니를 외운 지 이레 만에 몸에서 불기운이 뿜어져 나오는 방광^{放光}을 체험했다. 그리고 한 번 보거나 들은 것은 결코 잊지 않는 불망념지^{不忘念智}를 얻었으며, 수마^{睡魔}를 물리쳤고, 병든 사람을 고칠 수 있는 힘을 얻었다. 이후의 삶은 이때 얻은 체험을 보림하는 과정이나 다름없었다.

그 후 수월 스님은 천장암을 떠나 신분을 숨긴 채 여러 곳을 돌아다니며 보림수행에 들어갔다. 금강산, 지리산, 오대산 등에서 지내다가 방광이나 이적을 통해 신분이 드러나면 조용히 자취를 감추었다. 그 후 함경도 갑산으로 가서 경허 스님이 열반할 때까지 근처에 있다가 두만강을 건너 간도로 갔다. 간도는 일제의 수탈에 시달린 동포들이 살 길을 찾아 떠나온 곳이었다. 그곳에서 수월 스님은 낮에는 소먹이 일꾼 노릇을 하며 품삯을 받아 주먹밥을 만들었다. 밤에는 잠을 자지 않고 밤새 짚신을 삼았다. 수월 스님은 주먹밥과 짚신을 간도로 넘어 온 동포들을 위해 길가 바위 위에 올려놓았다. 고향을 떠나 낯선 타지에 온 가난한 나라의 백성에게 힘과 용기를 내라는 말 없는 격려였다. 아낌없는 보살행의 실천이었다.

좋은 일을 하면 꼭 마장이 끼게 마련이다. 한때 수월 스님은 젊은 스님이 운영하는 절에서 산 적이 있었다. 그때도 짚신삼기와 주먹밥 보시는 멈추지 않았는데, 그 행동이 막행막식을 일삼는 젊은 스님 눈에 몹시 거슬렸다. 젊은 스님은 수월 스님에게 갖은 욕설을 퍼부으며 행패를 부렸다. 밤새 고생해서 만든 주먹밥을 집어던져 버리는가 하면 짚신을 불태워 버렸다. 그러기를 여섯 해 동안 계속했다. 그때 수월 스님의 마음은 어떠했을까. 한 순간도 성내는 마음이 일지 않았다. 오히려 그 젊은 스님 때문에 보림을 이룬 셈이 되어 감사하게 여겼다. 자신의 보림을 도와준 스승과 6년을 함께 했으니, 그 생활이

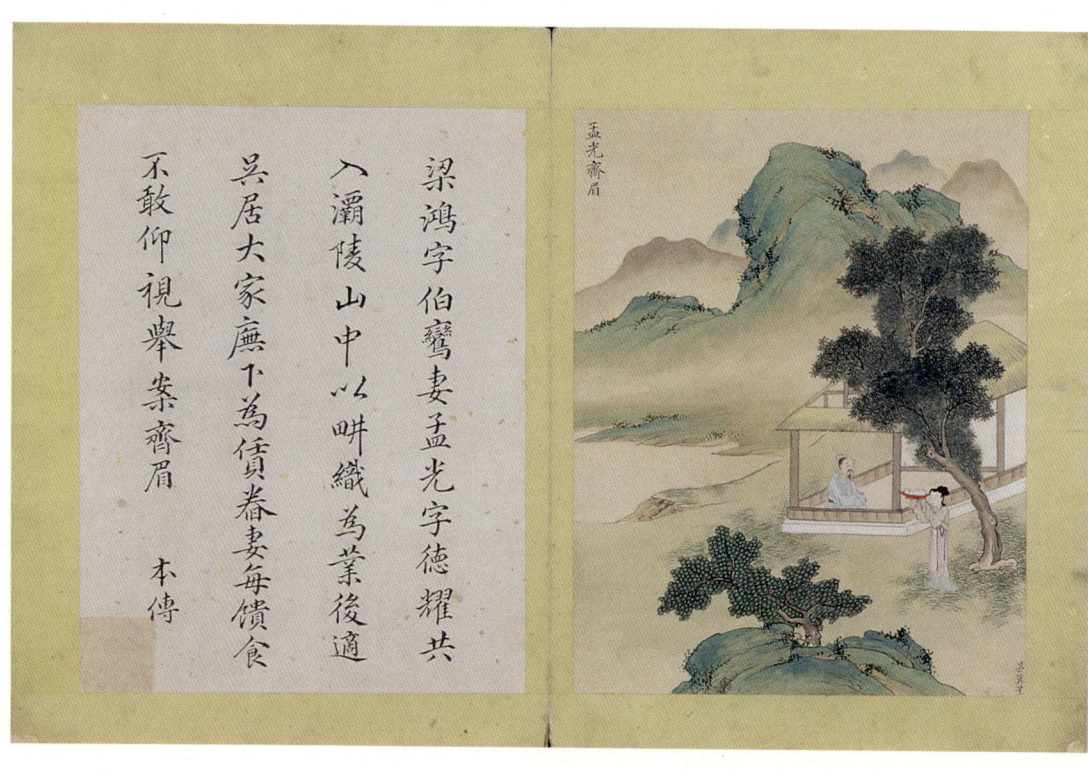

양기성, 「맹광제미」(『만고기관첩』에서), 종이에 색,
38×30cm, 18세기, 삼성미술관 리움 소장

기쁘고 즐겁기만 했던 것이다.

거안제미 하는 수행

소박한 초옥에 한 남자가 앉아 있다. 두 손을 모은 채 앉은 자세가 자못 공손하다. 초옥 밖에서는 한 여인이 밥상을 높이 들고 서 있다. 조신한 자태가 마치 귀한 손님을 맞이한 듯하다. 그들은 어떤 사이일까. 부부라기에는 서로 너무 깍듯하고 남이라기에는 오고가는 눈빛이 너무 다정하다. 손님 같은 부부가 있을까.

한나라 때 얘기다. 현사賢士인 양홍梁鴻은 자가 백란伯鸞이었는데, 집은 가난하지만 절개가 곧았다. 그의 처 맹광孟光의 자는 덕요德曜다. 그들은 함께 패릉산覇陵山에서 밭 갈고 길쌈하며 은둔하며 지냈다. 어느 날 양홍이 왕실을 비방하는 시를 지어 쫓기게 되었다. 부부는 오나라로 건너가 방앗간에서 날품팔이를 하며 살았다. 타지에서 뿌리내리지 못한 살림살이는 궁색했다. 궁색할 때 부부가 취할 수 있는 태도는 두 가지다. 양홍과 맹광은 긍정적인 쪽을 택했다. 그들은 서로를 원망하고 저주하는 대신 존경하고 아끼며 살았다. 양홍이 일을 마치고 돌아오면 그의 아내 맹광은 밥상을 차리고 기다렸다. 남편을 맞이하는 자세도 지극했다. 눈을 아래로 깔고 밥상을 눈썹 위로 들어 올려 남편에게 공손히 바쳤다. 이때부터 '거안제미擧案齊眉'는 남편을 극진히 공경하는 어진 아내를 비유할 때 쓰게 되었다. 또한 금슬이 좋은 부부를 가리켜 '양맹梁孟'이라 하였다. 『후한서後漢書』「양홍」편에 나오는 이야기다.

이 그림은 거안제미에 대한 내용을 그린 것이다. 그림에는 거안제미 대신 '맹광제미'라고 적었다. 「맹광제미」는 『만고기관첩萬古奇觀帖』에 들어 있는 작품으로 작가는 양기성梁箕星, ?~1755이다. 만고기관첩은 '이 세상의 온갖 기이한 광경을 담은 화첩'이라는 뜻이다. 예로부터 잘 알려진 명문을 선별하여 그에 맞는 그림을 함께 수록한 화첩이다. 즉 시문과 시편, 효자와 군신, 고사에 관련된 내용을 적고 그림을 곁들였다. 『만고기관첩』의 글씨는 조선 후기 문신이자 서화가로 유명한 윤순尹淳이 썼다. 그림은 장득만, 장계만, 한후방, 한후량, 양기성, 진재해 등 당시를 대표하는 도화서 화원이 참여했다. 내용은 다르지만 똑같은 제목의 『만고기관첩』이 야마토분카칸大和文華館에도 소장되어 있다.

「맹광제미」를 그린 양기성은 두 소장처의 『만고기관첩』에 가장 많은 그림을 남겼다. 삼성미술관 리움의 소장본 29폭 중 15폭을, 야마토분카칸 소장본 24폭 중 18폭을 그렸다. 정조가 열람할 수 있도록 어람용으로 제작한 화첩인 만큼 바위와 뒷산에는 청록색이 주조를 이룬다. 청록산수는 궁중 채색화의 특징이다.

거안제미는 금슬이 좋은 부부를 지칭하지만 그 배경에는 아내의 희생과 남편에 대한 공경심이 전제되어 있다. 둘 다 유교를 상징하는 코드다. 과연 이 낡은 가치관은 우리 시대에도 쓰임새가 있을까.

머슴처럼 일하며 보살행을 실천하다

수월 스님이 화엄사에 있을 때였다. 화엄사는 만주의 나자구에 있는 절인데, 이곳에서 수월 스님은 8년을 보내고 열반에 들었다. 화엄사는 나자구에 사는 조선 동포들이 지은 소박한 절이었다. 사람들은 몸이 아플 때나 마음이 아플 때 스님을 찾아왔다. 수월 스님은 천장암 용맹정진 이후 사람을 고칠 수 있는 신통력을 얻었다. 수월 스님을 만나거나 만나기를 희망한 사람들이 병에서 해방됐다. 수월 스님의 소식을 들은 젊은 스님들은 수행하러 왔다. 어떤 상황이든 수월 스님의 생활은 변함이 없었다. 누더기를 입은 채 묵묵히 일을

3 교와 선을 회통하다

했고 탁발을 다녔으며 아픈 사람을 고쳐주었고 짚신을 삼고 주먹밥을 만들었다. 얼마나 일을 많이 했으면 수월 스님의 손은 사람 손 같지가 않았다. 밭일, 나무하는 일, 물 긷는 일, 장 보는 일까지 모든 일을 예순일곱의 수월 스님이 도맡아했다. 그렇게 일하면서도 수월 스님은 일한 티를 내지 않았고 눈에 잘 띄지도 않았다. 어쩌다 젊은 스님들이 수월 스님을 돕기 위해 일하려고 하면 스님은 간곡한 어조로 당부했다.

"정진이나 햐. 지발 들어가 공부나 햐."

젊은 수행자들이, 자신이 천장암에서 맛본 세계를 직접 체험하기를 바라는 자비심에서 나온 소리였다. 수월 스님은 단지 만주에서만 알려진 동네 스님이 아니었다. 천장암에서 대비삼매에 든 이후 가는 곳마다 이적을 일으켜 불교계에서는 그를 모르는 사람이 없을 정도였다. 동산, 효봉, 청담, 금오, 태전 등의 남쪽 스님들이 수월 스님을 찾아 만주에 가서 가르침을 받고 돌아왔다. 그런 분이 여전히 머슴처럼 일하며 보살행을 실천했다. 보살행을 실천한다는 생각조차도 없는 보살행이었다.

거안제미는 남존여비사상을 강요하는 시대착오적인 낡은 관념이다. 지금이 어떤 시대인데 밥상을 눈썹 높이까지 들어 올려 가며 남편한테 순종하라는 말인가. 돈도 제대로 벌어오지 못한 남편에게 아침밥을 해주는 것만으로도 감지덕지인데. 그런 생각을 한 적이 있었다. 그럴 때 수월 스님의 전기를 읽고 한없이 부끄러웠다. 머슴살이를 한 품삯으로 남에게도 저렇게 보시하는데 내 남편에게 밥상 좀 차려주는 일이 뭐가 그리 대단하다고 목에 힘을 주었을까. 부부 사이에 거래하는 것도 아닌데 내가 조금 더 베풀어주고 희생한다는 것이 창피하고 속상해야 할까. 상대방을 공경한다는 것은 정말 낡은 사고방식일까. 버려야 할 유산일까. 그런 생각을 하며 거안제미를 다시 생각하게 됐다.

내 가정에서조차 하심하지 못하고 보살행을 실천하지 못한다면 불자라고도 할 수 없다.

수행은 내가 있는 곳에서부터 시작해야 한다. 가까이 있는 사람부터 위해 주고 챙겨주는 것이 수행이다. 경전 한 권을 줄줄 외우는 것보다 한 문장이라도 삶으로 실천하는 것이 수행이고, 그 수행을 이어나가는 것이 보림이다. 그 시작은 지금 바로 이 자리다. 내가 여자든 남자든 젊든 늙었든 그건 중요하지 않다. 자신이 현재 있는 자리에서 상대방을 위해 정성을 다해 거안제미를 하는 것이 수행이고 보림이다. 수월 스님의 삶이 그렇게 말한다.

수월 스님은 마지막에 떠날 때도 딱 그답게 갔다. 1928년 여름 안거 후였다. 일흔넷이 된 수월 스님은 여름 내내 산에서 나무를 해서 지게로 져서 날랐다. 그리고 개울가에 가서 깨끗이 목욕한 후 맨 몸으로 단정히 앉아 열반에 들었다. 스님의 머리 위에는 잘 접어서 갠 바지저고리와 새로 삼은 짚신 한 켤레가 올려져 있었다. 아름다운 마무리였다.

4
나는 이와 같이 실천했다

일본의 스님

사이초
구카이
호넨
신란
묘에
에이사이
도겐
잇펜
닌쇼

사이초·구카이

수행은
스스로
변하고자
함이니

작자 미상 「산월아미타도」

"질문 있습니까?"

서울에 있는 한 대학에서 '아름다운 불교미술'이라는 주제로 특강을 마쳤다. 두 차례에 걸쳐 진행된 특강이라 국립중앙박물관에서 열린 〈고대불교조각대전〉(2015. 9. 25~11. 15)에 다녀오라는 숙제까지 내줄 정도로 분위기가 화기애애했다. 이런 분위기에서 질문 있냐고 한 것은 특별히 질문을 기대하고 한 말은 아니다. 질문은 있어도 좋고 없어도 좋다. 질문이 있으면 내 강의를 잘 들었다는 증거라 좋고, 질문이 없으면 더 이상 목 아플 일 없어 좋다. 그런데 청중석에서 기다렸다는 듯이 손을 들었다. 중년 여성이었다. 강의 내용에서 조금 벗어난 질문이 나왔다.

"저는 불자입니다. 절에 다닌 지는 오래 되었는데 몇 년 전부터는 절에 가지 않고 집에서 혼자 기도하고 수행합니다. 절에 다녀보니 스님들이 돈 많은 사람만 좋아하고 돈 없는 사람은 사람 취급도 안하더군요. 기분도 나쁘고 또 내가 그런 대접을 받으려고 절에 왔나 싶어 그때부터 나가지 않게 되었습니다. 초파일 때도 가지 않고요. 혼자 수행하면 됐지 꼭 절에 가야 되는 것은 아니지 않나요? 어떻게 생각하시는지요."

일본불교의 씨앗을 뿌리다

일본에 불교가 공식적으로 전래된 것은 538년에 백제 성왕이 경전을 보내면서부터다. 이때부터 일본불교는 한반도에서 건너 간 승려들을 중심으로 발전했다. 6세기 후반에서 8세기까지 아스카飛鳥, 하쿠호白鳳, 덴표天平 시대를 거치는 동안 일본불교는 비약적으로 발전했다. 여러 천황들은 불교를 열렬히 믿었고 사원과 승려를 우대했다. 자연히 타락한 승려가 속출했고 권력을 쥔 승려들의 정치적 간섭도 심했다. 간무桓武 천황은 부패한 불교 도시 나라를 버리고 신도시인 헤이안으로 천도를 단행했다. 그는 황권을 강화하기 위해 신도시에 여러 불교사원을 조성했고, 중국과의 문화교류 증진을 위해 견당遣唐 유학생을 파견했다. 그 혜택의 수혜자가 사이초最澄, 767~822와 구카이空海, 774~835였다. 두 사람에 의해 일본불교는 한반도 불교를 흉내 낸 것에서 벗어나 진정한 일본불교로 거듭났다.

사이초는 당나라에서 천태사상을 배우고 돌아와 히에이잔比叡山에 엔랴쿠지延曆寺를 세워 천태종의 중심지로 삼았다. 그는 '일체중생은 부처 앞에서 동등하다'는 사상을 펼쳐 기득권을 가진 기존 불교 세력에게 심한 반발을 샀다.

그러나 황실의 적극적인 후원과 사이초 자신의 불굴의 신념으로 모든 어려움을 타파했다. 그는 자신이 부족한 부분을 배우는 데도 주저하지 않았다. 자신이 알지 못한 밀교密敎에 대해 배우기 위해 일곱 살 어린 구카이를 스승처럼 여기며 법을 구했다. 또한 교단의 주체성 회복과 자주성 확립을 위해 대승계단 독립운동을 전개했다. 그의 노력으로 사후 7일 후에 계단독립이 칙허되었다. 사이초의 천태종은 그의 뜻을 계승한 엔닌圓仁, 794~864, 엔친圓珍, 814~891에 의해 현저하게 밀교화되었지만 진언종眞言宗과 함께 헤이안 말기까지 불교계의 양축을 이루었다.

구카이는 당나라에서 밀교인 진언종을 배웠다. 장안에서 중국 진언종의 창시자 혜과惠果를 만나 그의 수제자가 되었다. 귀국 후 고야산高野山에 곤고부지金剛峯寺를 세워 진언종의 거점으로 삼았고, 천황으로부터 교토京都의 도지東寺를 하사받았다. 구카이가 전한 진언종은 입으로는 진언을 외우면서 손으로는 수인을 맺고 마음은 삼매에 두는 것이 핵심이다. 이런 수행을 통해 현재 지금 이 모습 이대로 성불할 수 있다고 가르쳤다. 세속 사람들이 소원을 성취할 수 있도록 비밀스러운 밀교 의식을 행하는 기복신앙적인 요소도 겸했다. 그 결과 구카이의 진언종은 민중 사이에서 빠르게 전파되기 시작했고, 그가 사망할 무렵 진언종은 가장 강력한 종파로 부상했다.

젠린지의 「산월아미타도」를 선택한 이유

내가 죽을 때 아미타불이 나를 맞이하러 오신다면 얼마나 좋을까. 자비로운 부처가 여러 보살들과 함께 구름을 타고 내려와 생과 사의 갈림길에서 허우적거리는 내 손을 잡아준다면 얼마나 든든할까. 부처와 함께라면 아무리 컴컴한 어둠속을 뚫고 간다 해도 두려움 없이 저 세상으로 갈 수 있을 것이

작자 미상, 「산월아미타도」, 비단에 색, 138×118cm,
가마쿠라 시대(13세기 전반), 교토 젠린지 소장

다. 이런 염원은 비단 나 혼자만의 생각이 아닌 듯하다. 한중일 세 나라에서 '아미타내영도阿彌陀來迎圖'가 수없이 많이 그려진 것만 봐도 알 수 있다. 교토 젠린지禪林寺에 소장된 「산월山越아미타도」는 보살을 거느린 아미타불이 산 너머에서 서서히 떠오르면서 상반신을 드러낸 그림이다. 아미타불은 마치 보름달을 배경으로 솟아오른 듯 두 산봉우리 너머에서 금빛 찬란한 모습을 나투신다. 절묘한 광배묘사다. 임종을 앞둔 왕생자往生者를 안심시키기 위함일까. 아미타불은 상품상생인上品上生印을 결하고 그윽한 눈빛으로 내려다본다. 아미타불 앞으로 관세음보살과 대세지보살이 구름을 타고 내려온다. 배경으로 그린 산수화에서 꿈틀거리는 동세動勢가 느껴진다. 고대 산수화에서는 농도가 다른 색을 중첩되게 그려 원근감을 표현했다. 두 보살 밑으로는 사천왕과 두 동자가 배치되어 있다. 부처에서 보살을 거쳐 동자에게 이르는 동안 인물의 크기가 점점 줄어들었다. 인물의 중요도에 따라 크기를 달리해 그리는 고대 회화의 특징이다.

아미타불 앞에 선 관세음보살과 대세지보살은 보처補處보살이다. 보처보살은 협시脇侍보살이라고도 부른다. 주불主佛의 뜻을 돕거나 전하는 역할을 하는데 주불에 따라 보살도 바뀐다. 석가모니불은 문수보살과 보현보살이 보처보살이고, 약사불은 일광보살과 월광보살이 보처보살이다. 아미타불의 보처보살은 어떤 역할을 할까. 아미타불에게는 자비문과 지혜문이 있는데 자비문은 관세음보살이, 지혜문은 대세지보살이 드러낸다. 대세지보살은 그 지혜광명이 모든 중생에게 비치어 삼도三途, 지옥·아귀·축생를 여의고, 위 없는 힘을 얻게 하므로 대세지大勢至라 한다. 또 발을 디디면 삼천세계와 마군의 궁전이 진동하므로 대세지라 한다. 대세지보살의 도상圖像은 정수리에 보배 병을 얹고 아미타불의 오른쪽에 서서 합장으로 염불하는 수행자를 맞이한다. 관세음보살은 대자대비를 근본서원으로 하는 보살로 아미타불의 왼쪽에 선다. 관세음보살은 중생을 구제하기 위해 중생의 근기에 맞는 33가지 몸으로 나타난다. 이를 보문시현普門示現이라 한다. 머리에 쓴 보관에는 아미타불이 새겨져 있고, 손에는 불사不死를 뜻하는 정병을 든다. 연꽃을 들 때는 중생이 본래 갖춘 불성을 표시한다. 활짝 핀 연꽃은 불성이 드러나서 성불한다는 뜻이고, 오므린 봉오리는 불성이 번뇌에 물들지 않고 장차 필 것을 나타낸다. 「산월아미타도」에서는 관세음보살이 왕생자가 극락정토에서 앉을 금색 연꽃대좌를 들고 있다. 이 그림은 엄격하게 좌우대칭으로 구성된 인물배치가 어두운 녹색과 갈색, 흰색과 황금빛을 바탕으로 장엄하고 신비스럽다. 아마 임종을 앞둔 신도의 침상 옆에 걸렸을 것이다.

아미타내영도는 아미타불이 정면을 향한 구도와 왼쪽 위에서 오른쪽 아래로 내려오는 구도가 있다. 특히 후자는 중국과 고려불화의 아미타내영도가 오른쪽에서 왼쪽으로 나아가는 것과는 다른 방향이라 주목된다. 전자는 나라 국립박물관의 14세기 「아미타내영도」가 압권이고, 후자는 도쿄 국립박물관에 소장된 14세기 「아미타성중내영도阿彌陀聖衆來迎圖」가 대표적이다. 아미타내영도는 아미타불이 관세음보살과 대세지보살을 거느린 삼존불 형식이 기본이다. 아미타성중내영도는 아미타불이 여러 명의 성중을 거느린 형식이라 훨씬 복잡하고 다채롭다. 수많은 권속에 둘러싸인 아미타불의 백호에서 찬란한 빛이 뻗어 나와 단정히 합장하고 앉은 왕생자에게 가닿는다. 이런 상황에서 죽음은 축제처럼 즐겁다.

일본에서 아미타불은 7~8세기경부터 지배적인 신앙의 대상으로 떠올랐다. 11세기에는 귀족사회를 휩쓴 중심 신앙이 되었다. 귀족들이 지향한 아미타 신앙은 죽음의 공포를 벗어나려는 두려움과는 거리가 멀었다. 현세에서 누린

호화로운 삶을 다음 생에까지 연장하려는 의도에서 출현했다. 이런 배경에서 여러 종류의 아미타내영도가 발달했다. 후지와라藤原 시대라고도 부르는 헤이안 후기894~1185에는 가장 격조 높고 우아한 불화가 제작되었다. 와카야마和歌山 고야산에 소장된 「아미타성중내영도」(이 책의 374~375쪽)가 대표적이다. 아미타불을 중심으로 주위에 악기를 연주하는 주악비천奏樂飛天들이 구름을 타고 날아오는 작품이다. 화려한 색채와 부드러운 율동미는 일본불화를 대표한다고 해도 과언이 아니다. 가마쿠라 시대에 제작된 젠린지의 「산월아미타도」는 후지와라 시대의 아미타내영도에서 느낄 수 있는 극락세계의 아름다움은 찾아볼 수 없다. 그러나 아미타불 앞에 선 관세음보살과 대세지보살의 역할이 빛나 보이는 작품이다. 교토 국립박물관에도 같은 이름의 「산월아미타도」가 소장되어 있다. 형식은 젠린지의 작품과 비슷한데 아미타불의 상체가 공중에 더 많이 드러난 점이 특징이다. 또한 보처보살들이 모두 산 뒤에서 아미타불을 보좌하고 있어 젠린지의 보살들만큼 그 역할이 두드러지지 않는다. 젠린지의 「산월아미타도」보다 더 뛰어난 작품이 있음에도 불구하고 특별히 이 작품을 선택한 것은 사이초와 구카이 때문이다.

두 사람은 부처의 뜻을 중생에게 전한 보처보살 같은 존재였다. 두 사람에 의해 천태사상과 밀교사상이 일본에 뿌리내릴 수 있었다. 그들은 각각 신념으로 삼은 교리가 다른 만큼 중생교화를 위한 포교 방식도 달랐다. 처음에 두 사람은 서로에게 의지하면서 도움을 주었으나 신념의 차이로 끝내 결별했다. 제자 문제가 발단이 되었으나 그들의 종파와 성향이 다른 데서 나온 결과라 할 수 있다. 그들이 끝까지 서로 협력하며 아름다운 결말을 맺었더라면 얼마나 좋았을까. 서로 다투지 않는 대세지보살과 관세음보살처럼. 그런 아쉬움이 없지는 않으나 그렇다 한들 그들이 이룬 눈부신 업적마저 사라진 것은 아니다. 그들이 뿌린 씨앗이 싹이 트고 뿌리를 뻗어 이후의 일본불교가 거목으로 자랐기 때문이다.

질문에 답하다

나는 질문이라기에는 애매한 상담을 받고 한순간 난감했다. 엄밀히 따지면 내가 대답해야 할 범위를 벗어난 질문이었다. 심사숙고 끝에 이렇게 답했다.

"제2차 세계대전 때였습니다. 한 의사가 있었는데 전쟁터에서 매일 부상자를 치료하게 되었습니다. 그런 어느 날 그는 심한 회의에 빠졌습니다. 치료해서 회복되기가 무섭게 다시 전투에 투입되는 병사들을 보면서 마치 자신이 그들을 죽음 속으로 몰아넣기 위해 치료하는 것 같았습니다. 고통에 신음하는 환자를 적군이라 해서 외면할 때도 마음이 편치 않았습니다. 자신은 의사인데 환자를 치료해야 할까 하지 말아야 할까. 치료한다면 어느 선까지 해야 할까. 몇 날 며칠을 심각하게 고민하던 의사는 문득 결론을 얻었습니다. 자신은 의사니까 의사의 본분에 충실하겠다는 결론이었습니다. 자신은 오로지 치료만 할 뿐 그 나머지는 자신이 관여할 문제가 아니라는 뜻이었습니다.

스님 중에는 훌륭한 분도 있고 실망스러운 분도 있습니다. 그러나 우리는 스님을 보고 불자가 된 것이 아닙니다. 오직 부처의 법에 따라 살기 위해 불자가 되었습니다. 부처님 법대로 살려는 사람에게 스님이 누구든 어떤 행동을 하든 아무런 상관이 없습니다. 수행은 자신이 변하기 위해 하는 것이지 타인을 심판하기 위해 하는 것이 아닙니다. 우리는 우리가 지켜야 할 본분에 충실하면 그만입니다."

4
나는 이와 같이 실천했다

호넨

> 안락을
> 좇는 대신
> 민중 속으로
> 들어가

작자 미상 「헤이지 모노가타리 에마키」

"쟤는 다 좋은데 다른 사람 사정을 너무 몰라."
"어려움을 겪어봤어야 알지. 맨날 편하게만 살았는데 언제 이런 문제로 고민해본 적이 있었겠어?"

이 말은 그 사람이 좋은지 싫은지에 대한 가치평가가 아니다. 세계관이 넓지 못하다는 뜻이다. 옹졸하거나 소심하다는 평가도 아니다. 경험의 폭이 좁다는 뜻이다. 이런 사람은 직접 경험이나 간접 경험을 통해 자신의 세계를 넓혀 가면 된다. 경험을 많이 한 사람은 다른 사람에 대한 이해의 폭도 넓을까. 사람마다 다르다. 경험이 오히려 독이 되는 경우도 있다. 자기가 겪은 경험만이 전부라고 착각해 타인에게 자신의 생각을 강요할 수 있기 때문이다. 아집에 사로잡힌 사람은 다른 사람의 말에 귀 기울이지 않는다. 오로지 자신의 생각과 경험만이 전부라고 우긴다. 이럴 때 필요한 것이 마음을 여는 것이다. 자신이 겪은 경험의 특수성을 다른 사람의 경우에 비추어 반조하는 것이다. 그럼으로써 나의 특수한 경험은 보편성을 획득하고 타인과 교감할 수 있다. 중요한 것은 경험의 폭이 아니라 좁은 세계에 안주하지 않고 부단히 자신의 지평을 열어가려는 노력이다. 그러면서 자신의 신념을 묵묵히 실천하는 것. 이것이 '무아'고 '동체대비'고 '불이不二'가 아닐까.

한 사람에 대한 평가는 그의 말과 행동을 대상으로 한다. 말과 행동은 마음에 따른다. 그러나 마음이 항상 말과 행동을 지배하는 것은 아니다. 몸이 생각대로 따라주지 않을 때 우리는 '마음 같지 않다'라고 표현한다. 마음은 생각으로 끝나서는 아무 소용이 없다. 아무리 많은 이론을 마음속에 담고 있어도 말과 행동으로 전환되지 않으면 그것은 죽은 이론이다. 그것을 알면서도 실천하기 어려운 것이 우리 삶이다. 다겁생에 걸쳐 익혀 온 습관이 쉽게 바뀌지 않기 때문이다. 말과 행동이 마음에 따르게 하려면 훈련이 필요하다. 평생 수행하는 사람이 일정 기간을 정해 놓고 용맹정진하는 이유도 몸을 조복하기 위해서다.

귀족불교에서 민중불교로

일본 정토종을 개창한 호넨法然, 1133~1212 스님을 생각할 때, 가장 먼저 떠오른 생각은 이론과 행동의 일치였다. 호넨겐쿠法然源空 스님은 호넨쇼닌法然上人 혹은 엔코대사圓光大師라고도 부른다. 처음에는 히에이잔의 엔랴쿠지에서 계를 받고 관승官僧으로 승려 생활을 시작했다. 그대로 계속 갔더라면 목에 힘주며

산 무명의 스님이 되었을지 몰라도 오늘날의 호넨은 없었을 것이다. 호넨 스님은 10~11세기경에 활동한 일본의 겐신源信 스님의 『왕생요집往生要集』을 읽고 큰 감명을 받는다. 특히 마흔세 살에 선도善導, 613~681대사의 『관무량수경소』를 읽다가 '일심으로 오롯이 아미타불의 명호를 염불한다'는 문장을 접하고 전수염불專修念佛을 결심한다. 선도대사는 중국 정토종의 스승이다. 호넨 스님이 선도대사를 얼마나 존중했던지 『선택본원염불집選擇本願念佛集』을 저술할 때도 선도대사의 종지를 바탕으로 정토종의 체계를 세웠다. 그때부터 호넨 스님은 구원을 받는 데 있어서 필요한 유일한 것은 염불이라는 가르침을 천명한다. 아미타불은 법장비구 시절에 48대원을 세워 극락정토를 만든 부처다. 전수염불은 '염불이야말로 절대적 존재인 아미타불에 의해 선택된, 극락에 왕생하기 위한 유일한 방법'이라고 생각했다. 호넨 스님은 아미타불의 이름을 부르는 사람은 누구든지 신분고하를 막론하고 구원을 받는다고 가르쳤다. 염불에 대한 확신이 생기자 천황의 허가를 얻지 않고 정토종을 열어 중생교화에 뛰어들었다. 둔세승遁世僧의 시작이었다. 둔세승은 흰옷(白衣)을 입은 관승과 달리 '검은 옷(黑衣)의 스님'으로 불리었다. 그의 밑으로 수많은 제자들이 몰려들었고 날로 세력이 커졌다. 관승들은 긴장했다. 그들의 모함으로 호넨 스님의 두 제자가 궁녀와 밀통했다는 혐의가 씌워졌다. 그의 포교가 여인들에게까지 미쳤음을 알 수 있다. 두 제자는 사형을 당했다. 호넨 스님의 전수염불은 금지되었고, 그는 유배지로 보내졌다. 헤이안 시대가 끝나가고 가마쿠라 시대가 시작되는 과도기의 일이었다.

　호넨 스님이 둔세승으로 중생교화에 뛰어든 것은 어떤 의미가 있을까. 일본에서 승려가 된다는 말은 관승이 되는 것을 뜻한다. 관승은 나라에서 정한 승니령僧尼令에 의해 공무원처럼 움직이는 수행자다. 승니령은 8세기 초엽에 제정되었는데 승僧, 비구과 니尼, 비구니에 관한 각종 규제를 정한 법률이다. 승려에 대한 모든 사항은 정부에 의해 철저히 통제되었다. 즉 정부의 허가 없이 출가하는 것을 금지했으며, 그 허가를 얻는 득도得度에 대해서도 숫자를 제한했다. 승려는 사원 이외의 장소에서 종교 활동을 할 수 없었고, 승려 중에서 선출된 승관이 관리했다. 호넨 스님이 국가의 허가 없이 중생교화에 나선 것은 승니령을 위반한 행동이었다. 그는 둔세승이 되어 이미 둔세하고 있던 승려들을 제자로 받아들였다. 둔세승의 출현은 가마쿠라 신불교의 탄생을 예고했다. 가마쿠라 신불교는 호넨 스님의 정토종을 시작으로 신란親鸞, 1173~1262의 정토진종, 니치렌日蓮, 1222~82의 법화불교, 도겐道元, 1200~53의 조동종曹洞宗, 에이사이榮西, 1141~1215의 임제종臨濟宗 등 다양한 방면으로 뻗어나갔다. 이들이 추구한 불교는 아미타신앙과 석가모니신앙에 근거하여 서로 다른 길을 걸어 간 종파불교였지만 국가불교의 통제를 벗어났다는 점에서는 공통적이었다. 이들은 공무원 조직이나 다름없는 관승의 태도를 벗어나 개인 구제에 전념했다.

둔세승이 출현하게 된 배경에는 나라 시대의 교기行基, 668~749 스님과 헤이안 시대의 구야空也, 903~972 스님이 좋은 선례가 되었다. 교기 스님은 관승이었으나 관승을 이탈해 민간에서 포교하며 사도승私度僧 집단을 형성했다. 사도승은 승니령을 어기고 나라의 허가 없이 사사로이 출가한 승려를 말하는데 10세기 이후가 되면 일본 역사에 대거 등장한다. 사도승은 철저하게 민중들과 살며 그들에게 봉사하는 삶을 살았다. 교기 스님은 사도승과 함께 강 위에 민중들을 위해 다리를 놓고 버려진 시체를 수습하는 등 가난한 사람을 구제했다. 그는 승니령을 위반한 죄로 탄압받았으나 도다이지東大寺의 대불을 조성할 때, 교기 스님의 도움이 필요했던 쇼무聖武 천황은 그를 대덕大德이라 칭송하고 대승정에 임명했다.

구야 스님은 항상 '나무아미타불'을 염하며 민중교화에 나섰기 때문에 '아미타히지리'라고 불렸다. 히지리는 성인聖人을 뜻한다. 신라시대의 원효 스님 같은 분이 히지리다. 구야 스님은 시정에 숨어 살면서 빈민과 병자들에게 봉사했기 때문에 '이치히지리市聖, 저잣거리의 성인'라고도 불렸다. 일본 불교사에서 히지리의 등장은 귀족불교가 민중불교로 바뀌는 분수령이 되었다. 히지리에 의해 기존의 폐쇄적인 국가불교가 민중불교로 전환됐다. 히지리에 의해 시작된 민중불교의 전통은 둔세승과 묘코닌妙好人에게 계승되었다. 묘코닌은 스님이 아닌 재가불자로서 아미타불을 믿고 삼독심을 항복받은 사람들이다. 가마쿠라 시대 이후의 신불교는 히지리와 묘코닌에 의해 유지되었다 해도 과언이 아니다.

12세기 말엽의 지옥 같은 현실을 고발하다

불이다. 성난 바람을 타고 맹렬하게 타오르는 불꽃은 폭발할 듯한 기세로 전각을 집어삼킨다. 무너져 내리는 기둥, 사방으로 튀는 기왓장, 타닥거리는 문짝이 보는 것만으로도 공포스럽다. 아수라장이다. 잿더미가 되어 쓰러지는 건물 잔해 속으로 군사들의 함성이 쏟아진다. 창칼을 휘두르는 군사들의 잔악상은 불길보다 더 공포스럽다. 칼날이 부딪치는가 싶더니 단말마적인 비명이 하늘로 치솟는다. 황궁수비대는 목이 달아났다. 도망가던 시녀들은 우물에 떨어졌다. 저항하던 남자는 사납게 내리치는 무사의 칼을 맞아 몸이 두 동강이 났다. 목이 반쯤 잘린 남자의 시신에서 피가 솟구친다. 피가 튀고 팔 다리가 굴러다닌다. 같은 붉은색인데 불꽃과 시신의 피는 전혀 다르다. 말 탄 병사가 젖가슴을 드러낸 여인의 시신을 짓밟고 달려간다. 여인의 신음소리는 시커먼 연기에 묻혀 잦아든다. 지옥 같은데 지옥이 아니다. 현실이다. 호넨 스님이 살았던 현실이다.

「헤이지 모노가타리 에마키平治物語繪卷」는 지옥 같은 현실을 그린 작품이다. 가마쿠라 시대를 대표하는 명작인데, 내란으로 칼과 창이 난무하는 잔인무도한 참상을 파노라마처럼 펼쳤다. 한 시대를 대표하는 작품이 하필이면 죽음을 소재로 다루었다. 당시 사회상의 반영이다. 모노가타리物語는 '이야기'라는 뜻이다. 협의적인 의미로는 헤이안 시대부터 가마쿠라 시대에 걸쳐 만들어진 산문 형식의 문학 작품을 지칭한다. 에마키繪卷는 이야기를 그린 두루마리로 에마키모노繪卷物라고도 한다. '헤이지 모노가타리'는 1159년에 실제로 발생한 '헤이지의 난'을 소재로 한 서사적인 장편소설로 1220년경에 발표되었다. '헤이지의 난'은 당시에 권력을 쥐고 있던 미나모토源 가문과 다이라平 가문이 벌인 내전이었다. 권력쟁취를 위해 끊임없이 죽고 죽이는 잔악무도한 싸움이었다. 「헤이지 모노가타리 에마키」는 이 장편소설을 그림으로 묘사한 작품이다. 그중에서 이 장면은 '산죠전三條殿의 화재火災' 부분이다. 소설로 묘사되었던 헤이지 모노가타리가 에마키의 형태로 그려진 것은 13세기 후반이었다. 장편소설을 그림으로 표현하려면 여러 장면이 필요하다. 화첩이나 병풍으로 그릴 수도 있지만 가로로 긴 두루마리가 제격이다. 감상자는 두루마리를 펼쳐가면서(이미 본 부분은 말아가면서) 마치 장편소설을 읽듯 그림을 감상하면 된다. 이 두루마리 그림은 당초에 15권 정도로 제작되었을 것으로 추정되지만 현재는 단편적인 장면만이 남아 있을 뿐이다. 후대에 제작된 모사본도 여러 점 현존한다.

헤이안 시대 말기에는 유난히 재난사고가 많았다. 큰불, 회오리바람, 기근, 대지진 등의 자연재해가 계속되었고, 여기에 후쿠와라福原로 수도를 천도遷都하는 인재人災까지 겹쳤다. 오죽했으면 이런 재해를 합해 오대재해五大災害라 했

작자 미상, 「헤이지 모노가타리 에마키—산죠전의 화재」,
종이에 색, 높이 41.3cm, 가마쿠라 시대(13세기),
보스턴 미술관 소장

을까. 수도 천도를 재해로 규정한 것은 현실을 고려하지 않고 일방적으로 정책을 밀어붙인 정부에 대한 원망이 담겨 있다. 호넨 스님과 같은 시대를 살았던 가모노 초메이鴨長明의 수필집 『방장기方丈記』를 보면 오대재해를 당한 사람의 심정이 적나라하게 적혀 있다. 그는 오대재해 중 큰불을 겪은 심정을 이렇게 적고 있다.

"안겐 3년1177년 4월 28일이었으리라. 바람이 몹시 불어서 너무나 시끄럽던 저녁 술시戌時 무렵의 일이다. 교토의 남동쪽에서 불이 일어나서 북서쪽으로 번져 갔다. 결국에는 주작문, 대극전, 대학건물, 민부성民部省으로까지 불길이 번져 하룻밤 사이에 모두 한 줌의 재로 변해버렸다."

헤이안 시대 말부터 가마쿠라 시대 초까지 역사적인 소재를 대상으로 그린 에마키와 더불어 유난히 많은 지옥도가 제작되었다. 지옥도는 죄인들이 이 세상에서 지은 죄의 정도에 따라 여러 종류의 고통을 받고 있는 지옥의 단계를 나타낸 그림이다. 아귀지옥, 등활지옥, 철애지옥, 팔열지옥 등 지옥을 묘사한 그림은 종류도 다양하고 상상력도 기발하다. 강렬한 색 대비와 끔찍한 참상은 보는 것만으로도 소름끼친다. 그 시대 사람들이 특별히 지옥에 관심이 많아서 지옥도를 제작한 것이 아니다. 그들의 삶 자체가 지옥과 다르지 않을 만큼 비참했기 때문이다. 오대재해를 당한 사람들의 삶은 끔찍했다. 어린아이는 죽은 엄마의 젖을 빨고 있었다. 추위를 견디지 못한 사람은 불상을 훔쳐 땔감으로 썼다. 허기에 지쳐 걷다 쓰러진 사람, 지진으로 집을 잃은 사람 등 두 달 사이에 교토에서만 4만2,000명이 죽었다. 교토에서만 이 정도였으니 일본 전체를 따진다면 수를 셀 수 없을 지경이었다. 이 시대 사람들이 지옥도를 생생하게 그린 시대적 배경이 이러하다. 지옥도는 12세기 말엽의 혼란한 사회현실을 반영한 고발적인 그림이라고 할 수 있다.

그의 글과 「헤이지 모노가타리 에마키」의 장면이 겹쳐진다. 오대재해가 특별한 사건이 아니라 일상이었음을 알 수 있다. 가모노 초메이는 이런 현실을 겪으면서 '물거품 같은 세상'을 버리고 출가해 조용한 삶을 누린다. 가모노 초메이와 호넨 스님은 같은 시대를 살았고 같은 문제를 고민한 출가사문이다. 그런데 그들이 선택한 길은 전혀 달랐다. 가모노 초메이가 은둔형 삶을 택했다면 호넨 스님은 한시도 민중을 떠나지 않았다. 호넨 스님은 지옥 같은 현실이었지만 그 속에서 자신이 할 수 있는 일을 찾아 실천했다. 이론과 행동의 일치였다. 편안한 관승의 자리를 포기하고 둔세승이 되어 민중을 구제하려는 자비보살의 행동이다. 그를 역사가 기억하고 수행자들이 선지식으로 추앙하는 이유다.

호넨 스님의 정토사상

호넨 스님은 자신이 살고 있는 시대를 말법시대로 규정하고 실천 가능한 수행법을 제시했다. 그것이 바로 전수염불이다. 진리에 도달할 수 있는 방법에는 성도문聖道門과 정토문淨土門이 있다. 호넨은 죄악으로 가득 찬 말법시대에는 불퇴전의 경지를 구하는 성도문을 따르기가 쉽지 않다고 생각했다. 성도문을 난행도難行道라 부른 이유다. 그러나 오직 아미타불을 깊이 믿고 서방정토 극락세계에 왕생하기를 발원한다면 아미타불의 서원에 힘입어 누구나 청정한 극락세계에 왕생할 수 있다. 말법시대에 전수염불이 필요한 까닭이다. 오로지 나무아미타불을 염하면 들어갈 수 있는 정토문은 누구나 예외 없이 실천할 수 있는 이행도易行道다.

호넨 스님의 정토사상은 새로운 것이 아니다. 중국의 선도대사의 사상을 발전시켰다. 선도대사는 정토문으로 들어갈 수 있는 방법을 다섯 가지로 분류했다. 정토경전의 독송, 아미타불과 정토의 상을 관하는 관찰, 아미타불에 대한 예불, 아미타불의 명호를 부르는 칭명염불, 아미타불에 대한 찬탄공양이다. 선도대사는 이 다섯 가지를 정행^{正行}이라 이름하고 아미타불 이외의 다른 불보살을 향한 행위는 잡행^{雜行}이라 배재했다. 그런데 호넨 스님은 여기서 한걸음 더 나아갔다. 정행의 네 번째인 아미타불의 명호를 부르는 칭명염불을 정업^{正業}이라 칭하고 나머지는 조업^{助業}이라 했다. 즉 왕생하기 위해서는 정행의 다른 수행법도 필요 없고 오로지 염불에 전념해야 한다는 뜻이었다. 왜냐하면 염불이야말로 중생을 구제하기 위한 아미타불의 '본원에 의해 선택된' 왕생하기 위한 최고의 방법이기 때문이다. 이것이 그가 『선택본원염불집』에서 강조한 전수염불의 핵심이다.

그의 가르침은 주효했다. 많은 시간을 투자해야 하는 교학이나 참선 대신 나무아미타불만 염불하면 된다는 간단하고 소박한 가르침은 당시 일본 사회 각계각층 사람들로부터 열렬한 지지를 받았다. 언제 목숨을 잃을지 모를 정도로 절박하게 살아가는 사람들에게 염불이야말로 최고의 기도였다. 그의 사상은 신란 스님에게 전해져 더욱 깊어졌다. 청출어람이다. 지금도 정토문에 귀의한 사람들은 기도가 끝날 때 다음과 같이 회향한다.

"아등여중생 당생극락국 동견무량수 개공성불도!(나와 모든 중생들이 다음 생에 반드시 극락세계에 태어나 다함께 아미타불을 뵙고 성불하게 하소서)"

신란

> 번뇌에 묶인
> 범부라도
> 정토왕생
> 할 수 있다

작자 미상 「아미타성중내영도」

울고 또 울었다. 나는 영 가망이 없는 걸까. 자꾸 체념하는 마음이 생겼다. 울음은 느닷없이 터졌고 눈물은 쉴 새 없이 흘렀다. 내가 이렇게 살아서 뭐하나, 싶은 생각에 급기야는 밥도 넘어가지 않았고 삶에 대한 의욕도 사라졌다. 사소한 외부경계를 만나도 마음은 풍랑을 만난 배처럼 흔들렸다. 내 뜻에 어긋나는 사람이 있으면 새벽기도 때의 축복의 진언이 삽시간에 저주의 진언으로 바뀌었다. 그런 나를 보면서 주저앉고 싶을 정도로 절망스러웠다. 평생 노력해도 나는 내 안에 도사린 업력의 작용을 거스를 수 없을 것 같았다. 내가 다른 사람의 결점을 쉽게 비난하지 못하는 이유도 이 때문이다. 특별히 내가 너그러운 사람이라서가 아니다. 나도 내 마음을 어쩌지 못하는데 어떻게 다른 사람에게 손가락질할 것인가.

신란 스님의 새 종교관

신란 스님은 호넨 스님의 뒤를 이어 정토종을 확립했다. 그는 출가 후 스물아홉 살까지 히에이잔에서 엄격하게 수행했다. 그러나 아무리 열심히 수행해도 자기 안에 내재된 욕망과 사악한 본성을 제어할 수가 없었다. 수많은 생을 전전하면서 뿌리 뻗은 숙세의 업은 쉽게 근절될 수 있는 것이 아니었다. 그는 정토세계를 강조한 호넨 스님 문하에 들어가 전통적인 자력수행을 포기하고 아미타불의 본원에 자신을 맡기는 타력수행에 전념한다. 그는 유배가기 전까지 6년 동안 호넨 스님의 지도를 받으며 신앙세계의 토대를 구축한다. 그는 '계율을 지키든 말든 결혼을 하든 안 하든, 우리 삶의 유일한 목적은 오직 염불을 통해 생사의 세계를 벗어나는 일뿐'이라는 호넨 스님의 가르침에 따라 결혼을 했다. 그 후 스님도 아니고 속인도 아닌 비승비속非僧非俗으로 살았다. 그의 나이 서른다섯 때 호넨 스님이 기존 종교 세력의 모함을 받고 유배를 떠나게 되었다. 그때 신란 스님도 에치고越後로 보내졌다. 그는 이곳에서 가난한 사람들의 비참한 삶을 생생하게 목격했다. 이론상으로만 알던 불교 교리가 와르르 무너지는 소리를 들으며 신란 스님의 새로운 종교관이 싹트기 시작했다.

일본불화를 대표하는 수작

'아미타내영도'의 출현 배경에 대해서는 '사이초·구카이' 편에서 살펴보았다. 아미타신앙은 7~8세기경부터 조금씩 알려지다 천태종의 서방정토왕생 사상이 전파되면서 히에이잔의 엔랴쿠지를 중심으로 크게 유행했다. 특히 겐신 스님이 985년에 저술한 『왕생요집』이 유포된 후 이론적인 토대까지 확립되어 더욱 성행했다. 이런 배경에서 귀족문화가 정점에 달했던 11세기에는 가장 아름답고 예술성이 뛰어난 아미타내영도가 발달했다. 그 대표작이 「아미타성중내영도」다. 와카야마 고야산에 소장된 이 작품은 헤이안 시대를 넘어 일본 불화를 대표하는 수작이다.

 죽음을 앞둔 왕생자 앞에 아미타불이 내려온다. 여러 보살의 행렬에 둘러싸여 장엄하게 나툰다. 아미타불을 중심에 두고 수많은 보살들과 주악비천들이 본존불을 호위하듯 에워싸고 있다. 아미타불의 신체는 권속들과 비교할 수 없을 정도로 크다. 30여 명의 보살과 비천은 본존불에 비해 뒤로 물러날수록 작아진다. 인물의 중요도에 따라 크기를 달리해서 그리는 고대회화의 원칙을 적용했다.

 아미타불의 배경으로 그려진 두광頭光과 신광身光은 뒤에서 빛을 반사한 듯 테두리가 환하다. 몸에 걸친 천의의 바탕에도 금빛이 눈부시다. 끝없는 빛의 세계인 무량광無量光여래의 상징이다. 정중앙에 앉아 상품하생인上品下生印을 한 아미타불은 근엄함과 위엄을 잃지 않았다. 장식을 전혀 하지 않은 광배 때문에 아미타불의 존재가 더욱 두드러진다. 아미타불 앞에는 관세음보살과 대세지보살이 자리했다. 모든 아미타내영도가 그러하듯 관세음보살은 왕생자가 앉을 연꽃대좌를 들고 있고, 대세지보살은 두 손을 합장한 채 앉아 있다. 나머지 권속들을 제외한다면 완전한 삼존불 형태다. 아미타불 옆으로는 다섯 명의 보살들이 협시했다. 그중 세 명은 승복을 입었는데 표정과 자세가 아미타불 못지않게 근엄하다. 그에 비해 악기를 연주하는 주악비천들의 표정은 밝고 환하다. 미소 띤 얼굴에 치아가 보이도록 웃는 보살도 있다. 참 보기 좋다. 자세 또한 음악의 율동에 맞춘 듯 정면관을 탈피했다. 살아 있는 사람처

僧

4
나는 이와 같이
실천했다

작자 미상, 「아미타성중내영도」, 비단에 설채,
가운데 210×210cm, 좌우 각각 210×105cm,
헤이안 시대(12세기 후반),
와카야마 고야산 소장

럼 자연스럽다. 이들이 연주한 천상의 음악이 구름처럼 허공을 떠다닌다. 왕생자가 극락세계에서 누릴 행복을 암시하는 듯하다. 보살들이 입은 녹색, 청색, 붉은색 의상은 아미타불의 금빛 신체와 대조를 이루며 그림에 생기를 불어넣는다. 흰색이 뒤섞인 구름은 경전에 묘사된 상서로운 구름인 '자운紫雲'을 표현한 것이다. 원래는 자주색으로 채색되었을 것이나 현재는 갈색을 띠고 있다. 비천의 옷자락처럼 휘날리는 구름 묘사가 화면을 생동감 있게 살린다. 바람에 날리는 구름에 눈길을 빼앗기다보면 전체 화면이 굉장히 복잡해 보이지만 어떤 질서가 느껴진다. 좌우대칭의 구도 덕분이다. 좌우대칭이지만 완벽한 좌우대칭은 아니다. 아미타불 주변에는 열여섯 명의 권속이 자연스럽게 에워싼 가운데 왼쪽에는 일곱 명, 오른쪽에는 아홉 명이 배치되어 있어 오른쪽으로 조금 쏠린 구도다. 왼쪽에 비중을 낮게 둔 이유는 하단에 절벽을 배경으로 그려 넣기 위해서다. 단풍나무가 심어진 절벽은 이곳이 극락세계가 아니라 사람이 사는 지상세계라는 것을 상기시킨다. 극락세계의 불보살님들이 왕생자를 맞이하러 지상으로 내려왔다는 뜻이다. 이 작품은 원래 아미타신앙의 본거지인 히에이잔에서 제작되었다가 1571년 내란을 피해 고야산으로 옮겼다. 천하통일을 꿈꾸던 오다 노부나가織田信長가 교토를 제압하기 위해 승병의 거점이었던 엔랴쿠지를 불태우는 바람에 자칫하면 「아미타성중내영도」도 불에 탈 뻔 했다. 다행히 그 난리에서도 살아남아 헤이안 시대의 귀족문화를 대표하는 뛰어난 작품 수준을 가늠할 수 있게 해주었다.

아미타불의 본원

이 아름다운 작품을 보고 있으면 만감이 교차한다. 왕생자가 이승에서 얼마나 복을 많이 쌓았으면 임종 시에 시커먼 저승사자 대신 저런 고귀한 분들이 마중 나올까. 부러움과 함께 절망감이 앞선다. 내 처지에 언감생심 저런 분들의 환대를 받을 수나 있을까. 다음 생에 나는 어디서 살고 있을까. 어떤 모습으로 어떤 생각을 하며 무엇을 하며 살고 있을까. 지금도 힘든데 다음 생에서는 어떠할까. 복 지은 것이 별로 없는 나로서는 이승이나 저승이나 사는 게 별반 차이가 나지 않을 것 같다.

나만 이런 생각을 하며 사는 것은 아닌 것 같다. 정도의 차이는 있지만 대다수의 사람들이 나와 비슷한 생각을 하며 살 것이다. 신란이 유배지에서 만난 사람들도 마찬가지였다. 신란이 '하류인생'이라 칭한 그들은 가진 것 없고 배운 것이 없어 비참한 나날을 보내며 살았다. 먹고 살기 위해 어쩔 수 없이 사냥과 낚시 등의 살생죄를 범해야 했다. 아무런 능력이 없는 그들로서는 다른 생업을 선택할 여지가 없었다. 상황이 이럴진대 어려운 불교 경전을 읽을 리 만무했다. 전생의 업으로 인해 죄를 지을 수밖에 없는 상황에서 복을 짓기 위해 보시를 하거나 공덕을 쌓을 만한 형편도 아니었다. 이들은 구원받을 수 있을까. 이들에게도 임종 시에 수많은 권속에 둘러싸인 아미타불이 구름을 타고 내려오실까.

이런 의구심을 가진 사람들에게 신란은 단호하게 '그렇다'라고 대답한다. 번뇌에 묶인 범부들, 곧 사냥꾼과 장사꾼들과 같은 하류들이 무량광불의 불가사의한 서원, 광대지혜의 명호를 열심히 믿으면 '번뇌를 구족한 채 무상대열반에 이른다'고 대답한다. 우리가 어떤 사람이든 상관없다. 자격도 필요 없고 노력도 필요 없다. 다만 신심만 있으면 우리 모두는 번뇌가 있는 이대로 정토왕생할 수 있다. 신란 스님의 가르침은 그의 제자인 유이엔唯圓의 『탄이초歎異抄』에 자세히 설명되어 있다. 신란 스님은 '선인善人도 왕생할 수 있는데 하물며 악인惡人은 말할 것이 있겠는가'라면서 악인정기설惡人正機說을 주장했다. 어째 말이 조금 이상하다. '악인도 왕생하는데 하물며 선인은 말할 것이 있겠는가'가 맞을 것 같다. 혹시 문장이 뒤바뀌지 않았나 싶어 여러 차례 확인해 봐도 전자가 맞다. 신란 스님은 왜 이렇게 표현했을까. 타력을 강조하기 위해서다. 자력으로 선을 행하는 선인은 타력에 전적으로 의지하는 마음이 없어 아미타불의 본원에 부합하지 않는다. 그러나 자력으로 선을 행할 수 없는 악인은 오로지 아미타불의 본원인 타력에 의지해야만 한다. 이것이 악인이야말로 아미타불이 그의 본원을 통해 구제하고자 하는 주 대상이라는 사상이다. 이것은 번뇌에 빠져 생사윤회를 되풀이해야 하는 우리 자신의 처절한 죄악성에 대한 자각에서 나온 결론이었다. 신란 스님은 왜 그토록 타력을 강조했을까. 우리가 정토에 왕생할 수 있는 비결은 우리에게 있는 것이 아니라 아미타불에게 있기 때문이다. 아미타불이 법장비구였을 때 세운 48대원 중 18번째 원이 그 근거다.

"제가 부처가 될 적에, 시방세계의 중생들이 저의 나라에 태어나고자 신심과 환희심을 내어 제 이름을 다만 열 번만 불러도 제 나라에 태어날 수 없다면, 저는 차라리 부처가 되지 않겠나이다."

이것이 아미타불의 본원이다. 이즈키 히로유키五木寬之가 『타력』에서 표현했듯 아미타불의 본원은 선인은 물론이고 악인까지도 구제하는 '무차별적인 구제'다. 재물이 넘쳐 복을 많이 쌓은 귀족이나 돈이 없어 살생을 업으로 해야 하는 하류나 예외 없이 포함되는 구제다. 그러니 우리는 단지 아미타불을 지성으로 염불하기만 하면 된다. 우리가 정토에 왕생할 수 있는 이유도 염불 때문이 아니다. 염불하는 힘, 자력이 아니라는 뜻이다. 아미타불의 본원에 나타난 무한한 자비와 지혜, 즉 타력 때문이다. 타력은 우리가 우리 힘으로 무엇인가를 할 수 있다는 자력을 완전히 버리는 체념에서부터 시작된다. 하류인생은 다겁생에 걸쳐 쌓은 업장이 두터워 이렇게 살고 있는데 어떻게 자력으로 정토왕생이 가능하겠는가. 우리는 그저 아미타불의 자비심에 의지해야 한다는 사실을 인정하고 받아들이기만 하면 된다. 이것이 호넨 스님을 따르는 전통적인 정토교와 신란 스님이 세운 정토진종의 차이점이다. 자력이 아니라 타력이 정토왕생의 유일한 조건이라는 뜻이다. 신란 스님에 의한 '나무아미타불' 염불은 수행으로서의 염불이 아니라 타력에 대한 신심으로의 이동을 의미한다.

   이렇게까지 자신을 비하할 필요가 있을까. 신란 스님의 가르침을 들으며 그런 생각도 없지 않았다. 그런데 내 마음도 어쩌지 못하는 나 자신을 보면서 그의 말을 수긍할 수밖에 없었다. 번뇌 가득한 지금 이 모습 이대로 언제 죽어도 아미타불의 환영을 받을 수 있다는 믿음은 얼마나 큰 안심을 주는가. 다만 내가 나무아미타불을 잊지만 않는다면⋯⋯.

묘에

사랑도,
보살행의 실천도
바로 지금
이 순간

에니치보 조닌 「묘에쇼닌 상」

사진을 정리하며 지난 시간을 되돌아보았다. 여기저기서 찍은 사진을 보니 참 많이도 돌아다녔다는 생각이 들었다. 인도에서부터 동남아시아와 중국을 거쳐 일본까지 불교 유적지가 있는 곳이면 거의 다 가보았다. 4년 전에도 인도 성지순례를 다녀왔다. 인도 여행은 어지간해서는 마음내기 힘든 여정이다. 거리도 멀고 기후도 다르고 잠자리도 불편하고 음식도 입에 맞지 않는다. 그럼에도 불구하고 인도행을 택한 것은 순전히 부처에 대한 흠모 때문이었다. 부처는 내 삶을 바꿔놓은 스승이다. 비록 내가 부처의 가르침을 온전히 실천하면서 살고 있지는 못하지만 적어도 어떻게 살아야 하는지는 알게 되었다.

캄캄한 삶에 등불을 켜준 스승의 자취를 찾고 싶은 마음은 당연하다. 어찌 이런 생각을 나만 했겠는가.

묘에 스님도 마찬가지였던 것 같다. 묘에 스님은 두 차례나 인도행을 시도했지만 그때마다 번번이 실패했다. 그에 비하면 나는 아주 운이 좋은 편이다. 비 맞으며 걷거나 위험한 배를 탈 필요 없이 그저 비행기 한 번만 타면 몇 시간 안에 인도에 도착할 수 있기 때문이다. 이렇게 좋은 시대에 태어나 많은 것을 누리고 살고 있으니 그만큼 더 깊은 신심으로 감사해야 하는데 그게 참 잘 안 된다.

원효대사와 의상대사를 흠모한 스님

묘에 스님에 대해서는 '의상대사' 편에서 잠깐 살펴보았다. 그는 무사 집안에서 태어나 어려서 부모를 잃고 숙부를 은사로 열여섯에 출가했다. 처음에는 밀교에 입문하고 이후 도다이지에서 화엄학을 공부했다. 그는 화엄학도 교학적 지식이 아니라 실제 수행의 길잡이로 수용했다. 그리고 화엄학을 공부할 때 원효와 의상의 가르침에 깊이 경도되었다. 특히 의상대사를 향한 선묘낭자의 숭고한 사랑에 큰 감동을 받았다. 그는 자신의 꿈을 해석하고 수행에 참고한 『나의 꿈(夢記)』을 남겼는데, 꿈속에서 자신이 의상대사가 되어 선묘낭자 앞에 서 있었다고 기록할 정도였다.

묘에 스님은 구태의연한 종파를 혁신할 목적으로 10여 년 동안 산속 암자에서 참선을 하다 1212년에 교토의 고잔지를 개창하였다. 고잔지를 부흥시킬 목적으로 『화엄종조사회전』을 기획했는데 『화엄종조사회전』은 『송고승전宋高僧傳』을 바탕으로 원효대사와 의상대사의 구도행을 글과 그림으로 묘사한 두루마리다. 전체 그림은 의상대사와 관련된 「의상회」 4권과 원효대사의 「원효회』3권 등 총 7권으로 구성되어 있으며, 30미터가 넘는 대작이다. '의상대사' 편에서 살펴본 선묘낭자 이야기도 이 두루마리 그림에 포함되어 있다. 그가 원효대사와 의상대사를 얼마나 깊이 그리워하고 우러러 보았는지 짐작할 수 있다.

그는 원래 호넨 스님의 인품을 연모했다. 그러나 호넨 스님의 사후에 간행된 『선택본원염불집』을 읽고서, 그 가르침이 부처의 본래 의도를 왜곡했다고 분노했다. 그는 『자이자린摧邪輪』을 저술하여 호넨 스님의 전수염불의 잘못을 두 가지로 비판했다. 즉 '보리심이 필요하지 않다'고 한 것과 '성도문聖道門'을 도적 무리에 비유'한 것은 잘못이라는 얘기다. 호넨 스님은 보리심이 없어도 아미타불을 믿고 염불하면 구원을 받는다고 주장했다. 그러나 묘에 스님은 깨달음을 구하는 보리심이야말로 불도수행의 근본이라고 생각했다. 호넨 스님이 아미타신앙의 입장이었다면, 묘에 스님은 석가모니신앙의 입장에서 불교 본래의 깨달음과 실천을 강조했다. 그는 평생을 석가모니 부처의 가르침에 따라 엄격하게 계율을 지키며 살았다.

묘에 스님은 석가모니신앙을 실천하기 위해 인도에 갈 계획을 세웠으나 번번이 실패했다. 뜻을 이룰 수는 없었으나 석가모니를 따라 이생에서 보살도를 행하고 중생을 교화하겠다는 서원을 세우고 실천했다. 그는 중생구제 대상에 예외를 두지 않았다. 1221년에 황실과 막부가 싸운 조큐承久의 난이 발생했을 때 위험을 무릅쓰고 도망자들을 숨겨주었다. 특히 전란으로 남편을 잃은 미망인들을 위해 젠묘지라는 비구니 사찰을 세웠다. 젠묘지에는 아름다운 채색을 입힌 목조 선묘낭자상이 모셔져 있다. 법당에 관세음보살이나 대세지보살이 아닌 선묘낭자상이 모셔진 것은 매우 이례적인 일이다. 표면적인 이유는 선묘낭자가 의상대사를 통해 불도에 귀의한 후 화엄옹호를 맹세했기 때문에 모셨다. 그러나 내면적으로는 비구니가 된 전쟁 미망인들이 선묘처럼 수행에 힘쓰라는 묘에 스님의 격려와 법문이 담겨 있을 것이다.

너무나 사실적인 스님의 초상화

묘에 스님이 숲속에 앉아 참선을 하고 있다. 검은 승복을 입고 선정인禪定印을 한 스님은 고요한 삼매에 잠긴 듯 지그시 눈을 감았다. 둥그렇게 원을 그리며 휘어진 두 그루 소나무가 스님을 보호하듯 아늑한 공간을 만들었다. 스님 주변에는 아무렇게나 자란 나무와 그 나무를 휘감은 넝쿨이 무성하다. 스님은 나무 위에 앉아 있는 걸까. 나무 묘사는 아마추어가 그린 듯 정확하지 않다. 먹을 연하게 풀어 되풀이하듯 칠한 바위 묘사도 어색하기는 마찬가지다. 그러나 이곳은 스님이 평소에 자주 와서 수행하는 곳인 듯 편안하고 익숙해 보인다. 짙은 눈썹에 검게 자란 수염과 단정한 얼굴 표정은 가까이에서 지켜본 사람이 아니면 잡아내기 힘든 깊은 통찰력이 들어 있다. 전문가는 아닐지 몰라도 스님에 대해 잘 아는 사람만이 그릴 수 있는 그림이다.

묘에 스님은 어렸을 때부터 미남이었다. 아버지는 잘생긴 아들을 보고 "장차 대신大臣을 섬기도록 하는 것이 좋겠다"고 했다. 그러자 묘에 스님은 '용모가 수려해서 법사가 되지 못한다면, 차라리 용모를 추하게 하는 것이 낫겠다'고 생각했다. 그는 얼굴을 망가뜨리기 위해 마루에서 떨어지기도 하고 부젓가락으로 얼굴에 상처를 내려고 하다가 저지당하기도 했다. 그림 속에 묘사된 밤톨처럼 단단한 얼굴을 보니 그 일화가 이해된다. 수려한 용모의 스님이 지금 나무둥치 아래 나막신을 벗어놓고 향로와 염주는 나뭇가지에 걸어놓았다. 고요에 잠긴 스님의 머리 위로 새들이 날아다닌다. 솔숲에 부는 바람처럼 스님의 가슴에도 부처의 가르침이 그윽히 내려앉는다. 여기서 받은 기운과 깨달음은 산 아래 있는 모든 중생에게 아낌없이 회향할 것이다.

이 그림의 제목은 「묘에쇼닌 상明惠上人像」이다. 그의 제자인 에니치보 조닌惠日坊成忍이 그렸다. 전문적인 화가의 솜씨는 아니지만 묘에 스님과 주변 자연환경을 친근감 있게 그린 이유가 설명되는 부분이다. 쇼닌上人은 고승高僧을 높여서 부른 말이다. 에니치보 조닌은 그림을 전문으로 그린 화승畵僧이다. 작자 미상으로 알려진 「화엄종조사회전」도 그의 작품으로 전해진다. 그런데 에니치보 조닌은 왜 스승의 모습을 그렸을까.

가마쿠라 시대에는 세속적이거나 종교적인 초상화가 많이 제작되었다. 세속적인 초상화는 혜성처럼 등장한 후지와라노 타카노부藤原隆信, 1142~1205에 의해 확립되었다. 그는 미나모토노 요리토모源賴朝, 다이라노 시게모리平重盛 등 당시 정계를 휘어잡던 실력자들의 모습을 매우 사실적이면서도 이상적으로 표현했다. 그들은 한결같이 검은 정장을 입고 관모를 쓰고 손에는 홀을 든 모습으로 엄숙하게 앉아 있다. 조선시대 공신상功臣像이 그러하듯 후지와라노 타카노부가 그린 귀족들은 일정한 패턴이 정해져 있었다. 귀족의 위엄과 권위를 가장 효과적으로 드러낼 수 있는 일정한 공식을 만들어 그에 따라 인물을 그렸다. 매너리즘에 빠졌다고 할 정도로 양식적이다. 그런데 그의 초상화가 빛을 발하는 이유는 얼굴 묘사의 섬세함 때문이다. 그는 인물의 심리상태를 예리하게 관찰하여 얼굴에 표현했다. 얼굴을 통해 인물의 개성을 얼마나 정확하게 드러냈던지 비슷한 관복을 입고 있어도 그가 누구인지, 어떤 성격의 소유자인지 금새 느낄 수 있을 정도다. 그가 그린 초상화는 너무나 사실적이어서 초상화를 받은 대신들은 충격을 받을 정도였다. 그가 도달한 초상화의 사실성은 특별히 니세에似繪라는 명칭으로 불리며 독자성을 인정받았다. 니세에는 그의 아들 후지와라노 노부자네藤原信實, 1176~1265?와 손자인 젠아專阿에 의해

에니치보 조닌, 「묘에쇼닌 상」(부분), 종이에 색,
145×59cm, 가마쿠라 시대(13세기 후반),
교토 고잔지 소장

가예家藝로 전해졌다.

종교적인 초상화의 제작은 불교계에서도 예외는 아니었다. 특히 사승관계를 중요시하는 선종에서는 인가를 받은 제자가 스승의 초상화를 그리는 것이 유행이었다. 선종뿐만 아니라 다른 종파에서도 사정은 비슷했다. 신란 스님이 호넨 스님에게 귀의한 후 가르침이 끝났을 때도 마찬가지였다. 호넨 스님은 몇몇 제자들 사이에만 비밀리에 유통되고 있던 『선택본원염불집』을 신란 스님에게 서사하게 했고 자신의 초상화도 그리게 했다. 그림이 완성되자 호넨 스님은 친필로 '나무아미타불'을 써주었고 염불의 참뜻을 나타내는 글도 함께 써주었다.

이런 분위기에서 「묘에쇼닌 상」도 제작되었다. 묘에 스님이 가장 아끼던 제자 에니치보 조닌은 스승의 평소 모습을 잘 관찰한 뒤에 붓을 들었다. 「묘에쇼닌 상」은 작가가 자신의 재주를 자랑하기 위해 그린 그림이 아니라 제자가 스승을 흠모하는 마음으로 그린 작품이라 할 수 있다. 부족한 실력을 무릅쓰고서라도 그가 스승의 초상화를 그린 이유는 명백하다. 스승이야말로 그가 닮고 싶은 모델이자 흠모의 대상이었기 때문이다. 그 마음은 묘에 스님이 부처의 땅인 인도에 가서 존경하는 스승의 발자취를 확인하고 싶은 마음과 다르지 않았다.

그런데 묘에 스님은 인도에 가지 못했다. 두 차례나 시도했지만 결국 가지 못했다. 갈 수 없었으니 그 마음이 얼마나 애달팠을까. 그는 인도로 떠나려고 했던 바닷가의 돌을 가져와 석가모니의 진영을 대하듯 예배하였다. 그는 석가모니를 자부慈父로 여겼으며 자신을 '여래멸후유법어애자如來滅後遺法御愛子'라 칭했다. 부처가 열반에 든 이후 남겨진 '진실로 사랑하는 아들'이라는 뜻이다. 묘에 스님이 시공간을 뛰어넘어 자신을 석가모니의 아들이라 확신한 근거는 『대보

적경』의 다음 구절에서 찾았다.

"말법 세상에는 선을 쌓지 않는 승려가 늘어나겠지만, 그런 가운데 바른 수행을 행하고 석가의 유적을 보고 자신을 연모한 나머지 목메어 우는 자가 있다면, 그야말로 내가 사랑하는 곳의 아들이다."

중요한 것은 지금 이 순간

사진으로 보는 이미지는 이미지일 뿐이다. 직접 봐야 한다. 현장에 직접 가서 느껴야 한다. 가능한 한 자주 그리고 많이 떠나야겠다. 갈 수 있을 때 가고 볼 수 있을 때 봐야겠다. 언젠가는 가고 싶어도 갈 수 없고, 보고 싶어도 볼 수 없는 때가 올 것이다. 그러니 그때 가서 후회하지 말고 지금 할 수 있을 때 해야겠다.

사랑하는 사람에게 사랑을 쏟아주는 것도 지금. 죽음의 공포와 맞서 싸우는 연습도 지금. 모든 것은 지금 해야 한다. 이것이 우리가 성지순례를 떠나는 이유가 아닐까. 가능하면 자주 가면 좋을 것이다. 한 번 먹는 밥으로 영원히 배가 부르지 않듯 성지순례를 한 번 다녀온 것으로 신심이 오래 지속되지 않기 때문이다. 이제는 한 달에 한 번씩 국내 사찰순례를 떠날 예정이다. 원효대사가 걸었던 길을 따라, 의상대사가 침잠했던 기도터를 찾아 떠날 참이다. 그리고 나도 그들의 행동을 실천해 봐야겠다. 생로병사를 해결하고 보살행을 실천할 때까지 멈추지 않고 따라해 봐야겠다.

에이사이

누에고치가
나비가 되는
시간

조세츠 「표점도」

"옛 사람들은 이르기를, 일대사인연一大事因緣을 밝게 알지 못하면 어버이를 잃은 듯이 하라고 했다. 석가노인네도 일대사인연을 위해 세상에 출현하셨다. 그렇다면 말해보라. 어찌하여야 일대사인연을 밝힐 수 있겠는가?"

　에이사이 스님의 목소리는 굵고 우렁찼다. 왜소한 체구에서 나오는 소리라고는 믿겨지지 않을 정도로 다부졌다. 좌중을 둘러보는 눈빛에서는 푸른 기운이 뿜어져 나왔다. 스승의 강한 기운에 압도된 것일까. 아무도 대답하는 사람이 없었다. 이윽고 눈빛을 거둔 스님의 법문이 이어졌다.

　"이것은 사람이 크게 깨달아 직접 한 번 이르러 스스로 입을 열고 자신의 말을 해야만 한다. 만약 깨닫지 못했다면, 설령 5,048권의 경전을 자유자재로 설한 것이, 마치 가득한 물을 흘리지 않듯 한 마디도 빠뜨리지 않는다 해도 다만 법신法身만 헤아리는 일일 뿐, 일대사와는 한참 멀고도 멀다."

에이사이 스님은 잠시 말을 멈췄다. 그리고 다시 한 번 좌중을 훑어보았다. 이즈음에서 한 명 정도는 반짝거리는 눈빛을 가진 사람이 나와야 하는데 아니었다. 모두들 아직은 자신의 설법을 이해하지 못한 듯 했다. 그는 좀 더 차분한 목소리로 다음 말을 이어나갔다.

"시험 삼아 옛 사람들이 깨달은 바를 들려줄 테니, 스스로 생각해보라. 나산羅山, 중국 오대의 승려화상이 하루는 석상石霜 스님께 "일어나고 사라짐이 그치지 않을 때는 어찌합니까?"라고 물으니, 석상화상은 "그저 싸늘한 재, 말라빠진 나무가 되어야 한다"고 대답해주었다. 그러나 나산은 깨닫지 못해 암두巖頭 스님을 찾아가서 똑같이 질문했다. 이에 암두가 소리치며, "아니, 누가 일어나고 사라졌느냐?"라고 말했다. 그 말에 나산은 문득 크게 깨달았다. 자, 말해보라. 무엇을 깨달았느냐?"

일본 임제선의 시조

에이사이 스님은 열네 살에 엔랴쿠지 계단에서 수계한 후 송나라에 두 차례나 다녀왔다. 처음에는 천태학을 배우기 위해 입송했고 두 번째는 인도에 가기 위해 입송했다. 그러나 당시 인도의 관문인 서역 지역이 원나라의 지배하에 있었기 때문에 인도행은 포기할 수밖에 없었다. 그 후 천태산 만년사에서 임제종 황룡파黃龍派의 허암회창虛庵懷敞 선사를 만나 임제선을 전수받았다. 그는 송나라에서 6년 동안 머물다 귀국하여 임제종 교단을 수립했다. 그의 선禪 포교는 무사와 많은 사람들에게 환영을 받았다. 이에 히에이잔을 비롯한 기존 종파의 방해를 받아 한때는 선종 금지 명령을 받을 정도였다. 그러나 가마쿠라 막부의 존경과 후원을 받으며 도다이지를 재건하고 주후쿠지壽福寺와 겐닌지建仁寺를 세우는 등 불법 홍포와 선의 전파에 주력했다. 그는 석가신앙의 입장에서 율법을 강조하고 좌선과 밀교도 겸한 회통적인 모습을 보여주었다. 그는 권력층과도 교분이 두터워 일흔둘에 막부의 도움으로 권승정權僧正의 자리에도 올랐다. 또한 『홍선호국론興禪護國論』을 지어 호국불교를 강조하는가 하면 『끽다양생기喫茶養生記』를 지어 차 보급에도 힘썼다.

일본 수묵화의 시조

허름한 옷을 걸친 어부가 냇가에 서 있다. 어부는 두 손을 뻗어 호리병을 들고 몸을 약간 구부린 채 맨발로 서 있다. 그의 신경은 온통 메기에 쏠려 있다. 어깨에 잔뜩 힘이 들어간 것을 봐서 그가 얼마나 메기에 열중하고 있는지 알 수 있다. 어부 옆으로 뻣뻣한 대나무 가지가 뻗어 있고 멀리 뒤쪽에 담묵으로 그린 산이 흐릿하게 펼쳐져 있다.

이 그림은 지금까지 우리가 봤던 채색화와는 전혀 다른 새로운 형식의 수묵화다. 제목이 「표점도瓢鮎圖」로, '호리병으로 메기를 잡다'는 뜻이다. 서문에는 호로병葫蘆甁이란 한자 대신 표주박(瓢)으로 표기되어 있다. 둘 다 같은 의미임에도 한자가 다른 것은 불교적인 의미를 드러내기 위한 목적인 듯하다. 호로병이라고도 부르는 호리병은 호로병박의 속을 긁어내고 만들어 술이나 단약을 담아서 다닐 때 사용한다.

호리병은 불교보다는 도교적인 색채가 진한 단어다. 도교에서 호리병은 세 가지 기능을 가진다. 호로병 속에는 신선이 사는 별천지가 들어 있고 육체에서 분리된 혼이 담겨 있으며 수명을 늘릴 수 있는 선약이 들어 있다. 반면 불

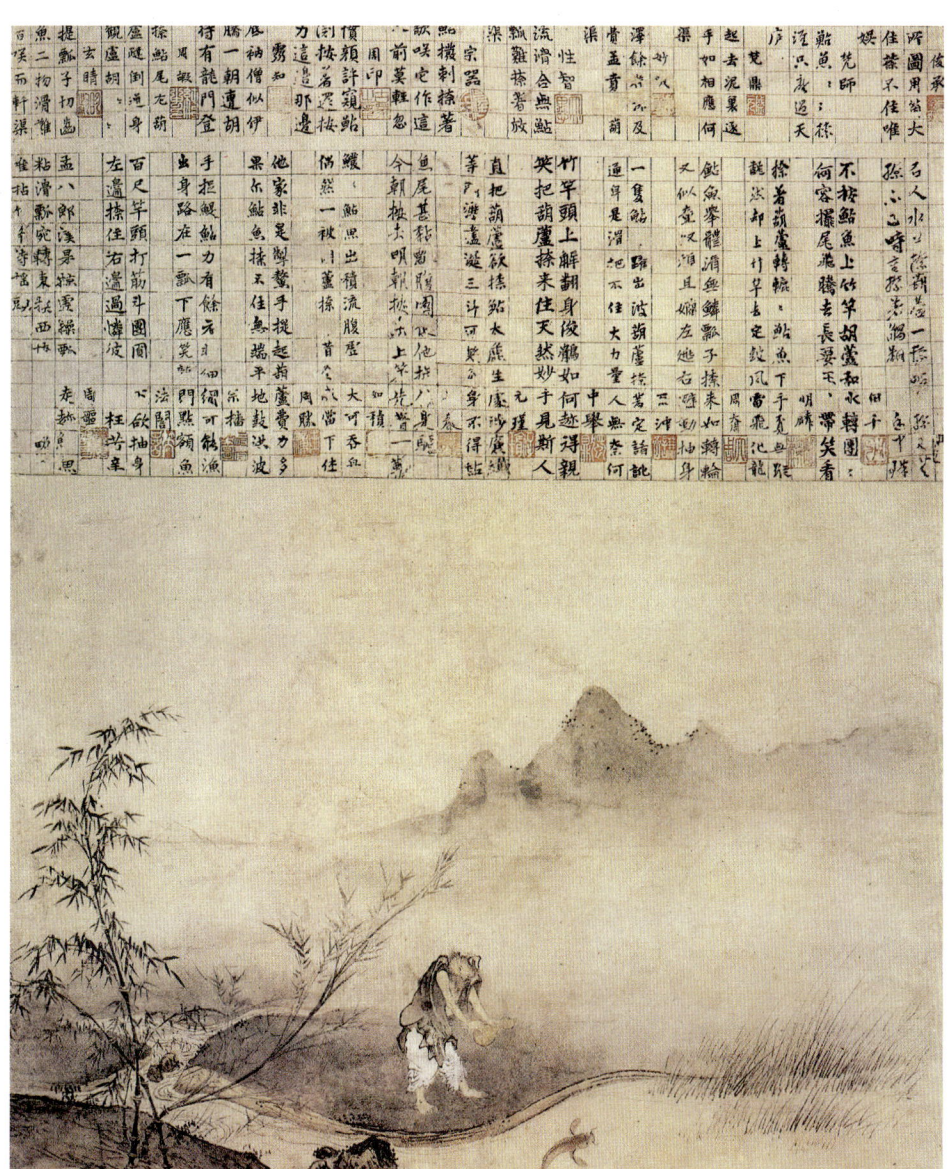

조세츠, 「표점도」(부분), 종이에 수묵담채, 111.5×75.8cm, 무로마치 시대, 교토 국립박물관 소장

교에서의 호리병은 술 대신 정수淨水를 담고 있어 보병寶瓶 또는 정병淨瓶이라 부른다. 정병의 정수는 중생들의 고통과 목마름을 해소해주기 때문에 감로수甘露水라고도 한다. 정병은 관세음보살이 지닌 지물인데 미륵보살이나 제석천, 범천梵天 등도 들고 있다. 불교적 색채가 강한「표점도」에서 표주박이란 용어 대신 정병이나 감로병을 쓰지 않은 이유는 주인공이 보살이 아니라 어부이기 때문일 것이다.

「표점도」는 조세츠如拙가 그린 작품이다. 그에 대해서는 응영應永 연간 1393~1427에 활동한 소코쿠지相國寺의 화승이라는 사실 외에는 거의 알려져 있지 않다. 그는 당시 권력의 핵심인 아시카가 요시모치足利義持, 1386~1428 장군의 명에 의해「표점도」를 그렸다. 아시카가 요시모치는 아홉 살에 막부의 쇼군將軍이 되었는데 문화예술 진흥에도 상당히 관심이 많았다. 그 자신이 수묵화에 일가견이 있을 정도로 실력도 뛰어났다.「표점도」의 서문에는 "대상공 요시모치가 조세츠에게 새로운 양식을 좌우소병에 그리게 했다(大相公 僧如拙畫新樣於座右小屛之間)"라고 되어 있다.

새로운 양식이란 남송에서 유행하던 마하파 양식과 양해梁楷의 감필법減筆法을 말한다. 마원과 하규에 의해 수립된 마하파 양식은 변각구도와 넓은 화면이 특징이다.「표점도」에서 그 영향관계를 확인할 수 있다. 그런데 미국의 동양 미술사학자 존 카터 코벨John Carter Covell, 1910~96은 이와는 전혀 다른 견해를 제시했다. 그녀는『일본에 남은 한국미술』에서 조세츠를 조선에서 건너간 조선인 화가라고 주장했다. 고려가 망하고 조선이 건국되자 유교를 숭상한 조선에서는 불교 배척운동이 일어났다. 그때 많은 화가가 일본으로 망명했다는데, 조세츠도 그중 한사람이라는 것이다. 이런 현상을 두고 그녀는 '한국미술사에서 일어난 두뇌 유출'이라고 표현했다. 만약 조세츠가 조선에서 망명한 작가라면 「표점도」에 나타난 새로운 양식은 남송이 아니라 조선에서 유입되었다고 할 수 있다. 어떤 경우든 조세츠는 이전과는 다른 새로운 양식을 수립하여 후대에 수묵산수화의 시조로 추앙받는다.

아시카가 요시모치는 조세츠가 그린 「표점도」가 매우 만족스러웠던 것 같다. 그는 고승들이 모인 시회를 베풀고 31명의 선승에게 조세츠의 「표점도」 뒤에 시제를 쓰게 했다. 이런 그림을 시화축詩畵軸이라고 한다. 시화축은 무로마치 시대室町時代, 1336~1573에 새롭게 등장한 그림 형식으로 상단에 선승들의 시가, 하단에 그림이 들어간 수묵화다. 「표점도」 역시 화면이 시와 그림으로 반반씩 구성되어 있다. 시화축은 귀족세력을 누르고 문화의 담당자로 부상한 무사들의 지적인 수준을 반영한다. 「표점도」는 원래 묘신지妙心寺 다이조인退藏院에 소장된 작품인데 현재는 보관상의 어려움으로 교토 국립박물관에 소장되어 있다. 절에는 복사본이 걸려 있다.

만약 조세츠가 조선에서 망명한 화가라면 「표점도」는 조선회화의 어떤 양식에서 영감을 얻었을까. 조선 초기에 유행한 '계회도契會圖'와의 연관성을 생각해볼 수 있다. 문인관료들의 모임 장면을 그린 계회도는 3단으로 구성되어 있다. 상단에는 모임 제목을 쓰고 중단에는 모임 장면이, 하단에는 참석한 구성원의 이름과 관직명 등 좌목座目이 들어간다. 「표점도」는 계회도가 아니라 시회를 그린 만큼 제목과 좌목이 생략되는 등 계회도와 약간의 차이를 보인다. 그러나 구도와 형식은 계회도에서 빌려왔을 가능성이 매우 크다.

조세츠의 이름은 '치졸한 대로'라는 뜻이다. 그의 이름에는 자신을 드러내지 않고 겸손하게 살기를 염원한 의지가 담겨 있다. 치졸稚拙은 서투르거나 재주가 부족할 때 쓰는 단어다. 그러나 결코 폄하하는 의미가 아니다. 오히려 최고의 재주를 칭찬하기 위한 역설적 표현이다. 노자는 『도덕경』에서 '대교약졸

大巧若拙 대변약눌大辯若訥'이라 했다. '큰 기교는 서투른 듯하고 큰 웅변은 더듬는 듯하다'는 뜻이다. 뛰어난 재능은 재능이 느껴지지 않을 정도로 자연스러워야 진짜 재능이다. 인공적인 미나 작위적인 능력을 훌쩍 뛰어 넘는 재능이다. 잘하려는 욕심을 완전히 잊고 무심한 경지에서 나오는 재능이 졸拙이고 눌訥이다. 일본 사람들이 이름 없는 조선의 막사발을 보고 찬탄을 아끼지 않는 이유도 그 안에서 무심의 경지를 발견했기 때문이다. 조세츠는 그런 일본인들의 취향을 알아챈 걸까. 이름마저도 예사롭지 않다.

다시 그림을 보자. 아무리 봐도 호리병에 비해 메기가 너무 크다. 메기는 민물고기 중에서도 머리와 입이 큰 물고기다. 과연 어부는 저 입 큰 메기를 좁은 호리병 속에 넣을 수 있을까. 불가능하다. 불가능한 것을 들이밀며 해답을 요구하는 것. 이것이 선의 공안이다. 깨달음은 호리병에 메기를 집어넣는 것만큼 어렵다. 공안은 사량분별이나 지식으로는 해답을 얻을 수 없다. 언어가 끊어지고 문자가 떨어져나가는 그 지점에서만 찾을 수 있다. 이것이 선종에서 강조한 '불립문자 교외별전 직지인심 견성성불'의 핵심이다.

공부하고 물드는 인고의 시간

에이사이 스님이 임제선의 시조가 된 것처럼 조세츠 또한 수묵화의 시조가 되었다. 두 사람 모두 무사계급의 후원이 바탕이 되었다. 「표점도」는 무사들이 선종에 얼마나 심취했는가를 보여주는 대표작이다. 에이사이가 선종을 보급한 지 200여 년이 지나서 조세츠의 수묵화가 등장했다. 어느 분야든 사상과 종교가 예술을 통해 화려하게 꽃피우기 위해서는 이 정도 시간이 필요하다. 지루하지만 꼭 필요한 시간. 그 시간은 허망하고 부질없는 것이 아니라 공부하고 물드는 시간이다. 누에고치가 나비가 되기 위해 인고의 시간이 필요한 것처럼.

그런데 어떻게 해야 메기를 호리병에 넣을 수 있을까. 나의 스승이 석상 스님처럼 부족한 사람일까. 암두 스님 같은 눈 밝은 선지식을 찾아가야 하나. 해답을 찾지 못해 한참 고민하고 있는데 에이사이 스님의 죽비 소리가 들린다.

"저 옛사람들은 이를 생각하며 여기에 있으면서 하루 내내 빈틈없이 공부하고 오로지 깨달음을 준칙으로 삼으며 한 가지 의문을 내어 이 일을 가려냈다. 존숙尊宿들은 병에 따라 약을 처방하시니, 병이 없어지고 약을 쓰지 않아도 온몸이 가볍고 상쾌한 것이 그 증거이니라. 그런데도 후학들은 그 근본을 통달하지도 못했으면서 억지로 우열을 가리며 말하기를, '석상의 말은 죽은 것이요, 암두의 말은 산 것이라' 하니, 이런 견해는 짚신을 사서 처음 행각에 나서는 것과 같다. 저울의 갈고리를 잘 알지 못하고 저울 받침대의 눈금만 잘못 인식하고 있으니, 이른바 사자가 사람을 물고 미친개가 똥덩어리를 쫓는 형국이다."

도겐

작은
깨달음이라도
실천이
중요하다

가노 모토노부 「향엄격죽도」

　　10여 년 전, 『육조단경』 강의만 있다면 쫓아다닌 적이 있다. 책으로 읽는 법문은 자칫 독단에 빠지기 쉬운데, 강의로 듣는 법문은 독단의 오류에서 벗어날 수 있다. 서울 북한산 뒤쪽에 위치한 삼천사에 간 것도 그 때문이었다. 경기도 분당에서 삼천사까지의 거리가 만만치 않았으나 일요법회에서 성운 스님이 『육조단경』을 강의한다는 소식을 듣고 서둘러 참석했다. 예불이 끝나고 스님의 법문이 시작됐다. 한참 강의를 듣는데 우연히 '뜰 앞의 잣나무'가 나왔다. 귀가 번쩍 뜨였다. "부처가 무엇입니까"라는 질문에 조주선사가 한 대답이었다. 당시 나는 이 화두에 걸려 꼼짝달싹하지 못하고 있었다. 부처가 뜰 앞의 잣나무라니. 조주선사는 왜 그렇게 대답했을까. 조주선사가 살던 곳의 잣나무는 영험한 나무였을까. 별의별 생각을 다해도 해답은 찾지 못했다. 답답해서 가슴이 터질 지경이었다. 어쩌면 화두가 목에까지 차올랐다고 해도 과언이 아닐 것이다. 그때 성운 스님이 '뜰 앞의 잣나무'를 언급했으니, 내가 관심을 가진 것도 당연했다. 그런데 의외로 답이 시원찮았다.

"조주선사가 그 질문을 받았을 때 우연히 눈에 들어온 나무가 잣나무였겠지요. 어디 잣나무만 부처겠습니까? 두두물물이 전부 부처라는 뜻이겠지요."

다만 좌선할 뿐

도겐 스님은 가마쿠라 시대의 승려로 조요대사承陽大師 또는 기겐 도겐希玄道元이라고도 한다. 그는 중국에서 조동종을 들여와 일본에 처음 소개했다. 앞에 살펴본 에이사이 스님이 전한 임제종이 간화선이라면, 도겐 스님이 세운 조동종은 묵조선이다. 조동종은 중국에서 동산양개洞山良价, 807~869와 그의 제자 조산본적曹山本寂, 840~901에 의해 시작된 선종이다.

도겐 스님은 황실 귀족 출신이었는데, 아버지는 그가 세 살 때, 어머니는 여덟 살에 세상을 떠났다. 졸지에 고아가 된 그는 열세 살에 출가하여 천태종의 중심지인 히에이잔에서 불교를 공부했다. 그가 출가하게 된 계기는 세속에서 겪은 불행과 어머니의 충고 때문이었다. 그의 어머니는 열여섯에 과부가 되고, 재가하여 서른다섯에 또 다시 과부가 되었으며, 가족과 두 남편을 권력투쟁에서 잃었다. 권력이 얼마나 잔인하고 무상한지를 절절히 깨달은 그녀는 아들에게는 절대로 권력 가까이가지 말고 출가할 것을 권했다. 어릴 때부터 영특했던 도겐 스님은 어머니의 뜻에 따라 불교 서적을 읽으며 자랐는데, 아홉 살 때 세친의 『구사론俱舍論』을 읽고 크게 감명을 받았다.

출가 후, 히에이잔에서 경전을 깊이 탐독하던 그는 어느 날 커다란 의문에 부딪쳤다. '본래본법성本來本法性 천연자성신天然自性身'이라는 구절에서였다. '일체 중생은 그 몸 그대로가 부처'라는 의미다. 여기서 의문이 생긴다. 이미 부처인데 수행을 하거나, 깨달음을 얻거나, 부처가 되는 것이 무슨 의미가 있을까. 또 삼세제불과 역대조사들이 굳이 고생하며 수행할 필요가 있을까. 화두에 딱 걸린 것이다. 그는 해답을 찾고 또 찾았지만 찾지 못했다. 히에이잔에 있는 수많은 석학에게 묻고 물어도 만족할 만한 답을 듣지 못했다. 그는 히에이잔을 내려와 에이사이 스님 밑으로 들어갔다. 얼마 후 에이사이 스님이 세상을 떠나자 본격적으로 선을 공부하기 위해 송나라로 향했다. 그는 송나라에서 스승을 찾아 여러 해를 운수행각에 나섰다. 그 과정에서 만난 이름 없는 수행자들을 통해 자신이 문자나 지식에 의존했던 공부의 한계를 느꼈다. 그 후 조동종의 법맥을 이은 장옹여정長翁如淨을 만나 깨달음을 얻었다. 그 깨달음이 바로 '다만 좌선할 뿐'이라는 '지관타좌只管打坐'다.

지관타좌는 다만 앉음으로 인해 스스로 깨달음에 이른다는 뜻이다. 그러나 도겐 스님은 좌선을 해서 깨달아 부처가 되는 것은 중생의 좌선이라 부르고 인정하지 않았다. 그가 가르친 것은 '부처의 좌선'이었다. 깨달음을 목적으로 해서 앉는 것이 아니다. 본래본법성의 부처인 본래의 자기가 앉는 것이기 때문에 처음 앉는 자의 좌선과 달마대사의 좌선이 전혀 다르지 않다는 것이다. 그는 수단으로써의 좌선을 엄격히 비판하고 '본래의 부처'로서 그냥 앉는 '단좌참선端坐參禪'을 정문正門으로 삼았다. 즉 불도에 들어가는 문은 많지만 그 정문은 지관타좌다. 지관타좌를 뒷받침한 것은 본증묘수本證妙修의 사상이다. 즉 본래의 깨달음은 반드시 스스로 드러나서 묘하게 닦아 나가야 한다. 수행과 깨달음은 별개의 것이 아니다는 뜻이다.

그의 사상은 송나라에서 만난 스승 여정의 가르침을 발전시킨 것이다. 여정은 좌선이 '신심탈락身心脫落, 몸과 마음으로부터 벗어나는 것'이라고 확신했다. 즉 분향, 예배, 염불, 참회, 간경 등의 방법을 쓰지 않고 다만 앉는 좌선이 신심탈락이다. 청화淸華, 1924~2003선사는 신심탈락에 대해 '공부를 해서 마음이 일념이 되면, 몸도 마음도 쑥 빠져 버리고 환희가 충천하는 기분'이 된다고 표현했다. 신심탈락이 되면 오욕 등을 떠나기 때문에 오온으로부터 벗어날 수 있다. 도겐 스님 또한 지관타좌, 곧 좌선전수를 열심히 할 것을 가르쳤으며 수행과 깨달음의 합일을 강조했다. 그는 자신이 전한 것이 순일한 불법이며 자신만이 정전正傳의 불법을 일본에 전했다는 자부심을 가졌다.

도겐 스님은 당시의 말법사상을 배격하고 철저한 정법만을 고집하면서 석가모니의 법을 일반 대중에게 펼치기 위해 노력했다. 일본에서는 1052년부터 말법시대라는 생각이 널리 퍼져 있었고 아미타불의 서방정토를 믿어 죽은 뒤에 그곳에 감으로써 구원을 얻는다는 정토종 신앙이 크게 번창했다. 이에 대해 도겐 스님은 '대승불교에서는 정상말正像末을 나누지 않는다'라고 정토종 신앙을 정면으로 부정하면서 철저한 석가신앙의 입장을 견지했다. 당시 불교계를 평정한 정토종, 정토진종, 일련종 등이 모두 타력신앙인데 비해 도겐 스님이 들여온 선종은 자력신앙이었다. 그의 사상은 20년 이상 걸려 집필한 『정법안장正法眼藏』에 자세히 기술되어 있다. 이 책은 총 95장으로 이루어졌는데, 지관타좌를 열심히 할 것과 수행과 깨달음을 강조한 불교 원리가 상세히 설명되어 있다.

위산영우선사가 향엄지한香嚴智閑에게 물었다. "부모에게서 태어나기 이전의 본분에 대해 한마디 하라." 쉽게 답을 찾을 수 없었던 향엄이 스승에게 답을 청했다. 그러나 위산선사는 "내가 말하는 것은 내 견해이고 그대에게는 아무

가노 모토노부, 「향엄격죽도」(부분), 종이에 수묵담채, 175.2×137.4cm, 무로마치 시대, 도쿄 국립박물관 소장

런 도움이 되지 않는다"라는 말로 거절했다. 향엄은 해답을 찾기 위해 수많은 책을 뒤졌으나 찾지 못했다. 그는 책을 모조리 불태워버리고 운수납자가 되어 몇 년 동안 돌아다녔다. 그런 어느 날, 그는 도량 청소를 하다 기왓장이 대나무에 부딪치는 소리를 듣고 깨달았다. 스승이 그때 알려주었더라면 결코 자기 것이 될 수 없는 깨달음이었다.「향엄격죽도香嚴擊竹圖」는 그 순간을 그린 작품이다. 한 손은 위로 쳐들고 다른 손에는 빗자루를 든 향엄이 대나무에 부딪친 기와 조각을 내려다보고 있다. 입을 벌리고 감탄사를 내지르는 향엄 얼굴이 깨달음의 기쁨으로 환하다. 가사장삼을 그린 윤곽선이 칼로 도려낸 듯 날카롭다. 무로마치 시대가 되면 중국 선종의 조사들을 소재로 한 선종화뿐만 아니라 주돈이나 도연명 등의 고사인물도가 주된 화제로 등장한다.

수묵화를 그린 최초의 속인화가

「향엄격죽도」는 가노파狩野派의 대가 가노 모토노부狩野元信, 1476~1559의 작품이다. 가노파는 성姓이 가노인 사람들이 무로마치 시대부터 에도 시대까지 근 400년 동안 혈연으로 화사畵師의 가계를 이어 온 화파를 의미한다. 속된 표현으로 가노 집안에서 그림판을 다 해먹었다는 뜻이다. 그 기간에는 막부와 봉건귀족의 에도코로繪所, 궁중에서 그림을 관장했던 관청가 거의 가노파로 구성되어 있었다. 가노파를 대표하는 화가들로는 가노 쇼에이狩野松榮, 1519~92, 가노 에이토쿠狩野永德, 1543~90, 가노 산라쿠狩野山樂, 1559~1635, 가노 산세츠狩野山雪, 1590~1651 등 대략 언급해도 일본 미술사를 화려하게 수놓은 거물들을 들 수 있다. 가노파가 얼마나 큰 영향력을 행사했는지 짐작할 수 있다.

가노파의 시조는 교토에서 쇼군의 어용회사御用繪師가 된 가노 마사노부狩野正信, 1434~1530다. 그는 선승들의 전유물과도 같던 수묵화를 그린 최초의 속인화가

였다. 「향엄격죽도」를 그린 모토노부는 마사노부의 아들이다. 그는 가노파의 기반을 굳힌 사람으로 일본 전통미술에 내재된 서정성과 장식성을 가미한 장병화障屛畵, 벽이나 병풍 등의 칸막이용 가구에 그린 그림를 선종 사찰에 그렸다. 그가 중국 고전 인물이나 화조화를 곁들인 산수화에 일가견이 있었다는 사실을 「향엄격죽도」에서도 확인할 수 있다. 「향엄격죽도」는 가노파의 대표작이면서 선종의 화두가 일본인의 삶 속에 깊이 뿌리내렸음을 확인할 수 있는 작품이다.

먼저 이해하고 나중에 닦다

삼천사에서 성운 스님의 대답을 듣고 나는 오도송을 부르는 대신 허탈감을 느꼈다. 알고 보면 지금 이대로가 부처이고 진리의 현현이란 굉장한 법문이었는데, 공부가 부족한 나는 그 의미를 제대로 알지 못했다. 뭔가 그럴 듯한 형이상학적인 답을 기대했기 때문이리라. 내 스스로가 끝까지 궁구해서 얻은 답이 아니라서 가치를 발견하지 못한 이유도 있었다. 진리는 비밀스러운 곳에 숨어 있는 것이 아니라 항상 우리 곁에 있는데, 우리에게 진리를 보는 마음의 눈이 없기 때문에 감추어져 있는 것처럼 여겨질 뿐이다. 로고테라피 학파를 창시한 빅터 프랭클은 『삶의 의미를 찾아서』에서 이렇게 말한다.

"의미는 우리가 만드는 것이 아니라 발견하는 것이다. 그리고 의미는 찾지 않으면 발견할 수 없다."

성운 스님의 법문을 들은 후 소득이 없는 것은 아니었다. 위산영우선사가 향엄선사에게 답을 주는 대신 직접 찾도록 한 이유를 알았기 때문이다. 무엇이든 내 스스로 삼켜야 내 것이 된다는 진리였다. 아마 그때부터 나의 본격적인 불교 공부가 시작된 것 같다. 나 혼자의 힘으로는 도달하기 힘드니, 먼저 이해하고 나중에 닦는 선오후수先悟後修를 수행하게 된 것도 이런 배경에서였다. 작은 깨달음이라도 실천하는 것이 부처의 법을 보림하는 지름길이라는 것도 선오후수를 통해 알았다. 성태장양聖胎長養이란 말이 있듯 작은 법문이라도 가슴에 품고 오랫동안 잘 보림하면 언젠가 내 안에서도 부처의 싹이 자라날 것이다. 그렇게 되면 비록 향엄선사처럼 기왓장이 대나무에 부딪치는 소리에 깨우치지는 못하더라도 궁극에는 부처가 되지 않을까. 이것이 도겐 스님이 얘기한 본래의 부처로 앉아 있는 지관타좌일 것이다.

잇펜

나무아미타불
명호를
염불하는
순간

엔이 「잇펜쇼닌에덴」

대학원 다닐 때였다. 도서관에서 일본 미술 전집을 뒤적거리는데, 독특한 조각상이 눈에 들어왔다. 세상에 이런 작품이 있다니. 놀라웠다. 인물상의 주인공은 스님이었다. 당시에 제작된 대부분의 초상 조각이 좌상坐像인데 반해, 그 인물상은 입상立像이었다. 짚신을 신은 스님은 배꼽까지 늘어뜨린 징을 목에 걸고 오른손에는 징을 칠 방망이를, 왼손에는 사슴뿔로 만든 지팡이를 짚고 있었다. 특이한 것은 입이었다. 스님은 고개를 약간 뒤로 젖힌 채 입을 벌리고 있었는데, 입 앞에 여섯 명의 작은 인물들이 조각되어 있었다. 이게 뭘까. 스님이 입김을 불어 죽은 사람들을 살려내는 장면일까. 아니면 스님이 허공에 떠다니는 영혼들을 불러들이는 걸까. 궁금해서 설명문을 읽어 보았다. 그렇게 구야 스님과 나는 처음으로 인연을 맺었다.

구야 스님에서 잇펜 스님으로

30여 년 전에 내가 본 조각상은 「목조구야쇼닌입상木造空也上人立像」이었다. 구야 스님은 헤이안 시대 때 활동한 둔세승으로 질병이 만연한 도시를 걸으면서 징을 치고 '나무아미타불' 염불을 했다. 그의 염불은 귀족들을 위해 히에이잔에서 행해진 '산속의 염불'과는 차원이 달랐다. 그는 자신이나 귀족들만을 위해 염불하지 않았다. 그는 계급이나 신분에 상관없이 고통에 신음하는 중생들을 연민하는 마음에서 '나무아미타불'의 명호를 외우고 다녔다. 그는 개인구제를 위한 포교가 금지된 시대에 가진 것 없고 배운 것 없는 일반 서민들을 위해 염불을 전파했다. 그의 보살행은 포교만으로 끝나지 않았다. 포교와 동시에 가난한 사람과 병자들을 위해 도로를 정비하고 우물을 파고 다리를 놓는 등의 민중구제사업을 병행했다. 이런 그를 사람들은 '아미타히지리阿彌陀聖' 혹은 '이치히지리市聖, 거리의 성자'라고 불렀으며 그가 판 우물을 '아미타이阿彌陀井'이라고 불렀다.

그런데 구야 스님이 염불을 할 때면 '나무아미타불' 여섯 자가 여섯 체의 아미타불로 변해 입에서 튀어나왔다고 전해진다. 그 전설을 200여 년 뒤에 태어난 천재 조각가 고쇼康勝가 들었다. 고쇼는 가마쿠라 시대를 대표하는 조각가 운케이運慶의 4남으로 아버지 못지않은 명성을 얻었다. 그는 구야 스님이 염불할 때마다 '나무아미타불' 여섯 글자가 여섯 체의 아미타불로 변한다는 부분에 주목했다. 이렇게 해서 구야의 입에서 여섯 체의 아미타불 소상이 튀어나오는 기상천외한 형식의 「목조구야쇼닌입상」이 탄생되었다. 여섯 체의 아

僧

고쇼, 「목조구야쇼닌입상」(부분), 목조, 높이 117.6cm, 가마쿠라 시대, 교토 로쿠하라미쓰지 소장

미타불은 '나무아미타불' 여섯 자를 상징하는 것으로 염불을 시각적으로 표현했다. 언어의 형상화다. 허공에 뜬 여섯 체의 소상은 금침으로, 입과 연결된다. 이 조각상은 로쿠하라미쓰지六波羅蜜寺에 소장되어 있는데, 비슷한 작품이 쇼곤지莊嚴寺에도 소장되어 있다.

잇펜一遍, 1239~89 스님을 얘기하면서 구야 스님에 대한 소개를 장황하게 늘어놓는 이유는 잇펜 스님의 사상적 원류가 구야 스님이기 때문이다. 구야 스님에서 시작된 염불은 호넨 스님과 신란 스님을 거쳐 잇펜 스님에게 이어졌다. 이들 모두 정토왕생을 위한 수행방법으로 염불을 선택했다. 그 과정에서 염불을 향한 사람들의 신심은 깊어지고 논리는 정교해졌다. 그 결정체가 잇펜 스님이다. 정토왕생에 대한 세 사람의 논리는 비슷하면서도 약간 차이가 있다. 호넨 스님은 생전에 열심히 나무아미타불을 염하면 임종 시에 아미타불이 왕생자를 맞이하러 온다고 했다. 이런 사상을 바탕으로 수많은 「아미타내영도」가 제작되었음은 이미 살펴보았다. 반면 신란 스님은 아미타내영으로는 부족하다고 주장했다. 그 대신 지금 한 생각, 아미타불의 원력을 믿으면 지금 이 자리에서 바로 왕생이 이루어진다는 것이다. 즉 믿음을 내는 순간에 왕생이 결정되므로, 굳이 아미타불이 왕생자를 맞이하러 수고롭게 내영할 필요가 없다는 것이다. 그런데 잇펜 스님은 내영이니 불래영이니 하는 논리마저도 간단히 뛰어넘어 버린다. 그는 나무아미타불이라고 염하는 순간 왕생은 이루어진다고 말한다. 우리가 나무아미타불이라고 염하는 순간 그 명호가 왕생하기 때문이다. 즉 나무아미타불이 왕생한다는 뜻이다. 신란 스님이 믿음을 중시한 데 반해 잇펜 스님은 믿음이 없어도 염불만으로도 왕생할 수 있다고 강조했다. 아미타불의 본원을 믿든지 믿지 않든지 그저 나무아미타불이라는 명호를 염불하는 순간 정토왕생할 수 있다고 했다. 이로써 호넨 스님과 신란 스님에서 시작된 정토왕생사상이 잇펜 스님에 와서 정점에 도달했음을 알 수 있다.

잇펜 스님은 열 살 때 어머니를 여의고 정토종에 출가한 것으로 처음 불문에 발을 들여놓았다. 그는 출가와 환속 그리고 재출가를 거듭하면서 서른다섯에 깨달음을 얻었다. 그 후 한 곳에 머무르지 않고 일본 전역을 평생 유행遊行하며 염불을 가르쳤다. 특히 그는 가마쿠라에서 도시민의 구제에 집중했다. 그는 포교할 때 춤을 추면서 염불했는데, 이것을 유야쿠염불踊躍念佛 혹은 오도리넨부츠踊念佛라고 한다. 염불에 가락을 붙여 징이나 호리병박을 두드리며 추던 춤염불이라서 붙여진 이름이다. 춤염불은 구야 스님이 가장 먼저 시작했기 때문에 구야넨부츠空也念佛라고도 한다. 잇펜 스님의 세운 지슈時宗에 의해 널리 퍼졌다. 춤염불은 기아나 질병에 시달리는 서민들에게 어려운 이론이나 교리가 아니라 염불을 통해 불법을 전하기 위한 포교방법이었다. 잇펜 스님은 춤염불과 함께 후산賦算을 적극적으로 활용했다. 후산은 '나무아미타불南無阿彌陀佛 결정왕생육십만인決定往生六十万人'이라 적힌 부적을 나눠주는 것이다. 여기서 60만 명은 모든 사람을 뜻한다. 그러니 염불을 하고 부적을 받은 모든 사람들은 한 사람도 빠짐없이 전부 왕생할 수 있다는 뜻이다. 돈 받고 판 부적이 아니다. 부적을 받은 사람들에게 확신을 주기 위한 방편이었다.

잇펜 스님의 생애를 그린 에마키

우리 동네에 잇펜 스님이 오셨단다. 드디어 스님을 가까이에서 뵐 수 있게 되었다. 지금 내가 사는 형편은 팍팍해도 전생에 지은 복이 조금은 있었던 것 같다. 그렇지 않고서야 어떻게 나 같은 사람이 잇펜 스님같이 훌륭한 성인을 친견할 수 있겠는가. 마음이 설렌 사람들이 너도나도 할 것 없이 모두 집 밖

4
나는 이와 같이
실천했다

엔이, 「잇펜쇼닌에덴」(부분), 비단에 색,
38.2×802cm, 가마쿠라 시대,
교토 간키코지(歡喜光寺) 소장

으로 나왔다. 말 탄 사람, 우차를 탄 사람, 걸어가는 사람들로 인해 한산했던 거리는 활기가 넘친다.「잇펜쇼닌에덴―遍上人繪傳」은 잇펜 스님의 생애를 그린 에마키다. 잇펜 스님이 전국을 돌아다니며 염불춤과 민중구제사업을 병행한 결과 250만 명 이상이 귀의했다.

그가 지팡이를 짚고 돌아다닐 때면 항상 사랑하는 제자들이 동행했다. 그 중 제자이자 동생인 쇼카이聖戒는 스승의 전기를 썼고, 화가 엔이円伊는 스승의 행적을 12개의 두루마리에 48장면으로 묘사했다.「잇펜쇼닌에덴」이 바로 엔이의 작품으로 1299년에 제작했다. 스승이 입적한 지 10년 만에 완성한 작품이다. 엔이는 스승의 행적을 그리면서 단순히 스승의 모습만을 그리지 않았다. 스승이 방문한 장소를 생생하게 느낄 수 있도록 자세하게 스케치를 한 다음 이것을 바탕으로 에마키를 그렸다. 특정 지역의 현장감을 살리기 위해 계절의 변화와 가옥과 논밭 등을 꼼꼼히 그려 넣었다. 또한 잇펜이 가는 곳마다 만났던 귀족, 무사, 상인, 농부를 비롯해 심지어는 거지와 여행객까지도 시시콜콜 그렸다. 그 결과「잇펜쇼닌에덴」은 스승의 성스러운 자취임과 동시에 그 시대를 증언하는 훌륭한 풍속화가 되었다. 아무리 위대한 선사라도 그의 가르침을 전할 수 있는 저작물이 남아 있지 않을 경우 그는 역사에서 잊히기 쉽다. 그런데 잇펜의 행적은 엔이가 그린「잇펜쇼닌에덴」이 있어 글보다 더 확실하게 기억할 수 있게 되었다.

평생을 길에서 산 잇펜 스님은 쉰한 살이 되던 1289년 8월에 자신이 쓴 모든 글을 전부 태워버렸다. 오직 '나무아미타불' 명호 하나면 충분하다고 생각했기 때문이다. 그는 또한 "내 교화는 내 일생에 있을 뿐이다"라고 말해 제자들의 교화는 제자들의 노력이 있어야 함을 강조했다. 죽음을 앞두고도 "내가 죽고 나면, 나의 문제門弟들은 장례의 의식을 행하지 마라. 들판에 내다 버려서 짐승들에게 베풀어주라"라고 유언했다. 말과 행동이 일치된 삶이었다.

위대한 조사들의 생애를 그려야

이렇게 훌륭한 수행자의 삶을 보면서 나는 엉뚱한 생각을 하게 되었다. 학자들은 잇펜 스님과 구야 스님의 염불의 뿌리가 원효 스님의 무애無碍춤에 가닿아 있다고 주장한다. 과연 그런가. 문헌과 구전에 따르면 원효 스님이 중생 구제를 위해 무애춤을 추며 염불을 했다고 전해진다. 그러나 그것은 문헌상의 기록일 뿐이다. 춤염불의 원조인 위대한 원효 스님의 모습은 현재 그림이나 조각 등 그 어떤 예술품으로도 흔적을 찾아볼 수 없다. 그런데 일본에는 잇펜 스님을 비롯한 호넨 스님, 신란 스님 등 수많은 스님의 삶의 자취가 여러 점의 그림과 조각으로 남아 있다. 일본 미술사를 볼 때마다 항상 느끼는 부러움과 아쉬움이다.

우리나라에서 이름이 알려진 사찰치고 원효대사, 의상대사와 연관 없는 사찰이 없다. 명함 좀 내민다하는 사찰은 너나할 것 없이 모두 두 분을, 절을 처음 세우거나 종파를 새로 연 승려인 개산조로 여기거나 창건주 혹은 중창주로 한다. 그 절들이 모두 진짜 두 분과 연관이 있는지는 확인할 수 없다. 황룡사와 분황사 그리고 낙산사와 부석사처럼 정확하게 두 분의 수행처를 문헌에서 확인할 수 있는 사찰도 분명히 있다. 반면 두 분과 전혀 관련 없는 사찰임에도 불구하고 두 분의 명성에 편승해 가려는 사찰도 수두룩하다. 그 심정은 충분히 이해할 수 있다. 기왕이면 일반인에게 잘 알려진 고승을 끌어들여 정통성을 인정받고자 함이기 때문이다.

중요한 것은 그 사찰이 정말 두 스님과 관련이 있느냐 없느냐 하는 것이 아니다. 말로만 정통성을 강조할 것이 아니라 그만한 노력을 기울여야 한다는 뜻이다. 두 스님과의 인연을 언급했으면 그들의 뜻을 현양하고 기리는 노력이 뒤따라야 한다. 원효대사나 의상대사를 개산조로 하거나 창건주 혹은 중창주로 한 사찰에서는 그 말이 사실인지 아닌지 실물로 증명해야한다. 그런데 말만 무성할 뿐이다. 그 많은 사찰에서 원효대사나 의상대사의 동상이나 진영眞影을 모시거나 그 분들의 일대기를 그림으로 제작해 보존하는 사찰이 몇이나 될까. 이제부터라도 아무 관련 없는 분들의 이름만 도용하지 말고 이름 사용권을 지불해야 한다. 그만큼 두 스님의 이름을 팔아먹었으면 이제 저작권료를 돌려줄 때도 되지 않았을까. 그것이 우리 불교를 발전시킬 수 있는 지름길이다. 도대체 원효대사와 의상대사 같은 분을 잊고서 어떻게 중생구제를 논하고 화엄학을 언급할 수 있겠는가.

 나는 불화를 그린 작가들을 만날 때마다 입이 닳도록 부탁한다. 원효대사나 의상대사 같은 우리나라의 위대한 조사들의 생애를 그림으로 그려달라고 말이다. 불은을 입은 불자라면 부처의 혜명을 이은 조사들의 생애를 당연히 그림으로 남겨 그 은혜에 보답해야 하지 않겠는가. 그러나 작가들에게만 호소하는 것도 한계가 있다. 생업이 걸린 문제이기 때문이다. 밥벌이를 그만 두고서 의무에만 충실하라고 강요할 수는 없다. 어느 시대고 뛰어난 예술작품은 항상 위대한 주문자가 있어 탄생할 수 있었다. 다시 말해 이제는 사찰이나 뜻있는 후원자가 나서야 한다는 뜻이다. 그래서 우리도 기록으로만 남은 위대한 고승들을 직접 눈으로 보면서 그들의 가르침을 되새길 수 있어야 한다. 가능하면 그런 아름다운 일이 우리 시대에 이루어졌으면 좋겠다.

4
나는 이와 같이
실천했다

닌쇼

비증보살로
살아간다는
것

우타가와 히로시게 「아타케 대교의 소나기」

이제 마칠 때가 되었다. 그동안 인도에서 시작해 중국, 한국, 일본까지 건너오면서 기라성 같은 고승대덕을 많이 만났다. 그들은 때론 근접할 수 없는 천재성으로, 때론 탁월한 법문으로, 때론 목숨을 건 수행으로 불교사에 빛나는 별이 되었다. 물론 나에게도 북극성 같은 존재가 되었다. 지증보살智增菩薩의 화현인 듯한 그들의 삶의 궤적을 지켜보면서 감탄했고 절망했고 자극받았다. 그들의 가르침은 내가 이승을 떠나는 순간까지 계속될 것이다.

오직 부처뿐인 지증보살

지증보살과 비증보살悲增菩薩은 불교의 두 가지 특징인 지혜와 자비를 상징한다. 지증보살은 오로지 부처만 바라보고 부처의 가르침대로 살고자 지혜를 닦고 번뇌를 끊으려 수행한다. 성불을 지향하는 수행자의 본보기다. 그런데 비증보살은 여기서 멈추지 않는다. 한 걸음 더 나아간다. 이타利他에 대한 원이 워낙 강해 자리自利는 잠시 뒤로 미룬다. 지증보살의 수행은 기본이되 중생들을 이롭게 할 수 있다면 자신의 성불조차 포기한다. 자비심의 절정이다. 지장보살地藏菩薩이 대표적인 경우다.

닌쇼忍性, 1217~1303 스님은 열세 살에 육식을 하지 않기로 서원하고, 열일곱 살에 도다이지 계단에 올랐다. 그는 지계를 강조한 스승 에이존叡尊 스님의 뜻에 따라 민중구제사업과 율종의 실천으로 평생을 보냈다. 사회에서 소외되고 병든 자들을 치료하고, 그들에게 수계를 주었으며, 율종 교단의 확립에 헌신했다. 일본 최초로 불교 문화사를 다룬 『원형석서元亨釋書』에는 그의 자비행이 어느 정도였는지 확인할 수 있는 일화가 들어 있다.

"그가 나라사카奈良坂에 있을 때였다. 어떤 문둥병자가 손발이 비틀어져서 구걸하기도 어려웠다. 그래서 여러 날 동안 아무것도 먹지 못하였다. 그때 닌쇼는 사이다이지西大寺에 있었는데 그것을 불쌍하게 여겨 새벽이면 나라사카의 집으로 가서 문둥병자를 업고 저잣거리에 데려다 두었다. 저녁이면 그를 업고서 다시 집으로 돌아갔다. 이렇게 여러 해 동안 하였는데, 하루 걸러서 가되 바람이 불거나 비가 오거나 춥거나 덥거나 빠뜨린 적이 없었다. 문둥병자는 죽을 때 맹세했다. '나는 반드시 이 세상에 태어나서 스님의 종이 되어서 스님의 은덕을 갚겠습니다. 얼굴에 부스럼이 하나 있을 것이니, 이것이 신표입니다.' 과연 닌쇼의 제자 가운데에 얼굴에 부스럼이 있는 자가 있어서 스님을 잘 봉양하였다. 사람들은 그를 문둥병자의 후신이라고 불렀다."

그 결과 "동쪽 지방(關東)의 백성들은 바람에 풀이 눕듯 그를 따랐다"라고 전해진다.

우타가와 히로시게의 우키요에

장대비가 쏟아진다. 하늘에 아직 시커먼 먹구름이 가득한 것을 보면 비는 쉽게 그칠 것 같지 않다. 폭우가 내리쳐도 길을 떠나야 하는 사람이 있다. 길을 나선 사람들은 쫙 펼 수도 없는 우산 하나에 의지해 폭우를 뚫고 앞으로 나아간다. 발은 이미 다 젖었고 다리와 옷과 어깨까지 젖었다. 얼굴 하나를 겨우 가릴 수 있는 우산이나 도롱이는 있으나 마나. 오늘 내린 비는 시간이 지나면 그치겠지만 인생에서 만나는 비는 언제쯤 그칠까. 그들의 앞날이 하늘의 먹구름처럼 어둡기만 하다.

우타가와 히로시게歌川廣重, 1797~1858의 「아타케 대교大橋의 소나기」는 『명소에도 100경名所江戶百景』에 실려 있는 우키요에浮世繪다. 제목에서처럼 그는 에도의 명소 100곳을 지정해 채색 판화로 남겼다. 우타가와 히로시게는 '안도 히로시게安藤廣重'라고도 불린다. 그는 천재적인 작가 가쓰시카 호쿠사이葛飾北齋의 뒤를 이어 서정적인 풍경 판화를 많이 제작했다. 자연과 인간의 교감을 다룬 그의 채색 판화는 명소를 다녀오거나 동경한 사람들에게 불티나게 팔려나갔다. 당시 그는 최고의 인기 화가였다. 그의 작품이 단지 여행지의 추억을 기념하는 용도로만 인기가 있었던 것은 아니다. 자연을 신중하게 관찰하고 이를 시적인 세계로까지 끌어올린 그의 작품을 보며 사람들은 자연과 인간의 위대함을 동시에 느꼈다. 우타가와 히로시게의 작품에는 자연과 교감하고 저항하지만 끝내 다시 화해하며 살아가는 인간의 삶이 담겨 있다.

우타가와 히로시게, 「아타케 대교의 소나기」
(『명소 에도 100경』에서), 오오반니시키에, 1857년,
34×22.5cm, 도쿄 야마타네 미술관 소장

4 나는 이와 같이 실천했다

　우키요에는 '덧없는 세상의 그림' 혹은 '뜬구름 같은 세상의 그림'이라는 뜻이다. 다른 말로 '에도회江戶繪'라고 부르듯 에도 시대에 에도라는 특수한 공간에서 발생한 그림이다. 에도는 일본의 수도였던 옛 도쿄를 가리킨다. 전국통일에 성공한 도쿠가와 이에야스德川家康는 천황이 있는 교토를 떠나 에도에 신도시를 건설했다. 신도시 건설의 주역은 사무라이 계급이었고 에도 시민의 80퍼센트가 외지에서 온 독신남이었다. 척박한 땅 에도에는 남성 위주의 문화가 발달되었다. 즉석음식이 개발되었고 가부키歌舞伎 극장이 성행했으며 유곽 등의 향락문화가 자리 잡았다. 무로마치 시대까지 계속되던 내전과 천재지변으로 백성들의 삶은 비참하기 이를 데 없었는데 에도 시대가 되어 사회는 점차 안정을 되찾았다. 그러나 사람들의 생각은 달랐다. 어차피 한 번 사는 인생이라면 덧없고 뜬구름 같은 인생을 괴로워하는 대신 마음껏 즐기며 살자는 생각이 팽배해 있었다. 이때 등장한 그림이 우키요에다.

　우키요에는 유흥가와 유곽의 유녀 그리고 가부키 배우가 주요 소재였다. 판화의 특성은 반복생산이 가능하다. 헛헛한 가슴을 가진 남자들을 겨냥한 강렬하면서도 유혹적인 배우 이미지가 마구 뿌려졌다. 가슴이 허전한 남자들은 요즘 젊은이들이 유명 배우의 사진을 가지고 다니듯 우키요에 판화를 품고 다녔다. 도슈사이 샤라쿠東洲齋寫樂, 가쓰시카 호쿠사이, 우타가와 히로시게 등의 대가들은 이런 배경에서 탄생하게 되었다. 도슈사이 샤라쿠가 가부키 배우만을 전문적으로 그린 것에 반해 가쓰시카 호쿠사이와 우타가와 히로시게는 자연풍경의 아름다움에 주목했다. 「아타케 대교의 소나기」도 그중의 하나다.

너와 나는 하나다

　세상에서 가장 아픈 사람은 어떤 사람일까. 아프다고 죽는 소리를 치는 사람이 아니다. 맨날 죽겠다고 엄살떠는 사람은 무시해도 된다. 차마 아프다는 말조차도 할 수 없을 정도로 아픈 사람이 진짜 아픈 사람이다. 너무 아파서 신음소리조차 낼 힘이 없는 사람이 진짜 아픈 사람이다. 진짜 아픈 사람은 아프다는 소리를 하지 않는다. 아니 하지 못한다. 닌쇼 스님이 만난 한센병 환자들이 바로 그런 사람들이었다. 한센병은 문둥병이다. 사람들은 그들이 전생에 악업을 지어 그 벌로 문둥병에 걸렸다고 손가락질하며 무시했다. 천벌을 받았다고 생각했다. 몸이 아픈 것도 서러운데 사람들의 질타까지 감당해야 하는 문둥병 환자들은 하늘에서 비가 내리면 온몸으로 비를 맞아야 하는 사람들이었다. 아파도 아프다는 신음소리조차 낼 수 없는 사람들이었다. 사람이되 사람 노릇을 할 수 없는 천민 중의 천민이 문둥병 환자였다. 이런 문둥병 환자들을 보통 사람들과 똑같이 온전하게 대한 사람이 닌쇼 스님이었다. 그는 거지나 문둥병 환자 등 버림받은 계급 사람들은 문수보살이 그런 모습으로 나툰 것이라 생각했다. 그에게 문둥병 환자와 문수보살은 동일한 부처였다. 내가 행복할 권리가 있듯 그들도 나와 똑같이 행복해야 할 불성을 지닌 부처였다.

불교의 목표는 '일체중생의 이고득락離苦得樂과 상락아정常樂我淨'이다. 괴로움을 떠나 행복함을 얻는 것이고, 번뇌가 없는 청정한 덕에 이르는 것이다. 그 목표에 도달하는 방법이 신해행증信解行證이다. 부처의 법을 믿고 공부하고 그 법에 의지해 행을 닦아 마침내 과果를 증득하는 것이다. 백천만겁난조우百千萬劫難遭遇, 부처의 가르침은 백천만 겁의 장구한 세월이 지나도 만나기 어렵다는 뜻한 부처의 법을 믿는 것은 큰 복이다. 그 복을 누리며 수승한 법을 공부할 수 있는 것은 더 큰 복이다. 그러나 이런 복도 행이 뒷받침되지 않으면 아무 소용이 없다. 말만 번지르르하고 행동은 전혀 따라주지 않는 사람들을 우리는 주변에서 흔히 목격할 수 있다. 절에 오래 다녔다고 전부 불보살이 아니듯 경전구절을 많이 외운다고 해서 참다운 불자가 아니다. 실천하는 사람이 진정한 불자다. 네 가지 덕목 중 어느 것 하나 중요하지 않은 것이 없으나 그중에서 으뜸은 행行이다.

행은 실천이다. 말이 필요 없다. 묵묵히 실천하면 그만이다. 비증보살처럼 실천하는 것이다. 믿고 공부한 것을 실천하는 행이 뒤따라 줄 때 불교의 목표는 저절로 증명이 된다. 어떤 목표인가. '일체중생'의 이고득락과 상락아정이다. 나 혼자만의 이고득락이 아니라 '일체중생의 이고득락'이다. 그래서 행이 필요하다. 너와 나는 둘이 아니기 때문이다. 너무나 사랑하는 사람이 암에 걸렸는데 나 혼자 행복할 수 없기 때문이다. 그의 아픔은 곧 나의 아픔이고 그의 고통은 곧 나의 고통이다. 그와 나는 분리될 수 없다. 닌쇼 스님의 행은 불이不二의 완성이자 동체대비同體大悲사상의 절정이다. 신해행증信解行證의 모범이다.

일본 불교사를 공부할 때 니치렌 스님을 빼놓을 수 없다. 그는 우리에게 '남묘호렌게쿄南無妙法蓮華經'로 잘 알려진 『법화경』을 절대 신봉한 스님이다. 일본 불교사에 큰 족적을 남겼을 뿐만 아니라 현재까지도 다수의 신도를 거느린 종파이다. 이렇게 중요한 스님임에도 지면 관계상 닌쇼 스님으로 '일본' 편을 마무리한다. 니치렌 스님은 닌쇼 스님과 함께 내 삶의 척도이자 행동의 지침이며 지향해야 할 삶의 모델이다. 부처의 가르침을 온몸으로 구현한 생불이다. 부처의 가르침은 니치렌 스님에 의해 비로소 마침표를 찍는다.

마치며

후진시대의 일이다. 후진의 왕 요흥이 혜원법사에게 편지를 보냈다. 용수보살의 『대지도론』 번역본에 서문을 써달라는 부탁의 편지였다. 혜원법사가 답장을 보냈다.

"제가 듣기로는 큰 내용을 품고 있는 글은 작은 종이에 담을 수 없고, 깊은 샘물은 짧은 두레박줄로는 퍼 올릴 수 없다고 합니다."

불법승 삼보에 대한 글은 큰 내용이고 깊은 샘물이다. 작은 종이에 담을 수 없고 짧은 두레박줄로는 퍼 올릴 수 없는 글이다. 그것을 알면서도 모험을 감행했다. 매 순간 능력 부족을 절감하면서도 포기하지 않았던 비결은 여기가 끝이 아니기 때문이다. 글을 쓰면서 배운 불법승의 가르침은 앞으로도 계속될 것이다. 죽을 때까지 공부하다 보면 언젠가는 부처를 닮지 않을까. 이번 생에 불가능하면 다음 생에 해도 늦지 않다. 중요한 것은 실천의 문제다. 아는 것을 삶 속에서 실천하며 사는 것. 입으로 말하기보다는 행동으로 옮기는 것. 남의 삶에 강요하는 것이 아니라 내 삶에 적용하는 것. 그것이 실천이다. 우리가 이 지상에서의 짧은 생을 마감할 때 남는 것은 오로지 행위뿐이다. 당신은 살아오면서 무엇을 실천하며 살아왔는가. 그에 대한 대답이 막막할 때 불법승 삼보는 훌륭한 지침이 될 것이다.

긴 시간 동안 책을 읽어준 독자들께 깊은 감사를 드린다. 내딛는 걸음걸음마다 자비와 행복이 함께하기를. 나무아미타불 관세음보살.

참고자료

미술사

『산수화, 이상향을 꿈꾸다』(국립중앙박물관, 2014)

『東洋의 名畵 3: 漢·唐·五代·宋의 繪畵, 中國Ⅰ』(삼성출판사, 1985)

『東洋의 名畵 4: 元·明의 繪畵, 中國Ⅱ』(삼성출판사, 1985)

『東洋의 名畵 1: 朝鮮前半期의 繪畵, 韓國Ⅰ』(삼성출판사, 1985)

『東洋의 名畵 2: 朝鮮前半期의 繪畵, 韓國Ⅱ』(삼성출판사, 1985)

『東洋의 名畵 6: 飛鳥~江戶時代의 繪畵, 日本』(삼성출판사, 1985)

『原色日本の 美術―仏畵』(小學館, 1977)

『原色日本の 美術―繪卷物』(小學館, 1977)

『原色日本の 美術―水墨畵』(小學館, 1977)

『原色日本の 美術―障屛畵』(小學館, 1977)

『原色日本の 美術―浮世繪』(小學館, 1977)

『原色日本の 美術―風俗畵と浮世繪』(小學館, 1977)

『한국의 미―산수화 상·하』(중앙일보사, 1982)

『한국의 미―인물화』(중앙일보사, 1982)

『한국의 미―풍속화』(중앙일보사, 1982)

『한국의 미―민화』(중앙일보사, 1982)

박은화 엮음, 『중국회화감상』(예경, 2001)

아키야마 테루카즈, 이성미 옮김, 『日本繪畵史』(예경, 1992)

양신 외, 정형민 옮김, 『중국 회화사 삼천년』(학고재, 1999)

장언원 외, 김기주 역주, 『중국화론 선집: 주요화론 여섯 편의 번역과 주석』

(미술문화, 2002)

정병모,『한국의 풍속화』(한길아트, 2000)

천찬시, 김병식 옮김,『중국산수화사: 초기 산수화에서 북송까지 1』(심포니, 2014)

_____『중국산수화사: 남송에서 원대까지 2』(심포니, 2014)

홍자성,『홍씨선불기종(洪氏仙佛奇蹤)』(자유출판사, 1973)

_____ 인도 _____

김달진,『붓다차리타』(문학동네, 2008)

김성철,『중론, 논리로부터의 해탈 논리에 의한 해탈』(불교시대사, 2005)

깔루빠하나, 박인성 옮김,『나가르주나』(장경각, 1994)

용수, 김성구 옮김,『대지도론(大智度論)』1(동국역경원, 1994)

용수, 송성수 옮김,『대지도론(大智度論)』2~5 (동국역경원, 1994)

하인리히 침머, 이숙종 옮김,『인도의 신화와 예술』(대원사, 1995)

동국역경원,『대당내전록 외(大唐內典錄 外)』, 한글대장경 287 (동국역경원, 2009)

동국역경원,『해동고승전 외(海東高僧傳 外)』, 한글대장경 138 (동국역경원, 2002)

히라카와 아키라, 이호근 옮김,『인도불교의 역사』상·하 (민족사, 1991)

강대공,「동북아시아의 대승불교경전에서 인도불교 나가(nāga)전설의 재구성」

　　　『인도연구』제19권 제1호 (한국인도학회, 2014)

김숙이,「『불소행찬(佛所行讚)』을 통해 본 불타전기 연구」

　　　(동국대학교 대학원 석사학위 논문, 2003)

서성원,「『대지도론(大智度論)』의 사실단(四悉檀)(Siddhanta)」

　　　『인도철학』제11집 제2호 통권12호 (인도철학회, 2002)

_____ 중국

『고승전(高僧傳)』 제2권, 제5권, 제6권

『국청백록』

『대당내전록(大唐內典錄)』

『속고승전(續高僧傳)』 제2권

『천태소지관』

『출삼장기집(出三藏記集)』 제10권, 제15권

『광홍명집(廣弘明集)』 제15권, 제18권, 제23권, 제27권

『불조통기(佛祖統紀)』 제23권

『역대삼보기(歷代三寶紀)』 제23권

동국역경원, 『종경록(宗鏡錄)』 1~4, 한글대장경 106~109 (동국역경원, 1994)

가마다 시게오, 정순일 옮김, 『중국불교사』(경서원, 1985)

계환, 『중국불교』(민족사, 2014)

계환, 『중국화엄사상사연구』(불광출판부, 1996)

고마시게미 편, 『현장삼장회(玄奘三藏繪)』상·중·하 (중앙공론사, 1981)

교도 지코, 최기표·김승일 옮김, 『천태대사의 생애』(시대의창, 2006)

김월운 옮김, 『전등록』 1~3 (동국역경원, 2008)

김월운 옮김, 『조당집』 1~2 (동국역경원, 2008)

뢰영해, 박영록 옮김, 『중국불교문화론』(동국대학교출판부, 2006)

미찌바다 료오슈, 계환 옮김, 『중국불교사』(우리출판사, 1996)

백련선서간행회, 『마조록(馬祖錄)·백장록(百丈錄)』(장경각, 1989)

백련선서간행회, 『운문록(雲門錄)』 상·하 (장경각, 1990)

백련선서간행회, 『설봉록(雪峰錄)』(장경각, 1991)

백련선서간행회, 『조주록(趙州錄)』 (장경각, 1991)

성철, 『신심명·증도가 강설』 (장경각, 1999)

성엄선사, 『지극한 도는 어렵지 않다』 (탐구사, 2009)

수불 스님, 『흔적 없이 나는 새』 (김영사, 2014)

샐리 하비 리긴스, 신소연·김민구 옮김, 『현장법사』 (민음사, 2010)

심재룡, 『중국 불교 철학사』 (한국학술정보, 2004)

양훼이난, 원필성 옮김, 『불교사상사』 (정우서적, 2008)

오경웅, 류시화 옮김, 『선(禪)의 황금시대』 (경서원, 1986)

원공, 『중국 인물 선종사』 (토방, 2010)

일장 편역, 『만선동귀집(萬善同歸集)』 (불광출판사, 1991)

장휘옥, 『정토불교의 세계』 (불교시대사, 1996)

정병삼, 『고승열전: 전등의 역사』 (가산불교문화연구원, 2014)

정운, 『허운: 중국 근현대 불교의 선지식』 (클리어마인드, 2011)

종광, 『임제록: 종광 스님 강설』 (모과나무, 2014)

조성우 편저, 『허운 노화상 십난사십팔기(虛雲老和尙十難四十八奇)』 (보림사, 1992)

지상 스님 옮김, 『현수법장(賢首法藏)의 화엄학개론』
　　　　(은해사 승가대학원 삼장연구원, 1997)

천태지의, 최기표 옮김, 『차제선문: 선바라밀의 수행 차례를 풀이한 법문』
　　　　(불광출판사, 2010)

청화 역주, 『육조단경(六祖壇經)』 (광륜출판사, 2003)

탕융동, 장순용 옮김, 『한위양진남북조 불교사』 1~4 (학고방, 2014)

허운화상, 대성 옮김 『참선요지』 (탐구사, 2011)

허운화상, 대성 옮김 『허운 스님의 방편개시』 (여시아문, 1997)

환오극근(圜悟克勤), 조오현 역해, 『벽암록(碧巖錄)』(불교시대사, 1999)

김상건, 「화엄교학의 성기사상 연구 : 현수법장을 중심으로」
　　　(동국대학교 대학원 석사학위 논문, 2002)

김성순, 「동아시아 염불결사의 연구: 천태교단을 중심으로」
　　　(서울대학교 대학원 박사학위 논문, 2011)

문무왕, 「廬山 慧遠의 白蓮社 硏究」(동국대학교 대학원 석사학위 논문, 1995)

박미라, 「慧遠의 불교 禮論 논쟁」『東方學』 제10호 (한서대학교 동양고전연구소, 2004)

이승철, 「선도의 정토사상 연구」(동국대학교 대학원 석사학위 논문, 1994)

정지원, 「담란의 정토사상 연구」(원광대학교 대학원 석사학위 논문, 2008)

조용성, 「운문선 연구」(동국대학교 대학원 박사학위 논문, 2002)

_____ 한국

고운기, 『일연을 묻는다』(현암사, 2006)

이식 외, 『경한·보우·나옹』(동화출판공사, 1972)

김부식, 이강래 옮김, 『삼국사기』 1~2 (한길사, 1998)

남무희, 『신라 자장 연구: 한국 계율불교의 완성자』(서경문화사, 2012)

대륜불교문화연구원, 『태고 보우국사전서』(대륜불교문화연구원, 1997)

불교신문사, 『한국불교인물사상사』(민족사, 1990)

백련선서간행회, 『나옹록』(장경각, 1992)

원효, 원순 스님 옮김, 『큰 믿음을 일으키는 글: 대승기신론 원효소 별기』
　　　(법공양, 2010)

국립경주박물관, 『원효대사』(국립경주박물관, 2010)

이병욱 외, 『의천』(예문서원, 2002)

일연, 최광식·박대재 옮김,『삼국유사』1~3 (고려대학교출판부, 2014)
의상대사, 김상백 옮김,『법성게 강해: 잃어버린 나를 찾아서』(운주사, 2014)
의상대사, 문재현 옮김,『바로보인 법성게』(바로보인, 2008)
의상대사, 정화 옮김,『법성게: 마음 하나에 펼쳐진 우주』(법공양, 2006)
의상대사, 허원당 무진 옮김,『알기 쉬운 법성게: 나는 부처였다 지금도 부처다』
       (심미안, 2014)
보조국사 지눌, 김달진 옮김,『보조국사전서』(고려원, 1987)
지운 스님,『대승기신론』유튜브 강좌 1~131회
차차석,『대각국사 의천』(밀알, 2000)
최현각,『한국을 빛낸 선사들』(한걸음더, 2011)
한정섭·오청환,『한국고승전』상·하 (불교정신문화원, 2014)
활안 편저,『의상대사 이야기』(불교정신문화원, 2005)
혜초, 정수일 옮김,『혜초의 왕오천축국전』(학고재, 2004)
김복순,「혜초의 천축순례 과정과 목적」,『한국인물사연구』제8호
       (한국인물사연구소, 2007)
이춘희,「혜초『왕오천축국전』의 구법행로 연구」(동국대학교 석사학위 논문, 2009)
정동락,「洪陟禪師의 南宗禪 전래와 현실대응」,『신라사학보』제22호 (신라사학회, 2011)
정병삼,「慧超의 활동과 8세기 신라밀교」,『韓國古代史研究』제37집 (서경문화사, 2005)
정수일,「혜초의 서역기행과『왕오천축국전』: 한국문학지리학의 새로운 모색」,
       『한국문학연구』제27집 (동국대학교 한국문학연구소, 2004)
조범환,「신라 하대 도의 선사의 '설악산문' 개창과 그 향배」,『新羅文化』제34집
       (동국대학교 신라문화연구소, 2009)
_____「新羅 下代 體澄 禪師와 迦智山門의 개창」,『정신문화연구』

(한국학중앙연구원, 2005)

차차석,「南宗禪의 初傳者 道義禪師의 思想과 그 淵源 探究: 中國禪과의 관련을 중심으로」,『한국선학』제2호 (한국선학회, 2002)

_____「道義國師의 求法과 중국 선불교」,『보조사상』제32집 (불일출판사, 2009)

_____일본_____

가가와사키 쓰네유키 외, 계환 스님 옮김,『일본불교사』(우리출판사, 2009)

가모노 쵸메이 편, 류희승 옮김,『일본 중세 불교 설화』(불광출판사, 2002)

길희성,『일본의 정토사상』(민음사, 1999)

김호성,『일본불교의 빛과 그림자 일본 불교 평론기』(정우서적, 2011)

마츠오 겐지, 김호성 옮김,『인물로 보는 일본 불교사』(동국대학교출판부, 2005)

무주 이치엔, 정천구 옮김,『모래와 돌』상·하 (소명출판, 2008)

박규태,『아마테라스에서 모노노케 히메까지』(책세상, 2001)

박영빈·김호성,『시코쿠(四國) 순례』(일본불교사연구소, 2012)

A. 블루움, 이종후 옮김,『신란과 그의 정토교』(이문출판사, 1985)

서영애,『일본문화와 불교』(동아대학교출판부, 2003)

스에키 후미히코, 이시준 옮김,『일본불교사: 사상사로서의 접근』
    (뿌리와이파리, 2005)

스에키 후미히코, 이태승·권서용 옮김,『근대 일본과 불교』(그린비, 2009)

야나기 무네요시, 김호성 옮김,『나무아미타불』제18원 (일본불교사독서회, 2013)

야나기 무네요시, 최재목·기정희 옮김,『미의 법문: 야나기 무네요시의 불교미학』
    (이학사, 2005)

압장명, 류희승 옮김,『일본 중세 불교 설화-발심집(發心集)』(불광출판사, 2002)

오쿠보 료준 외, 김환기·요시모토 하지메 옮김, 『일본 불교문학의 이해』

    (동국대학교출판부, 2006)

유이엔, 오영은 옮김, 『탄이초(歎異抄)』 (지식을만드는지식, 2008)

엔닌, 신복룡 옮김, 『입당구법순례행기』 (선인, 2007)

이세연, 『사무라이의 정신세계와 불교: 일본사회의 전사자공양과 怨親平等』

    (혜안, 2014)

이시다 미쓰마로, 이영자 옮김, 『日本佛教史』 (민족사, 1995)

이에나가 사부로, 이영 옮김, 『일본문화사』 (까치, 1999)

_____ 연구공간 수유너머 일본근대사상팀 옮김, 『근대 일본 사상사』

    (소명출판, 2006)

_____ 세키네 히데유키 외 옮김, 『일본도덕사상사』 (예문서원, 2005)

이츠키 히로유키, 채숙향 옮김, 『타력』 (지식여행, 2012)

이호준, 『일본의 십대선사』 (우리출판사, 1987)

일본불교사연구소 편, 『악인의 불교, 성인의 불교—일본불교사연구소

    제7차 학술세미나 자료집』 (일본불교사연구소, 2012)

와타나베 쇼코, 김진만 옮김, 『日本의 佛教』 (소화, 1995)

최현민, 『불성론 연구-도겐의 『정법안장』을 중심으로』 (운주사, 2011)

카시와하라 유센, 원영상 옮김, 『일본불교사 근대』 (동국대학교출판부, 2008)

코운 에죠, 이재경 옮김, 『정법안장수문기』 (동국대학교출판부, 2006)

코칸 시렌, 정천구 옮김, 『원형석서: 일본 최초의 불교 문화사』 상·하 (씨아이알, 2010)

쿄오카이, 정천구 옮김, 『일본영이기: 일본 최초의 불교설화집』 (씨아이알, 2011)

호넨쇼닌, 수마제 옮김, 『선택본원염불집』 (비움과소통, 2015)

호넨쇼닌, 석도실 옮김, 『정토신앙의 지남』 (민족사, 1991)

히로 사치야, 김활란 옮김, 『삶의 지혜를 전하는 불교우화』(좋은책행간풍경, 2006)